Loos · Produktionslogistik in der chemischen Industrie

SCHRIFTEN ZUR EDV-ORIENTIERTEN BETRIEBSWIRTSCHAFT

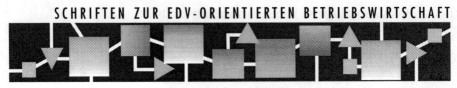

HERAUSGEGEBEN VON PROF. DR. A.-W. SCHEER

In den „Schriften zur EDV-orientierten Betriebswirtschaft" werden Beiträge aus Wissenschaft und Praxis veröffentlicht, die sich durch ausgeprägten Anwendungsbezug und hohes fachliches Niveau auszeichnen.

Peter Loos

Produktionslogistik in der chemischen Industrie

Betriebstypologische Merkmale
und Informationsstrukturen

GABLER

Die Deutsche Bibliothek - CIP-Einheitsaufnahme

Loos, Peter:
Produktionslogistik in der chemischen Industrie :
betriebstypologische Merkmale und Informationsstrukturen
/ Peter Loos. - Wiesbaden : Gabler, 1997
(Schriften zur EDV-orientierten Betriebswirtschaft)
Zugl.: Saarbrücken, Univ., Habil.-Schr., 1997
    ISBN 3-409-12323-7

Höchste inhaltliche und technische Qualität unserer Produkte ist unser Ziel. Bei der Produktion und Auslieferung unserer Bücher wollen wir die Umwelt schonen: Dieses Buch ist auf säurefreiem und chlorfrei gebleichtem Papier gedruckt.

Die Wiedergabe von Gebrauchsnamen, Handelsnamen, Warenbezeichnungen usw. in diesem Werk berechtigt auch ohne besondere Kennzeichnung nicht zu der Annahme, daß solche Namen im Sinne der Warenzeichen- und Markenschutz-Gesetzgebung als frei zu betrachten wären und daher von jedermann benutzt werden dürften.

Druck und Buchbinder: Rosch-Buch, Scheßlitz
Printed in Germany

ISBN 3-409-12323-7

Geleitwort

Die Produktionslogistik in der chemischen Industrie weist eine Reihe von charakteristischen Merkmalen auf, welche sich z. T. grundlegend von stückorientierten Industriezweigen unterscheiden. Die Besonderheiten resultieren beispielsweise aus der chemischen Verfahrensweise, der Verarbeitung von Schütt- und Fließgütern, der Gefährlichkeit der verwendeten Materialien sowie aus spezifischen Umwelt- und Qualitätsanforderungen. Um Informationssysteme zur Unterstützung der Produktionslogistik in der chemischen Industrie effizient einsetzen zu können, ist eine Berücksichtigung dieser branchenspezifischen Phänomene erforderlich. Während die Gegebenheiten und Anforderungen der stückorientierten Industrien von der Betriebswirtschaftslehre umfassend behandelt werden, sind die chemische Industrie und andere prozeßorientierte Branchen, trotz ihrer bedeutenden Rollen in der europäischen Wirtschaft, bisher nicht ausreichend beachtet worden.

Ziel der Arbeit von Herrn Loos ist die Untersuchung produktionslogistischer und informationssystembezogener Fragestellungen und die Entwicklung von Lösungskonzeptionen. Als theoretische Grundlage für das informationsbezogene Fachkonzept führt Herr Loos eine betriebstypologische Analyse der verfahrenstechnischen Produktion durch, aus der spezielle Anforderungen an die unterstützenden Informationssysteme abgeleitet werden. Als Lösungsansatz zur Abbildung der Anforderungen in konkreten Informationssystemen werden Informationsstrukturen entwickelt, wobei durch den Einsatz der vom Autor entworfenen PERM-Modellierungsmethode eine hohe Präzision erreicht wird.

Die Arbeit von Herrn Loos stellt einen wesentlichen Beitrag zur Reduzierung der in der betriebswirtschaftlichen Forschung vorhandenen Defizite bezüglich der verfahrenstechnischen Industrie dar. Sie liefert ein theoretisch fundiertes Fachkonzept für produktionslogistische Fragestellungen in der chemischen Industrie. Daher wünsche ich der Arbeit eine intensive Resonanz in Produktionswirtschaft und Wirtschaftsinformatik.

A.-W. Scheer

Vorwort

Betrachtungsgegenstand des Buches sind die in der Produktion der chemischen Industrie eingesetzten Informationssysteme. Dabei stehen hauptsächlich produktionslogistische Fragestellungen, wie sie für die Gestaltung von Produktionsplanungs- und -steuerungssystemen relevant sind, im Vordergrund. Aufgrund der starken Interdependenz zu den spezifischen Herstellungsprozessen werden auch verfahrenstechnische und automatisierungstechnische
Aspekte betrachtet. Im Mittelpunkt der Untersuchung stehen die Informationsstrukturen der
Informationssysteme, insbesondere die Datenstrukturen, wobei die besonderen Anforderungen
mittels betriebstypologischer Merkmale der chemischen Industrie abgeleitet werden.

Angeregt zu der Arbeit wurde ich durch industrienahe Forschungsprojekte in Zusammenarbeit
mit verschiedenen Chemieunternehmen sowie durch die Tatsache, daß die speziellen produktionslogistischen Fragestellungen der chemischen Industrie in der wissenschaftlichen Literatur
bisher nur rudimentär untersucht und in anwendungsorientierten Veröffentlichungen beschrieben wurden.

Dem Buch liegt die im Sommer 1997 von der Rechts- und Wirtschaftswissenschaftlichen Fa-
kultät des Saarlandes angenommene Habilitationsschrift des Verfassers zugrunde. Sie wurde
für die Veröffentlichung geringfügig überarbeitet. Mein besonderer Dank gilt meinem ver-
ehrten akademischen Lehrer, Herrn Prof. Dr. A.-W. Scheer, der mich seit den Anfängen meiner wissenschaftlichen Laufbahn begleitet und gefördert hat. Die vorliegende Arbeit ist in der
kreativen Atmosphäre seines Instituts für Wirtschaftsinformatik entstanden. Meinen Kollegen
danke ich für ihre stete Diskussionsbereitschaft. Weiterhin danke ich den Herren Dipl.-Ing.
Thomas Allweyer und Dipl.-Kfm. Olaf Keitzel sowie nicht zuletzt meiner Frau Vera, die
durch kritische Anmerkungen und redaktionelle Hilfestellung zum Gelingen der Arbeit beige-
tragen haben.

Peter Loos

Inhaltsübersicht

Inhaltsverzeichnis

Abkürzungsverzeichnis

APICS:	American Production and Inventory Control Society
BAT-Wert:	Biologische Arbeitsstoff-Toleranz-Wert
BFS:	Betriebsführungssysteme
CAD:	Computer Aided Design
CAE:	Computer Aided Engineering
CAMD:	Computer Aided Molecular Design
CAPE:	Computer Aided Process Engineering
CAS-Nummer:	Chemical Abstracts Service-Nummer
CASP:	Computer Assisted Synthesis Planning
CEFIC:	Conseil Européen des Fédération de l'Industrie Chimique
ChemG	Chemikaliengesetz
CIM:	Computer Integrated Manufacturing
CIP:	Computer Integrated Processing, auch: Clean In Place
CIPS:	Computer Integrated Process System
CSB-Wert:	chemischer Sauerstoffbedarf
DCS:	Distributed Control System
DIN:	Deutsches Institut für Normung
DV:	Datenverarbeitung
EBF:	European Batch Forum
EBR:	Electronic Batch Recording
EINECS:	European Inventory of Existing Commerical Chemical Substances
ELINCS:	European List of Notified Chemical Substances
EMR:	Elektro-, Meß- und Regelungstechnik
EPISTLE:	European Process Industries STEP Technical Liaison Executive
EPK:	Ereignisgesteuerte Prozeßkette
ERM:	Entity-Relationship-Modell
FDA:	Food and Drug Administration
GefStoffV:	Gefahrstoffverordnung
GGVBinSch:	Gefahrgutverordnung Binnenschiffahrt
GGVE:	Gefahrgutverordnung Eisenbahn
GGVS:	Gefahrgutverordnung Straße
GGVSee:	Gefahrgutverordnung See
GLP:	Good Laboratory Practice
GMP:	Good Manufacturing Practice
IGES:	Initial Graphics Exchange Specification
ISA:	International Society for Measurement and Control
ISO:	International Organization for Standardization
LIMS:	Laborinformations- und -managementsystem
MAK:	Maximale Arbeitsplatzkonzentration
MES:	Manufacturing Execution System

MRP II:	Management Resource Planning
MSR:	Meß-, Steuer- und Regeleinrichtungen
NAMUR:	Normenarbeitsgemeinschaft für Meß- und Regelungstechnik in der Chemischen Industrie
OSHA:	Occupational Saftey and Health Administration
PERM:	Expanded Entity-Relationship-Modell
PFS:	Process Flow Scheduling
PLS:	Prozeßleitsystem
PLT:	Prozeßleittechnik
PPS:	Produktionsplanung und -steuerung
PRIMA:	Process Industries Manufacturing Advantage
RC-Diagramm:	Relationship-Constraint-Diagramm
RI-Fließbild:	Rohrleitungs- und Instrumentenfließbild
R-Sätze:	standardisierte Hinweise auf besondere Gefahren nach GefStoffV
SCADA:	Supervisory Control and Data Acquisition System
SI:	Système Internationale d'Unités
S-Sätze:	standardisierte Sicherheitsratschläge nach GefStoffV
STEP:	Standard for Exchange of Product Model Data
TA Luft:	Technische Anleitung zur Reinhaltung der Luft
TRK:	Technische Richtkonzentration
TSCA:	Toxic Substances Control Act
UN-Nummer:	Kennzeichungsnummer der Vereinten Nationen für Gefahrgüter
VbF:	Verordnung für brennbare Flüssigkeiten
VCI:	Verband der chemischen Industrie
VDA-FS:	Verband deutscher Automobilindustrie Freiformflächenschnittstelle

Abkürzungen in Formeln

APK:	analytischer Produktionskoeffizient
ME:	Mengeneinheit
M_h:	Hauptprodukt
M_i:	Inputmaterial
M_n:	Nebenprodukt
M_o:	Outputmaterial
NPK	negativer Produktionskoeffizient
PK:	Produktionskoeffizient
x:	Menge
ZPK:	Zwischen-Produktionskoeffizient

Abbildungsverzeichnis

1 Einführung

1.1 Motivation und Zielsetzung

Die chemische Industrie zählt mit einem Anteil von rund 10% am Umsatzes und rund 8% an der Zahl der Beschäftigten des verarbeitenden Gewerbes in Deutschland zu den bedeutenden Wirtschaftszweigen.[1] Wie die übrigen Branchen ist die chemische Industrie gezwungen, sich an wandelnde Marktbedingungen anzupassen, eine Notwendigkeit, die durch die rezessive Entwicklung der chemischen Wirtschaft zu Beginn der 90er Jahre, mit ihrem Höhepunkt im Jahr 1993, gewachsen ist. Maßnahmen wie Durchlaufzeitreduzierung und Erhöhung der Lieferbereitschaft erfordern eine Anpassung der logistischen Konzepte und der unterstützenden Informationssysteme.[2]

Gemessen an ihrer großen gesamtwirtschaftlichen Bedeutung, hat die chemische Industrie in der produktionswirtschaftlichen Literatur nur eine untergeordnete Beachtung gefunden. Hier dominieren vor allem Branchen wie Maschinenbau und Automobilindustrie. Diese Tatsache spiegelt sich ebenfalls in der Literatur zur Wirtschaftsinformatik wider, in der industrielle Informations- und Organisationskonzepte in erster Linie für die stückorientierte Industrie entwickelt und an deren Beispiel erläutert werden. Im Bereich der stückorientierten Fertigung ist auch der Beitrag der Ingenieurswissenschaften zu Fragestellungen der Wirtschaftsinformatik und der Produktionswirtschaft wesentlich größer, so daß für Anwendungskonzepte der entsprechenden Branchen die Forschungsarbeiten der einzelnen Teildisziplinen fließend ineinander übergehen und sich ergänzen. Im Bereich der chemischen Produktion konzentrieren sich die Ingenieurswissenschaften auf verfahrenstechnische und automatisierungstechnische Fragen und berühren nur ansatzweise die Produktionslogistik und die damit zusammenhängenden Informationssysteme.[3]

Die vorliegende Arbeit soll einen Beitrag dazu leisten, die in der angewandten Forschung bestehende Lücke an informationstechnischen Anwendungskonzepten in der chemischen Industrie zu schließen. Hierzu stellt sich die Frage, wie Informationssysteme zu konzipieren sind, um produktionslogistische Aufgaben in einem chemischen Betrieb wirkungsvoll unterstützen zu können. Es ist offenkundig, daß aufgrund unterschiedlicher Produktionsbedingungen die Informationssysteme der stückorientierten Industrie und die darin implementierten Anwendungskonzepte nicht schlichtweg übernommen werden können. So muß beispielsweise die

---

[1] vgl. VCI 95, S. 8

[2] Eine Studie bei etwa 1000 europäischen Unternehmen von A. T. Kearney aus dem Jahr 1992 zeigt, daß die Lieferbereitschaft als kritischer Erfolgsfaktor des Absatzes angesehen wird. In der Rangordnung steht er im Bereich Chemie/Öl nach der Qualität an zweiter, im Bereich Pharmazeutika nach Preis und Qualität an dritter Stelle. Die Unternehmen geben an, daß die Auftragsdurchlaufzeiten bis 1997 um 50% (Chemie/Öl) bzw. um 67% (Pharma) gesenkt werden sollen, vgl. Kearney 93, S. 20ff.

[3] In der produktionswirtschaftlichen Literatur sind vor allem die Arbeiten von Riebel über die chemische Industrie hervorzuheben, z. B. Riebel 54, Riebel 55, Riebel 56, Riebel 63 und Riebel 79. In der ingenieurswissenschaftlichen Literatur haben sich insbesondere Kölbel und Schulze mit betriebswirtschaftlichen und produktionswirtschaftlichen Fragen beschäftigt, vgl. Kölbel/Schulze 60, Kölbel/Schulze 65a, Kölbel/Schulze 65b, Kölbel/Schulze 67 und Kölbel/Schulze 70.

Möglichkeit vorhanden sein, Kuppelprozesse abzubilden. Dagegen spielen Lösungsansätze zur Einbindung flexibler Fertigungssysteme in die Werkstattorganisation keine Rolle. Dennoch können die Anwendungskonzepte der stückorientierten Industrie, wie Produktionsplanungs- und -steuerungssysteme (PPS-Systeme), Leitstandsysteme und Integrationsstrategien hierzu sicherlich einen wertvollen Beitrag leisten, da die grundlegenden produktionslogistischen Aufgabenstellungen und die daraus resultierende Informationsinfrastruktur in der chemischen Industrie nicht prinzipiell von anderen Branchen abweichen.[4]

Erkenntnisobjekt der Arbeit sind die Informationssysteme der Produktionslogistik in der chemischen Industrie. Zielsetzung ist das Aufzeigen der Besonderheiten der chemisch-verfahrenstechnischen Produktion, die Umsetzung in Lösungskonzepte und deren Abbildung in Informationssystemen. Im Mittelpunkt der Betrachtung stehen dabei die Informationsstrukturen der Informationssysteme. Die Informationsstrukturen manifestieren sich im Datenmodell. Zur Charakterisierung der Anforderungen der chemisch-verfahrenstechnischen Produktion werden betriebstypologische Merkmale herangezogen. An den spezifischen Merkmalsausprägungen werden die Implikationen für die Informationsstrukturen aufgezeigt. Hervorgehoben werden vor allem die Besonderheiten gegenüber der stückorientierten Produktion.

1.2 Untersuchungsgegenstand

1.2.1 Die chemische Industrie

Zur Charakterisierung der chemischen Industrie kann eine Abgrenzung zu anderen Industriebereichen nach wirtschaftsstatistischen Kriterien herangezogen werden. So ist nach der Systematik der Wirtschaftszweige die chemische Industrie als ein Teilbereich des verarbeitenden Gewerbes eingeordnet. Danach kann die Herstellung folgender Produktgruppen zur chemischen Industrie gezählt werden:[5]

- Industriegase,
- Farbstoffe und Pigmente, Anstrichmittel, Druckfarben und Kitte,
- sonstige anorganische sowie organische Grundstoffe und Chemikalien,
- Düngemittel und Stickstoffverbindungen, Schädlingsbekämpfungs- und Pflanzenschutzmittel,
- Kunststoffe in Primärform,
- pharmazeutische Grundstoffe, pharmazeutische Spezialitäten und sonstige pharmazeutische Erzeugnisse,
- Seifen, Wasch-, Reinigungs- und Poliermittel, Duft- und Körperpflegemittel,
- pyrotechnische Erzeugnisse, Klebstoffe und Gelatine, ätherische Öle,
- photochemische Erzeugnisse, unbespielte Ton-, Bild- und Datenträger und
- Chemiefasern.

---

[4]   vgl. Corsten/May 94, S. 873.
[5]   vgl. Stat.-Landesamt 95, S. 2f.

Diese Gruppierung deckt sich weitgehend mit der Einteilung der Produktsparten, nach denen der Verband der chemischen Industrie (VCI) seine jährlichen Wirtschaftszahlen zusammenstellt.[6]

Auch wenn die chemische Industrie mit Hilfe der Produktabgrenzung hinreichend zu definieren ist, sollen aufgrund des Untersuchungsgegenstands in dieser Arbeit zusätzlich die Eigenarten der Produktionsprozesse zur Abgrenzung herangezogen werden. Demnach sind solche Bereiche der chemischen Industrie zuzuordnen, in deren Produktion vorwiegend stoffumwandelnde Produktionsprozesse eingesetzt werden.[7] Darüber hinaus werden in der chemischen Industrie physikalische Umwandlungsprozesse angewandt, wie beispielsweise Mischen und Trennen. Chemische und physikalische Umwandlungsprozesse werden als verfahrenstechnische Prozesse oder als Verfahrenstechnik bezeichnet.[8] Die Produktion der chemischen Industrie bedient sich folglich der Verfahrenstechnik, wobei die chemischen Umwandlungsprozesse dominieren. Bei anderen verfahrenstechnisch produzierenden Industrien treten keine chemischen Umwandlungsprozesse auf oder zumindest überwiegen die physikalischen Umwandlungsprozesse. Damit kann die chemische Industrie als ein Teil der verfahrenstechnischen Industrie definiert werden.[9]

Die verfahrenstechnische Industrie wird in Anlehnung an den englischen Terminus process industries auch als Prozeßindustrie bezeichnet.[10] Nach dem Selbstverständnis der in dem PRIMA-Konsortium zusammengeschlossenen europäischen Unternehmen zählen zur Prozeßindustrie die Hersteller für Produkte der Bereiche Bulk- und Spezialchemikalien, Arzneimittel, Nahrungsmittel und Getränke, Stahl und metallurgische Produkte, Versorgung, Zellstoff und Papier.[11]

Die Prozeßindustrie kann wiederum von den Branchen abgegrenzt werden, die vorwiegend Fertigungstechniken zur Bearbeitung geometrisch bestimmter Werkstücke anwenden, wie z. B. der Maschinen-, Anlagen- und Fahrzeugbau. Diese werden im folgenden zusammenfassend als stückorientierte Fertigungsindustrie bezeichnet.

---

[6] Allerdings orientiert sich die aktuelle Übersicht noch an der bis 1993 gültigen Gütergruppe 40, vgl. Stat.-Bundesamt 90. So sind beispielsweise in VCI 95, S. 33 die Sparten Pharmazeutika, Organica, Kunststoffe, Anorganica, Körperpflegemittel, Lacke, Mineralfarben, Seifen- und Waschmittel, Chemiefasern, Bautenschutzmittel, Photochemie, Pflanzenschutzmittel und Sonstige angegeben, wobei sich die Reihenfolge an dem Produktionswert in Deutschland orientiert.

[7] vgl. Kölbel/Schulze 70, S. 4f.

[8] vgl. Hoitsch 93, S. 20ff. und Eversheim 96, Sp. 1541ff.

[9] vgl. Kölbel/Schulze 65b, S. 24.

[10] Die American Production and Inventory Control Society (APICS) definiert process manufacturing als „production that adds value by mixing, separating, forming, and/or performing chemical reactions," vgl. Cox/Blackstone/Spencer 95, S. 64.

[11] PRIMA (Process Industries Manufacturing Advantage) ist ein Projekt zur Stärkung der Wettbewerbsfähigkeit der europäischen Prozeßindustrie. Schwerpunktmäßig werden in dem Projekt die Rolle und der Beitrag der Informationstechnologie zum Unternehmenserfolg untersucht. Es ist von 16 europäischen, international tätigen Unternehmen initiiert worden und wird von der EU gefördert, vgl. PRIMA 95.

1.2.2 Produktionslogistik und Informationssysteme

1.2.2.1 Produktionslogistik als Unternehmensprozeß

Im Allgemeinen hat Logistik die Aufgabe, räumliche und zeitliche Diskrepanzen zwischen Entstehung und Verwendung von Gütern zu überbrücken.[12] Den betrieblichen Güterströmen entsprechend werden die Logistikprozesse eines Unternehmens unterteilt in die Beschaffungslogistik, die Vertriebs- oder Distributionslogistik, die Produktionslogistik und die Entsorgungslogistik.[13] Die Beschaffungslogistik hat die Aufgabe, Rohstoffe oder sonstige betriebsexterne Produktionsfaktoren zu besorgen und bereitzustellen. Die Vertriebslogistik ist für den Absatz der Produkte zuständig, während die Entsorgungslogistik die Beseitigung von Abfällen und Rückständen gewährleistet.

Die Produktionslogistik umfaßt nicht nur den betriebsinternen Fluß zwischen Beschaffung einerseits und Vertrieb bzw. Entsorgung andererseits, sondern auch die Herstellungsprozesse über alle Produktionsstufen von den Rohstoffen bis zu den Endprodukten. Hierzu gehören sowohl der Materialfluß als auch die Materialtransformation. Die Hauptaufgaben der Produktionslogistik sind die Verwaltung der Produktionsressourcen, die Produktionsplanung, die Materialbedarfsplanung, die Bestandsführung und Lagerverwaltung, die Zeit- und Kapazitätsplanung, die Feinplanung, die Betriebsdatenerfassung und das Produktionsmonitoring. Sie werden auch unter der Bezeichnung Produktionsplanung und -steuerung (PPS) zusammengefaßt, weshalb im folgenden die Begriffe Produktionslogistik und Produktionsplanung und -steuerung synonym verwendet werden. Abbildung 1 zeigt die Stellung der Produktionslogistik innerhalb der Unternehmensprozesse.

Informationssysteme der Produktionslogistik haben demnach die Aufgabe, die Informationen und Informationsflüsse zu verarbeiten, die von dem physischen Materialfluß verursacht werden und die zu dessen Planung und Steuerung notwendig sind. Dabei stehen in Bezug auf den Entscheidungshorizont die operativen und taktischen Aufgaben im Vordergrund. Strategische Entscheidungen der Produktionslogistik, beispielsweise die Fabriklayoutplanung betreffend, werden von den hier betrachteten Informationssystemen in der Regel als gegeben vorausgesetzt. Zur durchgängigen Unterstützung der Geschäftsprozesse müssen die Informationssysteme der Produktionslogistik mit den sonstigen Informationssystemen des Unternehmens zusammenarbeiten, wodurch eine Integration der Informationssysteme erforderlich ist.

---

[12] vgl. Isermann 94 und Pfohl 96.
[13] vgl. Weber 92, Becker/Rosemann 93, S. 91ff.

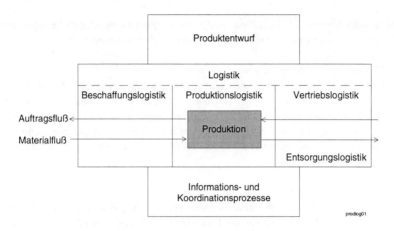

Abbildung 1: Produktionslogistik innerhalb der Unternehmensprozesse[14]

1.2.2.2 Computer Integrated Processing

Die Integration unterschiedlicher Informationssysteme in der Produktion wird seit Anfang der 80er Jahre unter dem Begriff Computer Integrated Manufacturing (CIM) diskutiert. Die anfängliche Euphorie über die Computerisierung aller Aufgaben und Funktionen der Fertigung ist zwar abgeebbt, doch auch im Rahmen der aktuell diskutierten Konzepte Business Process Reengineering, Prozeßorientierung und Total Quality Management werden die Grundideen des CIM, wie die Integration unterschiedlicher Funktionalbereiche und der Einsatz der Informationstechnik, weiterentwickelt.

Im Mittelpunkt der bisherigen CIM-Konzeptionen stehen vorwiegend Branchen der stück-orientierten Fertigung.[15] Integrationskonzepte, die die Besonderheiten der verfahrenstechnischen Produktion berücksichtigen, finden sich nur vereinzelt in der Literatur. Sie werden in Abwandlung des CIM-Begriffs auch als Computer Integrated Processing (CIP) bezeichnet.[16]

In Anlehnung an das Y-CIM-Modell wurde ein Y-CIP-Modell entwickelt, das die wichtigsten Funktionalbereiche der Produktion und die unterstützenden Informationssysteme einordnet. Das Y-CIP-Modell für die chemische Industrie ist in Abbildung 2 dargestellt, wobei in dem inneren Teil die Funktionsbereiche und im äußeren Teil die entsprechenden Informationssy-

---

[14] in Anlehnung an Scheer 95, S. 86.

[15] vgl. beispielsweise Scheer 90, Krallmann 90, Scholz-Reiter 90, Becker 91 und Geitner 91.

[16] Zum Begriff des Computer Integrated Processing vgl. beispielsweise Polke 89a und Eckelmann/Geibig 89. In Rao et al. 94 wird die Integration als CIPS - Computer Integrated Process System (CIPS) bezeichnet. Teilweise wird aber auch von CIM in der Prozeßindustrie gesprochen, vgl. z. B. Dean/Biddle 92.

steme aufgezeigt sind.[17] Der Aufbau der Abbildung spiegelt unterschiedliche Aspekte der Informationssysteme wider, die wie folgt charakterisiert werden können:

• Planungs- versus Ausführungsunterstützung

Innerhalb der Funktionalbereiche kann zwischen planungsorientierten Aufgaben einerseits und ausführungsunterstützenden Aufgaben andererseits unterschieden werden. Die planungsorientierten Aufgaben sind der operativen Entscheidungsebene zuzuordnen, während die ausführungsunterstützenden Aufgaben der taktischen Ebene angehören. In Abbildung 2 sind die Planungsaufgaben in der oberen Hälfte und die Aufgaben der Ausführung in der unteren Hälfte dargestellt.

• logistische Funktionen versus technische Funktionen

Bei den Logistikaufgaben stehen Begriffe wie Aufträge, Bestände, Rohstoffe und Verkaufsprodukte im Vordergrund. Die Prozesse innerhalb des Logistikbereichs sind auftragsgetrieben. Die wichtigsten Aufgaben der Produktionslogistik sind auf der linken Seite des Y-Modells dargestellt. Bei den technischen Funktionen stehen die Leistungsgestaltung mit Fragen zu den chemisch-physikalischen Stoffbeschreibungen und den Herstellungsverfahren sowie die technischen Aspekte der Umsetzung im Vordergrund. Diese Aufgaben sind auf der rechten Seite abgebildet.

• Transaktionsorientierung versus Real-Time-Orientierung

Bei dieser Unterscheidung handelt es sich um ein informationstechnisches Kriterium. Transaktionsorientierte Systeme werden interaktiv oder im Batch betrieben. Die Steuerung der Systeme erfolgt unmittelbar oder mittelbar durch den Benutzer. Auch wenn die Performance transaktionsorientierter Systeme eine wichtige Frage ist, sind die Anwendungen nicht zeitkritisch. Dies ist typisch für die Anwendungssysteme der Logistik, gilt aber auch für die planenden Ingenieursaufgaben. Real-Time-orientierte Systeme werden zur Steuerung von Anlagen und Prozessen eingesetzt, bei denen die Verarbeitung meist zeitkritisch ist und innerhalb eines definierten Zeitfensters erfolgen muß. Diese Systeme sind typisch für die Aufgaben des unteren rechten Asts.

Die unterschiedlichen Aspekte sind u. a. ein Grund dafür, daß in den einzelnen Funktionalbereichen eigenständige Informationssysteme entwickelt wurden. Dennoch erfordern die durch verschiedene Funktionalbereiche laufenden Geschäftsprozesse eine Integration der einzelnen Informationssysteme, so daß ein durchgängiger Informationsfluß gewährleistet wird.[18]

Im Vergleich zum Y-CIM-Modell wird deutlich, daß die Darstellung der logistischen Systeme auf der linken Seite des Y-Modells nur wenig von der des CIM-Konzepts abweicht. Begründet ist dies in der Tatsache, daß es aus logistischer Sicht keine prinzipiell unterschiedlichen Kon-

---

[17]   Das Y-CIM-Modell geht zurück auf Scheer, vgl. Scheer 90 und Scheer 95, S. 87. Zum Y-CIP-Modell vgl. Loos 93b und Scheer 95, S. 393. Die hier dargestellte Abbildung ist geringfügig ergänzt worden.

[18]   Zu unterschiedlichen Integrationsansätzen vgl. beispielsweise Becker 91, S. 166ff. und Mertens/Holzer 92. Zu Informationsflüssen in CIP-Teilketten vgl. Scheer 90, S. 120f., Loos 93b, S. 4ff. und Loos 95b, S. 81f.

zepte für die chemische Industrie gibt. Dies spiegelt sich in der weitgehend analogen Grund-
funktionalität der Systeme wider, die hauptsächlich durch interne Adaptionen an die spezifischen Bedürfnisse der chemischen Industrie angepaßt sind. Dementsprechend können wie in
der stückorientierten Industrie Produktionsplanungs- und -steuerungssysteme eingesetzt werden.[19] Für die Produktionssteuerung werden darüber hinaus, den Fertigungsleitständen in der
stückorientierten Industrie vergleichbar, dedizierte Betriebsführungssysteme (BFS) eingesetzt.[20] Diese werden auch als Manufacturing Execution Systems (MES) bezeichnet.[21]

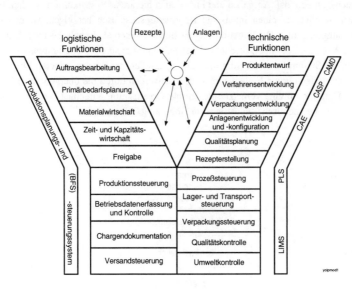

Abbildung 2: Y-CIP-Modell für die chemische Industrie

Dagegen gibt es starke Abweichungen bei den technischen Aufgaben, die sich aus den unterschiedlichen Produktionsprozessen ergeben und zu unterschiedlichen Anwendungssystemen
führen. So werden beispielsweise in der chemischen Industrie für die Produkt- und Verfahrensentwicklung CAMD-Systeme (Computer Aided Molecular Design) und CASP-Systeme
(Computer Assisted Synthesis Planning) eingesetzt, die speziell zur Unterstützung chemischer
Forschungs- und Entwicklungstätigkeiten geeignet sind. Unter Computer Aided Engineering
(CAE) wird in der chemischen Industrie die Unterstützung der Anlagenentwicklung und Konfiguration verstanden.[22] Zur Steuerung und Kontrolle der Produktionsprozesse kommen Pro-

---

[19]   Beispiele werden gegeben in Rücker 85, Köhl 91 und Mertens 95, S. 191f.

[20]   vgl. beispielsweise Packowski 93 und Jänicke/Thämelt 94.

[21]   vgl. Frisca/Baer 94 und Shaw 95.

[22]   vgl. Strickling 88 und Möckel/Scheiding 93.

zeßleitsysteme (PLS) zum Einsatz.[23] Die Qualitätssicherung in Betriebslabors wird durch Laborinformations- und -managementsysteme (LIMS) unterstützt.[24]

1.2.2.3 Ebenenkonzept

Eine Darstellung von Informationsbeziehungen, die in der Literatur zur Prozeßautomatisierung zu finden ist, ist das leittechnische Ebenenmodell. Bei diesem Modell wird von der Annahme ausgegangen, daß Aufgaben und Funktionen hierarchisch strukturiert werden. Funktionen, die untereinander einen intensiven Informationsaustausch benötigen, werden in einer Ebene zusammengefaßt. Die Funktionen einer Ebene können als Regelkreis aufgefaßt werden, wobei die Vorgaben der übergeordneten Ebene als Führungsgrößen übernommen werden und die erzeugten Stellgrößen wiederum die Führungsgrößen der untergeordneten Ebene darstellen. Mehrere teilautonome Einheiten einer Ebene werden durch die übergeordnete Ebene koordiniert. Damit kann eine vernetzte, dezentrale Organisation aufgebaut werden.[25] Das Ebenenmodell für die chemische Industrie ist in Abbildung 3 dargestellt.[26]

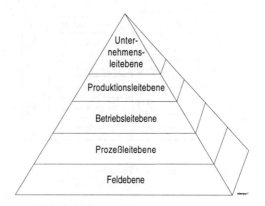

Abbildung 3: Ebenenmodell für die chemische Industrie

Als Aufgaben der Unternehmensleitebene werden vorwiegend strategische Funktionen angegeben.[27] Im Rahmen der Produktionsleitebene und der Betriebsleitebene werden vor allem

---

[23] vgl. Bertsch/Geibig/Weber 89 und Polke 94. Die Systeme werden auch als Prozeßleittechnik (PLT) oder als Supervisory Control and Data Acquisition System (SCADA) bezeichnet.

[24] vgl. Neitzel 92 und Hörner/Klur/Kuhle 94.

[25] vgl. Scheer 95, S. 257.

[26] vgl. beispielsweise Polke 89b und Eckelmann/Geibig 89. Im Purdue-Referenzmodell wird ebenfalls ein sechs Ebenen umfassendes, hierarchisches Steuerungsmodell für CIM-Systeme entwickelt und u. a. exemplarisch auf die pharmazeutische Produktion angewandt, vgl. Williams 89, S. 23 ff und S. 42.

[27] Teilweise werden wertorientierte Aufgaben wie die Kostenrechnung und Finanzbuchführung, Vertriebsabwicklung, Forschung und Entwicklung, etc. der Unternehmensleitebene zugeordnet, vgl. beispielsweise

produktionslogistische Aufgaben wahrgenommen. Teilweise wird die Betriebsleitebene nicht explizit aufgeführt, so daß die Aufgaben komplett der Produktionsleitebene zugeordnet werden.[28] Eine Differenzierung in zwei Ebenen erscheint allerdings gerechtfertigt, da die mittelfristigen Dispositionsaufgaben der Produktionsleitebene und die kurzfristigen, taktischen Steuerungsaufgaben der Betriebsleitebene zugeordnet werden können. Eine weitere Unterscheidung ergibt sich dadurch, daß die Aufgaben der Produktionsleitebene den gesamten Produktionsbereich eines Unternehmens betreffen, während die Aufgaben der Betriebsleitebene für jeden Produktionsbetrieb eigenständig durchgeführt werden können.[29] Die Koordination der einzelnen Betriebsleitebenen ist von der Produktionsleitebene zu übernehmen.

Die Prozeßleitebene ist für die Durchführung der verfahrenstechnischen Prozesse zuständig, wobei ein hoher Grad an Automatisierung angestrebt wird. Zu den Grundfunktionen der Prozeßleitebene gehören das Messen, Steuern und Regeln. Die Steuer- und Regelungsaufgaben sind dabei nicht nur auf einzelne Apparate beschränkt, sondern es können auch Apparategruppen geführt werden. Somit können mehrere Verfahrensschritte prozeßleittechnisch zusammenhängend durchgeführt werden, wodurch teilweise auch auf der Prozeßleitebene produktionslogistische Aufgaben anfallen. Die Prozeßleittechnik kann als informationstechnische Umsetzung der automatisierten Verfahrenstechnik aufgefaßt werden. Während sich die Prozeßleittechnik mit dem Informationsfluß beschäftigt, ist der Material- und Energiefluß Gegenstand der Verfahrenstechnik.[30] Die Feldebene enthält die Elemente, die unmittelbar mit den Prozessen zusammenwirken, insbesondere die Aktoren und die Sensoren.

Bei einem Vergleich zwischen dem Ebenenmodell und dem Y-CIP-Modell können folgende Aussagen getroffen werden:

- Das Y-CIP-Modell umfaßt die Produktions-, die Betriebs- und die Prozeßleitebene. Unternehmensleitebene und Feldebene werden nicht explizit betrachtet.

- Die Produktionsleitebene ist dem oberen linken Ast, also den planerischen Logistikaufgaben zuzuordnen. Die Betriebsleitebene ist in den unteren linken Ast, also in die Ausführungsunterstützung des Logistikbereichs, einzuordnen. Die Funktionen werden durch PPS-Systeme sowie durch die Betriebsführungssysteme abgedeckt.

Kempert/Katzmeier/Tünschel 89 und Polke 94, S. 61ff. Diese Vereinfachung der informatorischen und organisatorischen Zusammenhänge kann aus dem produktions- und prozeßautomatisierungsbezogenen Blickwinkel der Strukturierung erklärt werden. Die nicht-produktionsbezogenen Bereiche können jedoch nicht bedenkenlos in einer Ebene zusammengefaßt werden, vgl. beispielsweise Scheer 95, S. 4ff. und S. 469ff. und Mertens 95, S. 5ff. Aufgrund des Schwerpunkts der vorliegenden Arbeit soll allerdings auf diese Tatsache nicht weiter eingegangen werden.

[28] z. B. in Born 85, Hofmann 85, Polke 89b, S. 373ff., Riemer 90, Erdmann/Schnieder/Schielke 94 und Clevermann 91. Dagegen wird die Differenzierung der beiden Ebenen vorgenommen in Eckelmann/Geibig 89, Kersting 91, Geibig 92, Kersting/Pfeffer 92, Bruns et al. 93 und Storr/Uhl/Wehlan 96.

[29] Zur Definition des Begriffs Produktionsbetrieb vgl. Fußnote 110, S. 31.

[30] vgl. Bertsch/Geibig/Weber 89.

• Die Prozeßleitebene ist dem unteren rechten Ast zuzuordnen. Die Aufgaben, die durch Prozeßleitsysteme unterstützt werden, werden im Y-CIP-Modell als Prozeßsteuerung bezeichnet. Angrenzende Aufgaben, z. B. aus dem Bereich der Qualitätssicherung, können teilweise in die Prozeßleitsysteme integriert sein.

• Die Aufgaben der Leistungsgestaltung im rechten oberen Ast sind nicht im Ebenenmodell enthalten. Allerdings werden Bereiche der Anlagenkonfiguration, insbesondere bezüglich der softwarebezogenen Konfiguration bestehender Anlagen, als Teil der Prozeßleitebene angesehen.[31] Somit gehört die CAE-Technik zum Teil der Prozeßleitebene an.

• Die Anwendungen der Prozeßleitebene und der Feldebene können nach dem Einsatz im Produktionsbereich einerseits und im Labor andererseits differenziert werden. Entsprechend wird bei Verwendung im Labor von Laborleitebene und Laborfeldebene gesprochen.[32] Die Aufgaben dieser Ebenen entsprechen dem Funktionalbereich Qualitätssicherung und werden durch LIM-Systeme unterstützt.

1.2.2.4 Zum Stand des Einsatzes von Informationssystemen und deren Integration

Aufgrund des großen Betätigungsfelds der chemischen Industrie, der unterschiedlichen Größenstruktur der Betriebe und der verschiedenartigen Gestaltung chemisch-verfahrenstechnischer Produktionsprozesse sind die Anforderungen an den Informationssystemeinsatz und die tatsächliche Umsetzung in die betriebliche Praxis nicht für alle Betriebe homogen. Dennoch soll versucht werden, anhand genereller Aussagen den gegenwärtigen Stand zum Informationssystemeinsatz und zur Integration der unterschiedlichen Systeme zu charakterisieren:

• Die eingesetzten Systeme der Produktionsplanung und -steuerung sind oft nicht an die Besonderheiten der chemischen Industrie angepaßt. Es werden häufig Systeme eingesetzt, die für die Belange der stückorientierten Industrie entwickelt wurden.[33]

---

[31] vgl. Strickling 88 und Scheiding 92.

[32] vgl. Kersting 91 und Wurm/Albert 91.

[33] vgl. hierzu Schürbüscher/Metzner/Lempp 92, Hofmann 92, Loos 93d und die Beispiele aus Fußnote 19, S. 7. Im ISIS Software Report werden 86 PPS-Systeme aufgeführt, aber nur 14 Systeme (16%) werden im Branchenreport den Sparten Chemische Industrie und Pharmaindustrie zugeordnet oder sind explizit gekennzeichnet als für die Prozeßindustrie geeignet, vgl. Nomina 94.
Bei einer empirischen Untersuchung wurden bei insgesamt 167 PPS-Systemen folgende Branchentauglichkeiten ermittelt: 60 Systeme für Chemie (36%) und 65 Systeme für Pharma (39%), aber 146 Systeme für Maschinenbau (87%), 139 Systeme für Zulieferindustrie (83%), 123 Systeme für Elektro (73%) und 117 Systeme für Anlagenbau (70%), vgl. Fandel/François/Gubitz 94, S. 20ff. Die Angaben beruhen auf einer Selbstbewertung der Hersteller und sind deshalb mit gebotener Vorsicht zu beurteilen. Trotzdem zeigen die Aussagen, daß PPS-Systeme vorwiegend für die Belange der stückorientierten Fertigung entwickelt werden.
Vor diesem Hintergrund sind auch Bestrebungen von Herstellern zu verstehen, ihre für die stückorientierte Industrie entwickelten PPS-Systeme an die Anforderungen der Prozeßindustrie anzupassen, vgl. Loos 95a.
Doch selbst bei speziell für die Verfahrensindustrie entwickelten PPS-Systemen wird die unzulängliche Abbildungsmöglichkeit spezifischer Aspekte bemängelt, vgl. Corsten/May 94, S. 885f.

- Die produktionsnahen Funktionen der Produktionsplanung und -steuerung sind in den meisten PPS-Systemen nur unzureichend unterstützt.[34] Um die Aufgaben der Betriebsleitebene stärker zu unterstützen, sind die PPS-Systeme um produktionsnahe Funktionen zu erweitern oder verstärkt dedizierte Betriebsführungssysteme einzusetzen.[35]

- Die Digitalisierung verfahrenstechnischer Meß-, Steuer- und Regeleinrichtungen (MSR-Technik) und die Kontrolle mit Hilfe der Prozeßleittechnik sind inzwischen weit entwickelt und werden bereits, zumindest in neuen Produktionsanlagen, auf breiter Front eingesetzt.[36]

- Kaum eine Integration besteht zwischen den produktionslogistischen Funktionen einerseits und der Prozeßleitebene andererseits. Dies hängt u. a. mit der fehlenden Unterstützung durch produktionsnahe Logistikfunktionen der Betriebsleitebene zusammen. Dies hat zur Folge, daß die Informationssysteme der Produktionslogistik und der Prozeßleitebene meist mit isolierten Datenbasen arbeiten, so daß der Informationsfluß in den informationssystemübergreifenden Geschäftsprozessen manuell herzustellen ist.[37]

- Die fehlende Integration gilt auch für den Bereich der Qualitätskontrolle, da die LIM-Systeme häufig isoliert betrieben werden und informationstechnisch nicht in den betrieblichen Ablauf eingebunden sind.[38]

- Informationssysteme, die die Forschung und Entwicklung unterstützen, werden in der Regel isoliert eingesetzt und sind nicht integriert. Da die Forschungs- und Entwicklungsaufgaben im Gegensatz zur stückorientierten Industrie zeitlich entkoppelt sind, ist die Integrationsnotwendigkeit hier etwas geringer.[39] Allerdings besteht aufgrund der enormen strategischen Bedeutung des Time-to-market neuer Produkte, insbesondere in der pharmazeutischen Industrie, ein großes Einsatzpotential für neue Informationstechnologien wie Dokumentenverwaltungs- und Workflow-Management-Systeme.[40] Damit ergibt sich prinzipiell auch hier eine Integrationsanforderung.

Abbildung 4 stellt anhand des Y-CIP-Modells den gegenwärtigen Stand schematisch dar. Der Anteil der grauen Schraffierung gibt den Stand des Informationssystemeinsatzes wieder. Die Breite der Pfeile verdeutlicht den Integrationsbedarf.

---

[34] vgl. Scheer 95, S. 383ff.

[35] vgl. Jänicke 94 und Loos 95a.

[36] Eine umfangreiche Darstellung des aktuellen Entwicklungsstandes der verfahrenstechnischen Prozeßleittechnik ist zu finden z. B. in Polke 94 sowie in NAMUR 87, NAMUR 90 und NAMUR 93; zum Einsatz vgl. Abbildung 18, S. 59.

[37] vgl. Bertsch/Geibig/Weber 89 .

[38] vgl. Spangler 93.

[39] vgl. Scheer 90, S. 121.

[40] vgl. Schwarzer 94, Fischer/Möcklinghoff 94 und Hübel 96.

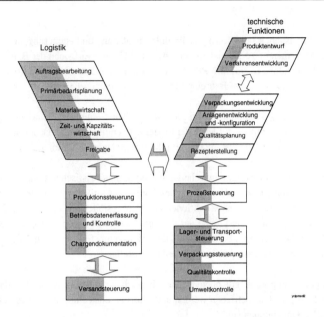

Abbildung 4: Gegenwärtiger Einsatz von Informationssystemen und Integrationsbedarf

1.3 Methodisches Vorgehen und Aufbau

Bei der Bearbeitung der aufgezeigten Problemstellung stellen sich Fragen nach der Abgrenzung der für die chemische Industrie typischen Anforderungen an die Informationsstrukturen, nach der Beschreibungsart der Anforderungen und nach der Darstellungsart der konzeptionellen Lösungsansätze. Dafür wird folgendes methodisches Vorgehen gewählt:

- Die speziellen Anforderungen der Produktionslogistik in der chemischen Industrie werden mit Hilfe des Instrumentariums der betriebstypologischen Merkmale diskutiert.

- Da die Konzepte für die stückorientierte Industrie in der Theorie bereits weit entwickelt und gut dokumentiert sind, kann auf diesen aufgebaut werden. Deshalb werden in der vorliegenden Arbeit nur Anforderungen und Lösungen für die chemische Industrie diskutiert, die von denen der stückorientierten Industrie abweichen. Auf gemeinsame Probleme und adäquate Lösungen der verschiedenen Branchen wird verwiesen.

- Bei den Lösungskonzepten stehen die Informationsstrukturen im Vordergrund, die sich im Datenmodell der Informationssysteme widerspiegeln. Dabei werden insbesondere die in den Stammdaten abgebildeten Strukturen der Produktionsfaktoren, des Produktionssystems und der Produkte diskutiert. Andere Aspekte der Lösungskonzepte wie aufbauorganisatorische, ablauforganisatorische und algorithmische Fragestellungen, die in Organisations-, Prozeß- und Funktionsmodellen beschrieben werden können,[41] werden insoweit behandelt, als sie für die Diskussion der Informationsstrukturen notwendig sind.

• Mit den Informationsstrukturen des Datenmodells werden in erster Linie fachliche Inhalte entwickelt und dokumentiert. Sie können u. a. als Implementierungsvorlage für die Realisierung von Informationssystemen dienen, auf eine konkrete Umsetzung in Datenbanksysteme wird hier jedoch nicht eingegangen. Die Datenstrukturen werden mit Hilfe des Expanded Entity-Relationship-Modells (PERM) beschrieben, ein zur Steigerung der semantischen Ausdruckskraft erweitertes Entity-Relationship-Modell. Für die Darstellung der notwendigen Prozeßabläufe werden Ereignisgesteuerte Prozeßketten angewandt. Die Sprachkonstrukte der beiden Methoden sind im Anhang erläutert.[42]

Daraus leitet sich der in Abbildung 5 skizzierte Aufbau der Arbeit ab. Die Größe der Rechtecke innerhalb der Abbildung symbolisiert das Gewicht des jeweiligen Kapitels. Die Umrahmungen drücken die inhaltlichen Bezüge der Kapitel untereinander aus.

Die Einführung im ersten Kapitel erläutert die Zielsetzung und Motivation der Arbeit, grenzt den Untersuchungsgegenstand ab und vermittelt eine Gliederungsübersicht.

Das zweite und dritte Kapitel behandeln die besonderen Anforderungen der chemischen Industrie an die Informationsstrukturen mit dem Instrumentarium der betriebstypologischen Merkmale. Dabei werden nur produktionslogistisch relevante Merkmale diskutiert, die sich zum einen auf die verfahrenstechnischen Produktionsprozesse, zum anderen auf die in der Produktion logistisch zu handhabenden Materialien beziehen. Sie dienen als Basis für die Ableitung der Anforderungen an die in der Produktionslogistik einzusetzenden Informationssysteme. Die Diskussion der Merkmale geschieht hauptsächlich unter dem Gesichtspunkt der chemischen Industrie, doch werden auch Merkmale und Merkmalsausprägungen behandelt, die allgemein für die verfahrenstechnische Industrie gelten, weshalb in der Kapitelüberschrift explizit die verfahrenstechnische Produktion genannt ist. Betriebstypologische Merkmale, die andere Bereiche betreffen, wie beispielsweise die Absatzlogistik, werden nicht diskutiert. Kapitel zwei behandelt nach einem kurzen methodischen Überblick die einzelnen Merkmale und die für die chemische Industrie typischen Merkmalsausprägungen. Dabei werden jeweils Anforderungen aus den spezifischen Merkmalsausprägungen abgeleitet. Kapitel drei behandelt die Zusammenstellung der Merkmale zu Betriebstypen. Es werden speziell für die chemische Industrie entwickelte und in der Literatur dokumentierte Typologisierungen vorgestellt. Anschließend werden die in Kapitel zwei erörterten Merkmale zu vier Typen zusammengestellt. Dabei wird keine vollständige Typologisierung angestrebt, vielmehr soll die Spannweite der in der chemischen Industrie anzutreffenden Produktionsbetriebe aufgezeigt werden.

---

[41] vgl. Scheer 92 und Schmidt 96

[42] s. S. 231.

In Kapitel vier bis sechs werden die aus den Anforderungen abgeleiteten Informationsstrukturen entwickelt. Kapitel vier umfaßt die Strukturen des Input und des Output, also der Materialstammdaten, der Stammdaten sonstiger Produktionsressourcen sowie die Stammdaten der Lagerhaltung. Bei den Materialstammdaten wird auch auf die für die chemische Industrie relevanten Aspekte gefahrstoffrechtlicher Fragen eingegangen.

Abbildung 5: Thematischer Aufbau der Arbeit

Kapitel fünf beschreibt die Strukturen des Produktionssystems. Diese umfassen die Informationen über die Input-Output-Verhältnisse der chemischen Produktion sowie die Verfahrensbeschreibungen der Produktionsprozesse. Diese Informationen sind in Stücklisten und Rezepturen hinterlegt.

In Kapitel sechs werden Aspekte der Auftragsabwicklung in der chemischen Produktion diskutiert. Während bisher die den Informationssystemen zugrundeliegenden Stammdaten behandelt wurden, bezieht sich dieses Kapitel auf ausgewählte Bewegungsdaten, nämlich auf Daten zu Materialchargen und Bestandsführung, zur Materialbedarfsplanung und Auftragsgenerierung, zu Produktionsaufträgen, zur Herstelldokumentation und zur Chargenverfolgung.

Kapitel sieben gibt eine Zusammenfassung, in der die Anforderungen aus den Merkmalsausprägungen und den Betriebstypen den abgeleiteten Informationsstrukturen noch einmal im Überblick gegenübergestellt werden.

2 Merkmale der verfahrenstechnischen Produktion

Das Ziel einer typologischen Charakterisierung ist eine möglichst umfassende Beschreibung des Untersuchungsgegenstands, um die in der Realität vorkommenden Formen und Ausprägungen zu bestimmen und einzuordnen. Eine Einordnung erleichtert die Formulierung von Hypothesen und Theorien über den Untersuchungsgegenstand und liefert im Rahmen betriebswirtschaftlicher Problemstellungen wichtige Erkenntnisse zur Lösung von Entscheidungsproblemen.[43]

2.1 Typologisierung und Merkmale

2.1.1 Typologisierung und Merkmale in der betriebswirtschaftlichen Literatur

Zur Charakterisierung des Untersuchungsgegenstands der Betriebswirtschaftslehre wird seit geraumer Zeit die Typologisierung herangezogen. So lieferten Heber und Nowak 1933 einen Beitrag zur Betriebstypologisierung, in dem bei der Bildung der Betriebstypen die Gesichtspunkte der Selbstkostenrechnung im Vordergrund stehen.[44] Es werden aufgrund des Merkmals Wiederholung der Nutzleistung die industriellen Grenztypen Betriebe mit Massenleistung und Betriebe mit Einzelleistung gebildet, und die Zwischentypen Betriebe mit Sortenleistung, Betriebe mit Partie- und Chargenleistung, sowie Betriebe mit Serienleistung eingeführt. Als Sonderform werden Betriebe mit Kuppelproduktion behandelt.

Einen weiteren wichtigen Ansatz stellt die Arbeit von Eisfeld dar.[45] Nach einer Übersicht über typologische Ansätze in der frühen Betriebswirtschaft und über die Technik der Typbildung, diskutiert Eisfeld die Typologisierung als Instrument der Gestaltungslehre in der Betriebswirtschaftslehre. Tietz hat in seiner Dissertationsschrift die Anwendung von Typen in der Betriebswirtschaftslehre diskutiert und auf den Bereich Messen und Ausstellungen angewandt.[46] Tietz setzt sich ausführlich mit methodischen Fragestellungen auseinander und gibt eine umfassende Kategorisierung der Begriffe Typ und Merkmal. Knoblich hat in seiner Charakterisierung der typologischen Methoden in der Betriebswirtschaftslehre den deduktiven und den induktiven Weg der Typbildung herausgestellt und den Prozeß der Typbildung mit Hilfe von Merkmalen beschrieben.[47] Das Wesen typologischer Methoden sieht Knoblich in der komparativ-anschaulichen Abstraktion.

Weitere grundlegende Überlegungen zur methodischen Fragestellung bei der Bildung von Typologien sind bei Große-Oetringhaus zu finden.[48] Er unterscheidet die Definition eines

---

[43] vgl. Küpper 79.

[44] vgl. Heber/Nowak 33. Nach Schäfer ist der Beitrag als bedeutender Ansatz zu einer betriebstypologischen Betriebswirtschaftslehre anzusehen, vgl. Schäfer 69.

[45] vgl. Eisfeld 51.

[46] vgl. Tietz 60.

[47] vgl. Knoblich 72.

[48] vgl. Große-Oetringhaus 72.

Typs durch Abstraktion, durch Differenzierung und durch Verbindung. Des weiteren beschreibt er den Typenbildungsprozeß, den er als dynamische Betrachtung bezeichnet. Im Gegensatz zu Knoblich werden hierbei aber vor allem die Merkmalsausprägungsmöglichkeiten unter quantitativem Aspekt sowie die Typendarstellung im Sinne der Präsentation diskutiert.

Typologisierungen der industriellen Fertigung wurden u. a. von Schäfer,[49] Große-Oetringhaus,[50] Küpper[51] und Krycha[52] vorgenommen. Die Arbeiten von Riebel,[53] Kölbel und Schulze[54] sowie von Fransoo und Rutten[55] berücksichtigen bei der Diskussion der Merkmale insbesondere die Prozesse der chemischen Industrie. Schomburg,[56] Glaser, Geiger und Rohde,[57] Jost[58] und Kautz[59] untersuchen die Auswirkungen der typologischen Merkmalsausprägungen auf die Gestaltung der die Produktion unterstützenden Informationssysteme.

2.1.2 Methodische Überlegungen zu Typologisierung und Merkmalen

Bei einer Typologisierung handelt es sich um eine abstrakte, zielorientierte Ordnung von Elementen zur Charakterisierung eines Untersuchungsobjektes.[60] Das Ziel der hier vorzunehmenden Typologisierung ist die Differenzierung gegenüber der stückorientierten Industrie. Die Elemente zum Aufbau der Ordnung sind die Merkmale. Sie sind Voraussetzung für die Bildung der Typen. Ein Merkmal stellt ein Kriterium dar, nachdem der Untersuchungsgegenstand eingeordnet wird. Die konkreten Eigenschaften eines Merkmals werden als Merkmalsausprägungen bezeichnet. Da in der vorliegenden Arbeit nicht der Anspruch auf vollständige Erfassung aller Eigenschaften erhoben wird, und die Merkmalsausprägungen nominal skaliert sind, handelt es sich um ein offenes Merkmalssystem mit qualitativen Merkmalsausprägungen.[61]

---

[49]   vgl. Schäfer 69.

[50]   vgl. Große-Oetringhaus 72.

[51]   vgl. Küpper 79.

[52]   vgl. Krycha 96.

[53]   vgl. Riebel 63.

[54]   vgl. Kölbel/Schulze 65a.

[55]   vgl. Fransoo/Rutten 93.

[56]   In Schomburg 80 werden typologische Merkmale zur Anforderungsdefinition für den Einsatz von PPS-Systemen im Maschinenbau genutzt.

[57]   In Glaser/Geiger/Rohde 92, S. 379ff werden betriebstypologische Auswirkungen auf die Soll-Konzeption für PPS-Systeme bei mittelständigen Betrieben der stückorientierten Industrie untersucht. Dabei werden insgesamt sieben Betriebstypen unterschieden.

[58]   In Jost 92 werden betriebstypologische Merkmalsausprägungen im Rahmen der Unternehmensanalyse für die DV-gestützte Rahmenplanung von Informationsverarbeitungskonzepten eingesetzt.

[59]   Auch Kautz nutzt typologische Merkmale für die Auswahl von PPS-Systemen. Hierzu entwickelt er mit Hilfe von produktionsspezifischen Merkmalen ein Typisierungsmodell, dem er ein aus PPS-Merkmalen entwickeltes Erfassungsmodell zuordnet. In einem anschließenden Bewertungsmodell wird die Eignung der zugeordneten PPS-Systeme zur Ermittlung der günstigsten Alternative kardinal skaliert, vgl. Kautz 96.

[60]   vgl. Große-Oetringhaus 72, S. 32.

[61]   vgl. Knoblich 72, S. 143f.

In der Literatur wird eine Vielzahl von Merkmalen aufgeführt.[62] Aufgrund des produktionslogistischen Hintergrunds werden bezüglich der Merkmale bei der

- Güterart nur materielle Produkte, bei der
- Beweglichkeit der Güter nur Mobilien, bei der
- Ortsgebundenheit nur örtlich ungebundene Produktionen und bei den
- Technologien nur materialbezogene Verfahren

berücksichtigt, d. h. immaterielle Produkte, Immobilien, Baustellenproduktion und geistige Verfahren werden von den folgenden Betrachtungen ausgeschlossen. Des weiteren werden keine Merkmale diskutiert, deren Merkmalsausprägungen zwar Einfluß auf die Gestaltung produktionslogistischer Informationssysteme nehmen, deren Ausprägungen jedoch nicht typisch sind für die chemische Industrie. So nimmt beispielsweise die Ausprägung des Merkmals Auftragsauslösung Einfluß auf die Dispositionsart, doch unterscheiden sich die chemischen Industrie und die stückorientierte Fertigung nicht in den Merkmalsausprägungen, da in beiden Bereichen Kundenbedarfe und Lagerbedarfe als Auftragsauslöser auftreten.[63] Diese Merkmale werden nur dann berücksichtigt, wenn sie Einfluß auf andere, hier relevante Merkmale nehmen.

Die im folgenden diskutierten Merkmale und Merkmalsausprägungen sind zum Teil nicht nur für die chemische Industrie charakteristisch, sondern gelten allgemein für die Prozeßindustrie. Aus diesem Grund kann, je nach Merkmal, sowohl die Relevanz für die Prozeßindustrie als auch die Relevanz für die chemische Industrie hervorgehoben werden. Entscheidend ist dabei die Differenzierung zur stückorientierten Industrie.

2.2 Produktionslogistische Merkmale

Die produktionslogistischen Merkmale der industriellen Produktion werden in zwei Gruppen strukturiert. Zum einen werden alle Merkmale zusammengefaßt, die das Material als Repetierfaktor und als Produkt unabhängig vom Produktionsprozeß betreffen. Die zweite Gruppe bezieht sich auf das Produktionssystem, wobei, wie in Abbildung 6 dargestellt, zwischen Inputmerkmalen, Outputmerkmalen und den Merkmalen des eigentlichen Transformationsprozesses unterschieden wird.

2.2.1 Material

Die Eigenschaften des Materials beziehen sich auf chemische oder physikalische Merkmale der Stoffe, mit denen im Herstellungsprozeß umgegangen wird. In diesem Sinn sollen hier unter Material alle dinglichen Repetierfaktoren, sowie alle dinglichen Erzeugnisse zusam-

---

[62] z. B. 8 Merkmale in Schomburg 80, 17 in Jost 92, 10 in Loos 93b, 6 in Riebel 63, 18 mit 21 Untermerkmalen in Schäfer und 54 Einzelmerkmale in Große-Oetringhaus 72.

[63] In Corsten/May 94, S. 874ff. findet sich eine kritische Aufzählung solcher vermeintlicher Merkmale der verfahrenstechnischen Industrie.

mengefaßt werden, d. h. alle materiellen Input-, Output- und Zwischenstoffe wie Rohstoffe, Hilfsstoffe, Betriebsstoffe, unfertige oder fertige Erzeugnisse oder Handelsware.[64] Immaterielle Produkte werden nicht betrachtet.

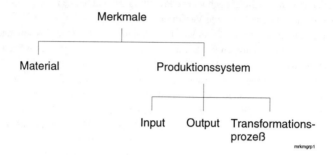

Abbildung 6: Merkmalgruppen

2.2.1.1 Form

Entsprechend dem physikalischen Zusammenhalt der Stoffteile kann zwischen ungeformtem und geformtem Material unterschieden werden. **Ungeformtes Material** besteht aus losen Stoffteilchen, die sich ohne größere Krafteinwirkung gegeneinander verschieben lassen. Dazu gehören Gase, Flüssigkeiten, Plasmen und Schüttgüter und deren Mischungen wie Suspensionen, Aerosole, Pasten, etc.[65] Des weiteren können aus Sicht der typologischen Zielsetzung auch amorph erstarrte Massen und armorphe Bruchstücke zu den ungeformten Materialien gezählt werden. Abbildung 7 zeigt ihre Systematisierung.

Aufgrund dieser Eigenschaften stellen ungeformte Materialien spezielle Anforderungen an Handhabung und Lagerung. Ungeformte Materialien müssen meist in Behältern gelagert und transportiert werden.[66] Dabei können die Behälter zum einen dem Schutz der Materialien dienen, zum anderen aber auch dem Schutz der Umwelt, z. B. bei flüchtigen Materialien. Schwere Schüttgüter, z. B. Koks, benötigen in der Regel keine Behälter zur Lagerung. Bei dem eigentlichen Transformationsprozeß müssen spezielle Apparaturen für die Handhabung zur Verfügung stehen. Typische Vorrichtungen für die Lagerung, den Transport und die Handhabung ungeformter Materialien sind beispielsweise Fässer, Container, Kessel, Förderbänder, Rohrleitungen, Druckbehälter, Silos, etc.

---

[64] Die Verwendung des Begriffs Material für alle materiellen Input-, Output- und Zwischenprodukte ist auch bei den Stammdaten produktionslogistischer Informationssysteme üblich, vgl. Abschnitt 'Materialstamm', S. 87.

[65] vgl. Riebel 63, S. 47f.

[66] vgl. Riebel 54, S. 419.

Bei ungeformten Materialien besteht somit die Anforderung, daß für jede einzelne Materialart die zulässigen Aufbewahrungs- und Handhabungsbehälter bekannt sein müssen. Des weiteren ergeben sich durch die tatsächlich verfügbaren Behältnisse Mengenrestriktionen für die Lagerung, z. B. durch das Fassungsvermögens eines Tanks.

Im Gegensatz zu ungeformten Stoffen weisen **geformte Materialien** einen inneren Zusammenhalt auf. Geformte Materialien können nach der Dimension ihrer festgelegten Form differenziert werden, abhängig davon, ob die Form in allen drei Dimensionen festgelegt ist, wie z. B. bei einem Getriebeblock, oder ob es sich um Materialien handelt, deren Form nicht in alle Dimensionen festgelegt ist, z. B. nur der Durchmesser bei Stangen oder nur das Flächengewicht bei Papier. Bezüglich der übrigen Dimensionen können diese Materialien, soweit es die Produktionsprozesse zulassen, eine „unbegrenzte" Größe aufweisen. Diese Merkmalsausprägung der Form stellt prinzipiell keine Anforderungen an spezielle Aufbewahrungs- und Handhabungsbehälter. Allerdings kann aufgrund anderer Merkmale wie Gefährlichkeit oder Verderblichkeit, oder aus Gründen der Vereinfachung der Handhabung (z. B. Rollenträger bei Draht oder Handling von Kleinteilen) durchaus die Notwendigkeit von Behältern gegeben sein.[67]

Die Materialform kann unterschiedliche Auswirkungen auf die Identifizierung des Materials haben. So ist es im allgemeinen einfacher, ein geformtes Material visuell zu identifizieren. Auch die physikalischen Träger der Materialidentifikation wie Etiketten oder Aufkleber lassen sich meist an den geformten Materialien anbringen, wogegen sie bei ungeformten Materialien an den Behältern oder am Lagerplatz angebracht werden müssen.

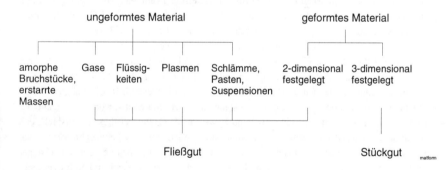

Abbildung 7: Materialformen[68]

Die chemische Industrie ist wie kein zweiter Industriezweig durch die Verwendung ungeformter Materialien gekennzeichnet. In der chemischen Industrie liegen die Roh- und Zwischenprodukte fast durchweg in Form von Flüssigkeiten, Pasten, Schüttgütern oder Gasen vor,

---

[67] vgl. Ausführungen zu den Merkmalen Haltbarkeit, S. 23 und Gefährlichkeit, S. 24.

[68] in Anlehnung an Riebel 63, S. 49.

Endprodukte dagegen auch als geformte Güter, z. B. als Tabletten, Kapseln oder Seife, wobei die Überführung der Endprodukte in geformte Güter mit zunehmender Konsumentennähe der Branche zunimmt. Dies läßt sich aus der einfacheren Handhabung geformter Produkte erklären, dem die Industrie im Produktdesign Rechnung trägt. So werden nichtgeformte Darreichungsformen allmählich durch geformte ersetzt, beispielsweise Tabletten statt Saft bei Arzneimitteln, oder Tabs statt Pulver bei Reinigungsmitteln. Doch ist die Formgebung der chemischen Feststoffe eher von untergeordneter Bedeutung.[69] In anderen Bereichen der Prozeßindustrie wie der Papierindustrie, der Nahrungsmittelindustrie oder der metallurgischen Industrie treten sowohl auf der Rohstoff- als auch auf der Produktseite geformte Güter auf. Charakteristisch ist aber, daß fast in allen Bereichen auf irgendeiner Stufe ungeformte Materialien auftreten. Ungeformte Materialien können somit als ein Charakteristikum der Prozeßindustrie betrachtet werden.

2.2.1.2 Teilbarkeit

Die Teilbarkeit von Gütern hängt eng mit der Form des Materials zusammen.[70] Prinzipiell kann zwischen nichtteilbaren Gütern, den **Stückgütern**,[71] und zwischen **beliebig teilbaren Gütern**[72] unterschieden werden. Dreidimensional fest geformte Güter sind in der Regel nicht teilbar, während ungeformte Schüttgüter oder Flüssigkeiten teilbar sind. Teilbare Güter werden als Fließgüter bezeichnet. Stangen und flächenförmige Materialien sind aufgrund ihrer Teilbarkeit trotz ihrer festen Form zu den Fließgütern zu zählen. Wegen des engen Zusammenhangs wird die Teilbarkeit und die Form von Gütern in Typologien auch häufig in einem gemeinsamen Merkmal beschrieben. So differenziert Küpper das Merkmal Gestalt der Güter nach den Ausprägungen ungeformte Fließgüter, geformte Fließgüter und Stückgüter.[73]

Die Teilbarkeit der Materialien stellt spezielle Anforderungen an die Verrechnung von Mengen. Während die Mengen von Stückgütern in der Regel in der Dimension Stück berechnet werden, ist die Quantität von Fließgütern in anderen Einheiten, z. B. Volumeneinheiten oder Gewichtseinheiten, zu messen. Darüber hinaus reicht eine Mengeneinheit bei Fließgütern häufig nicht aus. So kann beispielsweise für ein stangenförmiges Material sowohl die Angabe der laufenden Meter als auch des Gewichts genutzt werden. Während bei diesem Beispiel noch eine einfache, materialspezifische Umrechnung möglich ist, sind bei chemischen Substanzen häufig mehrere Einheiten zur Quantifizierung gegeben,[74] die nur schwierig oder teilweise gar nicht umzurechnen sind. So ist z. B. die Umrechnung zwischen Gewicht und Volumen einer

---

[69]   vgl. Amecke 87, S. 59.

[70]   In der Industriebetriebslehre und in produktionstheoretischen Betrachtungen gelten Repetierfaktoren aus Gründen der Vereinfachung oft als „weitgehend teilbar", vgl. Heinen 91, S. 409. In den hier dargestellten Betrachtungen kommt es dagegen auf die physikalischen Eigenschaften an, so daß eine stärkere Differenzierung erforderlich ist.

[71]   Der Begriff Stückgüter wird auch für verpackte, ungeformte Güter gebraucht, da diese dann als verpackte Produkte auch stückweise zählbar sind, vgl. beispielsweise VCI 93, S. 1.

[72]   Beliebig teilbar ist hier in einem betriebswirtschaftlichen Sinn zu verstehen.

[73]   vgl. Küpper 79, Sp. 1643.

[74]   vgl. VCI 86, S. 38.

Flüssigkeit von der Temperatur abhängig. Andere Mengeneinheiten sind von der Qualität des vorliegenden Materials abhängig und können somit Schwankungen unterworfen sein, z. B. Wirkstoffgehalt, Konzentration, pH-Wert, Brennwert, etc.

Entsprechend den Ausführungen bei dem Merkmal der Form sind Fließgüter kennzeichnend für die Prozeßindustrie.

2.2.1.3 Haltbarkeit

Das Merkmal der Haltbarkeit bezieht sich auf die Lagerfähigkeit von Materialien. **Verderbliche Güter** weisen eine beschränkte Lagerfähigkeit auf und müssen deshalb mit einem Haltbarkeitsdatum versehen werden. Häufig setzt die Aufbewahrung verderblicher Güter auch spezielle Lagerbedingungen zum Schutz des Gutes voraus. Verderbliche Rohstoffe sind vor allem in der dem Gewinnungsbereich nahestehenden Grundstoffindustrie anzutreffen, da diese natürliche Rohstoffe verarbeitet, sowie in der Nahrungsmittelindustrie.[75] Aber auch bereits weiterverarbeitete chemische Produkte wie Pharmazeutika oder Farbstoffe sind nur begrenzt haltbar.[76]

In einigen Fällen ist der Übergang vom guten zum verdorbenen Zustand auch kein diskreter Schritt, vielmehr ändert sich im Zeitablauf die Qualität schrittweise, z. B. bei flüchtigen Wirkstoffen in einer Substanz, so daß ein Material in mehreren verarbeitbaren Qualitätsstufen vorliegen kann.

Die beschränkte Haltbarkeit von Materialien stellt besondere Anforderungen an die Lagerwirtschaft. Es genügt nicht mehr, den Lagerbestand nach Materialarten differenziert zu betrachten, vielmehr müssen die Bestände pro Materialart entsprechend der einzelnen Haltbarkeitsdaten geführt werden. Dabei ist es nicht ausreichend, die Mengen wie für die Bestandsbewertung rein buchtechnisch zu unterscheiden, sondern die einzelnen Bestände müssen individuell identifizierbar sein.[77] Die besonderen Bedingungen der Lagerhaltung sind auch auf den Transport zu übertragen. Darüber hinaus stellen verderbliche Güter meist spezielle Bedingungen an die Lager- und Transportumgebung, z. B. Temperatur oder Luftfeuchtigkeit, sowie an Lager- und Transportbehälter.

Das Problem der begrenzten Haltbarkeit kommt in der chemischen Industrie häufig vor, z. B. bei Monomeren.[78] Ebenso kann die Haltbarkeitsproblematik bei Zwischenprodukten während eines laufenden Produktionsprozesses auftreten. Der instabile Zustand von Zwischenprodukten zwingt zu einem Produktionsablauf, bei dem nicht zu jedem beliebigen Zeitpunkt unter-

---

[75] vgl. Trienekens/Trienekens 93. Ein wichtiger Verarbeitungsschritt in der Nahrungsmittelindustrie ist deshalb die Haltbarmachung durch Konservierung.

[76] vgl. z. B. Hoffmann 95, S. 44. Dort wird für flüssige Farbstoffe bei dem untersuchten Betrieb eine Haltbarkeit von einem Jahr angegeben.

[77] Die Bestandsführung nach Haltbarkeitsdatum stellt eine besondere Art der chargenweisen Bestandsführung dar. Die komplette Menge einer Charge hat aufgrund der Chargendefinition immer das gleiche Haltbarkeitsdatum, vgl. Abschnitt 'Materialbestandsführung', S. 207. Unterschiedliche Chargen einer Materialart können aber das gleiche Haltbarkeitsdatum aufweisen. Andererseits impliziert die chargenweise Bestandsführung nicht notwendigerweise das Merkmal der Verderblichkeit.

[78] vgl. Kölbel/Schulze 70, S. 39f.

brochen werden kann. Instabile Zustände können beispielsweise durch die unerwünschte Fortführung von Reaktionen über das beabsichtigte Maß hinaus, durch den Beginn neuer, unerwünschter Reaktionen oder durch die Umwandlung des Materials in andere Zustände wie Aushärten bedingt sein. Diese Form der Haltbarkeit stellt besondere Anforderungen an die Prozeßgestaltung und soll deshalb unter den entsprechenden Merkmalen weiter betrachtet werden.

Eine andere Form der Haltbarkeit tritt bei Gütern auf, die Modetrends unterworfen sind. Diese finden sich nicht nur in der Textil- und Bekleidungsindustrie, sondern auch in der Prozeßindustrie, z. B. bei der Pigment- und Lackherstellung modischer Farbtöne. Hier ist die beschränkte Nutzbarkeit aber nicht durch physikalische Eigenschaften der Güter gegeben, sondern durch die Möglichkeit des Absatzes, weshalb dieses Phänomen an dieser Stelle nicht weiter betrachtet werden soll.

2.2.1.4 Gefährlichkeit

Während es sich bei der Haltbarkeit um physikalische oder chemische Wirkungen auf das Material selbst handelt, bezieht sich die Gefährlichkeit auf die schädliche Wirkung der Materialien auf die Umwelt, z. B. auf Mensch, Tier oder Flora im allgemeinen, auf das Personal und die Betriebsmittel im Produktionsprozeß, auf die Handhabung, den Transport, die Weiterverarbeitung und die Anwendung der Produkte oder auf deren Wirkung auf andere Stoffe.[79] So kann aufgrund von Reaktionsgefahr der Einsatz oder die Handhabung eines Materials unzulässig sein, wenn, unabhängig vom konkreten Produktionsprozeß, gleichzeitig ein anderes Material in der gleichen Umgebung, z. B. im Betrieb, verarbeitet wird. Aufgrund der Wirkungen der Stoffe auf die im Produktionsprozeß beteiligten Mitarbeiter dürfen aus arbeitsschutzrechtlichen Gründen Höchstgrenzen der Belastung nicht überschritten werden. Dies bezieht sich sowohl auf die am Produktionsprozeß als Input und Output beteiligten Materialien wie Rohstoffe, Zwischenprodukte und Endprodukte als auch auf Stoffe, die als Nebenreaktionen der Prozesse entstehen und entweichen.[80] Für den Transport gefährlicher Güter muß nach dem

---

[79] Der Umgang mit gefährlichen Stoffen ist durch eine Vielzahl von Gesetzen und Verordnungen, dem sogenannten Gefahrstoffrecht, geregelt, z. B. auf nationaler Ebene das ChemG (Chemikaliengesetz) als Leitgesetz, die GefStoffV (Gefahrstoffverordnung), die VbF (Verordnung für brennbare Flüssigkeiten) sowie die GGVS (Gefahrgutverordnung Straße), GGVE (Gefahrgutverordnung Eisenbahn), GGVBinSch (Gefahrgutverordnung Binnenschiffahrt), GGVSee (Gefahrgutverordnung See). Auf amerikanischer Ebene, die auch starken Einfluß auf den internationalen Warenverkehr ausübt, sind die Verordnungen der OSHA (Occupational Safety and Health Administration) sowie der TSCA (Toxic Substances Control Act) zu nennen, auf europäischer Ebene die Listen EINECS (European Inventory of Existing Commerical Chemical Substances) und ELINCS (European List of Notified Chemical Substances) und die Richtlinien 67/548/EWG und 79/831/EWG, die die Grundlage für das deutsche ChemG bilden, sowie die Richtlinie 91/155/EWG. Ein Überblick ist u. a. zu finden in Bender 95, Göbel 88, Roth 88, Pohle 91 und unter http://info.cas.org/ONLINE/DBSS/chemlistss.html (21.11.95) und http://www.chemie.fu-berlin.de/chemistry/safety/chemsafe.html (15.11.95).

[80] Die Höchstmengen sind in sogenannten MAK-Werten (Maximale Arbeitsplatzkonzentration) oder TRK-Werten (Technische Richtkonzentrationen) festgelegt. Der Vollständigkeit halber sei erwähnt, daß sich MAK-Werte auch auf Stoffe beziehen, die nicht am Produktionsprozeß beteiligt sind. Die Emissionen solcher Stoffe können auch auf andere Quellen zurückgehen, z. B. auf Emissionen aus Baumaterial. Eine Beschreibung des MAK-Wertes ist z. B. zu finden in Bender 95, S. 82ff.

Transportweg Straße, Eisenbahn, Binnenschiffahrt, Seeschiffahrt oder Luftverkehr differenziert werden. Abhängig davon ist beispielsweise, ob der Transport grundsätzlich erlaubt ist, welche Versandhilfsmittel gestattet sind, wie hoch die erlaubte Anzahl der Gebinde ist, wie groß die minimalen und maximalen Füllgrade bei Großgebinden sind, etc. So schreibt die Gefahrgutverordnung Straße vor, daß gefährliche Güter nur dann gemeinsam verpackt werden dürfen, wenn sie keine gefährliche Reaktion miteinander eingehen können, wie z. B. Verbrennung, Hitzeentwicklung, Entwicklung von entzündlichen oder giftigen Gasen, Bildung von ätzenden oder instabilen Stoffen.

Die **Klassifikation** von Stoffen **nach Gefährlichkeit** ist typisch für Chemikalien und damit für die chemische Industrie. Die Merkmalsausprägung der Gefährlichkeit korreliert stark mit dem Merkmal der Form, da Chemikalien meist als ungeformte Materialien auftreten. Stoffe, die nach ihrem Gefahrenpotential klassifiziert werden müssen, kommen in der chemischen Industrie auf allen Stufen des Produktionsprozesses vor, sowohl als Rohstoff, als Zwischenprodukt, als auch als Endprodukt. Andere Branchen der Prozeßindustrie, wie z. B. die Papierindustrie, handhaben gefährliche Stoffe hauptsächlich in Form von Rohstoffen und Abprodukten.[81] In der stückorientierten Fertigung, wie z. B. dem Maschinenbau, kommen gefährliche Materialien eher als Hilfs- und Betriebsstoffe sowie als Abprodukte vor, z. B. als Galvaniksalze und -schlämme in der Oberflächenbehandlung.

Durch die Klassifikation nach der Gefährlichkeit können Materialien, analog zu dem Merkmal Haltbarkeit, besondere Anforderungen an die Lagerhaltung und den Transport stellen. Dies bezieht sich sowohl auf die Umgebungsbedingungen als auch auf die Behälter. Neben diesen aus dem Material ableitbaren Bedingungen ist zu berücksichtigen, daß die Zulässigkeit der Handhabung vom physischen Vorhandensein anderer Materialien abhängt. Schließlich muß berücksichtigt werden, daß in einem Material mehrere gefährliche Stoffe enthalten sein können, was charakteristisch ist für Mischungen oder Mehrkomponentenprodukte. In diesem Fall sind in der Regel alle Restriktionen der einzelnen Stoffe zu beachten.

2.2.1.5 Qualitätsstandardisierung

Das Merkmal Qualitätsstandardisierung bezieht sich darauf, ob **homogene Qualitäten** der Rohstoffe und Produkte sichergestellt werden können oder ob von Qualitätsschwankungen ausgegangen werden muß. Ursachen für **schwankende Qualitäten** von Materialien können einerseits durch unterschiedliche Qualitäten der gelieferten Rohstoffe von außen gegeben sein, andererseits durch die fehlende Beherrschbarkeit und Steuerbarkeit der Produktionsprozesse im Unternehmen selbst begründet liegen. Gemeinsam ist beiden, daß die Qualitätsdifferenzierung unbeabsichtigt ist. Die über die Qualität abgrenzbaren Mengen der im Prinzip gleichen Materialarten werden als Chargen oder Partien bezeichnet. Der Begriff Partie wird verwendet, wenn die Qualitätsunterschiede durch die Rohstoffe verursacht werden, der Begriff Charge wird bei durch Produktionsprozesse verursachten Qualitätsdifferenzen von Materialteilmen-

---

[81] Dyckhoff bezeichnet in seiner Input- und Outputkategorisierung üblen Prozeßoutput als Abprodukt, vgl. Dyckhoff 92, S. 67 sowie Fußnote 149, S. 41 in dieser Arbeit.

gen verwendet.[82] Da an dieser Stelle nur die Materialmerkmale diskutiert werden sollen, sind zu diesem Zweck beide Begriffe gleichwertig zu behandeln. Auf die transformationsprozeßbezogenen Unterschiede wird im Merkmal Wiederholbarkeit[83] eingegangen.

Entscheidend für die Merkmalsausprägung Qualitätsschwankung sind nicht die wohl stets physikalisch oder chemisch nachweisbaren Qualitätsdifferenzen zwischen unterschiedlichen Mengen eines Materials. Relevant ist hier die Frage, ob die Schwankungen außerhalb der Toleranzen der vorgegebenen Spezifikation liegen, d. h. ob die Schwellenwerte der Differenzen aus produktionslogistischer Sicht signifikant sind und deshalb berücksichtigt werden müssen. Auch wenn die Standardisierung der Produktqualitäten seit jeher ein Ziel der industriellen Produktion ist, kann nicht immer von homogenen Qualitäten ausgegangen werden, wobei sowohl die Rohstoffe als auch die Produkte betroffen sein können. Dies gilt insbesondere für die chemische Industrie.

Qualitätsschwankungen kommen vor allem bei natürlichen Rohstoffen vor, d. h. bei den der Urproduktion nahestehenden Prozessen. In der chemischen Industrie tauchen sie vor allem in der Grundstoffchemie auf, die Erdöl, Kohle, Salze, tierische Fette oder sonstige bergmännisch oder landwirtschaftlich gewonnene Rohstoffe verarbeitet.[84] Qualitätsschwankungen bei Produkten können auftreten, wenn die Rohstoffqualitäten im Produktionsprozeß nicht ausgeglichen werden können oder eine unzureichende Beherrschbarkeit der Produktionsprozesse vorliegt.

Schwankende Qualitäten haben Auswirkungen sowohl auf die Verwaltung des Materials als auch auf den Ablauf der Produktion. Für die Materialverwaltung stellt sich die Frage, ob unterschiedliche Qualitäten auch als unterschiedliche Materialien behandelt werden, oder ob unterschiedliche Qualitätswerte innerhalb eines Materials zulässig sein sollen. In jedem Fall sind in der Lagerhaltung des Unternehmens die vorhandenen Bestände nach den Qualitätsausprägungen, also nach Chargen und Partien getrennt zu verwalten. Falls die Homogenisierung nicht problemlos zu bewerkstelligen ist, kann die Anforderung an die Beschaffung entstehen, möglichst große Mengen mit einer einheitlichen Qualität von einem Lieferanten zu beschaffen.[85] Bezüglich der Beschreibung der Produktionsprozesse können schwankende Qualitäten zu Homogenisierungsvorgängen, zu Mischvorgängen, zur Nacharbeit einzelner Prozeßschritte

---

[82]   Diese Unterscheidung ist in der produktionswirtschaftlichen Literatur vorherrschend, vgl. z. B. Heber/Nowak 33, S. 158f., Riedelbauch 56, S. 9ff., Binneweis 57, S. 21ff., Riebel 63, S. 96ff. und Packowski 96, S. 47. Dabei werden die Begriffe meist im Zusammenhang mit Chargen- und Partiefertigung definiert. Ebenso wird in der Verfahrenstechnik eine Charge als „die jeweils in einem einheitlichen Herstellungsgang erzeugte Menge eines Produkts" bezeichnet, NAMUR 92, S. 4. Auch eine Partie wird hier als eine abgegrenzte Menge eines Produkts definiert, die gegebenenfalls mehrere Chargen umfassen kann. Lutz bezeichnet eine Charge im Hinblick auf pharmazeutische Herstellung als Ansatz aller Komponenten, die gleichzeitig eingewogen werden, womit die Charge als Endprodukt, welches aus einem Ansatz hervorgeht, analytisch eine Einheit bilde, vgl. Lutz 69, S. 19. Auch wenn strenggenommen die alleinige Betrachtung des Qualitätskriteriums nicht ausreicht, um eine abgegrenzte Menge als Charge oder Partie zu bezeichnen, sollen hier die Begriffe dennoch vorläufig als Bezeichnung einer abgegrenzten qualitativ-homogenen Materialmenge zur Anwendung kommen. Zur genauen Definition des Begriffs Charge s. S. 207.

[83]   s. S. 56.

[84]   vgl. hierzu auch Semel/Steiner 83.

[85]   vgl. Riedelbauch 56, S. 64.

oder zu Iterationsschritten im Produktionsprozeß zur Erreichung der Zielqualität oder einer Bandbreite mit Qualitätsgrenzen führen.

Neben den die Produktion beeinflussenden oder durch die Produktion hervorgerufenen Qualitätsschwankungen sind die durch Gesetze verursachten Qualitätsdifferenzierungen zu berücksichtigen. Insbesondere in der pharmazeutischen Produktion müssen die durch unterschiedliche Produktionsprozesse produzierten Mengen eines Produkts als eigenständige Chargen identifizierbar sein. Selbst wenn die Differenzierung nach Produktionscharge nicht explizit gefordert wird, so ergibt sich doch die Notwendigkeit, die Produktionschargen einzeln auszuweisen, um die Rückverfolgbarkeit bis zur Rohstoffcharge zu ermöglichen.

2.2.1.6 Technische Materialbeschreibung

Die technische Beschreibung von Rohstoffen, Zwischen- und Endprodukten ist keine originär betriebswirtschaftliche Aufgabe, sie beeinflußt jedoch die produktionslogistischen Funktionen. Die Art der technischen Beschreibung wird bestimmt durch die mit dem Material durchzuführenden Tätigkeiten, also insbesondere durch die Produktions- und Verarbeitungsprozesse, den Transport und die Handhabung, sowie durch gesetzliche Regelungen. Sie hängt sehr stark mit dem Merkmal der Form zusammen.[86] Entsprechend den Ausprägungen geformt und ungeformt können hier die Ausprägungen **vorwiegend geometrisch** und vorwiegend inhaltsbezogen unterschieden werden. Materialien der Ausprägung vorwiegend geometrisch können zum Beispiel durch Gewicht, Höhe, Breite, Länge, Oberflächenbeschaffenheit oder sonstige physikalische Eigenschaften beschrieben werden. Typischerweise sind diese Materialien durch CAD-Daten genauer beschrieben. Die **vorwiegend inhaltsbezogenen** Materialien werden durch stoffliche Zusammensetzung, Konzentration, Verunreinigungen und sonstige chemische Eigenschaften beschrieben. Wie bereits bei dem Merkmal Gefährlichkeit ausgeführt, gibt es für sie eine Vielzahl gesetzlicher Regelungen.

Die daraus resultierenden Anforderungen wurden größtenteils bereits bei den vorherigen Merkmalen aufgeführt. Sie beziehen sich auf die Art der Beschreibung im Materialstamm, auf die Beziehung zu den technischen Systemen wie Computer Aided Design (CAD) einerseits oder Computer Assisted Synthesis Planning (CASP) und Computer Aided Molecular Design (CAMD) andererseits sowie auf die Verarbeitung dieser Kenngrößen in betriebswirtschaftlichen Anwendungen.[87]

Die materialbezogenen Merkmale sind in den vorangehenden Ausführungen unter dem Gesichtspunkt der Rohstoffe, Zwischen- und Endprodukte diskutiert worden. Zu dem Input sind darüber hinaus weitere Repetierfaktoren, insbesondere die Energie, zu zählen.[88] Da der Ener-

---

[86] s. S. 20.

[87] z. B. Anwendungen zur Kalkulation und Programmplanung. An dieser Stelle sei allgemein auf Literatur verwiesen, die sich mit den betriebswirtschaftlichen Besonderheiten der chemischen Industrie oder von Chargen- und Partiefertigung auseinandersetzen, z. B. Riedelbauch 56, Binneweis 57, Weblus 58, Neuefeind 69, Koenig 68, Scheidegger 84.

[88] vgl. Dinkelbach 83.

gieeinsatz in manchen Bereichen der chemischen Industrie recht hoch ist,[89] wird teilweise die Energie als eigenständiger Produktionsfaktor angesehen.[90] Bei dem Energieeinsatz muß allerdings differenziert werden, in welcher Form die Energieträger in den Prozeß eingehen. Werden Primärenergieträger wie Kohle und Mineralöl im Produktionsprozeß stofflich verarbeitet, unterscheiden sie sich aus produktionslogistischer Sicht nicht von anderen Rohstoffen. Dabei ist es ebenfalls unerheblich, ob diese Energieträger in thermische Energie (z. B. bei Schmelzprozessen) oder ob sie stofflich umgewandelt werden (z. B. wie bei der Mineralölraffinerie und bei der Kohlehydrierung).

Sekundärenergien wie Strom, Dampf und Heißwasser weisen die Besonderheit auf, nicht lagerfähig zu sein. Sie werden in der Regel durch spezielle Infrastrukturen bereitgestellt (z. B. Strom aus dem öffentlichen Netz oder aus einem betriebseigenen Kraftwerk, Dampf und Heißwasser aus einem werkszentralen Heizwerk), so daß sie als quasi-ubiquitär angesehen werden können. Eventuell können diese Energien nicht zu jeder Zeit in ausreichender Menge zur Verfügung gestellt werden, so daß aus produktionslogistischer Sicht diese Energien bewirtschaftet werden müssen. Im folgenden wird der Energiebedarf wie sonstige Rohstoffe behandelt.[91]

2.2.2 Produktionssystem

In der Gruppe Produktionssystem werden die Merkmale zusammengefaßt, die sich auf die Produktion als Input-Output-System beziehen. Diese lassen sich danach differenzieren, ob sie sich auf den Prozeßinput oder den Prozeßoutput beziehen, d. h. die am Prozeß beteiligten Materialien, sonstige Produktionsfaktoren und Erzeugnisse, oder den Prozeß als solches, als Transformationsprozeß oder Throughput bezeichnet, betreffen.[92] Abbildung 8 zeigt zusammenfassend die Merkmale eines Produktionssystems.

2.2.2.1 Output

Die Outputmerkmale beziehen sich auf das Ergebnis der Produktionsprozesse, also auf die Produkte.[93] Berücksichtigt werden sollen an dieser Stelle alle Merkmale, die im Zusammen-

---

[89]   vgl. z. B. Kölbel/Schulze 65b, S. 87, Faubel/Jung 83 und König et al. 84.

[90]   vgl. z. B. Gälweiler 60, S. 113 und Oven 88, S. 35.

[91]   Auch Schäfer vergleicht in den Kostenstrukturmerkmalen die energieintensive mit der materialmengenintensiven Kostenstruktur, Schäfer 69, S. 117ff.

[92]   Dies entspricht der in der produktionswirtschaftlichen Literatur üblichen Betrachtung der Produktionssysteme als Input-Output-Modelle, vgl. beispielsweise Kloock 69 und Dinkelbach/Rosenberg 94. Auch Große-Oetringhaus lehnt sich bei der Strukturierung von Merkmalen für die Typologisierung der Fertigung daran an. Er unterscheidet zwischen Prozeßmerkmalen, Outputmerkmalen und Inputmerkmalen, vgl. Große-Oetringhaus 72, S. 120ff, ebenso Hoitsch 93, S. 13ff

[93]   Es ist zu betonen, daß sich die outputbezogenen Merkmale in der Literatur teilweise auf die Endprodukte des Unternehmens beziehen. In dem hier diskutierten Kontext ist aber der Output von Produktionsprozessen von Interesse, so daß die outputbezogenen Merkmale prinzipiell auch auf Zwischenprodukte, d. h. auf den Produktionsprozeßoutput vorgelagerter Produktionsprozesse angewandt werden können.

hang mit dem Transformationsprozeß stehen. Produktmerkmale, die ausschließlich das Markt- oder das Kundenverhältnis betreffen, sollen hier nicht betrachtet werden.

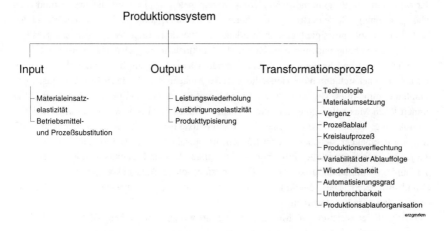

Abbildung 8: Produktionssystembezogene Merkmale

2.2.2.1.1 Leistungswiederholung

Die Leistungswiederholung bezieht sich auf die Häufigkeit der Durchführung des Produktionsprozesses für ein bestimmtes Produkt. Schäfer spricht in diesem Zusammenhang von der Verwirklichung des Massenprinzips und differenziert die Ausprägungen reine Massenfertigung, wechselnde Massenfertigung, differenzierte Massenfertigung (Sortenfertigung), Serienfertigung (unterteilt in große, mittlere und kleine Serien) und in Einzelfertigung.[94] Ähnliche Einteilungen, wenn auch in den Merkmalsausprägungen nicht so stark differenziert, sind auch bei anderen Autoren zu finden, z. B. bei Küpper als Merkmal Übereinstimmung der Produkte[95] und bei Schomburg als Merkmal Fertigungsart mit einer Aufteilung in Einmal-, Einzel-, Serien- und Massenfertigung.[96] Die von Heber und Nowak verwendete Ausprägung der Partie- und Chargenleistung des Merkmals Wiederholung der Nutzleistung ist hier nicht geeignet, da es sich dabei einerseits um technisch begründete Merkmale handelt,[97] und andererseits die Begriffe Partie und Charge in der chemischen Industrie in einem anderen Bedeutungszusammenhang gebraucht werden,[98] weshalb sie hier nicht genutzt werden sollen. Begriffliche Assoziationen gelten auch für den Ausdruck Serienfertigung, da eine Serie stark mit stückorientierter Herstellung verbunden ist. Kölbel und Schulze schlagen deshalb eine Einteilung in

---

[94] vgl. Schäfer 69, S. 59ff.

[95] vgl. Küpper 79, Sp. 1643.

[96] vgl. Schomburg 80, S. 68ff.

[97] vgl. Heber/Nowak 33, sowie die Kritik in Riebel 63, S. 25 und Kölbel/Schulze 65a, S. 153.

[98] vgl. auch die Ausführung zu den Merkmalen Qualitätsstandardisierung, S. 25 und Wiederholbarkeit, S. 56.

gleichbleibende Massenfertigung, wechselnde Massenfertigung und Individualfertigung als sinnvolle Ausprägungen für die chemische Industrie vor.[99] Auch Riedelbauch gibt hinsichtlich der von ihm als Programmdifferenzierung bezeichneten Typisierung die drei Grundtypen Massenfertigung, Sortenfertigung und Serien-(Einzel-)Fertigung an.[100] Den beiden letzten Einteilungen soll prinzipiell gefolgt werden, da eine dreiwertige Ausprägungsmöglichkeit auch für den hier zugrundeliegenden Zweck der Merkmalsfindung ausreichend erscheint.

Das von Kölbel und Schulze als gleichbleibende Massenfertigung bezeichnete Leistungprogramm zeichnet sich durch die Herstellung großer Mengen verschiedener Produkte aus, sogenannten commodities. Die Autoren weisen zu Recht darauf hin, daß Betriebe mit einer völlig einheitlichen Massenfertigung eher die Ausnahme bilden. Vielmehr werden in unterschiedlichen Anlagen verschiedene Zwischen- und Endprodukte hergestellt, die in einem engen Stoffverbund zueinander stehen.[101] Dabei können die einzelnen Anlagen Einzweckanlagen sein, die jeweils nur ein spezielles Produkt oder eine eingeschränkte Produktpalette herstellen können und kontinuierlich produzieren. Typisch sind solche Anlagenkonfigurationen für die Grundstoffchemie. Diese Merkmalsausprägung der Leistungswiederholung soll als **Massenproduktion** bezeichnet werden.

Der Begriff der wechselnden Massenfertigung, so wie er von Kölbel und Schulze benutzt wurde, ist irreführend, da bei dieser Art der Leistungswiederholung nicht unbedingt große Massen in quantitativem Sinn herstellen werden.[102] Kölbel und Schulze haben selbst auf die Verwandtschaft der wechselnden Massenfertigung mit der Sortenfertigung hingewiesen. Für die Herstellungsverfahren der chemischen Industrie ist es angebracht, die Kriterien für die Anwendbarkeit des Begriffs Sortenfertigung zu erweitern. In der Regel gilt eine Sorte als Variante eines Produkts, das aus den gleichen Rohstoffen hergestellt wird. Bei chemischen Verfahren können jedoch durchaus die Rohstoffe wechseln, die Technik der Produktion aber beibehalten werden. Dies findet man häufig bei Produktionsbetrieben, die mit Mehrproduktanlagen[103] ausgerüstet sind und verschiedene Zwischenprodukte herstellen. Hier wird die Möglichkeit genutzt, gleiche Produktionsverfahren auf unterschiedliche Rohstoffe anzuwenden, so daß ein Betrieb beispielsweise Zwischenprodukte für Agrochemikalien, Farben und Pharmazeutika herstellt. Typisch ist dies für die sogenannte Chargenproduktion.[104] Damit weisen diese Betriebe die Kriterien auf, die für Serienleistung aufgestellt werden.[105] Auch die Eigenschaft der Veränderlichkeit der Leistung, die typisch ist für die Serienfertigung,[106] trifft auf

---

[99]   vgl. Kölbel/Schulze 65a, S. 150ff. Ebenso spricht Riebel, wenn auch nicht direkt zur Charakterisierung der Leistungswiederholung, so doch indirekt zum Einsatz von Chargenproduktion, von einheitlicher Massenfertigung, wechselnder Massenfertigung und Individualfertigung, Riebel 56, S. 140f.

[100] vgl. Riedelbauch 57, S. 553.

[101] vgl. auch Eckelmann/Geibig 89, S. 5.

[102] So weist auch Gutenberg auf die Mißverständlichkeit des Begriffs der Massenfabrikation hin, da der Begriff Masse sowohl im qualitativen als auch im quantitativen Sinn gebraucht werden kann, vgl. Gutenberg 83, S. 109.

[103] Zur genauen Beschreibung von Mehrproduktanlagen s. Abschnitt 'Anlagen', S. 123.

[104] Zur genauen Beschreibung von Chargenproduktion s. Abschnitt 'Prozeßablauf', S. 46.

[105] Heber und Nowak sprechen bei der Serienleistung von Betrieben ohne ein „im einzelnen bestimmtes Sortenprogramm", bei denen vielmehr „im voraus nur die Grenzen des Leistungsprogrammes ... umrissen sind, die Einzelheiten der Erzeugnisse aber erst fallweise bestimmt werden", vgl. Heber/Nowak 33, S. 159.

[106] vgl. Heber/Nowak 33, S. 159.

solche Betriebe zu. So ist es bei Betrieben der chemischen Produktion nicht unüblich, daß pro Jahr ein Drittel der Produkte ausgetauscht wird. Aufgrund der starken Verbundenheit des Serienbegriffs mit der stückorientierten Fertigung soll aber im folgenden von der **Herstellung wechselnder Sorten** gesprochen werden.

Individualfertigung zeichnet sich durch einmalige Durchführung des Produktionsprozesses für ein Produkt mit einer definierten Menge aus. Kölbel und Schulze weisen darauf hin, daß der sonst übliche Begriff Einzelfertigung zu sehr auf das „geformte einzelne Stück der mechanischen Fertigung" bezogen ist und schlagen deshalb den Terminus Individualfertigung vor, der ihnen geeigneter erscheint für die „auftragsweise festgelegte Produktionsmenge" in der chemischen Industrie, „deren Herstellung im einzelnen noch nicht vorgesehen war".[107] Zwar liegt die Ursache der Individualfertigung in der Regel in besonderen Spezifikationen eines Kundenauftrages, so daß die Bezeichnung Individual prinzipiell gerechtfertigt erscheint. Für die Ausprägungen des Merkmals der Leistungswiederholung sollen aber nicht die Ursachen bestimmt sein, sondern die Wiederholhäufigkeit, weshalb im folgenden von **Einmalherstellung** gesprochen wird.

In der chemischen Industrie ist das einmalige Herstellen von Produkten zwar nicht vorherrschend, aber durchaus anzutreffen, insbesondere in der Fein- und Spezialitätenchemie. Bei der Einmalherstellung von Produkten handelt es sich fast durchweg um die kundenspezifische Variation bestehender Produkte, z. B. um spezielle Farbtöne in der Lackherstellung, weshalb bei den individuellen Herstellungsvorschriften auch von Analogierezepturen gesprochen wird.[108]

Die unterschiedlichen Ausprägungen der Leistungswiederholung stellen grundsätzlich spezielle Anforderungen an die Planung und dispositive Steuerung der Produktionsprozesse. Während bei der Massenproduktion häufig eine langfristige Planung des Produktionsprogramms ausreichend ist, die mit Investitionsentscheidungen gekoppelt ist, erfordert ein Wechsel der Produktionsleistung eine differenziertere Planung des Produktionsablaufs. Daraus folgt, daß Massenproduktion prinzipiell eine geringere Planungskomplexität aufweist.[109] Bei der Bewertung der Merkmalsausprägungen der Leistungswiederholung ist aber auch die Granularität der Leistungserbringungseinheit zu berücksichtigen. In der chemischen Industrie ist die Leistungserbringungseinheit in der Regel ein Produktionsbetrieb,[110] der eine unter mehreren Pro-

---

[107] vgl. Kölbel und Schulze 65a, S. 150.

[108] vgl. Kölbel/Schulze 65a, S. 153ff.

[109] vgl. Heinen 91, S. 407.

[110] Die Verwendung des Begriffs Betrieb in der Praxis der chemischen Industrie weicht von der Bedeutung des Begriffs in der Betriebswirtschaftslehre ab. Während der Terminus Betrieb in der Betriebswirtschaft meist im allgemeinen Sinn einer organisierten, zielgerichtet handelnden Wirtschaftseinheit verwendet wird (vgl. Gutenberg 83, S. 1ff.) und damit das zentrale Erkenntnisobjekt der Betriebswirtschaftslehre darstellt, wird unter einem Betrieb in der Praxis der chemischen Industrie meist eine räumlich in einem Gebäude zusammengefaßte Produktionseinheit verstanden, vgl. auch Kölbel/Schulze 67, S. 30 sowie die Ausführungen zum Abschnitt 'Strukturierung der Anlageneinheiten', S. 133. Ein Produktionsstandort, insbesondere bei den großen chemischen Unternehmen, kann durchaus einige Dutzend oder hundert Betriebe umfassen. Zur Vermeidung von Mißverständnissen wird im folgenden deshalb auch von Produktionsbetrieb gesprochen (wobei der Begriff Produktionsbetrieb in der betriebswirtschaftlichen Literatur durchaus auch anders verwendet wird). Wird der Terminus Betrieb im klassischen betriebswirtschaftlichen Sinn benutzt, so wird darauf explizit hingewiesen.

duktionseinheiten innerhalb eines Unternehmens darstellt. Die Leistungswiederholung ist deshalb eher ein Merkmal der Produktionsbetriebe als des gesamten Unternehmens. Durch den Leistungsaustausch der einzelnen Betriebe untereinander entsteht deshalb selbst bei Massenproduktion der einzelnen Produktionsbetriebe eine Verflechtung mit entsprechenden Konsequenzen für die Planung, da sich trotz gleichbleibender Massenproduktion innerhalb der Produktionsbetriebe die Mengenströme zwischen den Betrieben einerseits und zu Lieferanten und Kunden andererseits ändern können. Bei der Herstellung wechselnder Sorten sind die Zeitpunkte der Sortenwechsel unter Berücksichtigung der kapazitäts- und kostenmäßigen Konsequenzen der Wechsel zu planen. Die Einmalherstellung steht prinzipiell vor dem Problem der Herstellung eines unbekannten Produkts bzw. einer unbekannten Produktvariation, d. h. der Produktionsprozeß ist in der speziellen Form noch nicht durchgeführt worden. Je nach Art des Produktionsprozesses und der Unterschiedlichkeit zu bereits durchgeführten Prozessen sind der Produktionsablauf und das Produktionsergebnis nicht-deterministisch, so daß gegebenenfalls Iterationsschritte im Herstellungsprozeß, Neuauflagen des Produktionsprozesses oder eine schrittweise Festlegung der folgenden Prozeßschritte zu berücksichtigen sind.

2.2.2.1.2 Ausbringungselastizität

Die Ausbringungselastizität bezieht sich auf das Verhältnis der einzelnen Arten des Output zueinander. Als Output des Produktionsprozesses sind hier alle Arten von Produkten und Ausbringungsstoffen zu berücksichtigen, die ökonomisch relevant sind, d. h. es können sowohl Produkte als auch Abfall entstehen. Voraussetzung für sinnvolle Aussagen zu Ausprägungen des Merkmals Ausbringungselastizität ist, daß mehr als eine Outputart bei einem Transformationsprozeß anfällt, d. h. es liegt Kuppelproduktion[111] vor. Sind Variationen des Produktionsoutput möglich, kann in Abhängigkeit von der Reichweite der Substitution zwischen quantitativer und struktureller Elastizität unterschieden werden. Bei **quantitativer Elastizität** variiert die Menge der Outputarten und damit das quantitative Verhältnis der Outputarten zueinander.[112] Bei **struktureller Elastizität** wird eine Outputart durch eine andere Outputart ersetzt. Die strukturelle Elastizität kann auch als eine Sonderform der quantitativen Elastizität betrachtet werden, bei der die Mengenverhältnisse der Substitution einzelner Outputarten bis zum Anteil null variiert werden können. Eine weitere Differenzierung ist durch die Vorherbestimmbarkeit der Outputverhältnisse der Elastizität gegeben. Dies wird auch als Lenkbarkeit bezeichnet.[113] Bei **deterministischer Ausbringungselastizität** kann das Outputverhältnis a priori bestimmt werden, bei **stochastischer Ausbringungselastizität** ist dies nicht möglich. Schäfer spricht im Zusammenhang mit der stochastischen Ausbringungselasti-

---

[111]   Eine genauere Betrachtung der Kuppelproduktion erfolgt unter dem Produktionsprozeßmerkmal Materialumsetzung und Vergenz, s. S. 38.

[112]   Heinen bezeichnet dies im Rahmen seiner Betrachtung der Elementarkombinationen als outputvariabel, und zwar als Sonderform mit den beiden Freiheitsgraden Outputniveau und Mengenrelation, vgl. Heinen 83, S. 260.

[113]   vgl. Riebel 55, S. 93.

zität von dem Merkmal der geringen qualitativen Beherrschbarkeit, das er in die Kategorie 'Fertigungsablauf im räumlichen Sinn' eingeordnet hat.[114] Das Merkmal Ausbringungselastizität ist von starker praktischer Relevanz für die chemische Industrie.[115] Die genaue Bedeutung und die daraus resultierenden Anforderungen werden unter dem Transformationsprozeßmerkmal Materialumsetzung[116] diskutiert.

2.2.2.1.3 Produkttypisierung

Bei dem Merkmal der Produkttypisierung ist das Verhältnis der Eigenschaften der Endprodukte zueinander von Interesse, also die Frage, inwieweit die Produkte voneinander unterschiedlich bzw. ähnlich sind.[117] Das Merkmal der Produkttypisierung wird auch als Erzeugnisspektrum[118] und als Verwandtschaftsgrade der Endprodukte[119] bezeichnet. Typische Merkmalsausprägungen sind Standarderzeugnisse ohne Varianten, Standarderzeugnisse mit anbieterspezifischen Varianten, Standarderzeugnisse mit kundenspezifischen Varianten und kundenindividuelle Produkte. Das Merkmal der Produkttypisierung hängt eng mit dem Merkmal der Leistungswiederholung zusammen. So sind hohe Leistungswiederholungsraten nur bei standardisierten Produkten möglich, weshalb einige Autoren beide Merkmale gemeinsam[120] oder zusammenhängend[121] beschrieben haben. Wie bei dem Merkmal Leistungswiederholung bereits ausgeführt, ist in der chemischen Industrie fast die gesamte Bandbreite der Produkttypisierung anzutreffen. Einerseits werden, vor allem in der Grundstoffchemie und in der Produktion konsumentennaher chemischer Produkte (z. B. kosmetische Markenartikel), **Standardprodukte** hergestellt. Andererseits kann man auch **individuelle Produkte** antreffen, die nach kundenspezifischen Rezepturen hergestellt werden.[122] Auch das aus der stückorientierten Fertigung bekannte Problem der Varianten taucht in der chemischen Industrie auf, die hier allerdings eher als **Sorten** bezeichnet werden (z. B. Farben oder Lacke, die in unterschiedlichen Tönen hergestellt werden).

Durch den engen Bezug zu dem Merkmal Leistungswiederholung ergeben sich ähnliche Anforderungen, so daß prinzipiell das dort Ausgeführte auch für das Merkmal Produkttypisierung Gültigkeit besitzt, d. h. es gibt die gleichen Anforderungen an die Planung und dispositive Steuerung und an die Produktion unbekannter Produkte bei kundenindividueller Herstellung. Darüber hinaus stellt sich aus Sicht der Produkttypisierung die Frage, wie die Produkte und die Produktionsprozeßbeschreibungen definiert werden. So ist beispielsweise zu klären, ob ähnliche Produkte einer Sorte jeweils als unabhängige, individuelle Produkte definiert werden oder ob sie als ein Produkt mit entsprechenden Spezifikationen für jede Produkt-

---

[114] vgl. Schäfer 69, S. 273ff.

[115] vgl. Fransoo/Rutten 93, S. 2f.

[116] s. S. 38.

[117] vgl. Glaser/Geiger/Rohde 92, 397.

[118] vgl. Schomburg 80, S. 38.

[119] vgl. Große-Oetringhaus 72, S. 124.

[120] z. B. Kölbel/Schulze 65a.

[121] z. B. Küpper 79.

[122] vgl. VCI 86, S. 37.

variante angesehen werden. Damit ähnelt diese Frage der Problemstellung der schwankenden Qualität.

2.2.2.2 Input

Bei den Inputmerkmalen werden Eigenschaften der Produktionsfaktoren in bezug auf den Transformationsprozeß beschrieben. Dabei werden neben den Repetierfaktoren auch Potentialfaktoren betrachtet.[123] Es würde naheliegen, in Analogie zum Prozeßoutput die gleichen Merkmale zu diskutieren. So könnte man vergleichend zum Merkmal Leistungswiederholung ein Merkmal Verbrauchshäufigkeit bilden und nach der Frequenz des Einsatzes der Rohstoffe differenzieren. Die Ausprägungen dieses Merkmals sind allerdings mehr aus beschaffungslogistischer als aus produktionslogistischer Sicht relevant. Auch eine an die Produkttypisierung angelehnte Rohstofftypisierung scheint wenig sinnvoll, da man in der industriellen Produktion bestrebt ist, standardisierte Rohstoffe zu erhalten, und die damit zusammenhängende Frage bezüglich Qualitätsschwankungen bereits bei den Materialmerkmalen diskutiert wurde. Auch das nach der Intensität der einzelnen Inputfaktorarten differenzierte Merkmal Inputfaktorintensität mit den Ausprägungen materialintensiv, anlagenintensiv, arbeitsintensiv und informationsintensiv ist in dem hier diskutierten Zusammenhang nicht hilfreich.[124] Die Anzahl der unterschiedlichen Rohstoffe, die für die Durchführung eines Produktionsprozesses notwendig sind, wird im Merkmal Materialumsetzung im Rahmen des Transformationsprozesses behandelt, auf die notwendige Anzahl sonstiger Potentialfaktoren wird nicht weiter eingegangen. Damit bleibt die Einsatzelastizität als Inputmerkmal. Die Einsatzelastizität wird aus systematischen Gründen nach Repetier- und Potentialfaktor differenziert.[125] Die Erörterung der Relevanz für die chemische Industrie erfolgt aufgrund der engen Beziehung jedoch gemeinsam.

2.2.2.2.1 Materialeinsatzelastizität

Bei der Materialeinsatzelastizität soll nur die Veränderbarkeit der Relationen zwischen Repetierfaktoren für einen Transformationsprozeß bei gleichem Prozeßoutput berücksichtigt werden, also die Verhältnisse zwischen Materialien und Energie. Analog zur Ausbringungselastizität sind Aussagen hierzu nur sinnvoll, wenn mindestens zwei Rohstoffe als Faktoren eingesetzt werden. Von der Charakterisierung der Ausbringungselastizität kann ebenfalls die

---

[123] In der Verfahrenstechnik werden die eingesetzten Rohstoffe auch Edukte genannt, vgl. z. B. Baerns/Hofmann/Renken 92, S. 3.

[124] Schäfer betrachtet dieses Merkmal im Zusammenhang mit den Kosten- und Vermögensrelationen des Industriebetriebs und bezeichnet es als Kostenstruktur, weshalb er die Ausprägungen lohnintensiv, materialintensiv, energieintensiv und abschreibungsintensiv wählt, vgl. Schäfer 69, S. 117ff. Neben diesen Einsatzarten wird zunehmend zu Recht die Information als wichtige und eigenständig betrachtbare Ressource genannt. So gibt Küpper als eine Ausprägung des Merkmals Anteile der Einsatzgüterarten die informationsintensive Produktion an, vgl. Küpper 79, Sp. 1645 und Heinen 91, S. 241ff..

[125] Damit folgt die Unterscheidung auch den betriebswirtschaftlichen Produktionsfunktionen, bei denen beispielsweise zwischen Gebrauchs- und Verbrauchsfunktionen (vgl. Gutenberg 83) oder zwischen Verbrauch von Repetierfaktoren und Abnutzung von Potentialfaktoren (vgl. Heinen 83) unterschieden wird.

Unterscheidung zwischen **quantitativer** und **struktureller Elastizität** übernommen werden, die auch als partielle Elastizität und totale Substitution bezeichnet wird.[126] Auch die Unterscheidung zwischen **deterministischer** und **stochastischer Elastizität** findet auf der Inputseite eine entsprechende Anwendung. Der Materialeinsatz unterliegt in gewissem Maße stochastischen Einflüssen, wenn Qualitätsschwankungen durch vermehrten Einsatz oder durch andere Mischungsverhältnisse ausgeglichen werden müssen. Diese können aber durch Qualitätsüberprüfungen des Rohstoffes teilweise vorherbestimmt werden, weshalb hier auch von geplanter und qualitätsverursachter Materialeinsatzelastizität gesprochen werden kann.

2.2.2.2.2 Betriebsmittel- und Prozeßsubstitution

Die Betriebsmittelsubstitution bezieht sich auf die Potentialfaktoren Anlagen und Vorrichtungen. Auch in diesem Zusammenhang könnte prinzipiell zwischen struktureller und quantitativer Elastizität unterschieden werden. Die Wahl des Terminus Substitution drückt jedoch aus, daß es hier um den Austausch der Betriebsmittel geht, der auch als totale Substitution bezeichnet wird.

Mit der Kritik an der Produktionsfunktion vom Typ A bezüglich der beliebigen Faktorsubstituierbarkeit[127] wurde teilweise die Substitution von Potentialfaktoren für industrielle Produktionsprozesse gänzlich in Frage gestellt.[128] Zwar ist die **Substituierbarkeit von Betriebsmitteln** nicht die tägliche industrielle Praxis, doch stehen zur Erzeugung eines gewünschten Output durchaus verschiedene Verfahren zur Verfügung, die alle effizient sein können. Dieser Sachverhalt soll als **Prozeßsubstitution** bezeichnet werden. Korrekterweise muß hierbei angefügt werden, daß mit dem Wechsel der Verfahren häufig auch eine Substitution von Repetierfaktoren einhergeht, insbesondere bei den Hilfsstoffen.

Auch wenn sich industrielle Produktionsprozesse oftmals mit limitationalen Produktionsfunktionen abbilden lassen, muß das Auftreten von Substituierbarkeit der Produktionsfaktoren für die chemische Industrie eindeutig bejaht werden. So gibt Riebel als ein wesentliches Kennzeichen chemischer Verfahren an, daß sich die gleichen Produkte mit verschiedenen technologischen Verfahren und verschiedenen Rohstoffen gewinnen lassen.[129] Auch wenn nicht alle möglichen Technologien in einem Produktionsbetrieb verfügbar sind,[130] schließt

---

[126] vgl. Dyckhoff 92, S. 107 und S. 234. Für die Betrachtung der Elastizität sind nur die input-effizienten Faktorkombinationen relevant, vgl. hierzu beispielsweise Dinkelbach/Rosenberg 94, S. 29ff.

[127] vgl. Gutenberg 83.

[128] vgl. Küpper 80, S. 192.

[129] vgl. Riebel 63, S. 68. Auch Fandel stellt heraus, daß die Substituierbarkeit der Faktoren in der chemischen Industrie durchaus von Bedeutung ist, vgl. Fandel 91, S. 192.

[130] So schränkt Döhle, der sich bei seiner Charakterisierung der Besonderheiten der chemischen Erzeugung aus produktionstheoretischer Sicht den Ausführungen Riebels anschließt, den Freiheitsgrad insoweit wieder ein, als er ihn nur für ex-ante Betrachtungen als relevant erachtet, vgl. Döhle 78, S. 206. Mit dem Übergang von der chemischen Forschung zur Verfahrenstechnik, also nach der Festlegung der Verfahrenstechnologie und der damit einhergehenden Investitionsentscheidung seien die Freiheitsgrade aufgehoben oder stark eingeschränkt.

dies nicht die Möglichkeit der Produktionsfaktorsubstitution aus.[131] Beispiele für die Substitution von Repetierfaktoren bei gleicher Technologie sind der Ersatz eines Katalysators durch einen anderen,[132] oder der alternative Einsatz unterschiedlicher Säuren zur Stabilisierung des pH-Wertes. Änderungen der Verhältnisse der Einsatzmengen können dann auftreten, wenn geringere Mengen höher konzentrierter Lösungen bei gleichzeitiger Erhöhung des Wassereinsatzes verwendet werden. Die Substitution von Betriebsmitteln kann sich einerseits auf die bereits erwähnte Alternative bei der Technologie beziehen, andererseits können aber auch für die gleiche Technologie unterschiedliche, nicht-identische Anlagen zur Verfügung stehen. Ein Beispiel für die Substitution zwischen Repetier- und Potentialfaktoren liegt dann vor, wenn unterschiedliche Konzentrationen der Rohstoffe durch Anpassung der Prozeßzeiten und damit der Verweildauer in den Produktionsanlagen ausgeglichen werden können.

Durch die potentiellen Substitutionsmöglichkeiten ergibt sich die Notwendigkeit, diese in den Produkt- und Produktionsprozeßbeschreibungen zu definieren. Dabei sind die Abhängigkeiten untereinander zu berücksichtigen. Auch werden die Substitutionen in den meisten Fällen Einfluß auf den Prozeßablauf nehmen. Des weiteren muß die Aufgabe der Alternativenwahl als betriebliche Funktion bereitgestellt, organisatorisch verankert und in den Ablauf der Produktionsvorbereitung integriert werden.

2.2.2.3 Transformationsprozeß

Nachdem mit den Input- und den Outputmerkmalen die Charaktere von Produktionssystemen bezüglich ihrer Faktoreinsätze und ihrer Ergebnisse beschrieben wurden, werden im folgenden die eher internen Merkmale der Prozesse sowie Merkmale, die das Verhältnis von Produktionsinput und -output zueinander wiedergeben, behandelt.

2.2.2.3.1 Technologie

Bei dem Merkmal Technologie wird nach den im Transformationsprozeß vorwiegend genutzten Naturkräften differenziert. Entsprechend diesem Grundgedanken unterscheidet Riebel drei Merkmalsausprägungen: die chemischen Verfahren, die biologischen Verfahren und die physikalischen, insbesondere mechanischen Verfahren.[133] Schäfer differenziert nur zwischen vorwiegend chemischer und vorwiegend mechanischer Technologie, Küpper nimmt dagegen noch die geistigen Verfahren mit in seine Überlegung auf, die in der hier vorgenommenen Betrachtung allerdings keine Rolle spielen.[134] Eversheim bezeichnet das Merkmal als Produktionstechnik und differenziert nach **Fertigungstechnik, Verfahrenstechnik** und **Energie-**

---

[131] So werden in VCI 89, S. 42f als Beispiele für die Problematik mehrerer Herstellungsverfahren die Bereiche chemische Gießereiprodukte, Oleochemie und Wirkstoffproduktion genannt. Auch Grimm und Hanger bezeichnen multiple Spezifikationen zur Herstellung eines Produkts als typische Anforderung der Prozeßindustrie, vgl. Grimm/Hanger 91, S. 122.

[132] Zur Bedeutung von Katalysatoren in der chemischen Industrie vgl. Schmidt 84.

[133] vgl. Riebel 63, S 62ff.

[134] vgl. Schäfer 69, S. 46ff und Küpper 79, Sp. 1645.

technik.[135] Die technologischen Verfahren können nicht immer scharf voneinander abgegrenzt werden. Auch treten in einem Unternehmen meist mehrere Verfahren auf, weshalb Schäfer in seiner Typologisierung das Adjektiv 'vorwiegend' zur Relativierung aufgenommen hat. Deutlich wird dies beispielsweise an den biologischen Verfahren, zu denen neben den hier weniger relevanten landwirtschaftlichen Verfahren die biochemischen und die gentechnischen Verfahren gehören. Dadurch können z. B. in einem Verfahren durchaus biochemische und chemische Verfahrensabschnitte auftreten. Als **physikalische** Verfahren sollen hier die physikalischen Stoffaufbereitungen ohne chemische Reaktion, wie z. B. Mischen, Zerkleinern, Trocknen oder Trennen, bezeichnet werden. Zusammen mit den **chemischen** Verfahren und den **biochemischen** und **gentechnischen** Verfahren bilden sie die **Verfahrenstechnik**.

In der chemischen Industrie kommen naturgemäß vor allem die chemischen Verfahren, aber auch physikalische, biochemische und gentechnische Verfahren vor.[136] Chemische Verfahren sind dadurch gekennzeichnet, daß der Vorgang, nachdem die notwendigen Voraussetzungen geschaffen wurden, meist selbständig abläuft.

Die Produktionsprozesse laufen dabei häufig in den drei Phasen Mischen, Reaktion und Trennen ab und werden von Hilfsoperationen wie Komprimieren, Heizen und Kühlen unterstützt.[137] Das Merkmal der Technologie hängt eng mit der Wirkung des Herstellungsverfahrens auf das Material zusammen. Riebel unterscheidet hier Stoffumwandlung, Stoffumformung und Energieumwandlung.[138] Die in der chemischen Industrie vorherrschenden chemischen Verfahrenstechnologien weisen überwiegend stoffliche Umwandlungsprozesse auf, in denen die Stoffeigenschaft geändert wird. Diese können wiederum unterteilt werden in das

1. Trennen und Erzeugen von Stoffgemischen mit Hilfe physikalischer Vorgänge ohne Änderungen der chemischen Substanzen, physikalische Stoffumwandlung genannt, und das
2. Ändern der chemischen Stoffe, als chemische Stoffumwandlung bezeichnet.[139]

Auch wenn die Technologie nicht zum originären Gegenstand produktionslogistischer Überlegungen gehört, so wird doch über die Art der Beschreibung der Technologie Einfluß auf produktionslogistisch relevante Vorgänge genommen. Dies soll an einem einfachen Beispiel verdeutlicht werden.

Bei einem fertigungstechnischen Verfahren wie dem Drehen kann die Prozeßzeit für ein Werkstück (Stückzeit) aus dem zu bearbeitenden Material und der Leistungsfähigkeit der Drehmaschinen ermittelt werden. Die Gesamtzeit für den Drehvorgang eines Auftrags ergibt sich aus dem Produkt von Werkstückanzahl und Stückzeit zuzüglich der Rüstzeit der Dreh-

---

[135] vgl. Hoitsch 93, S. 20ff. und Eversheim 96.

[136] Eine umfassende Einführung in verfahrenstechnische Prozesse wird z. B. in Blaß 89 und Jakubith 91 gegeben.

[137] vgl. Döhle 78, S. 203ff.

[138] vgl. Riebel 63, S. 29ff.

[139] Die Schwierigkeit einer scharfen Trennung der Technologien wird auch hier deutlich. So sieht die DIN 8580 Fertigungsverfahren zur Herstellung geometrisch bestimmter, fester Körper neben den Hauptgruppen Urformen, Umformen, Trennen, Fügen und Beschichten auch Stoffeigenschaftändern vor. Die Hauptgruppe Stoffeigenschaftändern wird unterteilt in Verfestigen, Wärmebehandeln, thermomechanisches Behandeln, Sintern und Brennen, Magnetisieren, Bestrahlen und photochemische Verfahren.

maschine. Für die Ermittlung der Dauer eines chemischen Vorgangs sind neben der Reakti-
onszeit weitere vor- und nachbereitende Tätigkeiten zu berücksichtigen, z. B. Beladen der
Anlage, Homogenisieren, Heizen, anschließend Kühlen, Entladen und Reinigen. Diese Zeiten
können in der Regel nicht über eine Bezugsgröße wie Stück oder Gewicht standardisiert und
linear mit der gewünschten Menge verrechnet werden.[140] Auch können die konkreten Zeiten
eines Auftrages von weiteren Faktoren wie Rohstoffqualität oder Luftdruck und -feuchtigkeit
abhängen. Daraus folgt, daß die Ermittlung der qualitativen Daten als Basis der produktionslogistischen Aufgaben von den verwendeten Technologien abhängt.

2.2.2.3.2 Materialumsetzung und Vergenz

Bei der Materialumsetzung wird die Beziehung zwischen Prozeßoutput in Form der Produkte
und Prozeßinput in Form der Repetierfaktoren betrachtet. Die Beziehung kann zum einen global für das gesamte Unternehmen, zum anderen auf niedrigerer Ebene, z. B. der Ebene der
Produktionsprozesse untersucht werden. Auf der Ebene des Unternehmens steht die Gesamtzahl der Rohstoffarten im Verhältnis zur Gesamtzahl der Endprodukte, im folgenden als Vergenz bezeichnet. Scheer differenziert hier als Extremtypen die rohstofforientierte Fertigung
mit wenigen unterschiedlichen Rohstoffarten und vielen Endproduktarten einerseits, und die
Fertigung mit hoher Fertigungstiefe mit vielen Rohstoffarten und wenigen Endprodukten andererseits sowie verschiedene Mischtypen.[141] Finch und Cox unterscheiden diesbezüglich die
drei Formen V-, A- und T-plants. Die Form der Buchstaben V und T soll den divergierenden,
und die des Buchstabens A den konvergierenden Materialfluß über den gesamten Produktionsprozeß symbolisieren.[142]
Für eine Bewertung der möglichen Merkmalsausprägungen ist nach dem Grund der unter-
nehmensweit konvergierenden, divergierenden oder gemischten Materialströme zu fragen.
Der Grund für einen divergierenden Materialstrom kann zum einen in einer gezielten Pro-
duktdiversifizierung liegen, z. B. durch eine hohe Variantenzahl, andererseits kann der divergierende Materialstrom durch technische Gegebenheiten determiniert sein, z. B. durch eine
verfahrensbedingte Aufspaltung des Materialflusses.

Abbildung 9 zeigt die verschiedenen Arten **gesamtbetrieblicher Materialvergenz**.

---

[140] vgl. auch Ellinger 59, S. 20ff. Dort wird am Beispiel eines metallurgisch-thermischen Prozesses die Schwierigkeit zur Ermittlung der Prozeßdauern veranschaulicht. Auch Pichler hebt in seinem Modellansatz die
Nichtlinearität chemischer Produktionsprozesse hervor, vgl. Pichler 54.

[141] vgl. Scheer 95, S. 390.

[142] Die Differenzierung erfolgt in Anlehnung an Goldratt, vgl. Finch/Cox 87, S. 6. V-Betriebe sind charakterisiert durch wenige Rohstoffe und eine große Bandbreite von Endprodukten, die Produktion der Endprodukte
startet mit ähnlichen Prozessen, hoher Produktdifferenzierung und speziellen Anlagen. Bei A-Betrieben ver-
hält sich das Verhältnis von Rohstoffen zu Endprodukten umgekehrt, es weisen viele verschiedene Produktionsprozesse, Wartezeiten und mehrfach verwendbare Anlagen auf. T-Betriebe stellen eine Vielzahl von
Endprodukten aus einer begrenzten Anzahl von Rohstoffen und Baugruppen her. Die hohe Endproduktzahl
ergibt sich aus den Kombinationen der Baugruppen in der Montage. Diese Charakterisierung der Betriebe
geht über ein einfaches Merkmal hinaus und stellt bereits eine Typisierung dar.

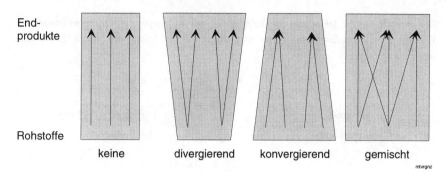

Abbildung 9: Gesamtbetriebliche Materialvergenz

Zur Untersuchung der **verfahrensbedingten Gründe** ist der Gesamtproduktionsprozeß des Unternehmens in einzelne Produktionsprozesse zu zerlegen, wobei sich die Frage nach dem Grad der Zerlegung stellt. Die minimale Granularität der hier interessierenden Produktionsprozesse sind Verfahrensabschnitte, die isoliert voneinander ablaufen. Sie werden meist als Operation oder Arbeitsgang bezeichnet. Für die Betrachtung ausreichend sind aber bereits die Produktionsprozesse, die produktionslogistisch relevanten Input benötigen bzw. Output erzeugen, also Produktionsprozesse, deren Input bzw. Output als selbständige Materialarten definiert sind. Diese Ebene der Produktionsprozesse wird als Arbeitsplan, Rezeptur oder Herstellanweisung bezeichnet.[143]

Zur Charakterisierung der technisch bestimmten Stoffverwertung können vier Grundtypen unterschieden werden, wobei jeweils auf der Inputseite und auf der Outputseite zwischen einem und mehreren Materialien differenziert wird. Produktionsprozesse mit durchgängiger Stoffverwertung weisen einen Input und einen Output auf, analytische Stoffverwertung zerlegt einen Input in mehrere Output, synthetische Stoffverwertung faßt mehrere Input zu einem Output zusammen und austauschende Stoffverwertung weist sowohl mehrere Input als auch mehrere Output auf.[144] Diese vorwiegend technische Betrachtung der Stoffverwertung zielt auf die tatsächlichen chemisch-physikalischen Stoffumwandlungsprozesse ab, wie sie in Abbildung 10 dargestellt sind. Im folgenden ist allerdings weniger von Interesse, ob ein Material nach dem Produktionsprozeß als solches noch im Produkt erkennbar ist, oder ob es vollständig und unumkehrbar darin aufgegangen ist. Deshalb wird hier der Terminus Materialumsetzung, der stärker von der chemisch-physikalischen Stoffumwandlung abstrahiert, als allgemeiner Begriff bevorzugt. Weiterhin wird in Verallgemeinerung der Grundtypen der Stoffverwertung als synthetische Materialumsetzung das Zusammenführen mehrerer Inputmateria-

---

[143] vgl. Abschnitt 'Produktionsprozesse', S. 173.

[144] vgl. Riebel 63, S. 57. Schäfer differenziert weiter in homo- und hetero-synthetische bzw. homo- und hetero-analytische Verwertung, vgl. Schäfer 69, S. 24 und 32. Er unterscheidet dabei, ob die Einsatzstoffe bzw. Produkte wesensgleich (z. B. unterschiedliche Stahlteile) oder substantiell unterschiedlich (z. B. Stahl- und Kunststoffteile, Lack, etc.) sind. Da auch derartige homogene Materialien prinzipiell als unterschiedliche Materialarten zu behandeln sind, wird hier auf diese Differenzierung verzichtet.

lien unabhängig von der Anzahl der Outputstoffe, und als analytische Materialumsetzung die
Erzeugung mehrerer Outputmaterialien unabhängig von der Anzahl der Inputstoffe bezeichnet.[145]

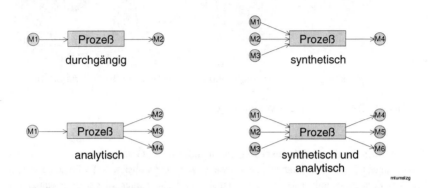

Abbildung 10: Prozeßbezogene Materialumsetzung

Durchgängige Produktionsprozesse, die weder eine synthetische Materialzusammenführung
noch eine analytische Materialzerlegung aufweisen, stellen die einfachste Ausprägung des
Merkmals Materialumsetzung dar und bedürfen keiner vertiefenden Betrachtung.

Beispiele für **synthetische** Materialumsetzung sind Montageprozesse geformter Materialien
(z. B. Anlagen- und Maschinenbau, Automobil- und Flugzeugindustrie, Konsumgüter, etc.),
Syntheseprozesse chemischer Substanzen und Mischprozesse von Schüttgütern (z. B. Nah-
rungs- und Genußmittel, Pharmazeutika, etc.). Aber auch Verpackungsvorgänge, bei denen
mindestens ein Produkt und eine Verpackung verarbeitet werden, sind zur synthetischen Materialumsetzung zu zählen. Der Einsatz mehrerer Inputstoffe kann bezüglich einer Outputein-
heit in festem Verhältnis erfolgen, was z. B. für Montage und Verpackung typisch ist. Andererseits kann der Einsatz Variabilität aufweisen, z. B. bei Mischprozessen.[146]

Da bei der **analytischen** Materialumsetzung mehrere Produkte anfallen, wird sie als Kuppelproduktion bezeichnet. Kuppelproduktion ist gekennzeichnet durch „Produktionsprozesse, bei
denen naturgesetzlich oder technologisch bedingt zwangsläufig zwei oder mehr Produktarten"
erzeugt werden.[147] Im folgenden werden deshalb die Termini Kuppelproduktion und analytische Materialumsetzung synonym verwendet.

---

[145] In diesem Sinn hätte die analytische Materialumsetzung auch bei den Outputmerkmalen und die synthetische
       Materialumsetzung bei den Inputmerkmalen getrennt diskutiert werden können.

[146] vgl. hierzu das Inputmerkmal Materialeinsatzelastizität, S. 34.

[147] vgl. Riebel 79, Sp. 1009.

Die **Kuppelproduktion** ist, wie bereits erläutert, Voraussetzung für die Betrachtung des Outputmerkmals Ausbringungselastizität. Analog zu der dort vorgenommenen Differenzierung wird in Abhängigkeit der Variabilität von starrer und elastischer Kuppelproduktion gesprochen sowie von lenkbarer und nicht-lenkbarer bzw. deterministischer und stochastischer Kuppelproduktion.[148] Abbildung 11 verdeutlicht die Zusammenhänge.

Relevant für die betriebswirtschaftliche und die produktionslogistische Betrachtung ist die ökonomische Bedeutung der gekoppelten Produkte. Dazu bedarf es einer ökonomischen Bewertung der Outputstoffe. Dabei wird danach differenziert, ob es sich um

- kosten- und erlösneutrale Kuppelprodukte handelt, die ohne Kosten abgegeben werden können, z. B. Gase und Wasser, um
- Abfälle, deren Beseitigung Kosten verursacht, oder um
- verwertbare Güter, für die positive Erlöse erzielt werden können.[149]

Kosten- und erlösneutrale Kuppelprodukte sind ökonomisch nicht relevant. Folglich bedürfen Produktionsprozesse, die zwar technisch gesehen einer analytischen Materialumsetzung unterliegen, bei denen unter den Outputstoffen allerdings nur ein ökonomisch relevantes Produkt vorliegt, keiner besonderen betriebswirtschaftlichen oder produktionslogistischen Betrachtung. Unter diesem Aspekt ist auch der gekoppelte Anfall von Energie zu sehen. Kann z. B. die zusätzlich anfallende Energie zur Stromerzeugung oder zu Heizungszwecken genutzt werden, so ist sie als zusätzliches Produkt im engeren Sinn zu verstehen. Muß die Energie dagegen über Kühlanlagen an die Umwelt abgegeben werden, ist sie durch die Kostenverursachung als Abprodukt zu betrachten. Nur wenn die Energie ohne zusätzliche Vorrichtungen abgegeben werden kann, bedarf es keiner speziellen Kuppelprozeßbetrachtung des Produktionsprozesses.

---

[148] vgl. auch Kilger 73, S. 340ff. und Corsten/May 94, S. 877.

[149] Dyckhoff stellt Input- und Outputkategorien mit den Merkmalsausprägungen gut, neutral und übel auf. Guter Output stellt demnach die Produkte im engeren Sinn dar. Übler Output wird als Abprodukte, neutraler Output als Beiprodukt bezeichnet, vgl. Dyckhoff 92, S. 67. Für üblen Output wird auch der Begriff Ungut oder nicht erwünschtes Nebenprodukt verwendet, vgl. Böggemann 91 und Dinkelbach/Rosenberg 94, S. 18ff. Riebel definiert hierzu eine differenzierte ökonomische Rangordnung mit folgenden Stufen, vgl. Riebel 55, S. 126ff:
1) sich selbst beseitigende Kuppelprodukte (Verluste)
2) unter Aufwand zu beseitigende Abfälle (lästige Abfälle)
3) gelegentlich verwertbare Abfälle
4) regelmäßig verwertbare Abfälle
5) Nebenprodukte
6) Koprodukte
7) Hauptprodukt
8) Leitprodukt
9) Zweckprodukt
Die erste Rangordnung stellen die von Dyckhoff als Beiprodukt bezeichneten neutralen Outputstoffe dar. Die zweite Rangordnung sind die üblen Outputstoffe. Alle anderen Rangstufen sind Produkte im engeren Sinn. Es sei darauf hingewiesen, daß der Begriff Beiprodukte für neutralen Output zu Mißverständnissen führen kann, da der angelsächsische Terminus by-products den Nebenprodukten, also erwünschtem Output, entspricht.

Eine besondere Form der Kuppelproduktion stellen unerwünschte Qualitätsschwankungen der Produkte dar. Sie treten auf, wenn in einem technologisch nicht als analytisch zu betrachtenden Produktionsprozeß der Produktoutput in unterschiedlichen Qualitätsstufen anfällt.[150] Werden die Qualitätsschwankungen nicht direkt durch entsprechende Gegenmaßnahmen wie Homogenisierungsprozesse oder Nachbearbeitungen ausgeglichen, so können die unterschiedlichen Qualitäten als eigenständige Produktart aufgefaßt werden. In diesem Fall handelt es sich um elastische, nicht-lenkbare Kuppelproduktion.

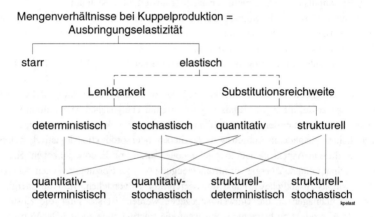

Abbildung 11: Mengenverhältnisse bei Kuppelproduktion

Einer besonderen Betrachtung der Produktionsprozesse unter dem Aspekt der Kuppelproduktion bedarf es nicht, wenn in einem analytischen Produktionsschritt eine Stoffzerlegung in mehrere Produkte vorgenommen wird, diese aber in einem folgenden Schritt gemeinsam synthetisch weiterverarbeitet werden. Hierzu sind die erzeugenden und weiterverarbeitenden Schritte im Sinn der oben diskutierten Granularitätsbetrachtung als ein Produktionsprozeß aufzufassen.[151] Sinnvoll ist dies allerdings nur, wenn die unterschiedlichen Stoffe nach dem analytischen Prozeßschritt aus produktionslogistischer Sicht nicht getrennt behandelt werden, z. B. wenn ein Material gelagert wird und über diesen Bestand gegebenenfalls auch unabhängig von den übrigen anfallenden Materialien verfügt werden kann. Im engen Zusammenhang dazu steht auch die Frage, ob Intraprozeßmaterialien, also Stoffe, die in einem Produktionsprozeß anfallen und direkt weiterverarbeitet werden, überhaupt als eigenständige Materialien zu verstehen sind.[152] Eventuell besteht kein Grund, sie als eigenständige Materialien zu identi-

---

[150]   vgl. hierzu auch das bereits diskutierte Materialmerkmal Qualitätsstandardisierung, S. 25.

[151]   Entsprechend führt auch Müller-Fürstenberger aus, daß nur solche Outputstoffe einer analytischen Zerlegung als Kuppelprodukte zu bezeichnen sind, die „nicht in folgenden Prozessen der gleichen Technik vollständig weiterverarbeitet werden", vgl. Müller-Fürstenberger 95, S. 19.

[152]   vgl. Loos 95a, S. 225. Intraprozeßmaterialien werden auch Intramaterialien oder interne Produkte genannt.

fizieren, z. B. wenn die Stoffe sonst nicht als Prozeßinput oder -output auftreten und auch an keiner anderen Stelle des Betriebs vorkommen. Vielmehr stellen sie einen temporären Zustand im Rahmen des Transformationsprozesses dar, der durch einen zerlegenden und einen weiterverarbeitenden synthetischen Prozeßschritt entsteht.

Zum Teil wird auch der Begriff der Verbundproduktion in Zusammenhang mit Kuppelproduktion verwendet.[153] Während aber der zwangsläufige Anfall mehrerer Produkte in der Literatur durchweg als das entscheidende Kriterium für Kuppelproduktion angesehen wird,[154] hat sich bisher für den Begriff der Verbundproduktion keine einheitliche Bedeutung durchgesetzt. Teilweise wird Verbundproduktion als eine spezielle Art der Kuppelproduktion angesehen, bei der der zwangsläufige Produktartenanfall in starrem oder nur bedingt variablem Mengenverhältnis vorliegt.[155] Andererseits wird bei Verbundproduktion weder die Zwangsläufigkeit noch der Anfall im gleichen Produktionsprozeß vorausgesetzt,[156] oder die Verbundproduktion wird als der Produktionstyp der Verbundwirtschaft angesehen und die Kuppelproduktion nur als eine spezielle Erscheinungsform der Verbundproduktion verstanden.[157] Auf den Terminus Verbundproduktion wird deshalb im folgenden verzichtet.

Austauschende Produktionsprozesse weisen sowohl eine **synthetische als auch eine analytische** Materialumsetzung auf, womit sie unter dem Aspekt der Kuppelproduktion und der zusammenführenden Produktion zu betrachten sind.

Von praktischer Relevanz sind alle vier ausgeführten Materialumsetzungsausprägungen. Tendenziell kann festgestellt werden, daß analytische Materialumsetzung häufig in naturnahen Produktionszweigen vorkommt, also immer dort, wo naturnahe Rohstoffe (pflanzliche und tierische Rohstoffe, Rohöl, Kohle, etc.) verarbeitet werden.[158] Aus Sicht der chemischen Industrie bedeutet dies, daß Kuppelproduktion insbesondere in der Grundstoffchemie anzutreffen ist, z. B. beim Spalten von Fetten und Ölen, beim Cracken von Kohlenwasserstoffgemischen wie Naphtha oder bei sonstigen Fraktionier- und Raffinerieprozessen,[159] wobei häufig variierbare Mengenverhältnisse vorliegen.[160] Diese ist in der Regel auf die optimale Stoffverwertung

---

[153]   So verwendet Mellerowicz verbundene Produktion synonym zum Terminus Kuppelproduktion, vgl. Mellerowicz 63, S. 154.

[154]   Riebel weist darauf hin, daß sich diese Bedeutung sowohl in der betriebswirtschaftlichen als auch in der volkswirtschaftlichen Literatur durchgesetzt hat, vgl. Riebel 55, S. 12. Ähnliche Definitionen oder Begriffsverständnisse sind z. B. zu finden in Kruschwitz 74, Hummel 75, Fandel 81, Gutenberg 83, VCI 86, Heinen 91 und Hoitsch 93, ein Beispiel aus der aktuellen volkswirtschaftlichen Literatur liefert Müller-Fürstenberger 95.

[155]   vgl. Hoitsch 93, S. 17.

[156]   z. B. in Müller-Fürstenberger 95, S. 14. In VCI 86, S. 21f wird als Produktionsverbund die Input-Output-Verbundenheit der Produktionsprozesse entsprechend der vier eingeführten Kategorien bezeichnet, die dort als Reihung, divergierend bzw. auseinanderlaufend verbunden, konvergierend bzw. zusammenlaufend verbunden und verflochten bezeichnet werden. Eine Zwangsläufigkeit wird nicht explizit unterstellt.

[157]   vgl. z. B. Männel 79, allerdings nicht mehr in Weber 96.

[158]   vgl. Schäfer 69, S. 27

[159]   vgl. VCI 86, S. 79.

[160]   vgl. Kölbel/Schulze 67, S. 38.

ausgerichtet. Andererseits ist die synthetische Materialumwandlung tendenziell in konsumnahen Produktionen anzutreffen, so z. B. als Mischungsprozeß in der pharmazeutischen Herstellung oder bei Feinchemikalien wie Farben und Lacke.

Diese allgemeinen Aussagen sind jedoch höchstens dazu geeignet, Tendenzen für die relative Häufigkeit der Materialumsetzungsausprägungen anzugeben. Die genauere Betrachtung zeigt, daß alle Arten der Materialumsetzung unabhängig von der Stellung des Produktionsprozesses im gesamtwirtschaftlichen Leistungszusammenhang vorkommen. Es kann nämlich davon ausgegangen werden, daß nahezu alle Produktionsprozesse physikalisch gesehen Kuppelprodukte hervorbringen.[161] Nur in den seltensten Fällen ist die Produktion hinsichtlich ihres Produktionsziels verlustfrei. Unter naturwissenschaftlichen Gesichtspunkten fallen aufgrund des Entropiegesetzes immer mehr als eine Outputart an, so daß immer Kuppelproduktion im weiteren Sinne vorliegt.[162] Outputstoffe neben dem eigentlichen Produktionsziel sind z. B. Abwärme, Abluft und Abfälle. Im Zuge der öffentlichen Diskussion über Umweltschutz, Kreislaufwirtschaft und vernetztes Denken ändert sich die Einstellung zu „sich selbst beseitigenden, ungenützten Kuppelprodukten."[163] In zunehmendem Maße, wie externe Folgekosten der Produktionsprozesse durch strengere gesetzliche Rahmenbedingungen internalisiert werden, können Abprodukte nicht mehr kostenneutral an die Umwelt abgegeben, oder deren Beseitigungskosten im allgemeinen Gemeinkostenblock untergebracht werden.

Unter Einbeziehung der Abprodukte kommt Kuppelproduktion auch in allen anderen Bereichen der chemischen Industrie vor. So sind viele als Synthesen bezeichneten Prozesse in der chemischen Industrie eher als austauschende Prozesse zu betrachten, z. B. wenn in Syntheseprozessen Stoffgemische anfallen, die anschließend analytisch zerlegt werden.[164]

Auch der Einsatz von Katalysatoren führt zu austauschender Materialumwandlung, ebenso der Einsatz von Hilfsstoffen zum Ausgleich unterschiedlicher Qualitäten bei der Analyse von naturnahen Rohstoffen.

Die Ausprägungen der gesamtbetrieblichen Materialflüsse, also die Frage nach der Vergenz der Materialströme, kann durchaus von der Materialumsetzung der detailliert betrachteten Produktionsprozesse abweichen. So zeichnen sich Montagebetriebe mit einer hohen Anzahl von Varianten, trotz ihrer durchweg durchlaufenden oder synthetischen Produktionsprozesse, durch einen divergenten Materialfluß aus.[165] Auch die Herstellung pharmazeutischer Produkte, die aufgrund des hohen Anteils von Mischvorgängen vorwiegend durch synthetische Pro-

---

[161] Auch dies ist ein Grund für die allgemeinere Formulierung der Begriffe analytische und synthetische Materialumsetzung. Bei der strengen Anwendung der Grundtypen der Stoffverwertung würde dies nämlich bedeuten, daß keine durchgängige, analytische oder synthetische Stoffverwertung existiert, sondern nur austauschende Stoffverwertung.

[162] Dyckhoff 92, S. 13 f.

[163] Riebel 55, S. 127.

[164] z. B. wird bei Chlorierung von Methan ein Gemisch aus Mono-, Di- und Trichlormethan sowie Tetrachlorkohlenstoff erzeugt.

[165] So lassen sich beispielsweise durch die Kombination aller optionalen Ausstattungsvarianten von Automodellen leicht mehrere hunderttausend unterschiedliche Autos konfigurieren.

duktionsprozesse erfolgt, weist insgesamt durch die Vielzahl der Darreichungsformen und Verpackungsgrößen einen divergierenden Materialfluß auf.[166] Abbildung 12 verdeutlicht eine gesamtbetriebliche Materialdivergenz trotz synthetischer Materialumsetzung der einzelnen Produktionsprozesse.

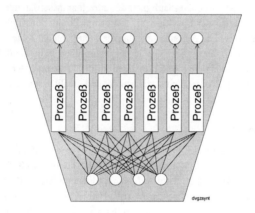

Abbildung 12: Gesamtbetriebliche Materialdivergenz bei synthetischer Materialumsetzung

Die divergierende gesamtbetriebliche Materialflußbetrachtung mit einer hohen Anzahl an Endprodukten geht meist einher mit den Outputmerkmalsausprägungen der geringen Leistungswiederholung und Produktvarianten, so daß bezüglich der Anforderungen auf das dort Besprochene verwiesen wird.[167] Geht der divergierende Materialfluß wie in der chemischen Grundstoffindustrie auf analytische Prozesse zurück, so ergeben sich spezielle Planungs- und Kalkulationsprobleme.[168] Die Problemstellungen resultieren größtenteils aus der Tatsache, daß die sonst in der Produktionswirtschaft oder den informationstechnisch angewandten Heuristiken übliche rückwärtsgerichtete Problembetrachtung vom Endprodukt zu den Rohstoffen umgedreht werden muß.[169] Aus Sicht der Produktionsprozeßbeschreibung müssen unter-

---

[166] vgl. auch Fußnote 279, S. 84.

[167] s. S. 29.

[168] Ein Großteil der produktionswirtschaftlichen Literatur über die chemische Industrie beschäftigt sich mit den aus der Kuppelproduktion resultierenden betriebswirtschaftlichen Problemen, insbesondere mit Planungs- und Kalkulationsproblemen. Zu Planungsproblemen vgl. z. B. Brink 69, Fellmann 73, Biethahn 74, Thormählen 74, Kruschwitz 74, Bührens 79, Egli 80, Fandel 81, Drenkard 89, Thiemann 92 und Hoffmann 95; zu Kalkulationsproblemen vgl. z. B. Tillmann 54, Binneweis 57, Weblus 58, Riebel/Paudtke/Zscherlich 73, Cirsovius/Keil/Walter 82 und Steffens 85.

[169] Bereits Hoppmann hat bei seiner Charakterisierung der chemischen Produktion die Vergenz unter dem Gesichtspunkt der Richtung der Gütererzeugung betrachtet, vgl. Hoppmann 34, S. 26. Schäfer spricht vom „Schema der ökonomischen Überlegungen", das bei analytischen Prozessen vom Ausgangsstoff vorwärtsgerichtet ist und bei synthetischen Prozessen rückwärtsgerichtet ist, vgl. Schäfer 69, S. 34f. Müller-Merbach spricht in diesem Zusammenhang von Input-Output-Prozessen, deren Mengenströme entweder inputseitig (analytisch) oder outputseitig (synthetisch) bestimmt sind, vgl. Müller-Merbach 81, S. 29.

schiedliche Outputstoffe verwaltet werden können. Aufgrund der umgedrehten Blickrichtung wird die Beschreibung mehrerer Outputstoffe auch als invertierte Stückliste bezeichnet.

Eine Vielzahl unterschiedlicher Rohstoffe wie bei konvergierendem Materialfluß kann besondere Anforderungen an eine effiziente Disposition der Rohstoffe stellen, da hier unter Umständen nur eine geringe Umschlagshäufigkeit der einzelnen Materialarten vorliegt. Hierunter fällt auch die Bestimmung der Losgrößen in den ersten Produktionsstufen. Die synthetische Materialumsetzung stellt hohe Anforderungen an die Steuerung der Materialbereitstellung und den innerbetrieblichen Transport. Bei den in der chemischen Industrie üblichen Mischungsprozessen kann es zu besonderen Anforderungen an die Dosierung der einzelnen Rohstoffe kommen, insbesondere bei Materialeinsatzelastizität und Qualitätsschwankungen.

2.2.2.3.3 Prozeßablauf

Das Merkmal Prozeßablauf beschreibt die Stetigkeit der Prozeßausführung und des durch die Prozeßausführung verursachten Materialflusses im Produktionsprozeß. Entscheidend für die Bestimmung des Prozeßablaufs sind die verfahrensbedingten Merkmale, die durch den chemischen, biologischen oder physikalischen Prozeß gegeben sind. Nicht berücksichtigt werden organisatorische Unterbrechungen wie Wechsel der Material- oder Produktarten, Pausen- und Stillstandszeiten sowie Instandhaltungszeiten. Entscheidend ist die Frage, ob der Ablauf des Produktionsprozesses aus technischen Gründen stetig oder in einer rhythmischen Taktung erfolgt.[170] Entsprechend kann prinzipiell von einem kontinuierlichen Prozeß einerseits oder von einem intermittierenden oder diskontinuierlichen Prozeß andererseits gesprochen werden. Das produktionslogistisch wichtigste Kriterium ist der Materialfluß. Die Stetigkeit des Materialflusses bezieht sich auf die Materialbewegung während der Materialtransformation, d. h. auf die Frage, ob ein gleichmäßiger Materialstrom existiert, oder ob eine abgegrenzte Materialmenge in diskreten Schritten bewegt wird. Erfolgt der Materialstrom gleichmäßig, so wird in der Prozeßindustrie auch von Konti-Prozessen gesprochen.

Wird eine abgegrenzte Menge, z. B. ein Stück oder eine Füllung, in einem Schritt in die Produktionsanlage gebracht, um zusammen bearbeitet und anschließend in einem Schritt wieder entnommen zu werden, so liegt ein diskontinuierlicher Ablauf vor. Da eine auf diese Art abgegrenzt produzierte Menge als Charge bezeichnet wird, wird bei intermittierendem Prozeßablauf in der chemischen Industrie sowohl von diskontinuierlicher Fertigung als auch von Chargenfertigung und -prozessen, oder in Anlehnung an den englischen Begriff von Batch-Prozessen gesprochen.[171] Das Merkmal des intermittierenden Produktionsablaufs wird von den meisten Autoren als typisch für die Chargenproduktion angesehen.[172]

---

[170] Riebel bezeichnet dieses Merkmal als Ablaufrhythmus. Er gibt neben dem Rhythmus des Materialflusses und dem Produktionsfortschritt als drittes Kriterium den Rhythmus des Produktionsfortschritts bzw. die Aufeinanderfolge der einzelnen Arbeitsgänge an, vgl. Riebel 63, S. 91ff. Kölbel und Schulze bezeichnen das Merkmal des Prozeßablaufs als Prozeßführung, vgl. Kölbel/Schulze 67, S. 24.

[171] Je nach Branche wird die durch das Fassungsvermögen der Produktionsanlage begrenzte Einsatzmenge als Charge, Sud, Brand, Ansatz oder Möller bezeichnet.

[172] z. B. Riebel 56, S. 137, Riedelbauch 57, S. 536, Uhlig 87, S. 17 und Packowski 96, S. 28.

Bei genauerer Betrachtung des Materialflusses muß zwischen dem Input als Materialeinfluß in den Produktionsprozeß und dem Output als Materialabfluß aus dem Produktionsprozeß unterschieden werden. Idealtypisch für Konti-Prozesse ist der gleichmäßige Durchfluß durch ein Rohr mit stetigem Zu- und Abfluß. Idealtypisch für einen diskontinuierlichen Prozeß ist die Herstellung in einem Kessel, der in einem Schritt beladen und nach der Bearbeitung in einem Schritt entladen wird. In Abbildung 13 sind die Materialzugänge und -abgänge eines diskontinuierlichen und eines kontinuierlichen Prozesses zeitabhängig dargestellt. Es sind aber durchaus auch Kombinationen möglich, so daß das Material während des Prozesses in einem Kessel kontinuierlich zugeführt wird, aber diskontinuierlich entnommen wird und vice versa. Ebenso können bei gemischtem Prozeßablauf die verschiedenen Einsatzkomponenten unterschiedlich zugeführt oder der Output bei Kuppelproduktion unterschiedlich abgeführt werden.

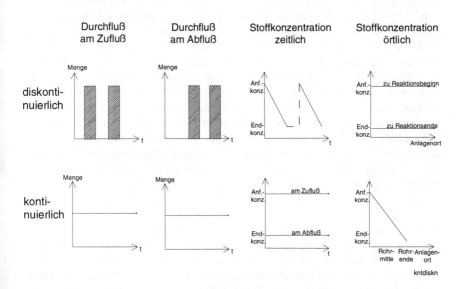

Abbildung 13: Idealtypische diskontinuierliche und kontinuierliche Prozeßabläufe[173]

Für die genauere Unterscheidung zwischen kontinuierlichen und diskontinuierlichen Prozessen in der Prozeßindustrie ist die Bestimmung des Prozeßfortschrittes in Form der chemischen Reaktion notwendig.[174] Ausschlaggebend für den Reaktionsfortschritt ist der Konzentrationsverlauf der chemischen Reaktion in örtlicher und zeitlicher Dimension. Bei einem kontinuierlichen Prozeß in einer Produktionsanlage (Idealrohr) herrscht am örtlichen Anlagenanfang

---

[173] Die Darstellung des Konzentrationsverlaufs erfolgt in Anlehnung an Kölbel/Schulze 67, S. 25, der Zu- und Abfluß in Anlehnung an Packowski 96, S. 63.

[174] vgl. Baerns/Hofmann/Renken 92, S. 272ff, Uhlig/Bruns 95, S. 32ff.

(Rohranfang) immer der Konzentrationszustand des Reaktionsbeginns, am örtlichen Ende der
Zustand des Reaktionsendes. Der Reaktionsverlauf ändert sich mit dem Ort in der Anlage. Es
kommt zu keiner Reaktionsrückvermischung. Bei einem idealtypischen diskontinuierlichen
Prozeß ist zu einem Zeitpunkt der Konzentrationsverlauf der Reaktion an allen Orten im Kessel gleich. Er verändert sich während der Prozeßzeit bis zum Endzustand an allen Stellen
gleichmäßig. Abbildung 13 zeigt auch hierzu die idealtypischen Verläufe.

Liegt bei Produktionsprozessen eine Mischform zwischen den idealtypischen Reaktionsver-
läufen oder den idealtypischen Materialzuflüssen und Abgängen vor, so wird auch von semi-
kontinuierlichen oder teilkontinuierlichen Prozeßabläufen gesprochen.[175]
Riebel bezeichnet den Ablaufrhythmus als teilkontinuierlich, wenn eine der von ihm aufge-
stellten Bedingungen rhythmisch unterbrochen ist, während eine andere kontinuierlich verläuft.[176] Der Verband der chemischen Industrie (VCI) spricht von teilkontinuierlicher Fertigung, wenn die Zufuhr diskontinuierlich und die Ausbringung kontinuierlich ist oder vice
versa. Ebenso werden gemischte Produktionsabläufe als teilkontinuierlich bezeichnet.[177]
Dagegen nennt Packowski Produktionsprozesse semikontinuierlich, wenn kontinuierliche
Produktionsanlagen mehrzügig ausgelegt sind, so daß durch Stillegung einzelner Produktionseinheiten eine kapazitative Anpassung an Beschäftigungsschwankungen vorgenommen werden kann. Mit dieser betriebsorganisatorischen Begründung stellt er semikontinuierliche Produktionsprozesse verfahrenstechnologisch den kontinuierlichen gleich. Für ihn ist allein der
Materialabfluß, d. h. die Entnahme des verarbeiteten Materials, entscheidend für die Ausprägung kontinuierlich einerseits bzw. diskontinuierlich oder Chargenproduktion andererseits
und nicht die Materialzuführung zu der Verarbeitungsanlage. So kann für einen kontinuierlichen Produktionsprozeß bei einer entsprechenden Prozeßauslegung und Pufferkapazität das
Material durchaus diskontinuierlich zugeführt werden. Andererseits kann bei diskontinuierlichen Prozessen die Materialzuführung auch kontinuierlich erfolgen.[178] Dem ist aus verfahrenstechnischer Sicht zu widersprechen. Als Argument dafür kann gelten, daß durch einen
diskontinuierlichen, portionsweisen Outputausstoß eine homogene Qualität dieser Outputmenge gewährleistet werden kann, was ja ein Merkmal einer Charge ist.[179] Insofern kann der
Argumentation Packowskis lediglich soweit gefolgt werden, als ein intermittierender Produktionsoutput nur zusammen mit dem Qualitätskriterium ein hinreichendes Merkmal einer
Chargenproduktion darstellt. Der intermittierende Output ist dagegen nur ein notwendiges,
aber noch kein hinreichendes Charakteristikum für diskontinuierlichen Prozeßablauf. Dies
bedeutet bei differenzierter Betrachtung, daß die Chargenproduktion nicht identisch ist mit der
diskontinuierlichen Produktion. Entscheidendes Merkmal der diskontinuierlichen Produktion
ist, daß Materialzufluß, Produktionsdurchführung und Materialabfluß intermittierend erfolgen.
Chargenproduktion kann dagegen auch bei semikontinuierlichem Prozeßablauf vorliegen,

---

[175] Blaß bezeichnet eine Betriebsweise als halbkontinuierlich, wenn einzelne Stoffe während des Prozesses zu-
       oder abgeführt werden, vgl. Blaß 89, S. 275f.
[176] vgl. Fußnote 170.
[177] vgl. VCI 86, S. 22.
[178] vgl. Packowski 96, S. 63 und 66.
[179] vgl. Fußnote 82, S. 26.

nämlich wenn bei kontinuierlichem Zufluß das Material portionsweise entnommen wird, und die homogenen Mengen der einzelnen Ausstöße qualitativ differenziert werden.[180] Trotzdem werden im Sprachgebrauch der chemischen Industrie die Begriffe diskontinuierliche Produktion und Chargenproduktion synonym verwendet.

Kontinuierliche Prozesse sind ein typisches Merkmal für die Prozeßindustrie, somit auch für die chemische Industrie. Aber auch der diskontinuierliche Prozeßablauf ist häufig in der chemischen Industrie anzutreffen. Prinzipiell kann man sagen, daß kontinuierliche Anlagen spezialisierter sind, und deshalb vor allem in der Massenproduktion der Grundstoffindustrie vorkommen. Anlagen für Chargenprozesse sind meist Mehrzweckanlagen, auf denen verschiedene Rohstoffe zu unterschiedlichen Produkten verarbeitet werden können. Sie treten vor allem in den die Grundstoffe weiterverarbeitenden Bereichen wie z. B. Feinchemikalien und Pharmazeutika auf. Nicht selten findet man auch eine Folge von kontinuierlichen Anlagen zu Beginn des Herstellungsprozesses und diskontinuierlichen Anlagen am Ende der Bearbeitung. Aus verfahrenstechnischer Sicht wird seit längerer Zeit angestrebt, Prozesse möglichst zu kontinuisieren. Einige Gründe sprechen jedoch auch für diskontinuierliche Fahrweise. Dies sind neben den betriebswirtschaftlichen Faktoren wie große Anlagenflexibilität, geringe Produktionsmenge, kurzer Time-to-market und niedrige Anlagenkapitalbindungskosten, auch verfahrenstechnische Gründe wie sehr lange Reaktionszeiten, genau einzuhaltende Verweilzeiten, hohe Produktreinheit und Möglichkeiten zur Chargennachbearbeitung.[181]

Aus der Form des Prozeßablaufs ergeben sich Anforderungen an die innerbetriebliche Materialflußsteuerung und Materialbereitstellung. Bei kontinuierlichen Prozessen muß ein stetiger Materialzufluß bzw. Abfluß aufrechterhalten werden, während bei diskontinuierlichen Prozessen die Rohstoffmenge einer Charge gleichzeitig bereitgestellt und anschließend entnommen werden muß. Der interne Prozeßablauf ist aus produktionslogistischer Sicht von geringem Interesse, doch können sich Auswirkungen auf relevante Beschreibungsgrößen ergeben, z. B. wird die Produktionsmenge eines kontinuierlichen Prozesses eher in Menge pro Zeiteinheit gemessen, während die Prozeßdauern von Chargenprozessen in Zeit pro Charge und Menge pro Charge gemessen werden.

2.2.2.3.4 Kreislaufprozeß

Unter dem Merkmal der Kreislaufprozesse sollen solche Phänomene charakterisiert werden, bei denen Prozeßoutputstoffe als Einsatzstoffe wieder in den gleichen Produktionsprozeß einfließen. Bei Kreislaufprozessen spricht man im weiteren Sinn auch von Recycling. Der Rückfluß von Produkten als Rohstoffe kann verschiedene Ursachen und Auswirkungen haben.

---

[180] Uhlig und Bruns bezeichnen dies als Semibatch-Betrieb, Feed-Batch-Betrieb oder Zulaufverfahren, vgl. Uhlig/Bruns 95, S. 169ff.

[181] vgl. Helms/Hanisch/Stephan 89, S. 5 und Dokter 91.

Die Reichweite des Kreislaufs bestimmt die Transitivität der Input-Output-Eigenschaft eines Materials bezüglich eines Produktionsprozesses. Abbildung 14 stellt die unterschiedlichen Reichweiten dar.

Bei einer globalen Betrachtung können wohl alle Materialien als einem Kreislaufprozeß zugehörig betrachtet werden, beispielsweise in Form von regenerativen Rohstoffen. Die größte Reichweite menschlich gesteuerter Kreisläufe weisen das Recycling gebrauchter Produkte zur Schrottgewinnung und das gezielte Sammeln und die Rückführung von sogenannten Wertstoffen, z. B. über Pfandsysteme, auf. Diese Kreislaufwirtschaft ist überbetrieblich und kann indirekten Einfluß auf die Produktionslogistik nehmen. Als betriebliche Funktionen sind vor allem die kreislaufgerechte und recyclinggerechte Produkt- und Verpackungsgestaltung sowie die Distributions- und Beschaffungslogistik von einer Kreislaufwirtschaft betroffen. Des weiteren können sich spezielle Produktionsprozesse zur Demontage und Aufbereitung der Stoffe ergeben.[182]

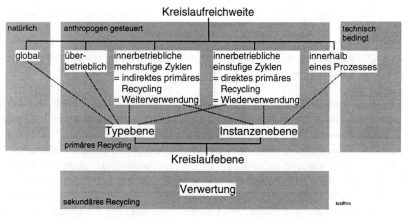

Abbildung 14: Kreislaufformen

Bei innerbetrieblichen Kreislaufprozessen verläßt das Produkt vor der Wiederverwendung als Einsatzprodukt den Betrieb nicht. In diesem Fall spricht man von Zyklen im Materialfluß. Diese Zyklen können aufgrund ihrer Reichweite weiter unterteilt werden im Hinblick auf die Anzahl der betroffenen Produktionsprozesse. Die Zyklen können sich über mehrere Produktionsprozesse erstrecken (mehrstufige Zyklen) oder nur einen Produktionsprozeß (einstufige Zyklen) betreffen.[183] Die kleinste Reichweite haben Rückführungen innerhalb von Produkti-

---

[182] Ein Literaturüberblick über betriebliches Recycling findet sich in Rautenstrauch 93. Auch Bomba et al. und Krikke et al. entwickeln eine Systematisierung unter Berücksichtigung der Kreislaufreichweite für Abproduktnutzung, vgl. Bomba/Paufler/Wotte 89 und Krikke/Harten/Schuur 96. Corsten/Reiss 91 diskutieren Recycling unter dem Gesichtspunkt der Produktionsplanung und -steuerung.

[183] vgl. Dyckhoff 92, S. 293ff.

onsprozessen, bei denen aus verfahrenstechnischen Gründen vor der eigentlichen Ausbringung des Output ein Teil dem Prozeß wieder zugeführt wird.[184] Im folgenden sollen nur die innerbetrieblichen Kreisläufe über einen oder mehrere Prozesse betrachtet werden, da nur diese direkte produktionslogistische Implikationen aufweisen. Die Ursachen der Zyklen können eher verfahrenstechnisch, ökonomisch oder gesetzlich bedingt sein.[185] Verfahrenstechnische Gründe liegen vor, wenn Teile des Output zur Aufrechterhaltung der Prozesse wieder zurückgeführt werden müssen, z. B. als Katalysator. Ökonomische Gründe liegen vor, wenn der Einsatzstoff des Produktionsprozesses zum Teilen aus Abfall, Ausschuß oder minderer Qualität des Produkts besteht. Die gesetzlich bedingte Rückführung ist in der Regel ökologisch motiviert und betrifft das innerbetriebliche Recycling sowie insbesondere die überbetriebliche Kreislaufwirtschaft.[186]

Eine weitere Unterscheidung der Kreislaufprozesse bezieht sich auf die Ebene des Kreislaufs, also darauf, ob die Rückführung innerhalb der gleichen Prozeßinstanz oder nur innerhalb des gleichen Prozeßtyps, aber bei unterschiedlichen Prozeßinstanzen, erfolgt.[187] Im ersten Fall liegt der Zyklus auf Instanzebene vor, im zweiten Fall nur auf Typebene. Dies soll an dem in Abbildung 15 dargestellten Beispiel erläutert werden. Im ersten Fall wird die Menge x1 des Materials M1 von dem Prozeß P11 vom Prozeßtyp P1 erzeugt. Während der Ausführungszeit des Prozesses P11 wird eine Teilmenge x2 der Menge x1 zurückgeführt. Im zweiten Fall wird zwar auch eine Teilmenge x2 der Menge x1 in einen Prozeß rückgeführt, allerdings in den Prozeß P12 vom Typ P1. Wichtig ist, daß der Prozeß P12 ungleich Prozeß P11 ist, aber beide Prozesse von Typ P1 sind. Dies kann beispielsweise dadurch realisiert werden, daß, wie in Abbildung 15, P12 zu einem späteren Zeitpunkt läuft als P11, oder indem P12 auf einer anderen Anlage parallel zu P11 läuft.
Im ersten Fall liegt ein Zyklus auf Instanzenebene vor, im zweiten Fall ein Zyklus auf Typebene. Die Frage, ob ein Zyklus auf Instanzenebene oder auf Typebene vorliegt, hängt eng mit der Reichweite des Kreislaufs zusammen. Eine große Reichweite tendiert zu einem Zyklus auf Typebene. So sind überbetriebliche Kreisläufe in der Praxis sicherlich nur auf Typebene an-

---

[184]   z. B. bei dem Herenox-Verfahren, bei dem zur Reduzierung des Stickoxid-Ausstoß eine Rauchgasrückführung durchgeführt wird, vgl. Schmidt 91, S. 114.

[185]   Da die Gesetzgebung die rechtlichen Rahmenbedingungen auch über technische und ökonomische Größen steuert, ist die Unterscheidung zwischen technischen, ökonomischen und rechtlichen Ursachen nicht immer eindeutig. So können ökonomische Gründe gesetzliche Ursachen haben, z. B. kann aufgrund gesetzlicher Regelungen die Entsorgung kostenintensiver werden als die Aufbereitung und Rückführung in den Prozeß.

[186]   Aus Sicht des Abfallrecyclings wird von primärem oder originärem Recycling gesprochen, wenn die Abfälle im erzeugenden Produktionsprozeß rückgeführt werden, also ein produktionslogistischer Kreislauf vorliegt, vgl. Rautenstrauch 93, S. 95. Einstufige Zyklen werden direktes Recycling genannt. Liegen Aufbereitungsschritte dazwischen, so daß ein mehrstufiger Zyklus entsteht, wird von indirektem Recycling gesprochen. Nach diesem Sprachgebrauch wird das direkte, primäre Recycling als Wiederverwendung, das indirekte, primäre Recycling als Weiterverwendung bezeichnet. Bei sekundärem Recycling, auch Verwertung genannt, fließt der Output nicht mehr in den erzeugenden Produktionsprozeß ein, so daß kein Kreislauf vorliegt.

[187]   vgl. auch Abbildung 14. Rückführungen auf Ebene einer Prozeßinstanz werden auch als Rücklaufprinzip oder geschlossenes System bezeichnet, vgl. Blaß 89, S. 377f. + 614f., Hassan 78, S. 126 und Sutter 87.

zutreffen.[188] Rückführungen innerhalb von Produktionsprozessen beziehen sich dagegen auf gleiche Prozeßinstanzen.

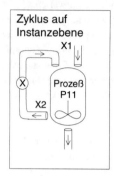 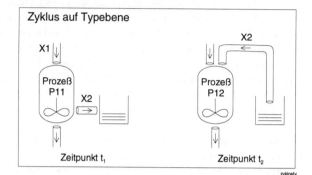

Abbildung 15: Zyklus auf Instanz- und Typebene

Die innerbetrieblichen Zyklen können auf Prozeßinstanz- oder auf Prozeßtypebene stattfinden. Hierbei stellt sich auch die Frage, was unter Prozeßinstanz zu verstehen ist. Üblicherweise stellt eine Prozeßinstanz einen Produktions- oder einen Fertigungsauftrag dar. Da bei diskontinuierlichen Prozessen ein Produktions- bzw. Fertigungsauftrag aber mehrere intermittierende Stoffeinsätze bzw. Stoffausbringungen umfassen kann, könnte auch jeder Chargenprozeß innerhalb eines Produktionsauftrags als Prozeßinstanz aufgefaßt werden. Produktionslogistisch relevant ist die Frage, ob ein Zyklus innerhalb eines betrachteten Prozesses durch Saldieren aufgelöst werden kann.[189] Der Zyklus muß bei einer Betrachtung auf dieser Granularität nicht mehr explizit dargestellt werden, sondern es wird nur noch der Nettoinput und der Nettooutput angegeben.

Innerbetriebliche zyklische Rückführungsprozesse sind typisch für die chemische Industrie,[190] z. B. im Zusammenhang mit Kuppelproduktion, bei der ein Teil des Produktbündels zurückgeführt wird.[191] Deshalb wird Kreislaufwirtschaft teilweise auch als eine Sonderform der

---

[188] Andernfalls würde dies bedeuten, daß ein Prozeßoutput während der Prozeßausführung den Betrieb verläßt, durch eine oder mehrere andere Wirtschaftssubjekte genutzt und anschließend in den gleichen, immer noch laufenden Prozeß wieder eingebracht wird.

[189] vgl. Dyckhoff 92, S. 297.

[190] So weist Schulze zu Recht daraufhin, daß es sich bei der direkten oder indirekten Verwertung von Rückständen durch Rückführung um „altbekannte und geläufige Maßnahmen der chemischen Reaktionstechnik" handelt, wobei der Begriff Recycling aber wenig benutzt wird, da dieser eher unter ökologischen und umweltschutztechnischen Aspekten geprägt worden sei, vgl. Schulze 87, S. 18.

[191] Packowski führt das Beispiel eines Herstellungsprozesses für chemische Zwischenprodukte für die Nahrungs- und Waschmittelproduktion mit analytischer Materialumsetzung an. Die über Haupt- und Nebenprodukte hinaus anfallenden Reststoffe werden dort sowohl in einem einstufen Zyklus direkt wieder rückgeführt, als auch nach einer Aufbereitung mit mehrstufigen Zyklen (indirektes primäres Recycling) genutzt, vgl. Packowski 96, S. 75f.

Kuppelproduktion angesehen.[192] Dies mag insofern berechtigt sein, als die Kreislaufwirtschaft in der Praxis meist zusammen mit der Kuppelproduktion auftritt. Da fast alle Produktionsprozesse als Kuppelproduktionsprozesse aufzufassen sind,[193] und spätestens bei Auftreten von Kreisläufen auch explizit als Kuppelprozesse aufgefaßt werden, mag dies als Begründung dafür gelten, daß Kuppelproduktion Voraussetzung für Kreislaufwirtschaft ist. Trotzdem soll hier die Kreislaufwirtschaft nicht der Kuppelproduktion untergeordnet werden, da auch Kreislaufprozesse mit nur einer Outputart vorstellbar sind, bei denen eine Teilmenge der einen Outputart zurückgeführt wird.[194] Aus systematischer Überlegung heraus könnten die Kreislaufprozesse ebenso der synthetischen Materialumsetzung untergeordnet werden, da in der Regel auch mehrere Inputarten eingesetzt werden.

Typische Erscheinungsformen von Kreislaufprozessen in der Prozeßindustrie sind der Einsatz von Hilfsstoffen mit katalytischen oder reaktionsvermittelnden Aufgaben (z. B. Perl-Katalysator in der Erdölcrackung[195], aber auch Wasser[196]) und Kreislaufsynthesen, bei denen nicht vollständig reagierte Einsatzstoffe rückgeführt werden (z. B. bei der Sulfonierung und bei der Herstellung von Ethylen- und Propylenoxid[197], bei der Ammoniaksynthese[198] oder bei Schwefelkohlenstoffverarbeitung[199]).

Zyklische Prozesse stellen besondere Anforderungen an die Beschreibung von Prozeßstrukturen sowie an deren algorithmische Verarbeitung, z. B. bei Kalkulation und Planung.[200]

2.2.2.3.5 Produktionsverflechtung

Das Merkmal Produktionsverflechtung beschreibt die Verbindungen und Abhängigkeiten zwischen den einzelnen Produktionsstufen, die notwendig sind, um aus den Rohstoffen die Endprodukte herzustellen. Eine Form der Verflechtung wurde als Vergenz bereits unter dem Merkmal Materialumsetzung und Vergenz beschrieben. Hier wurden durchlaufende, divergierende, konvergierende und gemischte Vergenzen unterschieden. Eine weitere Form ist die Anzahl der Stufen vom Rohstoff bis zum Endprodukt. Die Stufenanzahl wird häufig als Erzeugnisstrukturmerkmal bezeichnet, wobei zwischen einstufigen und mehrstufigen Erzeugnis-

---

[192] vgl. Weblus 58, S. 114ff., Kilger 73, S. 350ff. und Riebel 79, Sp. 1013. In VCI 86, S. 34 werden zyklische Materialflüsse als eine Art der Kuppelproduktverwendung bezeichnet.

[193] vgl. Merkmal Materialumsetzung und Vergenz, S. 38.

[194] So setzen weder Scheer noch Dyckhoff bei ihren Beispielen für zyklische Erzeugnisstrukturen Kuppelproduktion voraus, vgl. Scheer 95, S. 124f und Dyckhoff 92, S. 295.

[195] vgl. Weblus 58, S. 115.

[196] vgl. Dhole et al. 96.

[197] vgl. Bilitewski/Härdtle/Marek 94, S. 489ff.

[198] Laut Riebel beträgt die Rückführung bei der Ammoniaksynthese nach dem Haber-Bosch-Verfahren 88-90% des Rohstoffeinsatzes. „Derartige Kreisläufe sind für viele chemische Prozesse geradezu charakteristisch.", Riebel 63, S. 71.

[199] vgl. Christ 92, S. 892, des weiteren Schulze 87, Lenz/Molzahn/Schmitt 89 und Christ 93 sowie die dort angegebenen Beispiele.

[200] zur Kalkulation unter Berücksichtigung von Zyklen vgl. z. B. Weblus 58, S. 114ff. und Kilger 73, S. 350ff.

sen differenziert wird.[201] Oftmals wird unter dem Begriff Strukturbreite auch die Anzahl der Komponenten einer Stufe aufgeführt.[202] Dies entspricht dem Grad der Konvergenz. Abbildung 16 zeigt Beispiele für wenig und für stark verflochtene Produktionsprozesse.

Für die Betrachtung der Komplexität ist zu berücksichtigen, wie die einzelnen Produktionsprozesse eines Unternehmens geordnet sind. Bei der Charakterisierung mehrstufiger Prozesse wird meist von der Anzahl der Zwischenprodukte zwischen Rohstoffen und Endprodukten ausgegangen, also von der Anzahl der Stücklistenstufen.[203] Üblicherweise sind aber alle Produktionsprozesse, die zur Herstellung eines Materials notwendig sind, in einem Arbeitsplan oder Rezept zusammengefaßt. Daraus folgt, daß bei einer Beschränkung auf die Stücklistenstufen bei einer einstufigen Erzeugnisstruktur zur Herstellung dennoch mehrere Produktionsprozesse notwendig sein können. Deshalb sollte bei der Beurteilung der Produktionsverflechtung die produktionslogistisch kleinste relevante Einheit (z. B. der einzelne Prozeßschritt) Berücksichtigung finden.[204]

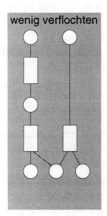
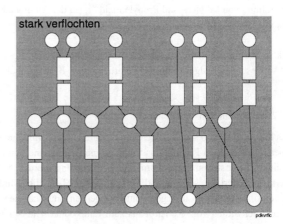

Abbildung 16: Produktionsverflechtung

In der Prozeßindustrie sind sowohl einstufige Produktionsprozesse als auch komplexe, stark verflochtene Produktionsprozesse anzutreffen. Bedingt durch die analytische und die synthetische Stoffverwertung ergeben sich komplexe Beziehungen zwischen den einzelnen Produktionsbetrieben.[205] Aber auch innerhalb eines Betriebs kann eine große Anzahl von Stufen zur

[201]   vgl. z. B. Große-Oetringhaus 72 , S. 374, Schomburg 80, S. 85f. und Jost 93, S. 37 und 246.

[202]   vgl. Kautz 96, S. 52f.

[203]   vgl. Abschnitt 'Erzeugnisstruktur', S. 149.

[204]   Entsprechend hat auch Küpper in seiner Typologie die einstufige und mehrstufige Produktion als Ausprägung unter dem Merkmal Anzahl der Arbeitsgänge zusammengefaßt, vgl. Küpper 79, Sp. 1642. Ebenso differenziert Schäfer nach Anzahl der Fertigungsgänge bzw. -phasen, vgl. Schäfer 69, S. 258ff.

[205]   vgl. z. B. Eckelmann/Geibig 89, S. 5.

Herstellung der Endprodukte notwendig sein, z. B. in der Wirkstoffproduktion, im Pharmabereich sowie in der Grundstoffchemie.[206] Aufgrund komplexer Leistungsverflechtung ergeben sich ähnliche Anforderungen wie bei dem Merkmal Materialumsetzung und Vergenz. Es muß die Möglichkeit bestehen, den Leistungsaustausch zwischen den Prozessen über Materialentstehung und Materialeinsatz zu verknüpfen und diese Beziehungen bei Planung und Kalkulation zu berücksichtigen.

2.2.2.3.6 Variabilität der Ablauffolge

Die Variabilität der Ablauffolge beschreibt die Möglichkeit, die Reihenfolgen der für die Herstellung eines oder mehrerer Produkte notwendigen Verarbeitungsprozesse zu ändern. Als Prämisse der Ablaufvariabilität gilt, daß keine sonstigen Änderungen zwangsläufig mit der Änderung der Folgen einhergehen. Dies bedeutet insbesondere, daß

- über alle Prozeßschritte betrachtet die gleichen Input- und die gleichen Outputarten anfallen,
- die gleichen Input- und Outputmengen anfallen,
- in den einzelnen Prozeßschritten die gleichen Technologien genutzt werden, und
- die Gesamtprozeßdauer sich nicht aufgrund technologischer Bedingungen ändert.

Die Variabilität der Ablauffolge wird auch als räumliche Bindung des Fertigungsablaufs[207] oder als Reihenfolgefixierung der Fertigung bezeichnet.[208]

Vereinfacht kann man variable Ablauffolgen als alternative Prozesse auffassen. Da es sich aber lediglich um das zeitliche Vertauschen von Prozeßschritten, nicht jedoch um andere Prozeßschritte handelt, wäre eine Subsumption der variablen Reihenfolge unter alternativen Produktionsprozessen eine zu starke Vergröberung.

Variable Ablauffolgen erhöhen, wie in Abbildung 17 dargestellt, die Flexibilität bei der Planung des Produktionsablaufs. Voraussetzung für die Flexibilität in den Ablauffolgen ist, daß alle Prozeßschritte nur vom Zustand des Materials zu Beginn der alternativen Folge abhängig sind, nicht jedoch von Prozeßschritten in der variablen Folge. Das bedeutet, daß die Materialzustände nach den variablen Prozeßschritten nicht Voraussetzung für die Folgeschritte sein können, und daß sich die konkreten Materialzustände zwischen den Prozeßschritten zu technologischen und produktionslogistischen Fragen neutral verhalten.

Durch diese Voraussetzungen kommen variable Ablauffolgen eher in stückorientierter Fertigung[209] als in chemischen Verfahrensprozessen vor. Gerade kontinuierliche Herstellungsprozesse tendieren zu einem Zwangslaufsystem. Auch bei diskontinuierlichen chemischen Char-

[206] vgl. VCI 89, S. 23.
[207] vgl. Schäfer 69, S. 265.
[208] vgl. Große-Oetringhaus 72, S. 234 und dort auch die Kritik am Begriff der räumlich ungebundenen Fertigung.
[209] vgl. Döttling 81, S. 45ff., Zörntlein 88, S. 127ff. und Loos 92, S. 135f. Döttling und Zörntlein diskutieren die variable Reihenfolge aus Sicht Flexibler Fertigungssysteme für mechanische Fertigungsverfahren.

genprozessen wird aufgrund des Reaktionsverlaufs meist bei jedem Prozeßschritt von einem definierten Materialzustand ausgegangen, so daß variable Ablauffolgen nicht die Regel darstellen. Variable Ablauffolgen können in der chemischen Industrie aber beispielsweise in nicht-chemischen Produktionsprozessen auftreten, z. B. kann bei der Verpackung Wahlfreiheit bestehen, ob ungefüllte oder bereits gefüllte Behälter etikettiert werden. Wird die Variabilität der Ablauffolge dagegen weiter gefaßt, so daß mit der Ablauffolge auch Variationen der einzelnen Prozeßschritte zugelassen sind, ergeben sich gerade bei chemischen Prozessen verschiedene Wege, um aus einem Materialinput einen definierten Output herzustellen.[210]

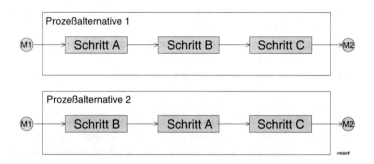

Abbildung 17: Variable Ablauffolge

Die Variabilität der Ablauffolgen stellt Anforderungen an die Beschreibungsmöglichkeit der alternativen Reihenfolgen innerhalb der Produktionsprozesse, an die Möglichkeit, die Zwischenzustände des Materials zu identifizieren und an die Planung der Produktionsprozesse.

2.2.2.3.7 Wiederholbarkeit

Das Merkmal Wiederholbarkeit bezieht sich auf die Möglichkeit, einen Produktionsprozeß mehrmals durchführen zu können. Obwohl gerade die wiederholbare Fertigung mit nachvollziehbaren Schritten ein Kennzeichen industrieller Produktionsprozesse ist, kann nicht immer sichergestellt werden, daß der gleiche Produktionsoutput bei einer Wiederholung hergestellt werden kann. Es geht dabei nicht um gezielte Differenzierung der einzelnen Endprodukte, etwa bei Kundeneinzelfertigung, sondern um unbeabsichtigte Differenzen in der Qualität der Produkte. Demnach hängt das Produktionsprozeßmerkmal Wiederholbarkeit eng mit dem Materialmerkmal Qualitätsstandardisierung[211] zusammen und wird auch als Qualitätswieder-

---

[210] So geben Kölbel und Schulze einen Stammbaum für die Folgeprodukte von Toluol an, der auch alternative Wege zu gleichen Outputmaterialien enthält, vgl. Kölbel/Schulze 67, S. 97. Allerdings setzen die alternativen Wege in der Regel auch unterschiedliche Prozeßschritte voraus.

[211] s. S. 25.

holungstyp bezeichnet.[212] Wie dort bereits diskutiert, sind im Gegensatz zu den sonst in der Industrie üblichen wiederholbaren Produktionsprozessen als nicht-wiederholbare Prozeßtypen die Chargen- und die Partieproduktion zu nennen, die durch schwankende Qualitäten der Outputprodukte gekennzeichnet sind. Während beiden Produktionsarten die unbeabsichtigte Differenzierung nach Qualitätsklassen gemeinsam ist, unterscheiden sie sich in den Ursachen. Eine Charge „wird auf einmal angesetzt, macht als Ganzes alle Prozeßstufen durch und verläßt auch auf einmal den Produktionsprozeß", während bei einer Partie „nur die gesamte vorbereitende Tätigkeit ... als Ganzes vorgenommen" wird, aber die „Verfahrensstufen nur von mehr oder minder großen Teilen desselben gleichzeitig durchgemacht werden".[213] Auch Küpper bezeichnet die durch wechselnde Werkstoffqualität nicht wiederholbaren Herstellungsprozesse als Partieproduktion, die er dadurch kennzeichnet, daß der Unterschied der Werkstoffqualität Einfluß auf die Endproduktqualität hat.[214] Darin folgt er Riedelbauch, der die Qualitätsschwankungen bei der Partiefertigung in den Rohstoffen, bei der Chargenfertigung dagegen in den Produktionsprozessen begründet sieht.[215] In gleicher Weise werden von Große-Oetringhaus die Qualitätswiederholungstypen Partie- und Chargenfertiger definiert.[216] Zusammenfassend läßt sich sagen, daß in der Literatur weitgehend übereinstimmend die Chargenproduktion und die Partieproduktion als Produktionstypen mit nicht wiederholbarem Produktionsoutput angesehen werden, wobei bei der Chargenproduktion der Produktionsprozeß, bei der Partieproduktion der Rohstoffeinsatz für die Qualitätsdifferenzen verantwortlich ist. Dennoch können diese Produktionstypen nicht generell als Ausprägung des Merkmals Wiederholbarkeit angesehen werden.[217] So sind zwar die Qualitätsschwankungen der Produkte ein Charakteristikum der Chargenproduktion. Unter dem Merkmal Prozeßablauf wurde aber bereits erläutert, daß ebenso intermittierende Produktionsprozesse typisch sind für die Chargenproduktion.[218] Daraus folgt, daß die Chargen einerseits als Output intermittierend ablaufender Produktionsprozesse, andererseits als eine abgegrenzte Materialmenge mit einer homogenen Qualität angesehen werden.[219] Diese ambivalente Verwendung läßt die Chargenfertigung als Ausprägung für das Merkmal Wiederholbarkeit ungeeignet erscheinen. Ebenso kann die Partiefertigung aus typologischer Sicht nur als eine mögliche Form der nicht-wiederholbaren Produktion angesehen werden.

---

[212] vgl. Große-Oetringhaus 72, S. 189.

[213] vgl. Heber/Nowak 33, S. 158.

[214] vgl. Küpper 79, Sp. 1645.

[215] vgl. Riedelbauch 57, S. 533ff.

[216] vgl. Große-Oetringhaus 72, S. 189.

[217] In ihrer Produktionstypologisierung der chemischen Industrie kritisieren Kölbel und Schulze zu Recht die Einordnung der Chargen- und Partiefertigung als Produktionstyp mit spezieller Leistungswiederholung, vgl. Kölbel/Schulze 65a, S. 153.

[218] Kölbel und Schulze sehen sogar die intermittierende Fertigung als entscheidendes Merkmal der Chargenfertigung und die schwankende Outputqualität eher als an Bedeutung verlierendes Charakteristikum an, weshalb sie die Chargenfertigung als Gegensatz zur kontinuierlichen Fertigung als selbständiges Gliederungsmerkmal einer Typologisierung betrachten, vgl. Kölbel/Schulze 65a. Im Gegensatz dazu stellt die Qualität bei Heber und Nowak das entscheidende Merkmal der Chargenproduktion dar, vgl. Heber/Nowak 33.

[219] vgl. wiederum Merkmal Qualitätsstandardisierung, S. 25.

Die qualitative Nicht-Wiederholbarkeit von Produktionsprozessen bedeutet nicht, daß es sich bezüglich des quantitativ zu verstehenden Outputmerkmals Leistungswiederholung nur um Einmalproduktion handelt. Vielmehr ergibt sich bei Nicht-Wiederholbarkeit wie der Chargen-fertigung die Notwendigkeit, nach den unterschiedlichen Qualitäten zu differenzieren. Damit ergeben sich die unter dem Merkmal Qualitätsstandardisierung aufgeführten Anforderungen, etwa nach differenzierter Bestandsführung oder speziellen Prozeßschritten zur Erreichung der durch die Spezifikationen vorgegebenen Qualitäten wie Nachbearbeitung, Verschneiden ver-schiedener Qualitäten oder gar Entsorgung.[220]

2.2.2.3.8 Automatisierungsgrad

Der Automatisierungsgrad bezieht sich auf das Verhältnis von menschlicher Arbeitsleistung zu Maschinenleistung. Dabei wird unter menschlicher Arbeitsleistung im Sinn der klassischen betriebswirtschaftlichen Produktionsfaktoren nur die objektbezogene Arbeitsleistung, nicht jedoch die dispositive Arbeitsleistung verstanden.[221] Teilweise wird auch nach dem Grad der Mechanisierung unterschieden.[222] Der Begriff Mechanisierung greift jedoch nicht weit genug, da er vorwiegend auf die Unterstützung der physischen Arbeitsleistung abzielt, nicht jedoch auf die Steuerung und Kontrolle der Prozesse, die für den automatischen Ablauf notwendig sind.[223] Des weiteren ist der Begriff zu eng mit der stückorientierten Fertigung verbunden, so daß er für eine Typologisierung unter besonderer Berücksichtigung der Prozeßindustrie als ungeeignet erscheint.

Bedingt durch die Herstellungstechnologien gehört die chemische Industrie seit ihren Anfän-gen zu den nicht-arbeitsintensiven Industriezweigen. Begründet ist dies in der Eigenart chemi-scher Reaktionen, die, sobald die erforderlichen Umgebungsbedingungen geschaffen werden, selbständig ablaufen, so daß nur geringe objektbezogene menschliche Arbeitsleistung not-wendig ist.[224] Entsprechend geht es in der Prozeßautomation der chemischen Industrie darum, die Steuerung und Überwachung der einzelnen Prozeßschritte zu automatisieren und das au-tomatische Ineinandergreifen der einzelnen Prozeßschritte zu gewährleisten. Dies schließt auch die unterstützenden Tätigkeiten wie Transport von Material und Hilfsstoffen, Befüllen und Entleeren der Anlagen, etc. ein.

Die Automatisierung läßt sich in spezialisierten Anlagen, die fortwährend die gleichen Pro-duktionsprozesse zur Herstellung eines Produkts durchführen, einfacher realisieren als in Mehrzweckanlagen, in denen unterschiedliche Prozesse gefahren werden können. Speziali-sierte Anlagen werden in der Regel mit kontinuierlichem Prozeßablauf[225] betrieben, so daß lange Zeit ein starker Trend in Richtung Kontiprozeßanlagen vorherrschte und sogar gele-

---

[220] vgl. Gilles/Friedrich 91, S. 910.

[221] vgl. Gutenberg 83, S. 3.

[222] vgl. Küpper 79, Sp. 1640.

[223] vgl. Drumm 79, Sp. 286, auch Riebel 63, S. 113ff.

[224] vgl. Schäfer 69, S. 199 sowie Oven 88, S. 14.

[225] vgl. Merkmal Prozeßablauf, S. 46.

gentlich die Automatisierung gleichgesetzt wurde mit der Möglichkeit, Produktionsprozesse kontinuierlich zu gestalten.[226] Bedingt durch stärkere Produktdifferenzierung, die nur begrenzt Massenproduktion zuläßt, wie z. B. im Feinchemikalienbereich, kann man heute bisweilen einen gegenläufigen Trend beobachten,[227] und es bestehen starke Bestrebungen, auch diskontinuierliche Chargenprozesse zu automatisieren.[228] In einer empirischen Studie aus dem Jahr 1991 wurde die Verbreitung der Automatisierung, die sich in der chemischen Industrie durch Einsatz der Prozeßleittechnik auszeichnet, untersucht.[229] Danach sind, wie aus Abbildung 18 ersichtlich, bei mehr als der Hälfte aller Betriebe der IG Farben-Nachfolgeunternehmen Systeme zur Prozeßleittechnik zumindest in Teilbereichen im Einsatz. Selbst bei Unternehmen der Spezialitätenchemie, bei der man von einem sehr großen Anteil von Chargenprozessen ausgehen kann, liegt die Quote bereits bei 35%.[230] Bei der Mineralölverarbeitung, die durch einen hohen Anteil kontinuierlicher Prozesse gekennzeichnet ist, sind durchweg Prozeßleitsysteme im Einsatz.

Einsatz Prozeßleittechnik (PLT) in verschiedenen Unternehmen (n = 194)	keine PLT	teilweise PLT	durchgängig PLT
BASF-, Bayer- und Hoechst-Betriebe	46%	31%	23%
Unternehmen der Spezialitätenchemie	65%	22%	13%
Mineralölbetriebe	0%	0%	100%
Alle untersuchten Unternehmen	48%	27%	25%

Abbildung 18: Einsatz von Prozeßleittechnik[231]

Durch unterschiedliche Automatisierungsgrade ergeben sich jeweils spezifische Anforderungen an die Gestaltung der Prozeßbeschreibungen und die Ablaufplanung. Bei vorwiegend manueller Arbeitsleistung liegen die Produktionsprozeßbeschreibungen in den Handlungsanweisungen für Maschinenführer vor. Die Steuerung und meist auch die Planung des Produktions-

---

[226] vgl. Riebel 63, S. 120.

[227] Zwar besteht aus verfahrenstechnischer Sicht weiterhin häufig das Ziel der Kontinuisierung der Prozesse, vgl. Schmidt 91, S. 157. Aus absatzpolitischen Gründen steigt allerdings die Bedeutung der Chargenprozesse, vgl. z. B. VCI 86, S. 80, Hanisch 92, S. 11f., Loos 93a, S. 1, Schumann et al. 94, S. 536. Dies wird auch durch die aktuellen Zusammenschlüsse und strategischen Entscheidungen auf dem westeuropäischen und amerikanischen Chemiemarkt sichtbar, bei denen eine Verlagerung vom traditionellen Massengeschäft hin zu Pharmaprodukten zu beobachten ist, vgl. z. B. Eglau 96. Implizit geht damit ein relativer Bedeutungsanstieg der Chargenproduktion einher, vgl. auch Abschnitt 'Typologische Merkmale der pharmazeutischen Produktion', S. 83.

[228] Zur Prozeßautomation bei Chargenprozessen vgl. beispielsweise Rosenof/Ghosh 87, Astor/Lehmann/Schäfer 89, Kersting/Pfeffer 92, Müller-Heinzerling et al. 92, Baumann 93, Fransoo/Rutten 93, Kohn/Waldschmidt 93, Uhlig/Bruns 95, Cole 95 und Rayner 95.

[229] vgl. Schumann et al. 94, S. 557ff.

[230] Zur Definition von Spezialitätenchemie vgl. Abschnitt 'Typologisierung chemischer Betriebe in der Literatur', S. 67ff.

[231] nach Schumann et al. 94, S. 558.

ablaufs wird eher durch Arbeitspapiere organisiert. Durch die direkte menschliche Kontrolle des Produktionsprozesses ist normalerweise keine starke Formalisierung der Abläufe notwendig. Im Zweifelsfall kann auf das Erfahrungswissen der Maschinenführer oder der verantwortlichen Schichtführer und Meister zurückgegriffen werden, so daß tendenziell flexibel reagiert werden kann. In der chemischen Industrie, speziell in der pharmazeutischen Produktion, können sich allerdings auch bei manueller Fahrweise der Produktionsprozesse aufgrund gesetzlicher Reglementierungen stark formalisierte Abläufe ergeben, die keine Flexibilität zulassen.[232]

Ein hoher Automatisierungsgrad hat starke Auswirkungen auf die Gestaltung der Produktionsabläufe. Einerseits müssen in der Prozeßleittechnik Vorgaben der Produktionslogistik berücksichtigt werden, z. B. Reihenfolge und Produktionsmengen der zu produzierenden Produkte. Andererseits werden durch verfahrenstechnische Prämissen der Automatisierung Bedingungen gesetzt, die aus produktionslogistischer Sicht als Vorgaben zu verstehen sind. Solche Vorgaben sind z. B. Restriktionen bei der Reihenfolgeplanung, Vorgabetermine für Materialbereitstellung und -abtransport, etc. Dadurch ergibt sich die Notwendigkeit einer Integration der produktionslogistischen Aufgaben und der Prozeßleittechnik, was zumindest an der Schnittstelle ein gemeinsames Verständnis bezüglich der Produktionsprozeß- und Ablaufbeschreibung voraussetzt.

2.2.2.3.9 Unterbrechbarkeit

Das Merkmal Unterbrechbarkeit beschreibt die Möglichkeit, den Produktionsprozeß zu beliebigen Zeitpunkten anzuhalten und zu unterbrechen. Prinzipiell sind zwar fast alle Produktionsprozesse technisch unterbrechbar, relevant sind allerdings die ökonomischen Auswirkungen einer Unterbrechung.[233] Beliebige Unterbrechbarkeit bedeutet folglich, daß für die Unterbrechung keine speziellen Vorkehrungen und Tätigkeiten erforderlich sind und somit außer den Stillstandszeiten keine zusätzlichen Kosten anfallen.[234] Als nicht oder schlecht unterbrechbare Herstellungsprozesse sind solche Produktionen zu verstehen, deren Unterbrechung nur in Notfällen und mit größeren Kosten wie z. B. Verlust des eingesetzten Materials, hohe Wiederanlaufkosten aufgrund notwendiger Reinigungs- und Instandhaltungsmaßnahmen oder Schäden an Produktionsanlagen möglich ist.

Die in der Praxis anzutreffenden Merkmalsausprägungen der Unterbrechbarkeit von Produktionsprozessen hängen stark von technologischen Bedingungen ab, die bereits durch andere Merkmale beschrieben wurden. So korreliert die Unterbrechbarkeit stark mit dem Merkmal des Prozeßablaufs, so daß teilweise Nicht-Unterbrechbarkeit mit kontinuierlichem und Unter-

---

[232] Die Reglementierung geht zurück auf die strengen Zulassungsbestimmungen und Vorschriften für die Herstellung pharmazeutischer Produkte. Insbesondere sind hier die GMP-Richtlinien (Good Manufacturing Practice) der amerikanischen FDA (Food and Drug Administration) zu nennen, die aufgrund der Internationalisierung des Marktes weltweit Beachtung finden, vgl. FDA 94.

[233] Hierbei mag es durchaus vereinzelt Ausnahmen geben. So ist der nukleare Spaltprozeß im Produktionsprozeß Stromerzeugung nicht immer ohne weiteres unterbrechbar.

[234] vgl. Schäfer 69, S. 287ff. Große-Oetringhaus subsumiert die Unterbrechbarkeit in der Typenreihe Zeitfixierung, wobei die Unterbrechbarkeit mit den Merkmalen relative Zeitraumfixierung und relative Zeitpunktfixierung des Fertigungsablaufs bestimmt wird, vgl. Große-Oetringhaus 72, S. 246.

brechbarkeit mit diskontinuierlichem Ablauf gleichgesetzt wird. In allgemein typologischer Betrachtung kann dem allerdings nicht zugestimmt werden, da die Unterscheidung zwischen kontinuierlichen und diskontinuierlichen Prozessen über den Materialfluß definiert wird und es durchaus nicht-unterbrechbare diskontinuierliche Prozesse und vice versa gibt. Tendenziell kann festgehalten werden, daß chemische Prozesse dazu neigen, schlecht unterbrechbar zu sein. Dies liegt an der bereits diskutierten Eigenart chemischer Verfahren, mit Eintritt der notwendigen Umgebungsbedingungen selbständig abzulaufen. So ist es oftmals unmöglich, eine einmal angelaufene Reaktion zu stoppen. Selbst wenn ein Stoppen der Reaktion möglich ist, müssen zur Weiterführung der Reaktion andere Umgebungsbedingungen geschaffen werden als bei dem ursprünglichen Prozeßstart, so daß in vielen Fällen zumindest der Output eine mindere Qualität aufweist oder gar als Ausschuß zu bewerten ist.

Die schlechte Unterbrechbarkeit kann sowohl für kontinuierliche Prozesse als auch für diskontinuierliche Prozesse gelten.

Bei kontinuierlichen Prozessen ist meist mindestens ein ausschußintensives und damit kostenintensives Anfahren der Anlage nach einer Unterbrechung notwendig. Solche Anfahrphasen ergeben sich dadurch, daß sich die Reaktionsabläufe in der Anlage erst stabilisieren müssen.

Bei Chargenprozessen ist die Unterbrechung einer laufenden Charge oft nur mit erheblichem Zusatzaufwand möglich. Nach einer Chargenentladung an einer Anlage ergibt sich zwar eine natürliche Unterbrechung des Prozesses, so daß zu diesem Zeitpunkt *anlagenbezogen* der Produktionsprozeß unterbrochen werden kann. Eine eventuelle Neubeladung der Anlage mit der nächsten Charge kann gegebenenfalls ohne Zusatzaufwand unterbrochen werden. Daraus folgt jedoch nicht automatisch, daß der Produktionsprozeß *materialbezogen* unterbrochen werden kann, d. h. das Material muß eventuell nach dem Entladen der Anlage sofort weiterverarbeitet werden.[235] Denn auch bei diskontinuierlichem Prozeßablauf kann ein technisch bedingter Zwangsablauf vorliegen, so daß die Produktion dem Fließprinzip über mehrere Stufen folgt. Ursache hierfür können beispielsweise die fehlende Stabilität der Zwischenprodukte, z. B. durch Abkühlen, Aushärten oder Zersetzen, und schwierige Lagerung von Zwischenprodukten, z. B. bei gasförmigen oder gefährlichen Materialien, sein.

Aufgrund von nicht-unterbrechbaren Produktionsprozessen ergeben sich spezielle Anforderungen an die Ablaufplanung. So muß beispielsweise bei Produktionsstart sichergestellt sein, daß alle notwendigen Ressourcen für die zusammenhängend auszuführenden Prozeßschritte vorhanden sind. Pufferlager von Zwischenmaterialien, wie man sie häufig in der mechanischen Fertigung antrifft, sind somit nicht möglich.

---

[235] Die Betrachtung der Anlage bei der Bewertung der Produktionsprozesse folgt einem tätigkeitsorientierten Ordnungsprinzip, die Betrachtung des Materials folgt einem objektbezogenen Ordnungsprinzip, vgl. hierzu das Merkmal Produktionsablauforganisation, S. 62.

2.2.2.3.10 Produktionsablauforganisation

Die Ablauforganisation der Produktion beschreibt das Ordnungsprinzip der räumlichen Gestaltung der Produktionsanlagen. Durch die räumliche Anordnung werden der organisatorische Ablauf und der Materialfluß der Produktion bestimmt. Bei der Anordnung der Produktionsanlagen kann verschiedenen Prinzipien gefolgt werden, z. B.:[236]

- Bei der Funktionsorientierung oder Verrichtungsorientierung werden die Produktionsanlagen nach den ausgeführten Tätigkeiten gruppiert. Dies ist typisch für die Werkstattfertigung, bei der beispielsweise alle Drehmaschinen zur Dreherei zusammengefaßt werden.

- Bei der Flußorientierung werden die Anlagen so geordnet, daß ein möglichst einfacher, gleichmäßig gerichteter Materialfluß während der Bearbeitung entsteht. Dies ist typisch für die Fließfertigung, hier auch Fließproduktion genannt.

- Bei der Objektorientierung[237] werden die Produktionsanlagen zusammen angeordnet, die für die Produktionsprozesse einer bestimmten, abgegrenzten Produktgruppe benötigt werden. Insoweit versucht die Objektorientierung, die auch Zentren- oder Gruppenproduktion genannt wird, Vorteile der Funktionsorientierung und der Flußorientierung zu kombinieren.[238] Typisch ist diese Organisation für Fertigungsinseln in der stückorientierten Fertigung.

Teilweise wird in der Literatur auch die Baustellenfertigung als Ausprägung der Produktionsablauforganisation genannt, die aber als ortsungebundene Fertigung hier nicht weiter betrachtet werden soll.[239]

In der chemischen Industrie findet man sowohl die Ablauforganisation der Fließproduktion als auch die Funktionsorientierung sowie Mischformen zwischen den beiden Grenzformen (vgl. Abbildung 19).[240] Die Organisation der Fließfertigung wird durch die in der chemischen Industrie vorherrschenden ungeformten Materialien begünstigt. Bei der Fließfertigung muß wei-

---

[236] vgl. z. B. Gutenberg 83, S. 96ff., Kreikebaum 79 und Schäfer 69, S. 158ff.

[237] Die Objektorientierung der Produktionsablauforganisation ist nicht zu verwechseln mit dem objektorientierten Paradigma der Softwareentwicklung, auch wenn sich in beiden die gleichen Prinzipien wiederfinden. Ferner sei darauf hingewiesen, daß Große-Oetringhaus den Begriff objektorientiertes Anordnungsprinzip anders versteht und für die Baustellenfertigung gebraucht, vgl. Große-Oetringhaus 72, S. 302. Dieser Auffassung wird hier nicht gefolgt, da Objektorientierung im Gegensatz zur Baustellenfertigung nicht die Ortsgebundenheit des Objektes, hier also der Materialien und Produkte, impliziert.

[238] vgl. Dyckhoff 92, S. 19.

[239] So faßt Schomburg die Baustellenfertigung, die Werkstattfertigung, die Gruppen- und Linienfertigung und die Fließfertigung in dem Merkmal Fertigungsablaufart zusammen, vgl. Schomburg 80, S. 78 ff. Auch Schäfer reiht unter dem Merkmal Fertigungssysteme die Baustellenfertigung in eine Kategorie mit beispielsweise der Werk- und der Fließfertigung und differenziert nach dem Kriterium der Anordnung der Produktionsmittel, vgl. Schäfer 69, S. 158 ff.
Hier soll die Baustellenfertigung aber nicht als eine Ausprägung der Organisationsform betrachtet werden. Es wird sich vielmehr der Meinung angeschlossen, daß die Baustellenfertigung als ortsungebundene Fertigung einer Ausprägung des Merkmals Ortsbindung zugeordnet werden sollte, vgl. z. B. Küpper 79, Sp. 1642 und Große-Oetringhaus 72, S. 300 ff. Darüber hinaus spielt die Baustellenfertigung für die verfahrenstechnische Industrie in der Praxis keine Rolle. So gehen auch Kölbel und Schulze in ihrem speziell auf die chemische Produktion gerichteten Beitrag zu Produktionstypen nirgends auf die Baustellenfertigung ein, vgl. Kölbel/Schulze 65a.

[240] vgl. z. B. Kölbel/Schulze 67, S. 21 und Fellmann 73, S. 9f.

terhin unterschieden werden, ob das Fließprinzip technisch bedingt ist, auch als Zwangslauffertigung bezeichnet, oder ob das Fließprinzip gezielt angestrebt wird.

Gründe technisch bedingter Fließproduktion sind beispielsweise:[241]

- Hochspezialisierte Anlagen, die nur für einen bestimmten Prozeßschritt innerhalb eines Produktionsprozesses ausgelegt sind. Da keine anderen Prozesse auf solchen Anlagenteilen gefahren werden, gibt es keinen wirtschaftlichen Grund, die Anlagen nicht nach dem Fließprinzip anzuordnen.

- Die Instabilität der Zwischenprodukte erfordert ein unmittelbares Weiterleiten des Materials, so daß sich die Anlagenanordnung an den Materialfluß anpassen muß.

- Es bestehen keine Möglichkeiten der Lagerung der Zwischenprodukte.

- Für die Material- und Wärmeströme liegen Gegenstromführungen vor. Es sollen beispielsweise permanente Kreislaufprozesse stattfinden.

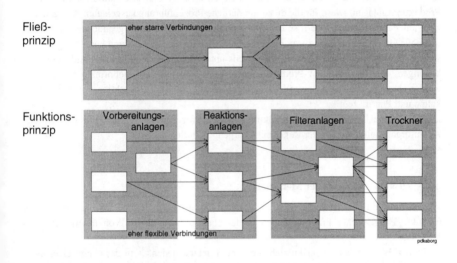

Abbildung 19: Produktionsablauforganisation

Bei der funktionsorientierten Ablauforganisation in der chemischen Industrie werden Anlagen unterschiedlicher Größe und Ausführungsart aber gleicher Funktion zusammengefaßt. Solche Gruppen werden oft auch als Abteilung oder Batteriesystem bezeichnet. Während die funktionale Ablauforganisation in der stückorientierten Industrie als Werkstattfertigung bezeichnet wird, ist dieser Begriff für funktional angeordnete chemische Produktionsanlagen völlig ungeeignet. Dies liegt zum einen daran, daß der Begriff Werkstatt, der als Bezeichnung für handwerkliche Arbeitsstätten übernommen wurde, assoziativ zu sehr mit der stückorientierten Fertigung verbunden ist. Des weiteren hat der Begriff Werkstatt in der chemischen Industrie eine feststehende Bedeutung als Bezeichnung für die (auch stückorientierten) Wartungs- und In-

---

[241] vgl. auch das Merkmal Unterbrechbarkeit, S. 60 sowie Kölbel/Schulze 65a, S. 154.

standhaltungsabteilungen. Zur Vermeidung von Doppeldeutigkeit sollte deshalb auf den Begriff Werkstatt für die funktionale Anordnung der Produktionsanlagen verzichtet werden. Unterschiedliche Gruppen mit verschiedenen Funktionen können ihrerseits aber wieder nach dem Flußprinzip angeordnet werden. Entscheidendes Merkmal für das funktionsorientierte Anordnungsprinzip ist aber, daß unterschiedliche Materialflußbeziehungen bei den einzelnen Produktionsprozessen vorliegen. Wird der Materialfluß über Rohre durchgeführt, bedeutet dies eine wechselnde Verrohrung zwischen den Anlagen. Daraus folgt einerseits ein zusätzlicher Aufwand für die Einrichtung der Anlagenkonfigurationen, andererseits werden die Anlagen dadurch flexibler in ihren Einsatzmöglichkeiten. Deshalb wird die funktionsorientierte Ablauforganisation vornehmlich bei Herstellung wechselnder Sorten und bei Einmalherstellung verwendet. Die Anzahl der Produktwechsel bestimmt, inwieweit trotz der Funktionsorientierung noch dem Flußprinzip gefolgt werden kann.

Eine Besonderheit der Ablauforganisation in der chemischen Industrie sind ortsveränderliche Produktionsanlagen. Diese für die diskontinuierliche Prozeßführung ausgelegten Anlagen sind z. B. auf Fahrgestelle montiert, so daß ihre Anordnung relativ einfach geändert werden kann, und neue Gruppen temporär zusammengestellt werden können.[242] Dadurch kann beispielsweise trotz häufig wechselnder Sorten, die jeweils unterschiedliche Anlagen und Anlagenfolgen benötigen, für die einzelnen Produktionsprozesse annähernd das Fließprinzip verwirklicht werden. Üblich sind solch bewegliche Anlagen vor allem in der Produktion von Feinchemikalien und Pharmazeutika.[243]

Die Fließproduktion wird meist mit kontinuierlichem Prozeßablauf,[244] die funktionsorientierte Ablauforganisation wird in der Regel mit Chargenproduktion realisiert.

2.2.3 Zusammenfassung der Merkmale

Weitere in der Literatur anzutreffende Typologisierungsmerkmale sind für die Betrachtung produktionslogistischer Fragestellungen in der chemischen Industrie von untergeordnetem Interesse.

So wird z. B. nach lang- oder kurzlebigen Gütern unterschieden.[245] In der chemischen Industrie werden in der Regel Produkte für den Konsum oder für die Weiterverarbeitung hergestellt. Selbst wenn Produkte in der von der verfahrenstechnischen Industrie hervorgebrachten Form langlebig genutzt und als solche auch erkennbar sind, sind sie doch Bestandteil anderer Produkte (z. B. Spezialöle in Transformatoren) oder liegen in weiterverarbeiteter Form vor

---

[242] vgl. Kölbel/Schulze 65a, S. 160f.

[243] Trotz der Ortsveränderung der Produktionsanlagen handelt es sich hier nicht um Baustellenfertigung. Zwar ist die Ortsfrage ein entscheidendes Kriterium für die Baustellenfertigung, doch wird im allgemeinen nur die außerbetriebliche Fertigung als Baustellenfertigung im Gegensatz zur innerbetrieblichen bezeichnet. Des weiteren wird als Grund der Baustellenfertigung die Unbeweglichkeit bzw. Ortsgebundenheit des Produkts angesehen, die in der chemischen Produktion ebenfalls nicht vorliegt.

[244] Dies führt dazu, daß die Begriffe kontinuierliche Fertigung und Fließfertigung oftmals synonym gebraucht werden. Dies ist aber nur zum Teil gerechtfertigt, da kontinuierliche Produktion immer dem Fließprinzip folgt, aus einem Fließprinzip aber nicht notwendigerweise ein kontinuierlicher Prozeßablauf abgeleitet werden kann. Dies gilt sowohl für die Prozeßindustrie als auch für die stückorientierte Fertigung.

[245] vgl. Knoblich 72, S. 145.

(z. B. Kunststoffgranulat in langlebigen Gütern), so daß das Merkmal hier vernachlässigt werden kann.[246] Auch die Stellung im gesamtwirtschaftlichen Leistungszusammenhang[247] ist für die hier diskutierte Problemstellung weniger relevant. Die von Schäfer vorgeschlagenen Ausprägungen des Merkmals, also naturnahe oder konsumnahe Produktion, werden allerdings von anderen Merkmalen indirekt berührt. Bei naturnaher Produktion treten häufig analytische Materialumsetzungsprozesse und nicht-standardisierte Rohstoffqualitäten auf. Die konsumnahe Produktion geht häufig mit aufwendigen Verpackungsprozessen einher.[248]

Abbildung 20 faßt die hier diskutierten Merkmale zusammen. Auf der linke Seite sind die Merkmale, geordnet nach den im Text diskutierten Merkmalsgruppen, zusammengefaßt.[249] Rechts sind die für die produktionslogistische Betrachtung chemischer Herstellungsprozesse relevanten Ausprägungen dargestellt. Die Schattierungsstärke gibt die Relevanz der jeweiligen Ausprägungen für die chemische Industrie an. Die starke Schattierung so vieler Ausprägungen liegt zum einen daran, daß die Diskussion der Merkmale natürlich unter dem Blickwinkel der Prozeßindustrie vorgenommen wurde. Sie zeigt zum anderen aber auch die starke Streuung von Merkmalsausprägungen innerhalb der chemischen Industrie.

---

[246] vgl. auch Kölbel /Schulze 70, S. 25ff.

[247] vgl. Schäfer 69, 17 ff.

[248] vgl. auch Kölbel/Schulze 70, S. 395ff.

[249] Vergleichbare Präsentationen von Merkmalen und Merkmalsausprägungen, wenn auch mit stärker auf stückorientierte Industrie bezogenen Inhalten, findet man in z. B. Küpper 79, Sp. 1643, Schomburg 80, S. 103, Jost 93, S. 37, Kautz 96, S. 37.
In Loos 93b, S. 3 und Packowski 96, S. 35ff. sind solche Darstellungen mit wesentlich einfacheren Merkmalsbeschreibungen für die chemische Industrie angegeben.

Merkmal	Merkmalsausprägung				
Materialform	ungeformt	geformt			
Material-teilbarkeit	teilbar	Stückgüter			
Material-haltbarkeit	unbeschränkt	beschränkt			
Material-gefährlichkeit	gefährlich	ungefährlich			
Materialqualitäts-standardisierung	Qualitäts-schwankungen	standardisierte Qualität			
Technische Materialbeschreibung	vorwiegend inhaltsbezogen	vorwiegend geometrisch			
Leistungs-wiederholung	Massen-produktion	Herstellung wechselnder Sorten	Einmal-herstellung		
Ausbringungs-elastizität	quantitativ deterministisch	strukturell deterministisch	quantitativ stochastisch	strukturell stochastisch	nicht elastisch
Produkt-typisierung	Standard-produkte	Sorten	Individuelle Produkte		
Materialeinsatz-elastizität	quantitativ deterministisch	strukturell deterministisch	quantitativ stochastisch	strukturell stochastisch	nicht elastisch
Betriebsmittel- und Prozeßsubstit.	nicht-substituierbar	substituierbar			
Technologie	chemisch	biochemisch, gentechnisch	physikalisch	fertigungs-technisch	energie-technisch
Material-umsetzung	durchgängig	synthetisch	analytisch (Kuppelprod.)	synth. und analytisch	
Materialvergenz	keine	eher konvergierend	eher divergierend	gemischt	
Prozeßablauf	kontinuierlich	diskontinuierlich			
Kreislaufprozeß	innerbetriebl. Prozeßinstanz	innerbetriebl. Prozeßtyp	überbetrieblich	kein Kreislauf	
Produktions-verflechtung	stark verflochten	wenig verflochten			
Variabilität der Ablauffolge	nicht-variabel	variabel			
Wiederholbarkeit	wiederholbar	Outputqualitäts-schwankungen			
Automatisierungs-grad	stark automatisiert	mittelstark automatisiert	wenig automatisiert		
Unterbrechbarkeit	Nicht-unter-brechbar	schlecht unterbrechbar	beliebig unterbrechbar		
Produktionsab-lauforganisation	Fließprinzip	gemischt	Funktions-prinzip		

Abbildung 20: Merkmalsausprägungen der Produktion in der chemischen Industrie

3 Typologisierung der chemischen Industrie

Nachdem in dem vorangegangenen Kapitel die produktionslogistisch relevanten Merkmale und deren mögliche Ausprägungen in der chemischen Industrie diskutiert wurden, soll im folgenden mit Hilfe dieser Merkmale eine Typisierung vorgenommen werden. Eine solche Typisierung ist zweckmäßig, da nicht jede mögliche Kombination von Merkmalsausprägungen auch sinnvoll und in der Praxis relevant ist. Dabei soll der Begriff eines Typs pragmatisch verstanden werden: er soll einen in der Praxis häufig anzutreffenden Produktionsbetrieb anhand der aufgeführten Merkmale charakterisieren. Es wird hier keine vollständige Typisierung angestrebt, vielmehr sollen typische Merkmalskombinationen aufgezeigt werden, so daß sich die Typisierung auf Grenztypen beschränkt.

3.1 Typologisierung chemischer Betriebe in der Literatur

Die in der Literatur vorliegenden Typologisierungen sind in der Regel entweder aufgrund ihrer Branchenneutralität allgemein formuliert oder berücksichtigen in erster Linie die stückorientierte Produktion.[250] Nur wenige Typologisierungen gehen speziell auf chemische Produktionsbetriebe ein. Lediglich Kölbel und Schulze charakterisieren Produktionstypen für chemische Produktionsbetriebe im Kontext produktionswirtschaftlicher Typologisierungen, während die übrigen, im folgenden diskutierten Typologisierungen eher unter praktischen Gesichtspunkten oder für spezielle Fragestellungen entwickelt wurden.

3.1.1 Produktionstypen nach Kölbel und Schulze

Die wohl umfassendste Typisierung von Produktionstypen[251] in der chemischen Industrie wurde von Kölbel und Schulze unter dem Aspekt der Fertigungsvorbereitung vorgenommen.[252] Unter Fertigungsvorbereitung sind hierbei die Tätigkeiten zu verstehen, die zwischen dem Produktentwurf und dem Anlagenbau einerseits und der Produktionsdurchführung andererseits vorzunehmen sind. Zu ihren Aufgaben gehören beispielsweise die Festlegung der einzelnen Schritte im Produktionsprozeß, die Planung und Steuerung des Produktionsprozesses, die Disposition und Bereitstellung der notwendigen Materialien und sonstigen Ressourcen. Der Begriff Fertigungsvorbereitung ist in der chemischen Industrie wenig verbreitet, in der stückorientierten Fertigung wird häufig von Arbeitsvorbereitung gesprochen. Diese Tätigkeiten stellen wichtige Aufgaben der Produktionslogistik dar.

---

[250] So werden in Schäfer 69 und Große-Oetringhaus 72 branchenübergreifende Merkmale diskutiert, während sich beispielsweise Schomburg 80 auf die stückorientierte Industrie beschränkt.

[251] Im folgenden werden die Termini Betriebstyp und Produktionstyp synonym verwendet.

[252] vgl. Kölbel/Schulze 67, S. 37ff.

Kölbel und Schulze sehen die Notwendigkeit einer speziellen Betriebstypologie für die chemische Industrie und begründen diese mit unterschiedlichen Ausprägungen von Merkmalen einerseits und mit teilweise eigenen Merkmalen andererseits. Dabei betrachten sie die Einflüsse der Leistungswiederholung, des Prozeßablaufs und der Ablauforganisation als für die Charakterisierung der Produktionstypen besonders geeignet. Aufgrund der Differenzierung nach zwei bis drei Merkmalsausprägungen ergibt sich eine theoretische Anzahl von 12 Typen, die sie auf zehn realistische Einzeltypen beschränken. Diese Einzeltypen fassen sie wiederum zu drei als besonders charakteristisch erachteten Grenztypen zusammen:[253]

- Grenztyp A: Massenproduktion, Ablauforganisation nach dem Fließprinzip, vorwiegend kontinuierlicher Prozeßablauf

- Grenztyp B: Wechselnde Sorten, Ablauforganisation nach dem Fließprinzip, kontinuierlicher oder diskontinuierlicher Prozeßablauf

- Grenztyp C: Wechselnde Sorten, Ablauforganisation nach dem Funktionsprinzip, diskontinuierlicher Prozeßablauf

Als Beispiele für Grenztyp A werden die anorganische und organische Großchemie, Erdölverarbeitung und verwandte verfahrenstechnische Industriezweige genannt, wie beispielsweise Zementfabriken und Lebensmittelindustrie. Nach der Planung und Errichtung der hierfür eingesetzten hochspezialisierten Anlagen ist die Steuerung des operativen Betriebs aus produktionslogistischer Sicht aufgrund der fehlenden Flexibilität wenig komplex.

Der Grenztyp B ist dadurch gekennzeichnet, daß trotz Wechsel der produzierten Produkte die Vorteile der Massenproduktion durch Fließfertigung des Grenztyps A angestrebt werden. Die erhöhte Flexibilität muß jedoch durch höhere technische Aufwendungen erkauft werden. Als Beispiel wird die Herstellung von Butadien und von Kautschuk-Latex angeführt.

Der Grenztyp C hat durch seine funktionsorientierte Ablauforganisation die größte Flexibilität, die jedoch durch einen zusätzlichen Aufwand für die operative Planung und Disposition der Produktion erkauft wird. Mit Mehrzweckanlagen, die nur diskontinuierlich betrieben werden, kann aber flexibler auf Nachfrageänderungen reagiert werden. Als Beispiele werden die Herstellung pharmazeutischer Produkte und die Farbstoffproduktion genannt.

Andere Autoren sind dieser Typendreiteilung gefolgt.[254] In Abbildung 21 sind die relevanten Merkmale der drei Produktionstypen in Anlehnung an Abbildung 20 zusammenfassend dargestellt.

---

[253] Kölbel und Schulze benennen die Merkmale und Ausprägungen wie folgt: Leistungsdifferenzierung mit gleichbleibender Massenfertigung, wechselnder Massenfertigung und Einzelfertigung, Fertigungsorganisation mit Fließfertigung und funktioneller Fertigungsorganisation sowie Prozeßführung mit den Ausprägungen kontinuierlich und diskontinuierlich, vgl. hierzu auch die Ausführungen zu den Merkmalen Leistungswiederholung, S. 29 und Prozeßablauf, S. 46.

[254] Beispielsweise Sutter, der in seiner Abhandlung über Produktionsplanung vorwiegend Grenztyp A und B behandelt, vgl. Sutter 76. Auch Fellmann und Schmidt lehnen sich an diese Einteilung an, vgl. Fellmann 73 und Schmidt 91.

Merkmal	Merkmalsausprägung Grenztyp A (Kölbel und Schulze)				
Leistungs-wiederholung	Massen-produktion	Herstellung wechselnder Sorten	Einmal-herstellung		
Prozeßablauf	kontinuierlich	diskontinuierlich			
Produktionsab-lauforganisation	Fließprinzip	gemischt	Funktions-prinzip		

Merkmal	Merkmalsausprägung Grenztyp B (Kölbel und Schulze)				
Leistungs-wiederholung	Massen-produktion	Herstellung wechselnder Sorten	Einmal-herstellung		
Prozeßablauf	kontinuierlich	diskontinuierlich			
Produktionsab-lauforganisation	Fließprinzip	gemischt	Funktions-prinzip		

Merkmal	Merkmalsausprägung Grenztyp C (Kölbel und Schulze)				
Leistungs-wiederholung	Massen-produktion	Herstellung wechselnder Sorten	Einmal-herstellung		
Prozeßablauf	kontinuierlich	diskontinuierlich			
Produktionsab-lauforganisation	Fließprinzip	gemischt	Funktions-prinzip		

Abbildung 21: Merkmalsausprägungen der Typologisierung nach Kölbel und Schulze

3.1.2 Produktionstypen nach VCI

Auch vom Verband der chemischen Industrie (VCI) ist eine Typisierung chemischer Produktionsbetriebe vorgenommen worden. Diese erfolgt im Rahmen materialwirtschaftlicher Betrachtungen, wobei besonders die materialwirtschaftlichen Aufgaben im Fertigungsbereich angesprochen werden. Der Begriff Materialwirtschaft wird dabei sehr weit gefaßt, so daß er als Produktionslogistik verstanden werden kann.[255] Auch hier werden drei Typen A, B und C unterschieden.[256]

---

[255] Zum Begriff der industriellen Materialwirtschaft vgl. z. B. Grochla 78, S. 13ff.

[256] vgl. VCI 86, S. 77ff. Für die Merkmale der Typen werden z. T. andere Termini gebaucht. Die Typen werden wie folgt beschrieben:
Typ A, Massenproduktion: wenige Rohstoffe, Zwischenprodukte und Endprodukte, aber in großen Mengen, 3 bis 5 verpackte Artikel pro Endprodukt, anonyme Produktion mit Distribution über Außenlager;
Typ B, Kuppelproduktion: ein Rohstoff oder eine Rohstoffgruppe mit Kuppelproduktion, substituierbare Einsatzstoffe mit unterschiedlichen Prozessen und unterschiedlicher Ausbeute bzw. Ergiebigkeiten, Verbundwirtschaft mit divergierenden Prozessen und unterschiedlichen Veredelungsgraden der Endprodukte;

- Typ A: Massenproduktion, vorwiegend synthetische Materialumsetzung, durch Verpak-kungsvarianten aber divergierende Materialflußvergenz, ferner das hier nicht explizit behandelte Merkmal anonyme Lagerfertigung

- Typ B: analytische Materialumsetzung, strukturelle und quantitative Materialeinsatzelastizität, quantitative Ausbringungselastizität, divergierende Materialflüsse

- Typ C: Herstellung wechselnder Sorten sowie Einmalherstellung, gemischte Materialflußvergenz, nur diskontinuierliche Prozeßabläufe, weniger stark automatisiert

Merkmal	Merkmalsausprägung Typ A (VCI)			
Leistungs-wiederholung	Massen-produktion	Herstellung wechselnder Sorten	Einmal-herstellung	
Material-umsetzung	durchgängig	synthetisch	analytisch (Kuppelprod.)	synth. und analytisch
Material-stoffvergenz	keine	eher konvergierend	eher divergierend	gemischt

Merkmal	Merkmalsausprägung Typ B (VCI)				
Ausbringungs-elastizität	quantitativ deterministisch	strukturell deterministisch	quantitativ stochastisch	strukturell stochastisch	nicht elastisch
Material-einsatzelastizität	quantitativ deterministisch	strukturell deterministisch	quantitativ stochastisch	strukturell stochastisch	nicht elastisch
Material-umsetzung	durchgängig	synthetisch	analytisch (Kuppelprod.)	synth. und analytisch	
Materialvergenz	keine	eher konvergierend	eher divergierend	gemischt	

Merkmal	Merkmalsausprägung Typ C (VCI)			
Leistungs-wiederholung	Massen-produktion	Herstellung wechselnder Sorten	Einmal-herstellung	
Materialvergenz	keine	eher konvergierend	eher divergierend	gemischt
Prozeßablauf	kontinuierlich	diskontinuierlich		
Automatisierungs-grad	stark automatisiert	mittelstark automatisiert	wenig automatisiert	

Abbildung 22: Merkmalsausprägungen der Typologisierung nach VCI

Typ C, hintereinandergeschachtelte Batch-Prozesse: viele Rohstoffe und Produkte, teilweise kundenspezifische Fertigung, Flexibilität in der Produktion, personalintensiv wegen begrenzter Automation.

Als Beispiele für Typ A werden die Herstellung von Waschmitteln, Fasern, Düngemitteln und Massenkunststoffen genannt. Der Typ B sei in der chemischen Industrie bei der Spaltung von Ölen und Fetten, dem Cracken von Kohlenwasserstoffverbindungen und weiteren Fraktionier- und Raffinerieprozessen anzutreffen, darüber hinaus beispielsweise auch bei der Aufbereitung von Mischerzen. Der Typ C, der als der am häufigsten vorkommende Produktionstyp bezeichnet wird, findet sich bei der Herstellung von Farbstoffen, Pflanzenschutzmitteln, Pharmazeutika und photochemischen Erzeugnissen. In Abbildung 22 sind die drei Produktionstypen in Anlehnung an Abbildung 20 zusammenfassend dargestellt.

3.1.3 Ablaufplanungsorientierte Typologisierung

Eine auf Taylor, Sewart und Bolander zurückgehende Typologie differenziert nach zwei Kriterien.[257] Sie ordnen die Herstellung unterschiedlicher Produkte in ein von den beiden Kriterien aufgespanntes Koordinatensystem ein, das als Produktprozeßmatrix bezeichnet wird. Ziel der Typologisierung ist die Darstellung der unterschiedlichen Anforderungen verschiedener Branchen an die Planung und Terminierung, um den Anwendungsbereich des von den Autoren entwickelten und als Process Flow Scheduling (PFS) bezeichneten Verfahrens zur Terminierung zu bestimmen.[258]

Das produktbezogene Kriterium (Product) stellt eine Mischung aus dem Merkmal Leistungswiederholung und der Marktorientierung der Produkte dar. Dabei wird von differenzierten, kundenorientierten Produkten einerseits (Custom) bis zu Massenprodukten andererseits (Commodity) unterschieden. Für differenzierte Produkte werden die Merkmale produktmerkmalorientiertes Marketing, hohe Produktanzahl, häufige Produktdesignänderungen, kundenbestimmte Nachfrage, geringe Verkaufsmengen, hoher Produktwert, geringe Transportkosten und stückorientierte Produkte als typisch erachtet. Massenprodukte werden durch preisorientiertes Marketing, geringe Produktanzahl, geringe Produktänderungsrate, abgeleitete Nachfrage, hohe Verkaufsmengen, niedrigen Produktwert, hohe Transportkosten und ungeformte Produkteinheiten beschrieben.

Das prozeßorientierte Kriterium (Process) stellt eine Mischung aus den Merkmalen Prozeßablauf und Produktionsablauforganisation dar. Die Ausprägungen dieses Kriteriums werden als Job Shop und Flow Shop bezeichnet und durch eine Vielzahl von Charakteristika gekennzeichnet.[259] Für Job Shop sind dies: diskontinuierlicher Prozeßablauf, Funktionsprinzip sowie hohe Zwischenproduktbestände mit eigenen Lagern, flexible Anlagen, eine schwierige Ermittlung der Gesamtkapazität, hohe Arbeitsintensität mit qualifiziertem Personal, Streikempfindlichkeit des Betriebs, keine Überlappung der einzelnen Arbeitsschritte und Gesamtbetriebsunempfindlichkeit gegenüber Maschinenstörungen. Für Flow Shop werden dagegen die konträren Charakteristika, z. B. die des kontinuierlichen Prozeßablaufs und des Fließprinzips genannt.

---

[257] vgl. Taylor/Sewart/Bolander 81, S. 15ff.

[258] Das PFS-Verfahren wird ausführlich dargestellt in Taylor/Bolander 94.

[259] Diese Differenzierung ist im Operations Research üblich für den Bereich Scheduling, vgl. beispielsweise Blazewicz et al. 94.

Abbildung 23 zeigt die zweidimensionale Produktprozeßmatrix mit einer Einordnung der unterschiedlichen Branchen, wobei die Produktgruppen der chemischen Industrie hervorgehoben sind. Das Verfahren Process Flow Scheduling ist für die im rechten unteren Bereich dargestellten Branchen geeignet. Dies sind vor allem Branchen, die der Prozeßindustrie zuzuordnen sind. Allerdings finden sich auch Produktgruppen der chemischen Industrie, wie Pharmazeutika und chemische Spezialitäten, für die PFS weniger geeignet ist.

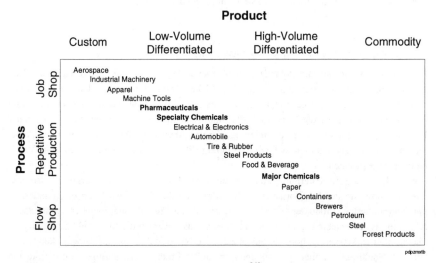

Abbildung 23: Typbildung nach Produktprozeßmatrix[260]

Auffällig ist die nahezu geradlinige Anordnung der Branchen in Abbildung 23. Sie ist begründet in der Bildung der Kriterien, die aus mehreren Merkmalen kombiniert sind. Dadurch korrelieren die Kriterienausprägungen Job Shop und kundenspezifisches Produkt einerseits, sowie Flow Shop und Massenprodukt andererseits. Fransoo und Rutter bemerken zutreffend, daß es sich um eine eindimensionale Differenzierung handelt. Entsprechend stellen sie den gleichen Sachverhalt für die Prozeßindustrie, wie in Abbildung 24 gezeigt, in einer Geraden dar.[261]

Auch wenn andere Bezeichnungen und Charakteristika für das Skalierungskriterium genannt werden, ist die Reihung der Produktgruppen bzw. Branchen mit der Produktprozeßmatrix identisch.[262] Als charakteristisch für Batchverarbeitung und gemischte Prozesse wird, im Gegensatz zu den Fließprozessen, die geringere Umrüstzeit, die größere Produktkomplexität und die große Anzahl von Prozeßschritten genannt.

―――――――――――――

[260] nach Taylor/Bolander 94, S. 9.

[261] vgl. Fransoo/Rutten 93, S. 5-7.

[262] vgl. Abschnitt 'Typologisierung nach Produktgruppen', S. 74.

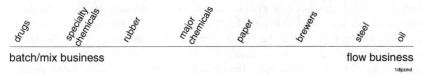

batch/mix business   flow business

1dtpzind

Abbildung 24: Eindimensionale Typologie der Prozeßindustrie[263]

3.1.4 Informationssystemorientierte Typologisierung

Eine weitere Typologisierung für verfahrenstechnische Betriebe wurde von Turanchik vorgelegt.[264] Diese Typologie entstand aufgrund einer empirischen Untersuchung von zehn Werken bei Cargill. Zielsetzung der Typologisierung ist die Anforderungsdefinition an den Funktionsumfang einzusetzender Informationssysteme im Produktionsbetrieb.[265] Turanchik unterscheidet nach den beiden Merkmalen Komplexität/Variabilität (Complexity & Variability) und Prozeßablauf. Abbildung 25 zeigt die Einordnung der Betriebe.

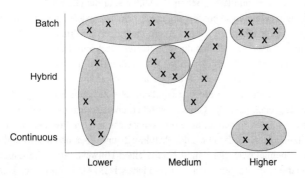

Complexity and Variability

bp-turan

Abbildung 25: Typbildung zu Betriebsprofilen[266]

---

[263] nach Fransoo/Rutten 93.

[264] vgl. Turanchik 95, S. 5.

[265] Es geht hierbei um den Einsatz von MES-Software (Manufacturing Execution System) für die Betriebsleitebene, s. Fußnote 21.

[266] nach Turanchik 95.

Das Merkmal Komplexität/Variabilität kann die Ausprägungen gering, mittel und hoch annehmen, das Merkmal Prozeßablaufrhythmus die Ausprägungen kontinuierlich und diskontinuierlich sowie hybrid, wenn beide Prozeßablauftypen kombiniert vorliegen.[267] Das Merkmal
Komplexität/Variabilität wird nicht näher beschrieben, doch ist aus dem Kontext der Ausführungen von Turanchik ersichtlich, daß es sich hierbei um die Frage nach der Komplexität der
operativen Planung und Disposition handelt. Die Clusterung in sechs Betriebsprofilen läßt
erkennen, daß auch bei kontinuierlichen Produktionsprozessen Planungs- und Steuerungsaufgaben anfallen. Darin stimmen auch Kölbel und Schulze überein, da es bei dem Grenztyp A
ebenfalls beachtliche Veränderungs- und Steuerungsmöglichkeiten gibt.

3.1.5 Typologisierung nach Produktgruppen

Im Sprachgebrauch der chemischen Wirtschaft ist eine Differenzierung nach einer in
Abbildung 26 dargestellten Produktgruppenmatrix gebräuchlich.[268] Bei der Matrix werden die
beiden Merkmale Produktdifferenzierung und Produktionsmenge unterschieden. Es handelt
sich hier folglich weniger um eine Typisierung der Produktion, sondern vielmehr um eine
produkt- und absatzbezogene Einteilung. Die Produktionsmenge stimmt mit dem Merkmal
Leistungswiederholung überein, wobei in der Produktgruppenmatrix nur die Ausprägungen
hoch und niedrig unterschieden werden. Die Produktdifferenzierung hängt davon ab, ob es
sich um ein einfaches, chemisch standardisiertes Produkt oder um ein differenziertes Produkt
handelt. Bei standardisierten oder undifferenzierten Produkten sind die chemische Spezifikation, die Herkunft und die Gewinnungsmethode allgemein bekannt und anerkannt. Die Hersteller können sich folglich gegenüber den Mitbewerbern nicht über die Produktspezifikation
profilieren. Die Abnehmer können problemlos ihre Lieferanten wechseln. Bei differenzierten
Produkten steht weniger die chemische Spezifikation im Vordergrund als vielmehr die Anwendung. Entsprechend werden differenzierte Produkte als Problemlösungen für technische
Fragestellungen angeboten. Vielfach sind die genaue chemische Zusammensetzung und der
Herstellungsprozeß Betriebsgeheimnis. Die Grenze zwischen undifferenzierten und differenzierten Produkten ist nicht immer eindeutig, aber die Kennzeichnung der Produkte über die
stoffliche Zusammensetzung (z. B. Salzsäure oder Acrylnitril) und über deren Anwendung
(z. B. Düngemittel oder Chemiefaser) gibt darauf bereits einen Hinweis. Auch die Grenzen
zwischen hohen und niedrigen Produktionsmengen sind nicht scharf. Als Leitlinie zur Unterscheidung wird eine weltweite Jahresproduktionsmenge von etwa 10.000 t für das Produkt
angegeben. Als weiteres Kriterium kann der Verkaufspreis herangezogen werden.[269] Nach der
Produktgruppenmatrix sind vier Gruppen zu differenzieren:

---

[267] Turanchik benennt die Merkmale nicht explizit. Er spricht nur von den Merkmalsausprägungen 'Batch',
       'Hybrid' und 'Continuous' sowie 'Lower', 'Medium' und 'Higher Complexity & Variation'.

[268] Die Matrix geht zurück auf Kline 76, hier zitiert nach Amecke 87, S. 62ff., Unger 81 und Emerson 83, S.
       222ff. Emerson bezeichnet Grundchemikalien als True Commodities und Industriechemikalien als Pseudo-
       commodities.

[269] In Amecke 87, S. 62 wird ein Preis von etwa 10 DM/kg angegeben. Es sei nochmals darauf hingewiesen, daß
       diese Angaben nur Richtwerte darstellen können. Zudem ergibt sich die Schwierigkeit der Ermittlung der
       jährlichen Gesamtproduktionsmenge eines Produkts.

• Grundchemikalien: Standardisierte Produkte mit großer Produktionsmenge, bei den anorganische Stoffen sind dies vor allem Schwefel-, Salz-, Phosphor- und Salpetersäure, Natriumcarbonat und -hydroxid, Aluminiumhydroxid, Ammoniak, Calciumcarbid, -chlorid und -oxid sowie Chlor, bei den Organica Ethylen, Propen, Butadien, Benzol, Toluol und Xylol sowie deren Folgeprodukte wie z. B. Methanol, Vinylchlorid, Harnstoffe, Formaldehyd und Styrol.[270]

• Feinchemikalien: Standardisierte Produkte mit kleiner Produktionsmenge, z. B. pharmazeutische Wirkstoffe, Aminosäuren, Aromastoffe, ätherische Öle, viele Zwischenprodukte für Pflanzenschutz, Kosmetik, Konservierungsstoffe, Photochemikalien, etc.

• Industriechemikalien: Differenzierte Produkte mit großer Produktionsmenge, z. B. Chemiefasern, Düngemittel, Kunststoffe, Harze, Kautschuk, Lösungsmittel, Farbstoffe, Tenside, Treibgase, Füllstoffe, etc.[271]

• Spezialchemikalien: Differenzierte Produkte mit kleiner Produktionsmenge, auch als Spezialitäten oder Spezialprodukte bezeichnet, z. B. pharmazeutische Produkte, Herbizide und Pestizide, Schmierstoffe, Spezialfasern, Wasch- und Reinigungsmittel, Anstrich- und Beschichtungsstoffe.

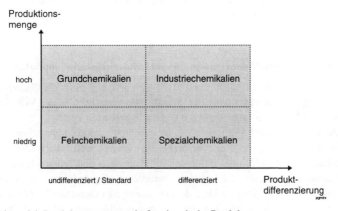

Abbildung 26: Produktgruppenmatrix für chemische Produkte

---

[270] Anstelle von Grundchemikalien wird von verschiedenen Autoren auch der Terminus Grundstoffchemikalien verwendet.

[271] Dagegen bezeichnen Kölbel und Schulze in ihrer absatzwirtschaftlichen Betrachtung Industriechemikalien als nicht-differenzierte Produkte, die unter ihrer Stoffbezeichnung gehandelt werden, und grenzen diese von den Spezialitäten ab, vgl. Kölbel/Schulze 70, S. 36f.

3.2 Ausgewählte Produktionstypen

Die dargestellten Typologisierungen orientieren sich jeweils an wenigen Merkmalen, insbesondere an den Merkmalen Leistungswiederholung, Prozeßablauf, Materialumsetzung und Materialvergenz sowie Produktdifferenzierung. Es sind die Merkmale, deren Ausprägungen sich besonders stark auf die Gestaltung der Produktion auswirken. Ferner zeigt sich, daß für die chemische Industrie die Ausprägungen der Merkmale Prozeßablauf und Materialumsetzung besonders typisch sind.

In der folgenden Typisierung werden die Ausprägungen der übrigen typologischen Merkmale aufgezeigt. Es sollen vier typische Merkmalsausprägungskombinationen der chemischen Produktion diskutiert werden, ohne daß dabei ein Anspruch auf Vollständigkeit aller chemischer Produktionstypen erhoben wird. Vielmehr soll anhand der Typen die Spannweite der Merkmalsausprägungen aufgezeigt werden. Die vier Typen beziehen sich auf die Herstellung von

- Grundstoff- und Industriechemikalien,

- konsumnahen Massengütern,

- Fein- und Spezialchemikalien und

- Pharmazeutika.

Die Typen orientieren sich an den bereits vorliegenden Typen, insbesondere an der Einteilung von Kölbel und Schulze. Die Abgrenzung erfolgt über das Produktspektrum, wobei sich die Bezeichnungen an die Produktgruppenmatrix anlehnen. Die konsumnahen Massengüter und die pharmazeutischen Produkte werden hier explizit charakterisiert, weil die Konsumentennähe der Produkte bzw. die rechtlichen Rahmenbedingungen der Produktion direkten Einfluß auf produktionslogistische Fragen nehmen.

3.2.1 Typologische Merkmale der Grundstoff- und Industriechemikalienproduktion

Die Grundstoff- und Industriechemikalienproduktion ist vor allem durch die Grenztypen A und B nach der Typisierung von Kölbel und Schulze gekennzeichnet. In der VCI-Klassifizierung handelt es sich in erster Linie um Typ B und nur teilweise um Typ A.

Die Materialform ist hier durchweg ungeformt, entsprechend sind die Materialien beliebig teilbar und in der Regel langfristig lagerbar, wobei bei Naturrohstoffen die Haltbarkeit beschränkt sein kann (vgl. Abbildung 27). Die meisten Materialien sind gefährlich, so daß sie nach dem Chemikaliengesetz und der Gefahrstoffverordnung eingestuft und gekennzeichnet werden müssen.[272] Durch die Nähe zur Urproduktion können sich Qualitätsschwankungen der Rohstoffe ergeben, deren Homogenisierung im Produktionsverlauf angestrebt wird. Die technischen Merkmalsbeschreibungen sind weitgehend inhaltsbezogen. Da der Abnehmer fast ausschließlich die weiterverarbeitende Industrie ist, spielt die Gestaltung der Verpackung eine untergeordnete Rolle. Die Ausprägung der Leistungswiederholung ist vor allem die Massenproduktion, eventuell auch die Herstellung wechselnder Sorten. Die analytische Aufspaltung

---

[272]   vgl. Pohle 91, S. 382.

der Rohstoffe, gegebenenfalls gemischt mit synthetischer Materialumsetzung (z. B. Reaktionshilfsstoffen), geschieht vorwiegend in kontinuierlichem Prozeßablauf nach dem Fließprinzip in spezialisierten Einproduktanlagen. Oft kann die Relation der Outputstoffe variiert werden. Dies gilt vor allem für Standardprodukte. Da die Betriebsmittel speziell für ein Produkt oder eine Produktgruppe projektiert sind, ist die Betriebsmittelsubstitution nur beschränkt möglich. Aufgrund der geringen Margen müssen die Anlagen optimiert sein, wodurch ein Prozeßwechsel ökonomisch meist nicht sinnvoll ist.[273] Die Technologie ist, abgesehen von eventuellen physikalischen Prozeßschritten wie etwa Zerkleinern oder Mischen, vor allem chemisch. Die Stoffvergenz ist bei den Grundstoffen stark divergierend, und auch bei den Industriechemikalien ist sie eher divergierend. Innerbetriebliche Kreislaufprozesse auf Instanzen- und Typebene kommen häufig vor. Die Produktion ist durch die zahlreichen Materialstrombeziehungen zwischen den einzelnen Betrieben stark verflochten. Die Ablauffolgen sind fast ausschließlich nicht-variabel. Obwohl die Outputqualitäten oftmals wiederholbar sind, wird bisweilen nach Chargen differenziert. Die Prozesse sind weitgehend automatisiert und schlecht zu unterbrechen.

---

[273] So beträgt der Herstellkostenanteil am Verkaufspreis meist etwa 90%, vgl. Amecke 87, S. 195. Bei solchen Anlagen wird der Prozeß auch nach Inbetriebnahme der Anlagen weiter verbessert. Dies ist allerdings nicht als Prozeßwechsel im Sinn einer Betriebsmittel- oder Prozeßsubstitution zu verstehen.

Merkmal	Merkmalsausprägung					
Materialform	ungeformt	geformt				
Material-teilbarkeit	teilbar	Stückgüter				
Material-haltbarkeit	unbeschränkt	beschränkt				
Material-gefährlichkeit	gefährlich	ungefährlich				
Materialqualitäts-standardisierung	Qualitäts-schwankungen	standardisierte Qualität				
Technische Material-beschreibung	vorwiegend inhaltsbezogen	vorwiegend geometrisch				
Leistungs-wiederholung	Massen-produktion	Herstellung wechselnder Sorten	Einmal-herstellung			
Ausbringungs-elastizität	quantitativ deterministisch	strukturell deterministisch	quantitativ stochastisch	strukturell stochastisch	nicht elastisch	
Produkt-typisierung	Standard-produkte	Sorten	Individuelle Produkte			
Materialeinsatz-elastizität	quantitativ deterministisch	strukturell deterministisch	quantitativ stochastisch	strukturell stochastisch	nicht elastisch	
Betriebsmittel- und Prozeßsubstit.	nicht-substituierbar	substituierbar				
Technologie	chemisch	biochemisch, gentechnisch	physikalisch	fertigungs-technisch	energie-technisch	
Material-umsetzung	durchgängig	synthetisch	analytisch (Kuppelprod.)	synth. und analytisch		
Materialvergenz	keine	eher konvergierend	eher divergierend	gemischt		
Prozeßablauf	kontinuierlich	diskontinuierlich				
Kreislaufprozeß	innerbetriebl. Prozeßinstanz	innerbetriebl. Prozeßtyp	überbetrieblich	keinen Kreislauf		
Produktions-verflechtung	stark verflochten	wenig verflochten				
Variabilität der Ablauffolge	nicht-variabel	variabel				
Wiederholbarkeit	wiederholbar	Outputqualitäts-schwankungen				
Automatisierungs-grad	stark automatisiert	mittelstark automatisiert	wenig automatisiert			
Unterbrechbarkeit	nicht unterbrechbar	schlecht unterbrechbar	beliebig unterbrechbar			
Produktionsab-lauforganisation	Fließprinzip	gemischt	Funktions-prinzip			

Abbildung 27: Merkmalsausprägungen der Grundstoff- und Industriechemikalienproduktion

3.2.2 Typologische Merkmale der Produktion konsumnaher Massengüter

Zu den konsumnahen Massengütern zählen die Chemikalien, die in großen Mengen hergestellt und über den Handel an die privaten Haushalte verkauft werden. Typische Beispiele sind Waschmittel, Reinigungsmittel, Körperpflegeartikel, etc. Diese Produkte fallen unter den Produktionstyp A der VCI-Klassifizierung. Nach der Produktgruppenmatrix werden sie dagegen als Spezialchemikalien eingestuft. Sicherlich gilt dies für eine Vielzahl kosmetischer Artikel, da diese eher in geringen Mengen hergestellt werden.[274] Doch die großen Markenartikel in diesem Bereich (z. B. Persil und Nivea) werden in solch großen Mengen hergestellt, daß die Anlagen für die entsprechenden Produkte projektiert und optimiert werden und ein kontinuierlicher automatisierter Prozeßablauf nach dem Fließprinzip angestrebt wird, so daß die Produktionsstruktur eher den Strukturen der Industriechemikalien entspricht (vgl. Abbildung 28). Allerdings unterliegen konsumnahe Artikel oft nur kurzen Produktlebenszyklen, so daß Herstellungsverfahren und Anlagen an die Produktinnovationen angepaßt werden müssen. Hinzu kommt die auf den privaten Konsum ausgerichtete Verpackung der Produkte, so daß auch geformte Materialien und Stückgüter vorliegen. Die Produkte sind meist mit langlaufenden Haltbarkeitsgrenzen versehen. Es kommen sowohl gefährliche Rohstoffe als auch gefährliche Produkte (z. B. chlorhaltige Reiniger) vor. Die Qualität der Materialien ist standardisiert, die Produktion kann jederzeit wiederholt werden. Materialeinsatz und -ausbringung sind wenig elastisch, die Betriebsmittel und die Prozesse kaum substituierbar. Neben chemischen Verfahren kommen auch rein physikalische Verfahren wie Mischen und Mahlen zur Anwendung. Die Materialumsetzung ist weitgehend synthetisch, gegebenenfalls fallen Abprodukte an. Die Vergenz ist, bedingt durch die hohe Anzahl an Verpackungsvarianten, divergierend. Kreislaufprozesse sind selten, die Herstellung der Produkte ist nur mit der Vorproduktion verflochten.

---

[274] Es sei darauf hingewiesen, daß Betriebe, die Kosmetika aus Zwischenprodukten mischen und abpacken, nicht grundsätzlich zur chemischen Industrie gezählt werden, vgl. Amecke 87, S. 162f und Abschnitt 'Die chemische Industrie', S. 2. Gerechtfertigt ist dies, wenn keine chemischen Stoffumwandlungen vorgenommen werden.

Merkmal	Merkmalsausprägung				
Materialform	ungeformt	geformt			
Materialteilbarkeit	teilbar	Stückgüter			
Materialhaltbarkeit	unbeschränkt	beschränkt			
Materialgefährlichkeit	gefährlich	ungefährlich			
Materialqualitätsstandardisierung	Qualitätsschwankungen	standardisierte Qualität			
Technische Materialbeschreibung	vorwiegend inhaltsbezogen	vorwiegend geometrisch			
Leistungswiederholung	Massenproduktion	Herstellung wechselnder Sorten	Einmalherstellung		
Ausbringungselastizität	quantitativ deterministisch	strukturell deterministisch	quantitativ stochastisch	strukturell stochastisch	nicht elastisch
Produkttypisierung	Standardprodukte	Sorten	Individuelle Produkte		
Materialeinsatzelastizität	quantitativ deterministisch	strukturell deterministisch	quantitativ stochastisch	strukturell stochastisch	nicht elastisch
Betriebsmittel- und Prozeßsubstit.	nicht-substituierbar	substituierbar			
Technologie	chemisch	biochemisch, gentechnisch	physikalisch	fertigungstechnisch	energietechnisch
Materialumsetzung	durchgängig	synthetisch	analytisch (Kuppelprod.)	synth. und analytisch	
Materialvergenz	keine	eher konvergierend	eher divergierend	gemischt	
Prozeßablauf	kontinuierlich	diskontinuierlich			
Kreislaufprozeß	innerbetriebl. Prozeßinstanz	innerbetriebl. Prozeßtyp	überbetrieblich	keinen Kreislauf	
Produktionsverflechtung	stark verflochten	wenig verflochten			
Variabilität der Ablauffolge	nicht-variabel	variabel			
Wiederholbarkeit	wiederholbar	Outputqualitätsschwankungen			
Automatisierungsgrad	stark automatisiert	mittelstark automatisiert	wenig automatisiert		
Unterbrechbarkeit	nicht unterbrechbar	schlecht unterbrechbar	beliebig unterbrechbar		
Produktionsablauforganisation	Fließprinzip	gemischt	Funktionsprinzip		

Abbildung 28: Merkmalsausprägungen der Produktion konsumnaher Massengüter

3.2.3 Typologische Merkmale der Fein- und Spezialchemikalienproduktion

Charakteristisch für die Produkte sind die verhältnismäßig geringen Produktionsvolumina, wodurch vor allem diskontinuierliche, nur begrenzt automatisierte Mehrzweckanlagen zum Einsatz kommen. Kontinuierliche Prozesse bilden die Ausnahme. Die Herstellungsverfahren der Fein- und Spezialchemikalien sind als typische Chargenproduktion anzusehen. Besonders bei den Spezialchemikalien, die anwendungsbezogen vertrieben werden, stellen Produktentwicklung und -verbesserung den Hauptaufwand dar, während die Verfahrensoptimierung zweitrangig ist. Die Produkte werden in der Regel auf bereits vorhandenen Anlagen gefahren.[275] Nach der Typologisierung von Kölbel und Schulze handelt es sich hier um Grenztyp C, nach der VCI-Einteilung um Typ C.

Die Gruppe der Fein- und Spezialchemikalien weist eine große Anzahl von Produkten auf, weshalb bei einigen Merkmalen sämtliche Ausprägungen angegeben sind (vgl. Abbildung 29). Bei der folgenden Betrachtung werden allerdings die pharmazeutischen Erzeugnisse, obwohl sie nach der Produktgruppenmatrix dazuzurechnen sind, bewußt ausgeklammert und im folgenden Abschnitt separat behandelt.

Mit Ausnahme einiger Endprodukte (z. B. Tabs) und der verpackten Artikel liegen die Materialien als ungeformte, teilbare Stoffe vor. Durch den Einsatz von Mehrzweckanlagen können Betriebsmittel oder Prozesse substituiert werden, z. B. bei unterschiedlichen Chargengrößen. Bei der Herstellung von Spezialchemikalien liegen vor allem synthetische chemische Prozesse vor, bei den Feinchemikalien können auch analytische Umwandlungen auftreten. Durch die große Produktanzahl weisen die Produktionsprozesse divergierende Ströme auf. Kreislaufprozesse sind selten. Je nach Anzahl der Vorprodukte kann die Ausprägung der Verflechtung streuen. Die Spezialitäten sind die Produktgruppe, bei der in der chemischen Produktion am ehesten variable Ablauffolgen anzutreffen sind. Die Ablauforganisation ist nach dem Funktionsprinzip geordnet, oder es treten Mischformen auf.

---

[275] Verglichen mit den Herstellungsprozessen der Grundchemikalien ist die Optimierung der Verfahrensprozesse bei den Fein- und Spezialchemikalien weniger wichtig, da der Herstellkostenanteil am Verkaufspreis wesentlich geringer ist.

Merkmal	Merkmalsausprägung				
Materialform	ungeformt	geformt			
Material-teilbarkeit	teilbar	Stückgüter			
Material-haltbarkeit	unbeschränkt	beschränkt			
Material-gefährlichkeit	gefährlich	ungefährlich			
Materialqualitäts-standardisierung	Qualitäts-schwankungen	standardisierte Qualität			
Technische Materialbeschreibung	vorwiegend inhaltsbezogen	vorwiegend geometrisch			
Leistungs-wiederholung	Massen-produktion	Herstellung wechselnder Sorten	Einmal-herstellung		
Ausbringungs-elastizität	quantitativ deterministisch	strukturell deterministisch	quantitativ stochastisch	strukturell stochastisch	nicht elastisch
Produkt-typisierung	Standard-produkte	Sorten	Individuelle Produkte		
Materialeinsatz-elastizität	quantitativ deterministisch	strukturell deterministisch	quantitativ stochastisch	strukturell stochastisch	nicht elastisch
Betriebsmittel- und Prozeßsubstit.	nicht substituierbar	substituierbar			
Technologie	chemisch	biochemisch, gentechnisch	physikalisch	fertigungs-technisch	energie-technisch
Materialumset-zung	durchgängig	synthetisch	analytisch (Kuppelprod.)	synth. und analytisch	
Materialvergenz	keine	eher konvergierend	eher divergierend	gemischt	
Prozeßablauf	kontinuierlich	diskontinuierlich			
Kreislaufprozeß	innerbetriebl. Prozeßinstanz	innerbetriebl. Prozeßtyp	überbetrieblich	keinen Kreislauf	
Produktionsver-flechtung	stark verflochten	wenig verflochten			
Variabilität der Ablauffolge	nicht-variabel	variabel			
Wiederholbarkeit	wiederholbar	Outputqualitäts-schwankungen			
Automatisie-rungsgrad	stark automatisiert	mittelstark automatisiert	wenig automatisiert		
Unterbrechbarkeit	nicht unterbrechbar	schlecht unterbrechbar	beliebig unterbrechbar		
Produktionsablauforganisation	Fließprinzip	gemischt	Funktions-prinzip		

Abbildung 29: Merkmalsausprägungen der Fein- und Spezialchemikalienproduktion

3.2.4 Typologische Merkmale der pharmazeutischen Produktion

Gewöhnlich weist die Herstellung pharmazeutischer Produkte einen dreistufigen Ablauf auf. Die erste Stufe stellt die Wirkstoffherstellung dar, auch Formulierung genannt. In der Formulierung werden die pharmazeutisch wirkenden Substanzen und die Zusatzstoffe hergestellt. Im zweiten Schritt wird durch Mischung der Wirk- und Zusatzstoffe die pharmazeutische Darreichungsform produziert, z. B. Tabletten, Dragees, Kapseln, Salben, Tinkturen, etc. Dadurch entsteht die sogenannte Bulkware. Die dritte Stufe ist die Verpackung in unterschiedliche Packgrößen, z. B. in die zunehmend verwendeten Blisterpackungen, Röhrchen, Dosen, Gläser oder Tuben. Diese werden mit Beipackzetteln versehen, in die Verkaufsverpackung gefüllt und anschließend in Großhandelseinheiten verpackt.

Die Ausprägungen der Merkmale für eine Herstellung pharmazeutischer Produkte sind in Abbildung 30 dargestellt. Für das materialbezogene Merkmal Form ergibt sich, daß die Stoffe sowohl ungeformt (Rohstoffe, Zwischenprodukte und teilweise Endprodukte) als auch geformt vorliegen (Zwischenprodukte Tablette und Blister sowie Endprodukte in Verpackung). Vor der Formulierung sind die Wirkstoffsubstanzen und Hilfsstoffe beliebig teilbar, nach der Formulierung von Feststoffen handelt es sich um Stückgüter, z. B. um Bulkware in Form von Tabletten und Dragees. Die Rohstoffe und Produkte unterliegen meist sehr weit gefaßten Haltbarkeitsgrenzen, dennoch können in einzelnen Herstellungsprozessen und bei Endprodukten durchaus restriktive Haltbarkeitsgrenzen greifen, z. B. bei Insulin und Impfstoffen. Die Qualität der Produkte unterliegt sehr streng definierten Grenzen, so daß bezüglich der Endprodukte keine Schwankungen auftreten. Weicht der Produktionsoutput von den Qualitätskriterien ab, so ist er als Ausschuß auszusondern. Bei den Einsatzstoffen können durchaus Schwankungen in der Wirkstoffkonzentration auftreten, so daß die konkreten Mengen und Mengenverhältnisse der einzelnen Einsatzstoffe von Ansatz zu Ansatz unterschiedlich ausfallen können. So führt beispielsweise eine höhere Konzentration des Wirkstoffes zu einer geringeren Einsatzmenge bei gleichzeitiger Erhöhung des Hilfsstoffanteils. Eventuell ist sogar der Zusatz eines weiteren Hilfsstoffes notwendig. Für das Materialmerkmal Qualitätsstandardisierung bedeutet dies, daß auch Qualitätsschwankungen auftreten können. Überdies kommt neben nicht-elastischer teilweise auch quantitativ und strukturell deterministische Materialeinsatzelastizität vor, z. B. bei unterschiedlichen Konzentrationen der Rohstoffe. Die technische Merkmalsbeschreibung ist bei den Inhaltsstoffen vorwiegend inhaltsbezogen, dagegen bei der Verpackung überwiegend geometrisch, bei den Endprodukten sind beide Beschreibungsarten notwendig, wobei die inhaltsbezogene die eindeutig vorrangige und die geometrische Beschreibung nur eine Ergänzung darstellt. Als Leistungswiederholung tritt die Herstellung wechselnder Sorten auf. Gegebenenfalls kann kundenspezifisch auch Einmalherstellung vorliegen, wobei sich die Einmalherstellung eher auf die Verpackung als auf die Inhaltsstoffe bezieht, wodurch nur der Produktionsprozeß des Verpackungsschrittes betroffen ist. Massenproduktion mit nicht-wechselnden Produkten auf einer Produktionsanlage ist nicht bekannt, allerdings kann die Herstellung von Arzneimitteln mit großen Verkaufszahlen, z. B. Selbstmedikationsprodukte, bei der nur Produkte innerhalb einer Produktfamilie gewechselt werden, der Massenproduktion nahekommen.[276] Folglich liegen bezüglich der Produkttypisierung

---

[276] vgl. Nöcker-Wenzel/Verheyen 95.

Standardprodukte vor, die aufgrund verschiedener Verpackungen der gleichen pharmazeutischen Artikel als Sorten zu bezeichnen sind. Nur selten treten rein individuelle Produkte auf. Sowohl die Betriebsmittel als auch die Herstellungsprozesse können variiert werden. So können gegebenenfalls die Wirkstoffe unterschiedlicher Ausgangsstoffe mit verschiedenen Verfahren synthetisiert werden, oder in der Formulierung können ähnliche Betriebsmittel für Dosieren, Granulieren oder Homogenisieren genutzt werden. Doch wird diese technisch gegebene Flexibilität durch die regulative Wirkung der rechtlichen Rahmenbedingungen stark eingeschränkt. In der Regel werden nur die standardmäßig vorgesehenen Produktionsanlagen zur Herstellung eines pharmazeutischen Produkts im Rahmen der Validierung überprüft und freigegeben, so daß trotz technischer Möglichkeit ein einfacher Wechsel bei fehlender Validierung der Alternativen nicht möglich ist.[277]

Bei der Wirkstoffproduktion wird die Synthese der einzelnen Wirkstoffe vorwiegend mit chemischen Prozeßtechnologien, zum Teil mit biochemischen oder gentechnischen Technologien durchgeführt. Konfektionierung und Verpackung basieren dagegen fast ausschließlich auf physikalischen Technologien, da beispielsweise beim Mischen und Tablettieren in der Regel keine chemischen Substanzen verändert werden. Die Materialumsetzung erfolgt bei den Mischungsprozessen der Formulierung zumeist synthetisch.[278] Bei der chemischen Technologie der Wirkstoffproduktion können dagegen analytische Umsetzungen auftreten. Analytische Materialumsetzung kommt in geringem Umfang auch bei den Verpackungsprozessen zum Tragen, beispielsweise durch den Anfall von Blisterboden- und Blisterdeckfolienresten bei Blisterverpackungen.

Die Materialvergenz ist divergierend und gemischt, da die einzelnen Wirkstoffe zum einen meist in verschiedenen Darreichungsformen und Konzentrationen (z. B. forte-Artikel), zum anderen die Darreichungsformen in verschiedenen Verpackungsgrößen vorliegen (z. B. für kleinere und größere Therapien, Krankenhauspackung, etc.). So werden oft bis zu zehn unterschiedliche Verkaufsverpackungen pro Arzneimittel angeboten.[279]

Für die Pharmaproduktion ist der diskontinuierliche Prozeßablauf typisch. Der Grund hierfür ist, daß technologisch bedingt in der Formulierung jeweils ein Ansatz von Wirkstoffen und Hilfsstoffen verarbeitet wird. Auch die anschließende Tablettierung und Verpackung erfolgt diskontinuierlich. Damit ist die Pharmaherstellung eine typische Chargenproduktion. Bei den Vorprodukten sind jedoch durchaus kontinuierliche Prozesse möglich. Kreislaufprozesse sind schon aufgrund der Rohstoffnachweispflicht in der pharmazeutischen Produktion unüblich. Da sich die pharmazeutische Produktion am Ende der Produktionskette innerhalb der chemischen Industrie befindet, ist die Produktion eher unverflochten. Die Ablauffolge der einzelnen Prozeßschritte ist nicht-variabel.

---

[277] Zur Validierung pharmazeutischer Anlagen vgl. z. B. Appolt 93, Berry/Nash 93, Brombacher 93 und Chris/Unkelbach/Wolf 93.

[278] vgl. auch Cirsovius/Keil/Walter 82, S. 143.

[279] So gibt Packowski für einen Pharmabetrieb der Feststoffproduktion bei 300 Substanzen eine Divergenz zu 450 Bulkwaren, 1500 Primärverpackungen und 4200 Verkaufsverpackungen an, vgl. Packowski 96, S. 79. VCI 86 gibt ein Verhältnis von 1:3 bis 1:5 und mehr zwischen unverpackten Produkten (Bulkware) zu verpackten Artikeln an, vgl. VCI 86, S. 78.

Was die Wiederholbarkeit der Produktion anbelangt, muß eine zweigeteilte Aussage getroffen werden. Einerseits handelt es sich um Standardprodukte, die entsprechend der Nachfrage und der Dispositionsart meist periodisch nachproduziert werden. Zudem garantiert eine intensive Qualitätssicherung bei der pharmazeutischen Produktion eine Gleichartigkeit der einzelnen Chargen, so daß Unterschiede in der Regel nur durch aufwendige Analysen erkennbar sind. Gleichzeitig ergibt sich aber aufgrund der gesetzlichen Nachweispflicht die Differenzierung der einzelnen Chargen, so daß diese produktionslogistisch untereinander zu unterscheiden sind, und man von Qualitätsschwankungen des Output sprechen muß.

Der Automatisierungsgrad ist meist mittelstark ausgeprägt.[280] Dies macht sich durch die Tatsache bemerkbar, daß die Anlagen für die einzelnen Schritte, z. B. Wiegeanlage, Granulieranlage, Tablettenpressanlage, etc. weitgehend automatisiert sind, der Materialtransport aber häufig noch manuell erfolgt.

Die Formulierungsprozesse und die anschließende Formgebung und Verpackung sind in der Regel ohne allzu großen Aufwand zu unterbrechen. Die Wirkstoffproduktion weist jedoch aufgrund der chemischen oder biochemischen Technologie eher nicht-unterbrechbare Prozesse auf. Die Ablauforganisation ist, unter anderem wegen des Einsatzes bewegbarer Anlagen, meist gemischt, eventuell auch nach dem Funktionsprinzip organisiert.

---

[280] vgl. Baumann 93.

Merkmal	Merkmalsausprägung				
Materialform	ungeformt	geformt			
Material-teilbarkeit	teilbar	Stückgüter			
Material-haltbarkeit	unbeschränkt	beschränkt			
Materialgefähr-lichkeit	gefährlich	ungefährlich			
Materialqualitäts-standardisierung	Qualitätsschwankungen	standardisierte Qualität			
Technische Materialbeschreibung	vorwiegend inhaltsbezogen	vorwiegend geometrisch			
Leistungs-wiederholung	Massenproduktion	Herstellung wechselnder Sorten	Einmalherstellung		
Ausbringungs-elastizität	quantitativ deterministisch	strukturell deterministisch	quantitativ stochastisch	strukturell stochastisch	nicht elastisch
Produkt-typisierung	Standardprodukte	Sorten	Individuelle Produkte		
Materialeinsatz-elastizität	quantitativ deterministisch	strukturell deterministisch	quantitativ stochastisch	strukturell stochastisch	nicht elastisch
Betriebsmittel- und Prozeßsubstit.	nicht-substituierbar	substituierbar			
Technologie	chemisch	biochemisch, gentechnisch	physikalisch	fertigungstechnisch	energietechnisch
Materialumsetzung	durchgängig	synthetisch	analytisch (Kuppelprod.)	synth. und analytisch	
Materialvergenz	keine	eher konvergierend	eher divergierend	gemischt	
Prozeßablauf	kontinuierlich	diskontinuierlich			
Kreislaufprozeß	innerbetriebl. Prozeßinstanz	innerbetriebl. Prozeßtyp	überbetrieblich	keinen Kreislauf	
Produktionsver-flechtung	stark verflochten	wenig verflochten			
Variabilität der Ablauffolge	nicht-variabel	variabel			
Wiederholbarkeit	wiederholbar	Outputqualitätsschwankungen			
Automatisierungs-grad	stark automatisiert	mittelstark automatisiert	wenig automatisiert		
Unterbrechbarkeit	nicht unterbrechbar	schlecht unterbrechbar	beliebig unterbrechbar		
Produktionsablauforganisation	Fließprinzip	gemischt	Funktionsprinzip		

Abbildung 30: Merkmalsausprägungen der pharmazeutischen Produktion

4 Informationsstrukturen zu Material und Ressourcen

Anhand der diskutierten Merkmale sollen die Auswirkungen der spezifischen Ausprägungen der chemischen Produktion auf die Informationsstrukturen aufgezeigt werden. Im folgenden werden die Informationsstrukturen der Produktionsfaktoren und der Produkte beschrieben. Dies sind die Materialstammdaten, die Stammdaten zu Anlagen und sonstigen Ressourcen sowie die Stammdaten zur Lagerhaltung.

4.1 Materialstamm

Der Materialstamm enthält Informationen zu den im Unternehmen vorhandenen materiellen Rohstoffen, Zwischen- und Endprodukten. Als Rohstoffe können die Einkaufsmaterialien und Prozeßinputstoffe bezeichnet werden. Zwischenerzeugnisse sind sowohl Prozeßoutput- als auch -inputstoffe im Unternehmen. Erzeugnisse stellen sowohl Prozeßoutputstoffe als auch Verkaufsprodukte dar. Dagegen werden Verkaufsprodukte, die selbst eingekauft werden, häufig als Handelswaren bezeichnet.

Der Materialstamm stellt ein zentrales Datum dar, sowohl für die Logistik- als auch für die Finanzinformationssysteme. Er enthält eine Vielzahl von Attributen, z. B. bezüglich Identifikation, Klassifikation, Lager- und Dispositionsart, Kosten, Beschaffung, Produktion und Vertrieb.[281] Aufgrund der in Abschnitt 'Material' dargestellten Charakteristiken der Materialien der chemischen Industrie ergeben sich Besonderheiten im Materialstamm, die sich auf die Qualität, auf die Quantifizierung sowie auf die Gefahrenspezifizierung der Materialien beziehen.[282]

4.1.1 Materialqualitäten

Aufgrund der schwankenden Qualität des Materials erhebt sich die Frage, wie sich einerseits die Charakteristiken der einzelnen Materialarten spezifizieren lassen und wie sich andererseits die unterschiedlichen Qualitäten als Materialien abbilden lassen.[283]

Bei der Abbildung unterschiedlicher Qualitäten besteht die Möglichkeit, für jede Materialspezifikation einen eigenen Materialstammsatz anzulegen oder Mechanismen zu nutzen, die ähnliche chemische Stoffe gemeinsam als ein Material beschreiben.

---

[281] vgl. z. B. auch Scheer 95, S. 109ff.

[282] vgl. Abschnitt 'Material', S. 19.

[283] Da die Spezifikation einer Substanz auch als chemische Zusammensetzung einer Materialart verstanden werden kann, ergibt sich eine Analogie zur Variantenproblematik stückorientierter Produkte. Neben den chemischen Ursachen können auch unterschiedliche Artikelverpackungen der gleichen Chemikalie bei konsumnahen Produkten als solche Varianten aufgefaßt werden. Da aber einerseits die Anzahl der möglichen Verpackungen pro Produkt überschaubar ist, und andererseits die Zuordnung zwischen Produkt und Verpackung in der Regel durch die Marketingabteilung festgelegt und nicht durch den Kunden bestimmt wird, ergibt sich nur eine begrenzte, bereits determinierte Menge von Varianten, die keinen speziellen Variantenkonfigurator benötigt (vgl. hierzu beispielsweise Schwarze 96). Somit werden hierfür keine besonderen datentechnischen Implikationen berücksichtigt.

Der Vorteil **eigener Materialstämme** liegt in der einfachen Umsetzung, da keinerlei DV-technische Implikationen zu berücksichtigen sind. Allerdings sind mit dieser Lösung verschiedene Nachteile verbunden:

- Die Anzahl der Materialsätze nimmt unverhältnismäßig stark zu. So muß beispielsweise für einen Stoff wie schwach konzentrierte Schwefelsäure nicht nur ein Stammsatz gepflegt werden, sondern entsprechend den Konzentrationen mehrere Stammsätze, z. B. 15%ige, 20%ige und 30%ige Schwefelsäure. Viele der von den Qualitätsspezifikationen unabhängigen Attribute sind redundant in den einzelnen Materialstämmen zu pflegen.
- Für die Bestimmung der Spezifikation können mehrere Qualitätsmerkmale gleichzeitig relevant sein, z. B. Konzentration und Verunreinigung durch einen Fremdstoff. Durch die Kombinatorik erhöht sich zusätzlich die Anzahl möglicher Spezifikationsausprägungen.
- Eine hinreichend genaue Granularität ist häufig nicht ohne weiteres zu bestimmen. Beispielsweise kann in einem Unternehmen in der Regel die Angabe der Konzentration auf einige Prozent Genauigkeit ausreichen, während in bestimmten Anwendungen die Bandbreite der Konzentration enger gefaßt werden muß.
- Tritt eine Menge einer bestimmten Qualität eines bekannten Stoffes zum ersten Mal auf, besteht die Möglichkeit, daß die Spezifikation dieser Qualität noch nicht als Materialstamm vorliegt. Dies bedeutet, daß diese konkrete Menge, die beispielsweise den Output eines Produktionsprozesses darstellt, keinem Materialstamm zugeordnet werden kann und somit zuerst eine Stammdatenpflege durchgeführt werden muß.

Die genannten Nachteile lassen es sinnvoll erscheinen, die unterschiedlichen Qualitäten einer Materialart nicht isoliert voneinander zu verwalten, sondern als **Materialgruppen** zusammenzufassen, und bezüglich der unterschiedlichen Qualitäten verschiedene Ausprägungen der Spezifikationen zuzulassen. Dabei kann zwischen zwei möglichen Vorgehensweisen unterschieden werden:

- Es wird nur ein Materialstamm für die Materialgruppe angelegt. Alle möglichen Ausprägungen der Qualitätsspezifikationen sind im Materialstamm zu hinterlegen, wobei es sinnvoll ist, gewisse Bandbreiten der Spezifikation, z. B. in Form von Unter- und Obergrenzen, zuzulassen. Für eine Charge dieses Materials als einer konkret vorhandenen, abgegrenzten Menge müssen stets die jeweiligen Spezifikationen angegeben werden.[284] Problematisch an diesem Ansatz ist, daß die praktisch vorkommenden Qualitäten nicht als Stammdaten, sondern nur im Zusammenhang mit Chargen definiert sind. Bei der Verwaltung anderer Stammdaten, die auf den Materialstamm referenzieren, wie z. B. den Rezepturen, kann dies zu einer umständlichen Handhabung führen.
- Für die am häufigsten vorkommenden Qualitäten werden eigene Stammsätze angelegt. Zusätzlich wird für die Materialgruppe ein eigener Materialstamm gepflegt, auf den die zugehörigen Materialsätze referenzieren. Die für alle Qualitäten gültigen Eigenschaften können in dem Gruppenstammsatz hinterlegt werden, so daß die einzelnen Materialstämme der unterschiedlichen Qualitäten nur die Abweichungen der Spezifikation enthalten müssen. Dadurch wird gleichzeitig die Beziehung zwischen den einzelnen Qualitäten dokumentiert.

---

[284] vgl. auch die Chargendefinition im Abschnitt 'Materialbestandsführung', S. 207.

Überdies können auch hier Bandbreiten angegeben werden, damit nur die wichtigsten Qualitäten als Stammsätze hinterlegt werden müssen. In dem oben eingeführten Beispiel könnten so ein Materialgruppensatz für schwach konzentrierte Schwefelsäure und zusätzlich mehrere Materialsätze für die unterschiedlichen Qualitäten, z. B. 10-12%ige Schwefelsäure mit Lebensmittelqualität, eingeführt werden.

Neben der Bandbreite der Qualitätsstufen stellen die unterschiedlichen Arten der **Spezifikationen** besondere Anforderungen an die Materialwirtschaft. Im allgemeinen werden die beschreibenden Merkmale als Attribute definiert und sind dann für alle Instanzen der Objektklasse, in diesem Fall also für alle Materialien des Materialstamms, gültig. Typische Beispiele zur Spezifizierung chemischer Stoffe sind Angaben zu Konzentration und Wirkstoffgehalt verschiedener Komponenten, pH-Wert, Dichte, Molekulargewicht, Struktur- und Summenformel, Schmelzpunkt, Beimischungen oder Verunreinigungen.
Werden alle denkbaren Attribute in den Materialstamm aufgenommen, kann die Anzahl der Attribute erheblich steigen. Da jedoch für eine bestimmte Materialart in der Regel nur ein kleiner Anteil an Spezifikationen relevant ist, impliziert dies, daß die meisten Spezifikationen bei den Materialien nicht gepflegt würden. Zusätzlich erschwert wird die Problematik durch die Tatsache, daß mit einem neuen Material eventuell neue Spezifikationen notwendig sind, die im bisherigen Schema nicht berücksichtigt wurden. Daher sollte es möglich sein, bei Bedarf zusätzliche Spezifikationen problemlos einfügen zu können.
Für vergleichbare Problemstellungen werden in der stückorientierten Industrie Sachmerkmalsleisten eingesetzt. In den nach der DIN 4000 standardisierten Merkmalsleisten sind für verschiedene Produkt- bzw. Materialgruppen jeweils bis zu zehn spezielle Merkmale definiert, die materialgruppenspezifische Ausprägungen aufweisen können.[285] So ist beispielsweise für die Produktgruppe Kondensator ein Merkmal Nennkapazität vorgesehen. Im Materialstamm kann dann die hierfür vorgesehene Gruppe angegeben werden, was zu einer entsprechenden Interpretation der abgelegten Werte führt. Verallgemeinert bedeutet dies, daß die Spezifikationen aus dem Materialstamm zu extrahieren sind und wahlweise bei Bedarf den einzelnen Materialien zugeordnet werden.

Die entsprechenden Strukturen sind zusammen mit dem Konzept der Materialgruppen in Abbildung 31 dargestellt.[286] Der Materialstamm kann unterschieden werden in Materialgruppen und Einzelmaterialien. Für jede Qualität kann im Typ Einzelmaterialien eine eigene Instanz angelegt werden. Über die Ableitungsbeziehung zwischen Einzelmaterial und Materialgruppe kann vermerkt werden, welches Einzelmaterial zu welcher Materialgruppe gehört, wobei ein Einzelmaterial nur direkt einer Materialgruppe zugeordnet werden kann. Durch die nicht-vollständige, nicht-disjunkte Spezialisierung kann ein Material sowohl ein Einzelmate-

---

[285] Zur Darstellung von Sachmerkmalsleisten in PPS-Systemen vgl. auch Kernler 94, S. 34-38.

[286] Die Darstellung von Datenstrukturen erfolgt in Form des Expanded Entity-Relationship-Modells (PERM), eines semantisch erweiterten Entity-Relationship-Modells, vgl. Loos 92, S. 89ff. Die auffälligste Erweiterung gegenüber sonstigen ERM-Darstellungen sind die Relationship-Constraint-Diagramme (RC-Diagramme), mit denen semantische Integritätsbedingungen dargestellt werden, die in der Regel in ihrer Reichweite mehrere Objekttypen umfassen. Eine methodische Zusammenfassung befindet sich im Anhang, s. S. 231.

rial als auch eine Materialgruppe darstellen, womit hierarchische Strukturen für mehrstufige Gruppierungen abgebildet werden können. Analog zur Abbildung von Hierarchien über rekursive Beziehungstypen können auch über die Konstruktion mit dem Generalisierungsoperator Rekursionen auf Instanzenebene entstehen.[287] Dies würde bedeuten, daß ein Materialstamm mit Einzelmaterialcharakter direkt oder transitiv auch für sich selbst eine Materialgruppierung darstellen könnte. Solche Rekursionen auf Instanzenebene sollen ausgeschlossen werden, da sie keinen Sinn ergeben. Dies wird durch Integritätsbedingung <1> sichergestellt.

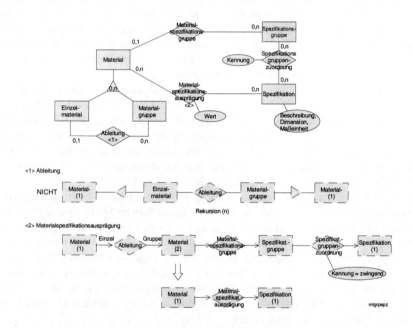

Abbildung 31: Datenstruktur zu Materialgruppen und Spezifikationen

Die Spezifikation der Materialien befindet sich auf der rechten Seite von Abbildung 31. Der Typ Spezifikation enthält als Instanzen die unterschiedlichen Merkmalsspezifikationen, die durch Attribute wie Spezifikationsmerkmalsname, Beschreibung, Dimension und Maßeinheit charakterisiert sind. In dem Beziehungstyp Materialspezifikationsausprägung zwischen Material und Spezifikation werden die Werte des Spezifikationsmerkmals für das jeweilige Material abgelegt. Da einerseits eine Spezifikation zur Beschreibung mehrerer Materialarten und andererseits ein Material mit mehreren Spezifikationen beschrieben werden kann, liegt eine n:m-Beziehung vor. Damit bei der Anlage von Materialsätzen nicht alle Spezifikationen einzeln zusammengestellt werden müssen, können die Spezifikationen über den Beziehungstyp

---

[287]	vgl. Loos 92, S. 47ff.

Spezifikationsgruppenzuordnung zu Spezifikationsgruppen zusammengefaßt werden. Die Spezifikationsgruppen haben eine ähnliche Aufgabe wie die Kennungen der oben erwähnten Merkmalsleisten. Durch die Zuordnung einer Spezifikationsgruppe zu einem Material wird angezeigt, welche Spezifikationen für ein Material prinzipiell anzugeben sind.[288] Tendenziell sind die Spezifikationsgruppen eher den Materialgruppen zuzuordnen, die dann für die jeweiligen Einzelmaterialien der Materialgruppen mit Ausprägungen charakterisiert werden. In Abbildung 31 wurde jedoch dem Prinzip einer möglichst flexiblen Zuordnung von Spezifikationen gefolgt. Dies bedeutet einerseits, daß auch Einzelmaterialien Spezifikationsgruppen zugeordnet werden können, andererseits können auch Spezifikationen mit entsprechenden Ausprägungen für Materialien angegeben werden, die nicht zu der dem Material oder der übergeordneten Materialgruppe zugeordneten Spezifikationsgruppe gehören. Über eine Kennung in der Spezifikationsgruppenzuordnung kann bestimmt werden, ob die Angabe von Ausprägungen innerhalb der Spezifikationsgruppe optional oder zwingend ist. Integritätsbedingung <2> gibt wieder, daß eine Materialspezifikationsausprägung zu einer Spezifikation angegeben werden muß, falls das Material von einer Materialgruppe abgeleitet wurde, für die eine Spezifikationsgruppe definiert wird, die die Spezifikation mit der Kennung 'zwingend' enthält.

4.1.2 Quantifizierung von Material

Während in der stückorientierten Fertigung Materialbestände und -ströme in der Regel durch einfaches, stückweises Zählen quantifiziert werden können, und nur im Einzelfall andere Meßgrößen wie Länge oder Fläche berücksichtigt werden müssen, ist die Quantifizierung prozeß- und bestandsrelevanter Größen in der Prozeßindustrie meist mit erheblichem Aufwand verbunden.[289] Deutlich wird dies an der Tatsache, daß sich die Meß-, Steuerungs- und Regelungstechnik (MSR-Technik) als Ingenieurteildisziplin in der chemischen Industrie etabliert hat. Die Meßaufgaben der MSR-Technik bestehen darin, die für das Steuern und Regeln des Produktionsprozesses notwendigen Kenngrößen zu ermitteln. Diese Kenngrößen werden beispielsweise wie folgt erfaßt:[290]

- Druck- und Druckdifferenzmessungen,
- Füllstandsmessungen,
- Temperaturmessungen,
- Durchflußmessungen,
- Drehzahlmessungen,
- Wägungen und
- Mengenmessungen

---

[288] Es wird hier davon ausgegangen, daß die Spezifikationen materialgruppengerecht zu Spezifikationsgruppen zusammengefaßt werden. Somit sind dann für Materialien neben den Spezifikationen der zugeordneten Spezifikationsgruppe nur vereinzelt weitere Spezifikationen anzugeben. Prinzipiell könnte aber auch eine m:n-Beziehung zwischen Material und Spezifikationsgruppe zugelassen werden.

[289] vgl. auch die Ausführungen zum Merkmal Teilbarkeit, S. 22.

[290] Zu Meßtechniken in der chemischen Produktion vgl. beispielsweise Strohrmann 83.

Auch wenn die meisten dieser Kenngrößen eher aus der Sicht der MSR-Technik relevant sind, hat die Problematik der Quantifizierung auch direkten Einfluß auf produktionslogistische Fragestellungen und zwar insbesondere auf die Genauigkeit der Quantitäten und auf die Verrechnung der Meßgrößen.

Die Ungenauigkeit der Mengenmessung ist zum einen in der Form der Materialien begründet, zum anderen in der Art der Produktionsprozesse. Auch wenn mittels stöchiometrischer Gleichungen[291] die Mengenverhältnisse chemischer Reaktionen theoretisch bekannt sind, sind aufgrund der unvollständigen Beherrschbarkeit der Produktionsprozesse die Ergebnisse, auch bei genauer Kenntnis der Inputmengen, nicht exakt berechenbar.[292] Die MSR-Technik stellt deshalb, z. T. mit erheblichem Aufwand, Verfahren zur hinreichenden Spezifizierung der Quantitäten bereit. Die allerdings nicht auszuschließende Unschärfe in der Primärdatenerhebung der technischen Systeme wird aufgrund des Informationsflusses an die logistischen Informationssysteme und an die Kostenrechungssysteme weitergegeben.[293] Dies führt beispielsweise zu Problemen bei der Festlegung von Produktionskoeffizienten, die zur Planung der Produktion notwendig sind.[294] Bei langlaufender Produktion, vor allem bei kontinuierlichen Prozessen, kommt aus betriebswirtschaftlicher Sicht überdies durch die Periodenbetrachtung das temporale Abgrenzungsproblem hinzu.[295] Das Problem der exakten Mengenermittlung wird tendenziell aufgrund der technischen Entwicklung jedoch eher reduziert.[296]

Die Verrechnung der Meßgrößen wird durch unterschiedliche Mengeneinheiten erschwert. So sind aus Sicht der Reaktionstechnik und der logistischen Funktionen massenbezogene Mengeneinheiten wie Kilogramm oder Tonnen zweckmäßig, z. T. ist es aber auch wegen des stöchiometrischen Ablaufs notwendig, mit Molzahlen zu rechnen.[297] Ferner ist nicht nur das effektive Gewicht, sondern auch der Wirkstoffgehalt der Substanz ausschlaggebend.[298] Auch wenn die Mengenangaben in Masseneinheiten benötigt werden, können oft nur Volumina gemessen werden, z. B. bei Durchflußmessungen, so daß sie unter Berücksichtigung verschiede-

---

[291] Unter Stöchiometrie versteht man die Lehre von der Gesetzmäßigkeit der Zusammensetzung eines Reaktionsgemisches und des Ablaufs einer chemischen Reaktion. In der Stöchiometrie werden die Mengen in mol gemessen. So gibt die als Reaktionsgleichung oder stöchiometrische Gleichung bezeichnete Formel $CO + 3H_2 = CH_4 + H_2O$ an, daß bei Verbrauch von 1 mol CO gleichzeitig 3 mol H_2 benötigt werden und dabei 1 mol CH_4 und 1 mol H_2O entstehen, vgl. Baerns/Hofmann/Renken 92, S. 7; des weiteren beispielsweise Blaß 89, S. 589ff. und Kullbach 80.

[292] vgl. auch die Merkmale Ausbringungselastizität, S. 32 und Wiederholbarkeit, S. 56.

[293] vgl. Scheidegger 84 zur Mengenabrechnung in der chemischen Industrie. Zum Informationsfluß aufeinander aufbauender Systeme vgl. Scheer 95, insbesondere S. 5ff.

[294] vgl. Knolmayer/Scheidegger 82, S. 197.

[295] vgl. Scheidegger 84, S. 106ff.

[296] Früher forderte eher die kostenrechnerische Sicht eine exakte Bestimmung der Mengen, und es wurde zu Recht auf die Beachtung des ökonomischen Nutzens des Erhebungsaufwandes hingewiesen, vgl. Scheidegger 84, S. 22ff. und die dort angegebene Literatur. Aufgrund der steigenden Automatisierung fallen aber zunehmend genauere Mengenangaben an, da diese Werte Voraussetzung sind für die Steuerungs- und Regelungsaufgaben der Automatisierung.

[297] vgl. Baerns/Hofmann/Renken 92, S. 3.

[298] vgl. VCI 86, S. 38.

ner Einflußfaktoren wie Dichte und Temperatur in die Masse umzurechnen sind. Des weiteren muß mit unterschiedlichen Dimensionen operiert werden. So können die Lagermengen pharmazeutischer Wirkstoffe mehrere Kilogramm betragen, während der Bestandteil in einer Tablette in Milligramm angegeben ist, was gegebenenfalls zu sechs Nachkommastellen führt.[299]

Daraus ergibt sich die Notwendigkeit, für Berechnungen gemeinsame Nenner zu finden und über **Formeln** entsprechende Berechnungen durchzuführen. Bei der Verwendung von Formeln kann prinzipiell unterschieden werden nach:

- Umrechnung von Standardmaßeinheiten
  Die Definitionen für die Umrechnung von Standardmaßeinheiten kann unabhängig von einer konkreten Anwendung vorgenommen werden, d. h. Umrechnungen dieser Art sind für alle Materialien identisch. Dabei wird entweder die Mengenangabe in einer Maßeinheit durch Multiplikation mit einer Konstanten in eine Mengenangabe einer anderen Maßeinheit überführt, z. B. Liter durch Multiplikation mit 0,001 in m³, oder die Mengenangabe einer Maßeinheit wird durch Multiplikation mit mehreren Maßzahlen anderer Maßeinheiten und einer Konstante errechnet, z. B. Druck in Newton pro Quadratmeter (N/m²) als kg / (m $*$ s²).
  Durch die Allgemeingültigkeit solcher Umrechnungen und wegen der Festlegung im internationalen System der SI-Einheiten[300] könnten die Regeln für diese Berechnungen in einem Informationssystem fest implementiert werden. Da aber häufig die Notwendigkeit besteht, nicht-standardisierte, aber unternehmensintern gebräuchliche Einheiten aufzunehmen, z. B. die Einheit Tausend-Stück, sollten unternehmensindividuell anpaßbare Strukturen vorgesehen werden.

- Berechnung stoff- und materialspezifischer Werte
  Bei der Berechnung stoff- oder materialspezifischer Werte kann zwar auch von standardisierten Formeln ausgegangen werden, die einzelnen Faktoren können jedoch materialabhängig sein. So kann zwar das Volumen einer Menge eines bestimmten Materials aus der Masse errechnet werden, doch ist hierfür u. a. die Dichte des Stoffes notwendig. Die Dichte stellt ein material- bzw. stoffspezifisches Merkmal dar. Ein weiteres Beispiel ist die Berechnung der Wirkstoffmenge, die sich aus Materialmenge und Wirkstoffgehalt ergibt.

- Individuelle Berechnungen
  Gegebenenfalls können für die Mengenberechnung einzelner Materialien eigene Formeln notwendig sein, die als materialspezifisch zu betrachten sind. So kann beispielsweise der Heizwert von Gas nicht unmittelbar aus der Menge abgeleitet werden, vielmehr sind u. a. auch Druck und Temperatur zu berücksichtigen.

---

[299] vgl. Fransoo/Rutten 93, S. 4.

[300] SI, die Abkürzung für système internationale d'unités, ist seit 1960 der Name für das internationale, metrische MKSA-System, das u. a. auf der Definition der Grundgrößen Meter, Kilogramm, Sekunde und Ampere aufbaut, vgl. z. B. Hassan 78, S. 139ff.

Die Strukturen zur Definition von Formeln sind in Abbildung 32 dargestellt. Als neuer Entitytyp wurde Formel eingeführt. Dieser ist nach den oben diskutierten Kriterien weiter spezialisiert. Der Typ **SI-Formel** dient zur Definition von Umrechnungen nach SI zwischen den unterschiedlichen Einheiten innerhalb einer physikalischen Größe, z. B. zwischen Kilogramm und Tonne oder zwischen Pound und Long Ton. Für die Umrechnung sind als Attribute die physikalische Größe, die Zieleinheit, die Quelleinheit und eine Konstante anzugeben, z. B. Masse, Tonne, Kilogramm und 0,001 oder Masse, Long Ton, Kilogramm und 0,00098425197. Da diese Umrechnungen prinzipiell bijektiv sind, bietet es sich an, pro physikalischer Größe nur eine Einheit als Quelle anzugeben. So kann durch die Kombination der beiden oben genannten Formeln auch von Tonnen in Long Ton umgerechnet werden. Damit bleibt trotz der Kombinatorik der mutativen Umrechnungen die Anzahl der Formeln relativ gering.

Das wesentliche Merkmal der material- oder stoffspezifischen Berechnungen besteht darin, daß zur Berechnung nicht nur ein Quellwert notwendig ist, sondern verschiedene weitere Werte benötigt werden. Da sowohl die Anzahl der Inputwerte als auch die Art der mathematischen Verknüpfungen nicht für alle Formeln gleich sind, ist eine fixe Modellierung, die sich durch festgelegte Attribute oder durch Substrukturen zum Entitytyp **spezifische Formel** zeigt, wenig sinnvoll. Vielmehr soll hier die Möglichkeit gegeben werden, in einem Attribut Formeltext eine Formel in einfacher mathematischer Notation zu formulieren. Zur Verarbeitung ist dieser Formeltext vom System zu interpretieren. Eine Formel hat dabei einer definierten Syntax zu genügen und könnte beispielsweise folgende Form haben:

Masse [kg] = Dichte [kg/l] * Volumen [l]

Als Verknüpfungen sind die mathematischen Standardoperatoren und gegebenenfalls Funktionen vorzusehen, ähnlich den mathematischen Bibliotheken der problemorientierten Programmiersprachen. Im Gegensatz zu den SI-Formeln sind die speziellen Formeln nicht umkehrbar. Die Parameter der Formeln beziehen sich auf Attribute oder Spezifikationsausprägungen. Dabei kann wiederum unterschieden werden, welche Parameter zulässig sind:
- Entweder können nur Attribute und Spezifikationsausprägungen des Objektes, für das der Wert errechnet wird, zulässig sein, also beispielsweise Attribute und Spezifikationsausprägungen des Materials 4711.
- Gegebenenfalls können auch Attribute und Spezifikationsausprägungen anderer Objekte des gleichen Typs zulässig sein, also z. B. die anderer Materialien.
- Oder es können Attribute und Spezifikationsausprägungen beliebiger Attribute verschiedener Entitytypen zulässig sein.

Als Parameter können beispielsweise die Attributnamen angegeben werden, wobei Parameter, die sich nicht auf Attribute des gleichen Objekts beziehen, weiter spezifiziert werden müssen. Da für die spezifischen Formeln immer ein Bezug zu den Attributen hergestellt werden muß, kann es sinnvoll sein, eine zweistufige Definition einzuführen. Zuerst wird hierzu die Formel mit neutralen Parametern definiert. Anschließend werden für eine spezielle Anwendung der Formel die Parameter den Attributen zugeordnet. Somit kann eine Formeldefinition in mehreren Anwendungen benutzt werden.

Die Dimensionsangaben in den Formeln erlauben auch die Anpassung unterschiedlicher Einheiten der gleichen physikalischen Größen entsprechend den SI-Formeln.

Für individuelle Berechnungen ist der Entitytyp **individuelle Formel** vorgesehen. Auch für diese Formeln können syntaxgestützte Formeltexte entsprechend den obigen Ausführungen angewandt werden. Im Gegensatz zu den speziellen Formeln sind die individuellen Formeln aber über einen Beziehungstyp den Spezifikationsausprägungen zugeordnet. Dadurch gilt die Formel genau für eine Instanz, im vorliegenden Fall also für einen Materialsatz. Die übrigen Formeln weisen dagegen keine Beziehungstypen auf, da sie keinen Instanzen zugeordnet sind, sondern für den Entitytyp Material allgemeine Gültigkeit besitzen.[301]

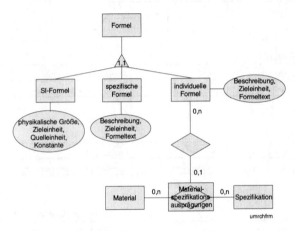

Abbildung 32: Datenstruktur zu Umrechnungsformeln

In Abbildung 33 ist die Anwendung der Strukturen für die Formeln beispielhaft verdeutlicht.[302] Es sind vier SI-Formeln sowie je eine spezifische und eine individuelle Formel dargestellt. Zur Berechnung des Bestands in Volumen ist die spezifische Formel F23 anzuwenden. Die Parameter für die Dichte und den Bestand[303] können aus dem Materialstamm entnommen

---

[301]   In den vorliegenden Strukturen werden nur Informationsbeziehungen der Anwendungsdomäne modelliert. Die SI-Formeln und die spezifischen Formeln gelten aber prinzipiell für alle Instanzen eines anwendungsspezifischen Objekttyps, also z. B. als Attribut für alle Materialien. Dies kann auf der hier diskutierten Modellierungsebene nicht dargestellt werden, sondern ist über die Modellierung der Metaebene vorzunehmen, die an dieser Stelle aber nicht Gegenstand der Betrachtung sein soll. Zur Modellierung der Metaebene vgl. z. B. Loos 92, S. 106ff. und Scheer 92, S. 61ff.

[302]   Die Anwendung zeigt einzelne Entities bzw. Instanzen in der relationalen Darstellung. Dabei kommt es nicht auf eine vollständige und datentechnisch korrekte Abbildung des Entity-Relationship-Diagramms im Relationenmodell an. Zur Abbildung vgl. z. B. Loos 92, S. 171 und Loos 93c.

[303]   Zur Vereinfachung wird hier angenommen, daß der Bestand ein Attribut des Materialstamms ist, zur genauen Beschreibung vgl. Abschnitt 'Materialbestandsführung', S. 207.

werden (Pfeil ①).[304] Für Material M1 liegt der Bestand in Tonnen vor, so daß zuerst über die SI-Formel in Kilogramm umgerechnet werden muß (Pfeil ② und ③). Die individuelle Formel F42 dient hier zur Berechnung des Heizwertes des Materials M3, so daß die Formel aus der Materialspezifikationsausprägung referenziert wird (Pfeil ④).

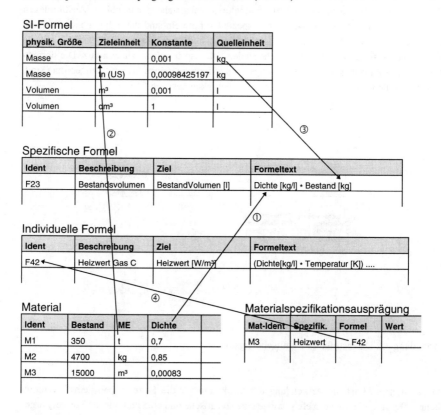

Abbildung 33: Beispiel für Formeln auf Instanzebene

4.1.3 Gefahrstoffe und Stoffdaten

Handhabung, Transport und Verarbeitung gefährlicher Stoffe sind umfangreichen gesetzlichen Bestimmungen unterworfen. Das Gefahrstoffrecht, das auf dem Chemikaliengesetz und einer Vielzahl weiterer Verordnungen aufbaut, zählt zu den gefährlichen Stoffen alle Materialien,

---

[304] Die Formel F23 ist hier speziell zur Berechnung des Volumenbestands formuliert. Mit einer zweistufigen Definition könnte zuerst die Formel für Volumenermittlung formuliert werden, um anschließend diese Formel auf den Bestand zu beziehen. Diese Zuordnung würde jedoch auf der hier nicht diskutierten Metaebene erfolgen.

die explosionsgefährdet, brandfördernd, entzündlich, giftig, ätzend, reizend, sensibilisierend, kanzerogen, frucht-, erbgut- oder sonst chronisch schädigend oder umweltgefährdend sind.[305] Die Reglementierungen beziehen sich u. a. auf

* Anmeldung und Prüfung neuer Stoffe,
* Verpackung und Kennzeichnung von Stoffen,
* Beschränkungen und Verbote einzelner Stoffe,
* Arbeitsschutz,
* Sicherheitstechnische Regelungen und auf
* Immissionsschutz und wasserrechtliche Bestimmungen.

Da in der chemischen Industrie ein Großteil der verarbeiteten und produzierten Materialien unter das Gefahrstoffrecht fallen, ergeben sich aus den aufgeführten gesetzlichen Regelungen Implikationen für die Produktionslogistik und für angrenzende Funktionalbereiche. Insbesondere sind folgende Funktionen betroffen:

* Kennzeichnung und Deklaration
  Zur Information der mit den Materialien in Kontakt kommenden Personen muß prinzipiell die Gefährlichkeit der Inhaltsstoffe angegeben werden. Dies betrifft die planmäßig im Produktionsprozeß betroffenen Personen wie Anlagenführer und Mitarbeiter für Transport und Lager, die nach der Gefahrstoffverordnung über eine Betriebsanweisung zu informieren sind.[306] Weiterhin besteht beim Inverkehrbringen gegenüber den Kunden eine Kennzeichungspflicht der gefährlichen Stoffe. Auch gegenüber außerplanmäßig betroffenen Personenkreisen wie z. B. Feuerwehr und Katastrophenschutz besteht eine Auskunftspflicht.

* Arbeitsschutz
  Aus der Gefährlichkeit der Materialien ergeben sich Anforderungen an den Arbeitsschutz der planmäßig betroffenen Personen. Dies betrifft z. B. Sicherheitshinweise für den Umgang mit den Stoffen, Hinweise zum Anlegen von Sicherheitskleidung, Hinweise über Anforderungen an notwendige Qualifikationen zum Umgang mit den Stoffen, etc. Des weiteren können Höchstgrenzen für die Exposition der Mitarbeiter am Arbeitsplatz bestehen, die beispielsweise durch MAK- oder TRK-Werte (Werte für Maximale Arbeitsplatzkonzentration und Technische Richtkonzentration) festgelegt werden. Daraus können sich neben den Konsequenzen für die technische Ausstattung von Anlagen und Arbeitsplätzen und der meßtechnischen Überwachung von Arbeitsplätzen auch Auswirkungen auf die Planung der Produktion ergeben.

* Lagerung
  Bedingt durch die Gefährlichkeit der Stoffe ergeben sich spezielle Anforderungen an die Lagerung der Materialien. So sind Lager für verschiedene Stoffe ab einer bestimmten Lagerkapazität prinzipiell genehmigungspflichtig. Auch müssen beim Errichten der Lager-

---

[305]   vgl. Pohle 91, S. 51ff sowie Fußnote 79, S. 23 in dieser Arbeit.
[306]   Nach §20 GefStoffV ist bei Umgang mit gefährlichen Stoffen auch für die Produktion eine Betriebsanweisung zu erstellen.

stätten verschiedene Sicherheitsvorkehrungen eingebaut werden, wie beispielsweise flüssigkeitsdichte Auffangräume und Leckanzeigegeräte bei wassergefährdenden Stoffen.[307] Neben diesen Reglementierungen für Bau und Planung von Lagern ergeben sich aber auch Restriktionen für den operativen Lagerbetrieb. Hier sind vor allem die Ermittlung und Zuordnung der Materialien zu den zulässigen Lagerbehältern und Lagerorten, die Beschränkung bei der Zusammenlagerung verschiedener Material- bzw. Stoffarten sowie die Berücksichtigung von Lagerkapazitätsgrenzen zu nennen. Die Lagerkapazität kann eine Produktionsmengenrestriktion darstellen, da im Gegensatz zu stückorientierten Güter bei großem Lagerplatzbedarf ein Ausweichen auf andere Lagerorte nicht ohne weiteres möglich ist.

- Immissions- und Gewässerschutz
  Die rechtlichen Regelungen zur Luftreinhaltung und zum Schutz von Gewässern beziehen sich vorwiegend auf die Genehmigung und den Betrieb von Anlagen, als produktorientierter Immissionsschutz teilweise auch auf das Inverkehrbringen luft- oder wassergefährdender Stoffe. Bei dem Betrieb der Anlagen sind insbesondere die Grenzwerte für die Emissionen zu berücksichtigen, die sich aus der Freisetzung unerwünschter Abprodukte der Produktionsprozesse ergeben. So sind in der TA Luft (Technische Anleitung zur Reinhaltung der Luft) Emissionsgrenzwerte für staubförmige und gasförmige Stoffe festgelegt, deren Einhaltung teilweise auch durch kontinuierliche Emissionsmessungen nachgewiesen werden muß. Für den Gewässerschutz sind die Grenzwerte in verschiedenen Abwasserverwaltungsvorschriften festgelegt, wobei für die chemischen Großbetriebe vor allem die Verwaltungsvorschrift für Mischabwässer, deren Schadstoffkonzentration durch den CSB-Wert (chemischer Sauerstoffbedarf) ausgedrückt wird, relevant ist.[308] Die Emissionsgrenzwerte können direkte produktionslogistische Implikationen aufweisen. Dies ist der Fall, wenn die Emissionsgrenzwerte für die Produktion wie eine Kapazitätsgrenze wirken, insbesondere dann, wenn die Abprodukte nicht gepuffert werden können und direkt emittiert werden. Des weiteren können die Grenzwert von sonstigen exogenen Faktoren wie Wetterlage und Tageszeit abhängen. So sind in einem britischen Werk die Emissionsgrenzwerte abhängig vom Gezeitenhub, wovon die Reihenfolgeplanung der Aufträge direkt beeinflußt ist.

- Verpackung und Transport
  Die für den Transport gefährlicher Güter greifenden Vorschriften ergeben sich aus der Gefahrstoffverordnung und den Verordnungen zu Gefahrguttransporten. Dabei ergeben sich die Fragen, in wieweit ein Produkt der Reglementierung unterliegt, wie es zu verpacken und zu kennzeichnen ist, welche Informationen in die Transportpapiere aufzunehmen und welche Anforderungen an die Beförderungsmittel zu stellen sind.[309]

---

[307] vgl. Pohle 91, S. 431 und 478.

[308] vgl. Pohle 91, S. 462.

[309] vgl. Göbel 92, S. 34f.

4.1.3.1 Gefahrstoffrechtliche Materialinformationen

Welche Informationen aufgrund der Gefährlichkeit der Stoffe zur Unterstützung der produktionslogistischen Aufgaben zu den sonstigen Materialinformationen hinzukommen, soll am Beispiel der Gefahrgutetikettierung und des Sicherheitsdatenblatts verdeutlicht werden:[310]

Der Kennzeichnungspflicht gefährlicher Stoffe, die in Umlauf gebracht werden, ist durch an das Produkt anzubringende **Etiketten** nachzukommen, die folgende Angaben enthalten müssen:[311]

- Identifikation des Stoffes
  Die Identifizierung erfolgt beispielsweise anhand der Stoffliste der Gefahrstoffverordnung bzw. anhand des Handelsnamens. Des weiteren müssen bei Altstoffen die Bezeichnungen nach der EINECS-Liste (European Inventory of Existing Commerical Chemical Substances), bei neuen Stoffen die Bezeichnungen der ELINCS-Liste (European List of Notified Chemical Substances) berücksichtigt werden. Nicht enthaltene Stoffe sind nach der internationalen CAS-Nummer (Chemical Abstracts Service) zu bezeichnen.

- Kennzeichnung gefährlicher Inhaltsstoffe
  Während bei Grund- und Feinchemikalien der Produktname häufig mit der chemischen Substanz übereinstimmt, gibt bei differenzierten Produkten der Handelsname meist noch keinen Hinweis auf die Inhaltsstoffe.[312] In diesem Fall sind die gefährlichen Inhaltsstoffe anzugeben.

- Gefahrensymbole
  Die Gefahrensymbole und Bezeichnungen, die sich aufgrund einer Klassifizierung ergeben, sind standardisiert. Abbildung 34 zeigt einige Beispiele der insgesamt zehn Symbole, die in schwarz auf orangegelbem Grund darzustellen sind. Dabei hängt die Größe der Symbole vom Volumen der Verpackung ab.[313] Es können bis zu drei Gefahrensymbole angebracht werden.

---

[310] Die Ausführungen orientieren sich an deutschen Verordnungen, die sich ihrerseits weitgehend auf europäische Richtlinien stützen. Durch die große Ähnlichkeit zu den nordamerikanischen Reglementierungen sind sie prinzipiell auch übertragbar. Die nordamerikanischen Verordnungen sind allenfalls etwas stärker an arbeitsschutzrechtlichen und medizinischen Aspekten ausgerichtet, während die europäischen Verordnungen mehr auf Registrierungs- und Autorisierungsgesichtspunkte fokussieren, vgl. Kaiser/Schwab 95, S. 3-4.

[311] vgl. Bender 95, S. 134ff. und Göbel 92, S. 90f.

[312] vgl. hierzu auch die Ausführungen zur Produktgruppenmatrix, S. 74.

[313] Die Größe des Gefahrsymbols reicht von 52 mm x 74 mm bei 0,25 l Rauminhalt der Verpackung bis zu 148 mm x 210 mm bei Größen über 0,5 m^3.

Abbildung 34: Beispiel für Gefahrensymbole nach Gefahrstoffverordnung

- Gefahrenhinweise und Sicherheitsratschläge
Gefahrenhinweise sind durch sogenannte R-Sätze standardisiert, Sicherheitsratschläge durch die S-Sätze. Die R-Sätze dienen zur Präzisierung der Gefahrensymbole, die entsprechend der Gefahr zu treffenden Vorsichtsmaßnahmen werden durch die S-Sätze ausgedrückt. Die Sätze im Text sind europaweit standardisiert. Entsprechende Beispiele sind in Abbildung 35 und Abbildung 36 dargestellt.

- Angabe des Herstellers
Hier sind Name und Anschrift des Herstellers, Importeurs oder Vertreibers anzugeben.

R-Satz	Gefahrenhinweis	Symbol	Bezeichnung
R 20	Gesundheitsschädlich beim Einatmen	Xn	Gesundheitsschädlich
R 24	Giftig bei Berührung mit der Haut	T	Giftig
R 28	Sehr giftig beim Verschlucken	T+	Sehr giftig
R 34	Verursacht Verätzungen	C	Ätzend
...	...	...	...

Abbildung 35: Beispiel für Gefahrenhinweise (R-Sätze)

S-Satz	Sicherheitsratschlag	anzuwenden bei
S 1	Unter Verschluß aufbewahren	T+, T, C
S 7	Behälter dicht geschlossen halten	T+, T, Xn, F+
S 25	Berührung mit Augen vermeiden	C, Xi
S 39	Schutzbrille/Gesichtsschutz tragen	T+, T
...	...	...

Abbildung 36: Beispiel für Sicherheitsratschläge (S-Sätze)

Neben der direkten Kennzeichnung der chemischen Stoffe durch die Etikettierung der Verpackung ist den gewerblichen Abnehmern ein **Sicherheitsdatenblatt** zu übergeben. Der Informationsgehalt der Sicherheitsdatenblätter geht wesentlich über die Angaben der Etikettierung hinaus. Grundlage hierfür ist die EG-Richtlinie 91/155/EWG, die in den Staaten der EU jeweils in nationales Recht umgesetzt wurde.[314] Die Übermittlung der Sicherheitsdatenblätter an den Kunden hat bei Erstbezug der Chemikalie zu erfolgen. Nach einer Änderung der Inhalte des Sicherheitsdatenblatts muß der Kunde informiert werden, und überarbeitete Datenblätter müssen sämtlichen Produktkunden, deren letzter Bezug bis zu einem Jahr zurückliegt, zur Verfügung gestellt werden. Der Umfang eines Sicherheitsdatenblatts umfaßt in der Regel mehrere A4-Seiten mit folgenden Inhalten:[315]

- Name des Produkts, Stoffbezeichnung, Firmenbezeichnung und -anschrift, Notruf des Herstellers
- Zusammensetzung und chemische Charakterisierung, z. B. CAS-, EINECS- oder ELINCS-Nr, UN-Nr, alle Inhaltsstoffe mit MAK-Werten, TRK-Werten, BAT-Werten
- Mögliche Gefahren, z. B. R- und S-Sätze
- Maßnahmen bei Unfällen, Brand, Freisetzung, z. B. Erste Hilfe-Maßnahmen, Belüftung, Vermeidung von Zündquellen und Hautkontakt
- Handhabung und Lagerung, z. B. technische Ausstattung von Lagerräumen und Verpakkung
- Expositionsbegrenzung und persönliche Schutzausrüstung, z. B. Atem-, Hand-, Augen- und Körperschutz
- physikalische und sicherheitstechnische Eigenschaften, z. B. Form, Farbe, Geruch, pH-Wert, Schmelz- und Siedepunkt, Dampfdruck, Löslichkeit, Flammpunkt, Zünd- und Zersetzungstemperatur, Expositionsgrenzen
- Stabilität und Reaktivität, z. B. Reaktionsrisiken bei Temperatur, Druck und Licht, mögliche Stabilisatoren
- Angaben zur Toxikologie und Ökologie, z. B. akute und chronische toxische Wirkung differenziert nach Aufnahmewegen, biologische Abbaubarkeit, Akkumulationspotential, aquatische Toxizität
- Entsorgungshinweise, z. B. geeignete Entsorgungsverfahren
- Transporthinweise, z. B. für den innerbetrieblichen Transport, den Transport auf öffentlichen Straßen differenziert nach Transportwegen, Verpackungs- und Zusammenpackungsvorschriften
- gesetzliche Vorschriften und sonstige Angaben, z. B. weitere stofflich bedingte, gesetzliche Bestimmungen

Für die Verwaltung gefahrgutrelevanter Informationen und das Abfassen der gesetzlich geforderten Gefahrgutdokumentation sind dedizierte Informationssysteme entwickelt worden.[316] Diese Informationssysteme basieren auf Stoffdatenbanken, die zu den chemischen Substanzen

---

[314] In Deutschland ist der Mindestinhalt der Datenblätter in der DIN-Norm 52900 „DIN-Sicherheitsdatenblatt für chemische Stoffe und Zubereitungen" festgelegt, vgl. auch Pohle 91, S. 319ff.

[315] vgl. z. B. Wolf/Unkelbach 86, S. 98ff., Amecke 87, S. 317 und Bender 95, S. 143.

[316] Es existiert eine Vielzahl kommerziell verfügbarer Informationssysteme zu Gefahrstoffen. So zählt Göbel in seiner Übersicht fast 40 Systeme sowie 7 Online-Datenbanken zu Gefahrstoffinformationen auf, vgl. Göbel 92, S. 106ff.

alle notwendigen Informationen enthalten, um Dokumente wie Etiketten, Sicherheitsdaten-blätter, Unfallmerkblätter, etc. erzeugen zu können. Eine entsprechende Funktion ist in Abbildung 37 dargestellt. Durch die Trennung der Informationen aus den Dokumenten und die Überführung in eine Stoffdatenbank wird neben einer redundanzfreien Speicherung vor allem die Unabhängigkeit der Informationen von den konkreten Dokumenteninhalten er-reicht.[317] Dies ist insbesondere wegen der hohen Änderungshäufigkeit erforderlich, die auf-grund neuer Forschungsergebnisse und vor allem durch legislative Maßnahmen hervorgerufen wird. Ein konkretes Dokument entsteht in einem Dokumentengenerierungsschritt durch die Kombination des Dokumentenlayouts einschließlich Referenzen auf die jeweiligen Feldin-halte einerseits, und den Informationen für die Feldinhalte aus den Stoffdaten andererseits.

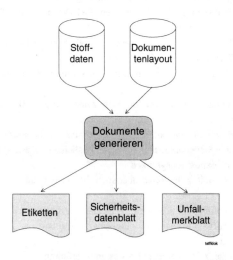

Abbildung 37: Trennung von Stoffdaten und Dokumenten

4.1.3.2 Verhältnis zwischen Stoffdaten und Materialstamm

Auch wenn dedizierte Systeme die gefahrgutspezifischen Anforderungen gut abdecken, be-steht aufgrund der bereits aufgezeigten produktionslogistischen Implikationen die Notwendig-keit, die Gefahrstoffinformationen mit den logistischen Informationen zu integrieren. Es ist offenkundig, daß die Gefahrstoffe eine starke Affinität zum Materialstamm aufweisen. Bei dem Materialstamm handelt es sich um die logistische Sicht auf die verarbeiteten oder produ-zierten Substanzen mit produktionswirtschaftlichem Schwerpunkt, während die Stoffdaten die gefahrenrechtlichen, umweltrelevanten und chemischen Aspekte der gleichen Substanzen be-

---

[317] Kaiser und Schwab beschreiben eine derartige informationstechnische Trennung. Sie bezeichnen die beiden Teile als 'base set level' und 'document level', vgl. Kaiser/Schab 95, S. 2.

treffen.[318] Des weiteren können bei einer Integration von Materialstamm und **Stoffdaten** die inhaltsbezogenen Materialbeschreibungen über die Stoffdaten abgedeckt werden.

Daraus könnte abgeleitet werden, daß die gefahrstoffrelevanten Informationen direkt in den Materialstamm mit aufgenommen und die einzelnen Merkmale als Attribute aufgeführt werden könnten. Sie stellen damit weitere Materialeigenschaften im Sinne der bereits definierten Spezifikationen dar.[319] Mit einem solchen Vorgehen könnte jedes Material seine eigenen gefahrstoffrelevanten Spezifikationen erhalten. Allerdings ist es wahrscheinlich, daß mehrere Materialien die gleichen gefahrstoffrelevanten Eigenschaften aufweisen oder daß ein Material mehrere unterschiedliche Eigenschaften aufweist. Prinzipiell lassen sich folgende Fälle unterscheiden:[320]

1. Ein Material läßt sich durch einen Stoff beschreiben

   Ein Material besitzt individuelle chemische Spezifikationen, wodurch es sich u. a. von anderen Materialien unterscheidet. Diese Art von Materialien findet sich vor allem bei Rohstoffen und Zwischenprodukten.

2. Ein Material muß durch mehrere Stoffe bezeichnet werden

   Ein Material muß durch mehrere Stoffe beschrieben werden, wenn die jeweiligen Stoffe im Material noch als eigenständige chemische Substanzen enthalten sind. Dies tritt u. a. bei physikalischen Mischvorgängen auf, bei denen es nicht zu chemischen Reaktionen kommt, z. B. bei Emulsionen oder Granulatmischungen.[321] Weitere typische Beispiele sind Mehrkomponentenartikel wie etwa Zweikomponentenkleber. Diese Art von Materialien treten häufig als Zwischen- und Endprodukte auf.

3. Mehrere Materialien werden durch einen Stoff beschrieben

   Mehrere unterschiedliche Materialien können durch den gleichen Stoff beschrieben werden, wenn die chemische Substanz der Materialien identisch ist. Dies ist z. B. dann der Fall, wenn es sich bei den einzelnen Materialien um unterschiedliche Qualitäten der prinzipiell gleichen Substanz handelt.[322] Dies gilt für die meisten Verkaufsprodukte, wenn die

---

[318] Auch aufgrund der engen Verzahnung ist die Kapselung der Funktionen und Prozesse für Logistik einerseits und für die Umwelt andererseits wenig sinnvoll, vgl. auch Grimm/Hanger 91 und Gordon/Pisciotta 93. Vielmehr handelt es sich um mehr oder weniger identische Objekte, die je nach Sichtweise ihre qualitativen Inhalte verändern, vgl. Oetinger 96, S. 247.

[319] vgl. Abschnitt 'Materialqualitäten', S. 87.

[320] vgl. auch SAP 96, S. 3.1f.

[321] Die Problematik der stofflichen Zusammensetzung kann nicht über die Produktionsstückliste gelöst werden, da die Stückliste nur die Information enthält, welche Materialien als Prozeßinput notwendig waren. Hier geht es jedoch darum, welche chemischen Substanzen in einem Material enthalten sind. Stellt der Produktionsprozeß eine chemische Reaktion dar, sind die Ausgangsmaterialien als chemische Substanzen nicht mehr oder nur aufgrund unvollständig ablaufender Reaktionen nur in Restmengen im Produkt enthalten. Andererseits sind nach den Reaktionen der Produktionsprozesse chemische Substanzen enthalten, die nicht als Rohstoff zugesetzt worden sind. Folglich wird die stoffliche Zusammensetzung eines Materials nur teilweise mit der Produktionsstückliste übereinstimmen.

[322] vgl. auch Abschnitt 'Quantifizierung von Material', S. 87.

einzelnen Artikel als eigenständige Materialien geführt werden, da die Produkte in der Regel in unterschiedlichen Gebinde- und Verpackungsgrößen verkauft werden.

4. Einem Stoff steht kein Material gegenüber

Einem Stoff kann auch kein entsprechendes Material gegenüberstehen. Dies gilt für all jene real existierenden Stoffe, die nicht für logistische oder finanztechnische Funktionen benötigt werden, so daß für sie kein Materialstamm angelegt ist. Trotzdem kann es erforderlich sein, solche Stoffe unter Umwelt- und Gefahrengesichtspunkten zu erfassen und zu bewerten, etwa wenn sie als Intraprozeßmaterialien temporär während eines Produktionsprozesses auftreten.[323]

Es sind aber auch Stoffe betroffen, die nicht im Unternehmen vorkommen, sogenannte Listenstoffe. Listenstoffe sind Substanzen, deren Eigenschaften in der Fachliteratur beschrieben sind, die in den rechtlichen Verordnungen aufgeführt sind oder die als theoretische Stoffe als Vorlage für die Definition realer Stoffe dienen, z. B. 100%ige Säure als Vorlage für real existierende 30%ige und 50%ige Säure.

5. Materialien, denen kein Stoff gegenübersteht

Schließlich sind Materialien zu nennen, denen kein Stoff gegenübersteht. Dies sind alle chemisch, toxikologisch, umweltbezogen unbedenklichen Materialien, die nicht dem Gefahrstoffrecht unterliegen. In der chemischen Industrie sind dies insbesondere die Verpackungsmaterialien.

Aus den aufgezeigten Verhältnissen ergibt sich, daß zwischen den Materialien und den Stoffen prinzipiell eine m:n-Beziehung besteht, für die sinnvollerweise jeweils eigene Objekte definiert werden.[324] Ein weiteres Argument spricht für eine Trennung der Objekte Material und Stoff:

Materialien sind, wie die meisten Grunddaten, unternehmensspezifische Daten, deren Informationsquellen weitgehend im Unternehmen liegen. Dadurch ist die Verwaltung der Materialdaten in den Geschäftsprozessen des Unternehmens verankert. Im Gegensatz dazu sind die Stoffdaten allgemeingültige Informationen und somit für die einzelnen Unternehmen exogen vorgegeben. Dies betrifft nicht nur die Art der zu betrachtenden Informationen, also die zu berücksichtigenden Attribute, sondern auch die Inhalte, also die Ausprägungen auf Instanzenebene. Dadurch können die Informationen der Stoffdatenbank extern gekauft werden, womit auch das Aktualisieren bezüglich der beinhalteten Stoffinstanzen, der Spezifikationen und der erzeugten Dokumente von den Systemlieferanten übernommen werden kann. Wenn nun die unternehmensspezifischen Materialdaten und die extern bezogenen Stoffdaten als ein Entitytyp realisiert wären, so wäre die Synchronisation der Updates verhältnismäßig schwierig.

---

[323] Zu Intraprozeßmaterial siehe auch S. 42.

[324] Dies schließt nicht aus, daß eine direkte Abbildung der Gefahrstoffe im logistischen Materialstamm zu einer praktikablen Lösung führen kann, vgl. z. B. Bretag et al. 94, S. 211.

4.1.3.3 Datenstrukturen zu Stoffdaten

Dementsprechend sind in den Datenstrukturen in Abbildung 38 für Material und Stoff zwei getrennte Entitytypen dargestellt. Über den Beziehungstyp Materialstoffzuordnung werden die oben beschriebenen Beziehungen hergestellt. Der zweite und dritte aufgeführte Fall von Beziehungen macht jeweils Kardinalitätsobergrenzen von n erforderlich, der vierte und fünfte Fall jeweils Untergrenzen von 0. Die Stoffe können ihrerseits über Spezialisierungen weiter verfeinert werden, z. B. für die Differenzierung nach Listenstoffen und Realstoffen.[325]

Weiterhin gibt es zwischen einzelnen Stoffen Beziehungen, die durch unterschiedliche Bedingungen motiviert sind:

- Ein Stoff kann aus mehreren anderen Stoffen zusammengesetzt sein, z. B. bei Mischungen. Dieser Sachverhalt ist ähnlich dem einer Stückliste, doch geht es hier um die chemische und nicht um die produktionslogistische Zusammensetzung.[326]
- Die Zusammensetzung eines Stoffes kann ihrerseits nach mehreren Kriterien differenziert werden, z. B. die chemisch präzise Zusammensetzung nur für internen Gebrauch, die chemische Zusammensetzung für die Kommunikation mit externen Stellen, die Zusammensetzung entsprechend gesetzlicher Verordnungen, etc.
- Es sollen Bezüge zwischen Stoffen hergestellt werden, beispielsweise Stoffe, die gemeinsam auftreten, die als Folgeprodukt unbeabsichtigter Reaktionen entstehen können, die bei Kontrollmessungen mitkontrolliert werden sollen, etc.
- Es sollen Bezüge zwischen Stoffen hergestellt werden, die nicht zusammengebracht werden dürfen, z. B. wegen gefährlicher Reaktionen, etc.

Die Verbindungen zwischen den Stoffen werden durch rekursive Beziehungstypen dargestellt. Um nicht für jede Bedingung einen eigenen Beziehungstyp einführen zu müssen, werden zwei Beziehungstypen mit jeweils einer allgemeinen Semantik verwendet. Der Beziehungstyp Stoffzusammensetzung ist geeignet für alle Beziehungen, die stofflich-inhaltliche Komponentenbeschreibungen darstellen. In der Aufzählung sind dies die ersten beiden Punkte. Der Beziehungstyp Stoffbezug ist für alle anderen Verbindungen vorgesehen, z. B. für Anwendungen des dritten und des vierten Punktes der Aufzählung. Um die unterschiedlichen Arten von Zusammensetzungen und Stoffbezügen differenzieren zu können, sind die beiden rekursiven Beziehungstypen als Dreifachbeziehungen modelliert, in die jeweils einer der Entitytypen Bezugsart respektive Zusammensetzungsart eingeht. Durch diese Konstruktion sind die Möglichkeiten der Bezüge und Zusammensetzungen nicht von vornherein beschränkt, sondern können relativ einfach durch Instantiierung der Typen Bezugsart bzw. Zusammensetzungsart erweitert werden. Die Integritätsbedingungen <1> und <2> beinhalten neben den funktionalen

---

[325] Üblicherweise stellen nur Realstoffe auch gleichzeitig Material dar, so daß gegebenenfalls der Beziehungstyp Materialstoffzusammensetzung statt zum Typ Stoff auch zur Spezialisierung Realstoff geführt werden könnte. Da es jedoch nicht ausgeschlossen ist, daß auch für Listenstoffe ein Materialstamm angelegt wird, z. B. für Kalkulationszwecke, wurde im Hinblick auf eine allgemeingültige Struktur darauf verzichtet.

[326] vgl. hierzu auch Fußnote 321, S. 103. Gegebenenfalls kann diese Art der Zusammensetzung in einer eigenen Stücklistenart verwaltet werden, so wie in größeren Betrieben nicht selten mehrere Stücklisten nebeneinander existieren, z. B. Konstruktions-, Fertigungs-, Kalkulations- und Ersatzteilstücklisten, vgl. Scheer 95, S. 112ff.

Abhängigkeiten der Beziehungen auch den Rekursionsausschluß. Während Rekursionen bei allgemeinen Bezügen nur direkt ausgeschlossen sind, d. h. für einen Stoff A kann mit keiner Bezugsart eine Beziehung zum Stoff A aufgebaut werden, sind Rekursionen für die Beziehung Zusammensetzung auch transitiv ausgeschlossen. Dadurch wird ausgedrückt, daß ein Stoff A sich nicht selbst, auch nicht über andere Stoffe, enthalten kann.

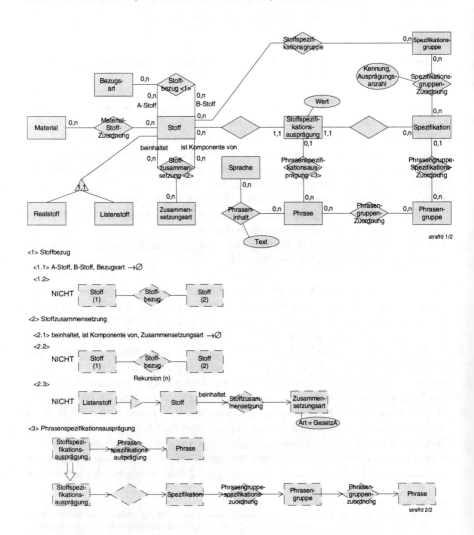

Abbildung 38: Datenstruktur zu Stoffdaten

Überdies ist exemplarisch eine weitere Bedingung in <2.3> aufgenommen. Sie drückt aus, daß für Listenstoffe Stoffzusammensetzungen einer bestimmten Art, in diesem Fall einer Zusammensetzungsart für den Bereich eines Gesetzes A, ausgeschlossen sind.[327]

Stoffe können, wie exemplarisch für die Gefahrgutetikettierung und die Sicherheitsdatenblätter aufgeführt, durch zahlreiche Merkmale beschrieben werden. Die wichtigsten und bei den meisten Stoffen auftretenden Merkmale können direkt als Attribute des Typs Stoff aufgenommen werden. Spezielle Merkmale können teilweise auch als Attribute in noch vorzunehmende Spezialisierungen zum Typ Stoff integriert werden. Die bereits unter dem Abschnitt 'Material' aufgeführten Schwierigkeiten zur Festlegung geeigneter Attribute gelten in noch stärkerem Maße für den Entitytyp Stoff:

- Die Anzahl der Attribute kann durch die hohe Anzahl unterschiedlicher Merkmale sehr groß werden, wobei gleichzeitig für einen Großteil der Instanzen nur ein Bruchteil der Attribute besetzt ist.

- Ein Teil der Merkmale basiert auf rechtlichen Verordnungen, die einem stetigen, unvorhersehbaren Wandel unterworfen sind. Darum muß die Möglichkeit bestehen, die Merkmale laufend anpassen zu können.

- Es tritt das Phänomen auf, daß einzelne Merkmale mehrere Ausprägungen gleichzeitig aufweisen können, z. B. kann ein Stoff mit bis zu drei Gefahrensymbolen zu kennzeichnen sein.

- Aufgrund rechtlicher Vorgaben sind Merkmale häufig Texte, deren genauer Wortlaut durch Verordnungen vorgegeben ist. Dies gilt z. B. für die in Abbildung 35 und Abbildung 36 dargestellten R- und S-Sätze. Es liegt nahe, die Texte als Bausteine separat zu verwalten, damit sie nur einmal gepflegt werden müssen.

Die ersten beiden Anforderungen können gut mit dem bereits eingeführten Konstrukt der **Spezifikation** abgedeckt werden. Der dritten Anforderung kann mit einer Erweiterung der Spezifikation genüge getan werden. Für die vierte Anforderung wird eine Textphrasenverwaltung angewandt.

Entsprechend ist in Abbildung 38 das Konstrukt der Spezifikation aus Abbildung 31 übernommen und erweitert worden. Mehrere Ausprägungen für ein Merkmal sind nur sehr schlecht über Attribute darstellbar, da für Attribute üblicherweise nur skalare Werte und keine

---

[327] Auch wenn die Integritätsbedingung <2.3> nur beispielhaft eingeführt wurde, ist es durchaus sinnvoll, Listenstoffe als zusammengesetzte Stoffe auszuschließen. Soll die Beschränkung für Listenstoffe für alle Stoffzusammensetzungsarten gelten, so kann der Typ Zusammensetzungsart aus der Bedingung <2.3> herausgenommen werden. Sollen dagegen keine Bedingungen dieser Art formuliert werden, und soll auch die Rekursionsbeschränkung aufgehoben werden, so könnten die Stoffbezüge einerseits und die Stoffzusammensetzungen andererseits in einer Konstruktion zusammengefaßt werden.
Es sei darauf hingewiesen, daß mit dem Beziehungstyp Stoffzusammensetzung auch die mehrfache Stoffzuordnung zu einem Material beschrieben werden könnte. In diesem Fall wäre ein neuer, zusammenfassender Stoff zu definieren, so daß anschließend nur dieser neue Stoff einem Material zugeordnet würde. Dies würde allerdings eine als schlecht zu bewertende Anwendung der Konstruktion Stoffzusammensetzung darstellen, da die fachliche Semantik der Mehrfachstoffzuordnung, wie sie z. B. beim Zweikomponentenkleber notwendig ist, verschleiert würde.

Wiederholungsgruppen zugelassen sind. Da die Ausprägungen der Spezifikationen bereits aus dem betroffenen Entitytyp, in diesem Fall aus dem Typ Stoff, ausgelagert wurden, bietet es sich an, an dieser Stelle mehrere Ausprägungen zuzulassen. Aus diesem Grund ist der ursprünglich in Abbildung 31 vorhandene Beziehungstyp in einen Entitytyp Stoffspezifikationsausprägung umgewandelt worden. Die Kardinalitäten von diesem Typ zu Stoff und zu Spezifikation sind jeweils (1,1), da sich Ausprägungen auf genau einen Stoff und genau eine Spezifikation beziehen müssen. Im Gegensatz zu dem Beziehungstyp in Abbildung 31 ist es aber möglich, daß zwischen einem bestimmten Stoff und einer bestimmten Spezifikation mehrere Ausprägungen existieren können.[328] Des weiteren ist in den Beziehungstyp Spezifikationsgruppenzuordnung das Attribut Ausprägungsanzahl aufgenommen worden, mit der die maximale Anzahl möglicher Ausprägungen beschränkt werden kann.[329] Weiterhin wurde die Kardinalität des Beziehungstyps Stoffspezifikationsgruppe bezüglich Stoff auf (0,n) gesetzt.

Für die **Textphrasen** sind die Typen Phrase, Phrasengruppe und Sprache eingeführt worden. Der Typ Sprache enthält als Instanzen alle notwendigen Landessprachen bzw. Gesetzesbereiche für rechtlich verbindliche Textformulierungen.[330] Der Typ Phrase beschreibt die einzelnen Phrasentexte sprachenunabhängig. Attribute des Typs Phrase sind neben Phrasenidentifikation beispielsweise Bemerkungen und Quellsprache der Phrase. Der eigentliche Phrasentext ist im Attribut Text des Beziehungstyps Phraseninhalt zwischen Sprache und Phrase abgelegt. Die Phrasen sind zu Phrasengruppen zusammengefaßt. Damit können die Phrasen als mögliche Ausprägungen einer Phrasengruppe betrachtet werden. Gegebenenfalls können Phrasen auch nach weiteren Gesichtspunkten zusammengefaßt werden, z. B. zu Phrasenkatalogen für ganze Sachgebiete.

Der Typ Phrasengruppe ist dem Typ Spezifikation zugeordnet. Eine solche Beziehung drückt aus, daß eine Spezifikation nicht allein durch den Wert der Stoffspezifikationsausprägung angegeben wird, sondern daß die Ausprägung als Phrase hinterlegt ist. Welche konkrete Phrase für die Spezifikation gilt, wird in dem Beziehungstyp Phrasenspezifikationsausprägung dargestellt. Im Gegensatz zu der Beziehung zwischen Spezifikation bzw. Spezifikationsgruppe und den Stoffen sollen hier die Zuordnungsmöglichkeiten beschränkt sein. Es sollen nur

---

[328]   Statt des m:n-Beziehungstyps wurde ein Entitytyp mit je einer 1:n-Beziehung modelliert. Im Gegensatz zu dem Beziehungstyp wird für den Entitytyp nicht die Eindeutigkeit der Stoff-Ausprägungskombination gefordert, vgl. hierzu auch Loos 93c, S. 24-25.

[329]   Diese Konstruktion stellt eine generische Datenstruktur dar. So wird indirekt mit den beiden Attributen Kennung und Ausprägungsanzahl die Kardinalität des Typs Stoffspezifikationsausprägungen im Verhältnis zwischen Stoffen und Spezifikation ausgedrückt, wobei Kennung die Untergrenze und Ausprägungsanzahl die Obergrenze verkörpert. Zu generischen Strukturen vgl. Loos 96.

[330]   Prinzipiell können natürlich alle Textinformationen von Objekten mehrsprachig angelegt werden. Dies ist gerade bei Logistikinformationssystemen sinnvoll, da diese innerhalb von Konzernen weltweit eingesetzt werden, und gilt auch für die chemische Industrie. In manchen international agierenden Chemiekonzernen werden Informationen prinzipiell in Englisch verarbeitet.
Als Anforderung an ein Informationssystem, die unabhängig von der chemischen Anwendungsdomäne ist, wird in dieser Arbeit sonst nicht weiter auf das Problem der Mehrsprachigkeit eingegangen. Die Mehrsprachigkeit wird nur an dieser Stelle problematisiert, da sie erstens ein typisches Problem für Phrasen darstellt und zweitens durch nationale Rechte vorgegeben ist und direkt die Stoffdaten beeinflußt. So liegen beispielsweise die R- und S-Sätze in allen EU-Sprachen vor. Zum allgemeinen Problem der Mehrsprachigkeit von Informationssystemen vgl. z. B. Hage-Hülsmann 94.

solche Phrasen einer Stoffspezifikationsausprägung zugeordnet werden können, deren Phrasengruppe auch der entsprechenden Spezifikation zugeordnet ist. Beispielsweise sollen nur Phrasen für S-Sätze und nicht Phrasen für R-Sätze für eine Spezifikation zu Sicherheitshinweisen zugeordnet werden können. Dies wird durch Integritätsbedingung <3> sichergestellt. Die Möglichkeiten der Mehrfachausprägungen des Typs Stoffspezifikationsausprägung gelten auch für Phrasen.

Der Einsatz von Phrasen und die Mehrfachzuordnung sollen anhand eines einfachen Beispiels aus dem Bereich der Gefahrenhinweise verdeutlicht werden. Dazu sind in Abbildung 39 die Instanzen einschließlich der notwendigen Attribute der betroffenen Entitytypen aus Abbildung 38 dargestellt. Es sind drei Spezifikationen angelegt, wobei Gefahren- und Sicherheitshinweise bis zu vier Ausprägungen aufweisen können und in einer Spezifikationsgruppe zusammengefaßt sind. Für Stoff A wird angegeben, daß er mit den beiden vorhandenen Spezifikationsgruppen beschrieben werden soll. Im Typ Phrasengruppe sind zwei Instanzen, R-Satz und S-Satz, angelegt.

Beispielhaft sind im Entitytyp Phrase einige R-Sätze, im Entitytyp Phraseninhalt der deutsche Text und die Zuordnung zur Phrasengruppe R-Satz aufgeführt. In Phrasengruppenspezifikationszuordnung wird angegeben, daß die Spezifikationen zu Gefahren- und Sicherheitshinweisen als Phrasen erfolgen sollen. In Stoffspezifikationsausprägung ist für Stoff A der pH-Wert von 3,5 angegeben. Aufgrund der Angabe in Spezifikationsgruppenzuordnung darf der pH-Wert für den Stoff A auch nur einmal vorkommen. Die Ausprägungen zu den R-Sätzen, also zu der Spezifikation Gefahr-H, können maximal viermal auftreten. In dem Beispiel sind drei Stoffspezifikationsausprägungen (SSA2, SSA3 und SSA4) angelegt, die keinen Attributwert enthalten, sondern über Phrasenspezifikationsausprägung auf jeweils einen R-Satz referenzieren.

Zwischen den Ausprägungen der einzelnen Attribute bzw. Spezifikationen eines Stoffes oder verschiedener, über eine Verbindung in Beziehung zueinander stehender Stoffe können komplizierte Abhängigkeiten existieren, die auf chemisch-physikalische sowie gesetzgeberische Gründe zurückgehen. Die folgenden Formeln zur Einstufung eines Stoffes illustrieren dies beispielhaft:[331]

Einstufung als sehr giftig, falls   Einstufung als gesundheitsschädlich, falls

$$\sum_i \frac{P_{T+i}}{L_{T+i}} \geq 1 \qquad\qquad \sum_i \frac{P_{T+i}}{L_{Xni}} + \sum_i \frac{P_{Ti}}{L_{Xni}} + \sum_i \frac{P_{Xni}}{L_{Xni}} \geq 1$$

P_{Zi} : Gewichtsprozent des Stoffes i der Gefahrklasse Z (hier: T+, T und Xn)
L_{Zi} : Grenzwert des Stoffes i der Gefahrklasse Z (hier: T+ und Xn)

---

[331] vgl. Bender 95, S. 132.

Entitytyp	Instanzen	wichtige Attribute
Spezifikation	• Gefahr-H • Sicherheit • pH-Wert	
Spezifikationsgruppe	• Gef-Angaben • chem. Angaben	
Spezifikationsgruppen-zuordnung	• Gef-Angaben — Gefahr-H • Gef-Angaben — Sicherheit • chem. Angaben — pH-Wert	max. 4 max. 4 max. 1
Stoffe	• Stoff A • Stoff B	
Stoffspezifikationsgruppe	• Stoff A — Gef-Angaben • Stoff A — chem. Angaben	
Phrasengruppe	• R-Satz • S-Satz	
Phrase	• R 23 • R 24 • R 25 • R 26	
Phraseninhalt	• R 23 — Sprache D • R 24 — Sprache D • R 25 — Sprache D • R 26 — Sprache D	Giftig beim Einatmen Giftig bei Berührung mit der Haut Gift beim Verschlucken Sehr giftig beim Einatmen
Phrasengruppenzuordnung	• R-Satz — R 23 • R-Satz — R 24 • R-Satz — R 25 • R-Satz — R 26	
Phrasengruppen-spezifikationszuordnung	• Gefahr-H — R-Satz • Sicherheit — S-Satz	
Stoffspezifikations-ausprägung	• SSA1 — Stoff A — pH-Wert • SSA2 — Stoff A — Gefahr-H • SSA3 — Stoff A — Gefahr-H • SSA4 — Stoff A — Gefahr-H	3,5 - - -
Phrasenspezifikations-ausprägung	• SSA2 — R 23 • SSA3 — R 24 • SSA4 — R 25	

Abbildung 39: Beispiel zu Phrasen und Spezifikationen auf Instanzebene

Mit Einführung zweier Entitytypen für Materialstamm und Stoffdaten und dem Instrumentarium der Spezifikation für beide Typen stellt sich die Frage nach der **Verteilung der Informationen** zwischen den Entitytypen.[332]

Prinzipiell sollten nur solche chemiespezifischen Attribute in den Materialstamm aufgenommen werden, die direkt für logistische Fragestellungen relevant sind. Gegebenenfalls können Attribute auch doppelt geführt werden, wobei über entsprechende Integritätsbedingungen die Konsistenz sichergestellt werden sollte. Diese sind oft nicht so komplex wie die zuvor angesprochenen Regeln für die Stoffe und können gegebenenfalls in die Modelle integriert werden. Abbildung 40 zeigt ein einfaches Beispiel zur Konsistenzsicherung der Gefahrstoffrelevanz eines Produkts. Die Gefahrstoffrelevanz soll gegeben sein, sobald ein beteiligter Stoff dem Gefahrstoffrecht unterliegt. Das Attribut GefStoffRelevant, das in beiden Entitytypen vorhanden ist, soll eine 1 für Ja, bzw. eine 0 für Nein enthalten. Durch die Bedingung <1> wird sichergestellt, daß das Attribut GefStoffRelevant für den Materialsatz des Produkts auf 1 steht, wenn dies bei mindestens einem beteiligten Stoff der Fall ist. Darüber hinaus kann der Materialstamm die Gefahrstoffrelevanz auch ohne Beziehung zu gefahrstoffrelevanten Stoffen anzeigen.

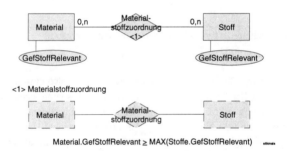

Abbildung 40: Attributkonsistenz zwischen Materialstamm und Stoffdaten

Neben solchen leicht zu handhabenden Attributen, die z. B. für die Steuerung von Logistikprozessen benötigt werden, werden in den logistischen Funktionen auch komplexe Informationen, wie die bereits diskutierten Etiketten und Sicherheitsdatenblätter, benötigt. Die **Stoffdaten** werden von den **logistischen Funktionen** jedoch im wesentlichen nicht direkt verarbeitet, sondern können von diesen als Black Box in Form von Dokumenten betrachtet werden.

---

[332] Dieses Problem ist nicht identisch mit der Frage nach verteilten Datenbanken. Während verteilte Datenbanken für die räumliche Verteilung von Objekten in unterschiedlichen physischen Speichern mit möglichst hoher Transparenz für die Anwendung zuständig sind, handelt es sich hier um eine datenmodellierungstechnische Frage nach konsistenter Repräsentation eines semantischen Sachverhalts. Zu verteilten Datenbanken vgl. beispielsweise Jablonski 91.

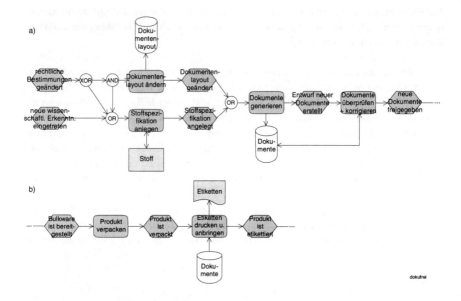

Abbildung 41: Geschäftsprozeß zur Gefahrstoffdokumentenfreigabe

Überdies ist zu bedenken, daß die Administration und Freigabe solch umwelt- und sicherheitsrelevanter Daten spezieller Prüfmechanismen bedarf und von sowohl chemisch-physikalisch
als auch rechtlich geschulten Mitarbeitern durchzuführen sind und damit normalerweise außerhalb der organisatorischen Verantwortung des Logistikbereichs liegen. Darum bietet es
sich an, die in Abbildung 37 bereits diskutierte Generierung der Dokumente nicht ad hoc
durchzuführen, sondern die Dokumente nach Neuanlage oder Änderung der primären Stoffdaten direkt zu erzeugen und für die logistischen Funktionen bereitzuhalten. In Abbildung 41
sind die entsprechenden Geschäftsprozesse in Form von Prozeßketten dargestellt.[333]
Der erste Geschäftsprozeß, in Abbildung 41a dargestellt, erzeugt die relevanten Dokumente
und liegt organisatorisch außerhalb des Logistikbereichs. Ausgelöst wird der Dokumentenge-
nerierungsprozeß beispielsweise durch das Auftreten eines neuen Stoffes, durch das Erlangen
neuer Forschungserkenntnisse bezüglich bereits bekannter und produzierter Stoffe oder durch
Änderungen des Gefahrstoffrechts oder sonstiger umwelt- bzw. sicherheitsrelevanter Verordnungen. Meist sind davon die Ausprägungen der stofflichen Spezifikationen betroffen, teilweise aber auch das Layout der Dokumente und die Art der Spezifikationen. Dies trifft insbesondere bei rechtlichen Änderungen zu. Nach dem Aktualisieren der Dokumentenlayouts und
der Spezifikationen sind die davon betroffenen Dokumente neu zu generieren, wobei die Ermittlung der betroffenen Dokumente nicht unbedingt eine triviale Aufgabe darstellt. So kann

---

[333] Die Darstellung erfolgt in der Methode der Ereignisgesteuerten Prozeßketten, vgl. Anhang S. 240.

die Reduktion eines Grenzwertes die Spezifikation vieler Stoffe betreffen, die sich ihrerseits jeweils wiederum auf mehrere Materialien beziehen können. Durch die Generierung entstehen vorläufige Dokumente, die individuell zu prüfen, gegebenenfalls zu korrigieren und freizugeben sind. Bei auftretenden Fehlern können Iterationsschritte notwendig werden. Die freigegebenen Dokumente stehen jetzt für die logistischen Kernprozesse bereit. In Abbildung 41b ist hierzu ein Beispiel für die Verpackung von Verkaufsprodukten dargestellt. Nachdem ein Produkt verpackt ist, z. B. als Bulkware in Fässern, sind die Sicherheitsetiketten anzubringen. Diese liegen als generierte, geprüfte und freigegebene Dokumente elektronisch bereit und können online ausgedruckt und direkt angebracht werden.

Abschließend sei erwähnt, daß die hier vorgestellte, umfassende Konstruktion der Spezifikation einschließlich der Phrasen auch für die Spezifikation des Materials übernommen werden kann.

4.2 Lagerhaltung

Die Lagerung von Materialien übernimmt aus logistischer Sicht Zeitüberbrückungsaufgaben, um einerseits nicht zu synchronisierende zeitliche Differenzen zwischen Beschaffung, Produktion und Vertrieb der Güter und andererseits Planungs- und Prognoseunsicherheiten in den genannten Bereichen auszugleichen. Aufgrund der chemisch-physikalischen Eigenschaften der verarbeiteten und produzierten Materialien ergeben sich für die Lagerhaltung spezielle Anforderungen. Folgende Punkte sind bei der Produktion in der chemischen Industrie besonders zu berücksichtigen:

- Zuordnung von Material zu Behältern und Gefäßen
  Die Notwendigkeit, für Materialien die zulässigen Aufbewahrungsbehälter oder Gefäße festzulegen, ergibt sich aus der Form und der Gefährlichkeit der chemischen Materialien.[334] Als ungeformte Materialien müssen sie in geeigneten Behältern gelagert werden. Diese Behälter können entweder mobile Gefäße sein, die auch für den innerbetrieblichen Transport des Materials verwendet werden, oder ortsfeste Behälter wie beispielsweise Tanks.

- Eignung von Lagerplätzen für das Material
  Nicht alle Lagerplätze sind für alle Materialien geeignet. Bei der Lagerung müssen sowohl das Gefährdungspotential des Materials für die Umgebung, als auch eventuelle schädliche Einflüsse der Umwelt auf das Material berücksichtigt werden. Beide Eigenschaften stellen spezielle Anforderungen an die Lagerplätze, z. B. feuersichere Wände oder bestimmte Luftfeuchtigkeit und Temperatur.

- Materialunverträglichkeiten bei der Lagerung
  Durch die potentielle Gefährlichkeit der chemischen Stoffe können Restriktionen für die Aufbewahrung von Materialien entstehen. Selbst wenn sich das Material in einem geeig-

---

[334] vgl. Merkmal Form, S. 20 und Abschnitt 'Gefahrstoffe', S. 96.

neten Behälter befindet, und der Lagerort für die Lagerung dieses Materials geeignet ist, kann das gleichzeitige Vorhandensein eines anderen Materials die Lagerung an diesem Lagerort aufgrund möglicher Reaktionsgefahren, wie Explosionen, ausschließen.

- Lagerkapazitätsgrenzen

  Da stückorientierte Materialien in der Regel ohne Probleme an wettergeschützten Orten oder gar unter freiem Himmel gelagert werden können, ergeben sich für diese kaum praktische Kapazitätsgrenzen für das Lagervolumen. Auch wenn prinzipiell nur geringe Lagerbestände angestrebt werden, kann bei temporären Lagerbestandsspitzen meist relativ einfach auf alternative Lagerstätten ausgewichen werden. Dies gilt nicht für die Lagerung von Chemikalien, die nicht ohne weiteres an beliebigen Lagerstätten aufbewahrt werden können, so daß das vorhandene Lagervolumen eine Kapazitätsgrenze darstellt, die bei der logistischen Planung gegebenenfalls als Restriktion berücksichtigt werden muß.

- Lagern von Chargenbeständen

  Durch die unterschiedlichen und schwankenden Qualitäten der Materialien müssen in der chemischen Industrie die Bestände nach ihren jeweiligen Qualitäten differenzierbar sein. Die Trennung kann, wie bei der pharmazeutischen Produktion, auch gesetzlich vorgeschrieben sein. Daraus folgt, daß die Bestände der einzelnen Chargen getrennt geführt werden müssen.[335]

4.2.1 Behälter

Die Notwendigkeit, bestimmte Behälter für die unterschiedlichen Materialien zu verwenden, ist in die produktionslogistischen Stammdaten aufzunehmen. Zwar könnten Anforderungen aufgrund der Gefährlichkeit der stofflichen Bestandteile eines Materials gegebenenfalls als Spezifikationen in die Stoffdaten aufgenommen und bei Bedarf aus den Stoffdaten abgeleitet werden, doch bietet es sich an, diese Informationen in eigene Strukturen zu überführen. Dies ist vor allem deshalb zweckmäßig, da auch Materialien, denen keine Stoffdaten gegenüberstehen, beispielsweise aufgrund von Materialverderblichkeit, spezielle Anforderungen an Behälter stellen können. Deshalb sind in Abbildung 42 für Behälter eigene Strukturen eingeführt. Der Typ Behältergruppe enthält als Instanzen die unterschiedlichen Arten von Behältern. Der Name Behältergruppe deutet an, daß es sich nicht um einzelne, real existierende Behälter handelt, sondern um jeweils einen bestimmten Typus eines Behälters. Die Typen sind dabei nach den unterschiedlichen Aufbewahrungsanforderungen des Materials zu bilden. Welche Anforderungen eine Behältergruppe abdeckt, kann durch Spezifikationen ausgedrückt werden, weshalb der Beziehungstyp Behältergruppenspezifikationsausprägung die beiden Entitytypen verbindet. Spezifikationen für Behältergruppen können beispielsweise Luftdichtheit, emaillierte Innenwand, Glasbehälter, etc. sein. Beispiele für die einzelnen Behältergruppen sind

---

[335] Da es sich bei Bestandsinformationen um Bewegungsdaten handelt, werden Lagerkapazitäten und Chargenbestände aus systematischen Gründen im Abschnitt 'Materialbestandsführung', S. 207 behandelt.

Stahlcontainer, emaillierte Tanks, Säcke und Oktabins. Diesen Gruppen können dann die entsprechenden Ausprägungen der Spezifikationen zugeordnet werden. Für die einzelnen, tatsächlich vorkommenden Behälter ist der Typ Behälter eingeführt worden. Die Behältergruppe stellt eine Gruppierung der einzelnen Behälter dar. Der Typ Behälter enthält also als Instanzen einzelne Exemplare, während der Typ Behältergruppe Gattungen beinhaltet. Dabei wird von der Annahme ausgegangen, daß jeder Behälter genau einer Behältergruppe zugeordnet werden kann. Eine Behältergruppe kann ihrerseits mehrere Behälter umfaßt.[336] Beschreibende Merkmale eines Behälters sind die Aufnahmekapazität und die Dimension. Diese Informationen müssen nicht zwingend für alle Behälter einer Gruppe identisch sein, weshalb sie als Attribute des Entitytyps Behälter modelliert sind.

Aus logistischer Sicht ist die Unterscheidung nach mobilen und stationären Behältern deshalb von Bedeutung, weil mit den stationären Behältern gleichzeitig der Lagerort determiniert ist, während mobilen Behältern, wie geformten Materialien ohne Behälteranforderungen, Lagerplätze zugewiesen werden müssen. In Abbildung 42 sind aus diesem Grund Spezialisierungen eingeführt. Die Spezialisierungen sind disjunkt und vollständig. Behälter sind mobil im produktionslogistischen Sinn, wenn sie üblicherweise in beladenem Zustand bewegt werden und somit auch als Verpackung dienen.[337] Wegen der vorgenommenen Differenzierung nach Exemplaren und Gattung wurden die Spezialisierungen stationäre Behälter und mobile Behälter sowie stationäre Behältergruppe und mobile Behältergruppe eingeführt. Entsprechend den Verhältnissen zwischen den Exemplaren und der Gattung verbinden die 1:n-Beziehungstypen mobile und stationäre Behältergruppenzuordnung.

Diese Behälterkonstrukte sind nun den aufzubewahrenden Objekten, also den Materialien, zuzuordnen. Dies geschieht über den n:m-Beziehungstyp Behältergruppenmaterialzuordnung. Der Beziehungstyp drückt als feste Verbindung aus, welche Behältergruppen zur Aufbewahrung welchen Materials geeignet sind. Die Beziehungen können durch einen Vergleich der Behältergruppenspezifikationsausprägungen, die die Aufbewahrungsfähigkeiten der Behältergruppen widerspiegeln, und der Materialspezifikationsausprägungen bzw. der dem Material zugeordneten Stoffspezifikationsausprägungen, die die Anforderungen an die Behälter widerspiegeln, erzeugt werden. Dabei muß eine Behältergruppe alle beim Material oder bei den zugehörigen Stoffen definierten Anforderungen abdecken.[338]

---

[336] Es wurde bewußt darauf verzichtet, Mehrfachzuordnungen von Behältern zu Behältergruppen vorzunehmen. Die Eindeutigkeit der Zuordnung eines Behälters zu einer Gruppe impliziert allerdings auch eine entsprechende Einteilung der Behältergruppen, so daß in den Gruppen nur spezifikationsgleiche Behälter zusammengefaßt werden können. Eine Mehrfachzuordnung wäre gegebenenfalls mit einer anderen Semantik der Behältergruppe sinnvoll, vgl. auch Fußnote 338.

[337] Somit stellt beispielsweise ein Tank, der mit Installationsaufwand an verschiedenen Orten aufgestellt werden kann, im produktionslogistischen Sinn nur dann einen mobilen Behälter dar, wenn die Ortsänderung in beladenem Zustand erfolgt.

[338] Die bereits erwähnte potentielle Mehrfachzuordnung zwischen Behälterexemplaren und Behältergruppen bzw. zwischen ihren jeweiligen Spezialisierungen würde auch die Semantik der Behältergruppenmaterialzuordnung ändern. In diesem Fall würde der Beziehungstyp nicht ausdrücken, welche Gruppen prinzipiell zulässig sind, sondern welche Gruppenanforderungen gleichzeitig zu erfüllen sind, d. h. die Beziehungsinstanzen eines Materials werden bezüglich der Eignung nicht als OR-, sondern als AND-verknüpft interpretiert. Gegebenenfalls sollte dann auch nicht der Terminus Gruppe gewählt werden, sondern eher ein Begriff wie Profil. Ein Vorteil dieses Vorgehens wäre die größere Flexibilität bei der Definition der Gruppen bzw. Pro-

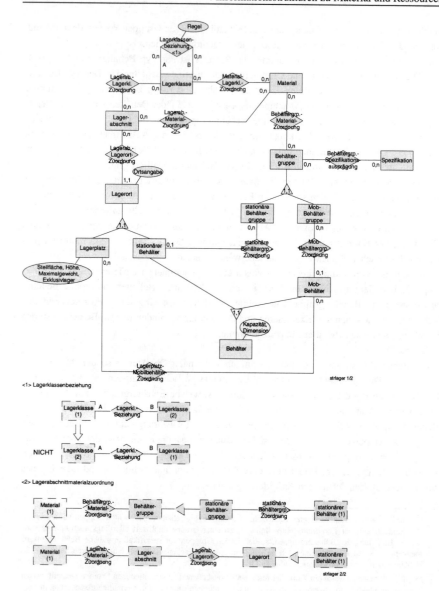

Abbildung 42: Datenstruktur zu Lagergrunddaten

file. Diese würde allerdings zu einem erhöhten Aufwand bei der Ermittlung der zulässigen Behälter führen, da dann nur Behälterexemplare für ein Material geeignet wären, die allen Gruppen bzw. Profilen zugeordnet wären. Da die Konstrukte der Behälter aber als Grunddaten der Lagerfunktionen fungieren und somit eine einfache Ermittlung der zulässigen Behälter im Vordergrund stehen sollte, wird hier dem oben beschriebenen Vorgehen der Vorzug gegeben.

4.2.2 Lagerplatz und Lagerklassen

Nachdem im vorhergehenden Abschnitt die stofflich bedingten Anforderungen der Materialien an Aufbewahrungsbehältnisse und an die Behälter selbst definiert wurden, sollen im folgenden die Lagerplätze im Mittelpunkt der Betrachtung stehen. Auch beim Aufbewahrungsort stehen insbesondere die Anforderungen aufgrund der Gefährlichkeit der Stoffe im Vordergrund, jedoch können auch andere Merkmale zu speziellen Lageranforderungen führen. Neben der Frage, ob ein Lagerplatz prinzipiell für ein Material geeignet ist, muß aber auch festgelegt sein, ob ein Material mit anderen Materialien zusammen an dem Lagerplatz untergebracht werden kann. Dafür bietet es sich an, die einzelnen Materialien nach ihren Lageranforderungen zu klassifizieren. Die im Abschnitt 'Gefahrstoffe' diskutierten Gefahrenklassifikationen sind aber nicht ohne weiteres übertragbar, da sie vorrangig unter den Gesichtspunkten des Umwelt- und Arbeitsschutzes stehen.[339] Bei der Lagerklassifikation sind jedoch in erster Linie Gefahrenpotentiale aufgrund chemisch-physikalischer Reaktionen untereinander ausschlaggebend. So sind beispielsweise die Gefahrenmerkmale Reizend oder Mindergiftig bei der Lagerung von untergeordneter Bedeutung, das Merkmal Hochentzündlich ist dagegen wichtig. Aus diesem Grund hat der VCI eine Lagerklassifikation entwickelt, die die rechtlichen Bestimmungen sowie weitere Empfehlungen berücksichtigt.[340] Die Konzeption sieht die Einstufung von Materialien in 22 Lagerklassen vor. Die Klassifizierung gestaltet sich dabei relativ einfach. Es werden nacheinander verschiedene Kriterien abgefragt. Sobald ein Kriterium zutrifft, kann eine Lagerklasse zugeordnet werden. Abbildung 43 zeigt einige der Kriterien.

Reihenfolge	Kriterium	Lagerklasse
...	...	...
13	Ätzende Stoffe	Lagerklasse 8
14	Brennbare Flüssigkeiten (soweit nicht Lagerklasse 3A und 3B)	Lagerklasse 10
15	Brennbare Feststoffe	Lagerklasse 11
...	...	...

Abbildung 43: Beispiel für Regeln zur Einstufung in Lagerklassen[341]

Mit den Lagerklassen können sowohl die Anforderungen an das Lager als auch die Möglichkeiten, Materialien zusammen zu lagern, beschrieben werden. Materialien der gleichen Lagerklassen dürfen in der Regel zusammen gelagert werden. Für die Art der Zusammenlagerung ist ein zweistufiges Konzept vorgesehen:

---

[339] s. S. 96ff.
[340] vgl. VCI 93, auch in Göbel 92, S. 63ff.
[341] nach VCI 93.

1. Separatlagerung

Nur bestimmte Materialien dürfen zusammen in einem Lagerabschnitt gelagert werden. Ein Lagerabschnitt ist dabei als ein Bereich definiert, der von anderen Lagerabschnitten innerhalb des Gebäudes durch feuerbeständige Wände und Decken voneinander getrennt ist. Befinden sich die Lager im Freien, so müssen auch hier feuerbeständige Zwischenwände vorhanden sein oder entsprechende Abstände eingehalten werden.

2. Getrenntlagerung

Bei bestimmten Materialien ist eine Separatlagerung zwar nicht erforderlich, so daß diese prinzipiell in einem Lagerabschnitt zusammen gelagert werden können, allerdings müssen sie innerhalb eines Abschnitts räumlich getrennt gelagert werden.

Abbildung 44 zeigt Beispiele für die Zusammenlagererlaubnis verschiedener Lagerklassen. Kleinmengen sind von der Reglementierung ausgenommen.

Die entsprechenden Strukturen sind in Abbildung 42 zusammen mit den Behältern dargestellt. Die Lagerklassen aus Abbildung 43 werden in einen eigenen Entitytyp, die Matrix der Zusammenlagerungserlaubnis aus Abbildung 44 wird in den rekursiven Beziehungstyp Lagerklassenbeziehung überführt. Hier kann für jedes Beziehungstupel zweier Lagerklassen die Zulässigkeit eingetragen werden. Für die Zulässigkeit können neben einer einfachen Ja-Nein-Entscheidung auch weitere Regeln in dem Attribut Regel hinterlegt werden. Zur Vereinfachung kann vorgesehen werden, daß ein Zusammenlagerungsverbot als Defaultwert gilt, so daß in diesem Fall kein Eintrag vorzunehmen ist.[342] Die Integritätsbedingung <1> stellt sicher, daß für ein Tupel von zwei Lagerklassen nur eine Beziehung angelegt wird.[343] Die Materialien werden über den Beziehungstyp Materiallagerklassenzuordnung eindeutig einer Lagerklasse zugeordnet.

---

[342] Da es sich um eine quadratische Matrix handelt, bei der eine Hälfte einschließlich der Diagonalen besetzt ist, müßten bei n Lagerklassen insgesamt n(n+1)/2 Definitionen vorgenommen werden. Die Diagonale der Matrix ist hier ebenfalls besetzt, da die Diagonale durch die eventuell vorhandenen Zusatzregeln nicht automatisch einen Ja-Wert aufweist. Durch die geschickte Wahl eines Defaultwerts für nicht-vorhandene Tupel kann die Anzahl der notwendigen Definitionen erheblich reduziert werden. So sieht der Klassifikationsvorschlag in VCI 93 insgesamt 22 Lagerklassen vor, was 253 Definitionen notwendig machen würde. Tatsächlich sind jedoch davon über 110 Elemente mit einem Nein-Wert besetzt, so daß deren explizite Definition über eine entsprechende Defaultwertfestlegung entfallen könnte.

[343] Bei einem rekursiven Beziehungstyp werden die Kanten zwischen dem beteiligten Entitytyp und dem Beziehungstyp durch Rollennamen differenziert, vgl. Loos 92, S. 46. Dies bedeutet, daß die Reihenfolge der Rollen signifikant ist. Dadurch könnten prinzipiell alle Matrixelemente als Instanzen des Beziehungstyps auftreten. Semantisch relevant sind allerdings nur die Elemente der Dreiecksmatrix, die von der Hauptdiagonalen aufgespannt wird. Graphentheoretisch handelt es sich um einen ungerichteten Graphen. Die Integritätsbedingung wandelt die Matrix sozusagen in eine Dreiecksmatrix bzw. in einen ungerichteten Graphen um. Da aber die Ordnung der Elemente in den Tupel nicht festgelegt ist, kann über die Bedingungen nicht sichergestellt werden, daß sich alle Beziehungen auf der gleiche Seite der Hauptdiagonale befinden. Dies könnte hilfsweise über eine Integritätsbedingung mit wechselseitig abhängigen Attributen formuliert werden. Hierzu sind die Lagerklassenidentifikationen der A-Kante und der B-Kante des Beziehungstyps Lagerklassenbeziehung zu vergleichen (z. B. Ident.Lagerklasse-A $\leq$ Ident.Lagerklasse-B), wobei eine ordinale Skalierung der Lagerklassenidentifikation Voraussetzung ist.

Lagerklassen		1	2A	2B	3A	3B	4.1A	...
Explosive Stoffe	1	17						
Verdichtete, verflüssigte und unter Druck stehende Gase	2A	n	17					
Druckgaspackungen	2B	n	4	j				
Entzündliche flüssige Stoffe	3A	n	n	1	17			
brennbare Flüssigkeiten	3B	n	n	n	j	j		
Entzündbare feste Stoffe	4.1A	n	n	n	n	12	17	
...	...							

Lagererlaubnis: **j** = ja; **n** = nein, d. h. Separatlagerung; **Nr.** = ja, aber weitere Voraussetzungen für Zusammenlagerung sind notwendig

Abbildung 44: Beispiel für Lagerklassen und Separatlagerung[344]

In einem nächsten Schritt sind die eigentlichen Lagerlokalitäten zu definieren. Lager sind üblicherweise hierarchisch strukturiert, z. B. werden Lagerstandorte in mehrere Lagergebäude, diese wieder in mehrere Lagerräume, diese in mehrere Regale und diese schließlich in mehrere Stellplätze unterteilt.[345] Die Lagerbestandsführung kann dabei auf verschiedenen Ebenen erfolgen. So kann beispielsweise die Bestandsführung auf Lagerraumebene stattfinden, wobei die untergeordneten Lokalitäten nur einem dedizierten Hochregallagersystem bekannt sind, oder bei manuell betriebenen Lagern nicht DV-gestützt geführt werden. Grundsätzlich ist festzulegen, auf welcher Granularitätsstufe die Bestandsführung durchzuführen ist. Der Bestand der übergeordneten Ebenen läßt sich dann aus den Beständen der bestandsführenden Ebene aggregieren.

Durch die Lagerklassifizierung und die Definition der Zusammenlagerungsmöglichkeiten sind bereits indirekt zwei Ebenen eingeführt worden, die eine bestimmte Semantik beinhalten. Lagerabschnitte sind per definitionem baulich oder räumlich so getrennt, daß für die Lagerung der jeweilige Bestände keine gegenseitigen Abhängigkeiten bestehen. Innerhalb eines Lagerabschnitts existieren kleinere Lokalitäten, die Getrenntlagerung ermöglichen. Diese werden im folgenden als Lagerort bezeichnet. Sie müssen, um das Konzept der Getrenntlagerung zu nutzen, auch als Ebene der Bestandsführung betrachtet werden.

Für die Abbildung der Lagerorte und Lagerabschnitte im Sinn der Lagerklassifikation bieten sich zwei Möglichkeiten an:

1. Es wird nur die kleinste Ebene, also die Lagerorte, als eigene Struktur direkt abgebildet. Zwischen den einzelnen Lagerorten wird jeweils über ein Zweitupel festgelegt, ob sie lagerklassensensitiv sind. Sind zwei Lagerorte lagerklassensensitiv, so sind zwischen ihnen

---

[344] nach VCI 93.
[345] vgl. Scheer 95, S. 132f.

die erforderlichen feuerbeständigen Abtrennungen oder die Sicherheitsabstände nicht vorhanden und sie unterliegen der Zusammenlagerungsbeschränkung. Auch hier kann wie bei der Definition der Zusammenlagerungserlaubnis von Defaultwerten ausgegangen werden, um die Anzahl der notwendigen Definitionen zu minimieren. Eine entsprechende Struktur ist in Abbildung 45 dargestellt. Die Integritätsbedingung <1> verhindert, daß ein Lagerplatz mit sich selbst eine Beziehung eingeht und schließt eine mögliche doppelte Definition eines Tupels aus.[346]

2. Es wird ein eigener Entitytyp für Lagerabschnitte eingefügt. Die Lagerorte werden entsprechend der Lagerklassenanforderungen zu Lagerabschnitten gruppiert. Die Kardinalitätsverhältnisse zwischen Lagerorten und Lagerabschnitten werden durch die Anforderung an die Lagerbestandsführung bestimmt. So besteht die Möglichkeit, die Granularität der Lagerorte relativ grob zu wählen, z. B. Werkslager. Aufgrund der separaten Lagererfordernisse müssen die Lagerorte aber wenigstens so fein gegliedert sein wie die Lagerabschnitte. Da sie auch feiner differenziert werden können, kann ein Abschnitt mehrere Lagerorte umfassen. Ein Lagerplatz kann maximal einen Lagerabschnitt umfassen, da nur solche Lagerorte definiert werden sollen, die aus Sicht der Separatlagerung tatsächlich getrennte Lokalitäten darstellen können. Somit ergibt sich, daß ein Lagerplatz maximal einem Abschnitt zugeordnet werden kann.

Aufgrund der besseren Verständlichkeit wurde die zweite Möglichkeit in Abbildung 42 übernommen und die Entitytypen Lagerabschnitt und Lagerort eingeführt, die über eine 1:n-Beziehung verbunden sind. Die Lagerorte sind weiter spezialisiert in Lagerplatz und stationäre Behälter. Stationäre Behälter wurden bereits eingeführt. Sie stellen sowohl einen Behälter als auch einen Lagerort dar, weshalb der Typ gleichzeitig eine Spezialisierung beider Entitytypen ist. Im Gegensatz zur Konstruktion der Behälter wurde bei den Lagern auf die Einführung von Gruppentypen zur Darstellung von Gattungen verzichtet, da Lager in der Regel keine standardisierten Objekte sind. Prinzipiell wären jedoch auch Gruppierungen bei Lagern möglich.

Wichtige Merkmale eines Lagerortes stellen die Lagerkapazität und die Beschreibung der Lokalität dar. Stationäre Behälter erben für die Spezialisierung die Attribute Kapazität und Dimension vom Typ Behälter. Lagerplatz ist über die Attribute Stellfläche, Höhe, Maximalgewicht und Exklusivlager beschrieben. Über Exklusivlager kann gesteuert werden, ob auf dem Lagerplatz gleichzeitig mehrere unterschiedliche Materialien oder mehrere unterschiedliche Chargen eines Materials gelagert werden können. Dies kann bei in Behältern aufbewahrten Materialien durchaus der Fall sein, wenn die Handhabungsvorrichtung zum Be- und Entladen gezielt die einzelnen Behälter identifizieren kann. Für stationäre Behälter ist gemeinsame Lagerung in der Regel ausgeschlossen, da die gemeine Nutzung zu einer Durchmischung des

---

[346] Die Bedingung <1.1> schließt direkte Rekursionen aus. Für Bedingung <1.2> gilt Fußnote 343. Zu beachten ist, daß Bedingung <1.2> je nach Besetzungsgrad der Dreiecksmatrix nur indirekte aber keine direkten Rekursionen ausschließt. Deshalb wird dies explizit in Bedingung <1.1> formuliert.

Lagerguts führen würde. Die Lokalität wird durch das Attribut Ortsangabe des Typs Lagerort festgelegt.

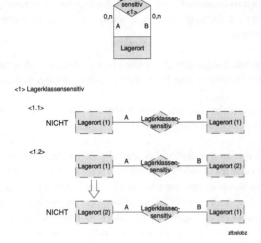

Abbildung 45: Datenstruktur   zur   Zusammenlagerungsbeschränkung   über   Lagerort-
beziehungen

Da ein Lagerplatz ein Lagerort ohne fest installierte Behältervorrichtung ist, kann ein ungeformtes Material normalerweise nur in einem mobilen Behälter auf einem Lagerplatz gelagert
werden. Deshalb ist ein Beziehungstyp Lagerplatz-mobile-Behälterzuordnung eingeführt worden, der die erlaubten Behältereinlagerungen auf Lagerplätzen widerspiegelt.[347]
Schließlich sind noch die Lagerstammdaten mit dem Materialstamm zu verbinden, um die
Eignung der Lager für die einzelnen Materialien festzulegen. Dabei wird nur eine Zuordnung
auf der Ebene der Lagerabschnitte und nicht auf der Ebene der Lagerorte vorgenommen, da
davon ausgegangen wird, daß nur solche Lagerorte zu einem Lagerabschnitt gruppiert werden,
die bezüglich der gefahrstoffbedingten Anforderungen gleichartig sind. Die Zuordnung der
Lagereinsatzmöglichkeiten kann zum einen über die Lagerklassen, zum anderen direkt zu den
Materialien erfolgen. Dabei stellt die Lagerabschnittlagerklassenzuordnung eine wesentlich
gröbere Definition der Lagereinsatzmöglichkeiten dar als die Lagerabschnittmaterialzuord-

---

[347] Falls es nur geringfügige Restriktionen aus Sicht der Behältereinlagerung gibt, wäre gegebenenfalls eine
Negativlistung sinnvoll. Weiterhin ist anzumerken, daß die Behältertypen aus Sicht der chemisch-
physikalischen Materialanforderungen definiert wurden. Da dadurch in einer Behältergruppe beispielsweise
recht unterschiedliche Behältergrößen zusammengefaßt sein können, könnte es sinnvoll sein, andere Kriteri-
en zur Gruppierung heranzuziehen, z. B. die Behälterdimensionen. Hierzu könnte ein weiteres Konstrukt mit
Gruppierungsmöglichkeit eingeführt werden.

nung. Eine Definition über beide Zuordnungen ist sinnvoll, wenn die Zuordnungen unterschiedliche Semantik aufweisen, z. B.:

• Die Lagerabschnittlagerklassenzuordnung stellt eine prinzipielle Einordnung des Lagerabschnitts dar. Die für die Eignung ausschlaggebende Zuordnung ist immer die Lagerabschnittmaterialzuordnung.

• Über die Lagerabschnittmaterialzuordnung können zusätzlich zur allgemeinen Lagerabschnittlagerklassenzuordnung weitere Materialien gezielt zugeordnet werden.

• Die Lagerabschnittmaterialzuordnungen stellen negative Ausnahmen zu den Angaben der Lagerabschnittlagerklassenzuordnung dar.

In Abbildung 42 wird von der Semantik des ersten Falls ausgegangen. Damit beschreiben die Strukturen, welche Materialien in welchem Behälter an welchem Lagerort aufbewahrt werden können. Dabei kann es durchaus vorkommen, daß eine bestimmte Behältergruppe sowie ein bestimmter Lagerabschnitt zwar jeweils für ein Material geeignet sind, die Behältergruppe aber nicht für die Lagerplätze des Lagerabschnitts. Bei stationären Behältern, die gleichzeitig einen Lagerort darstellen, ist ein solcher Ausschluß allerdings nicht sinnvoll und als Inkonsistenz zu bewerten. Deshalb wird dies durch Bedingung <2> ausgeschlossen.[348]

4.3 Ressourcen

Von den für den Produktionsprozeß notwendigen Produktionsfaktoren wurden bisher die Materialien besprochen. Weitere wichtige Faktoren sind die zu den Potentialfaktoren gehörenden Einrichtungen, auf denen oder in denen die Produktionsprozesse ablaufen. Diese Einrichtungen werden in der betriebswirtschaftlichen Literatur als Betriebsmittel bezeichnet. Nach Gutenberg stellen Betriebsmittel „die gesamte technische Apparatur" dar, derer „ ... sich ein Unternehmen bedient, um Sachgüter herzustellen oder Dienstleistungen bereitzustellen".[349] Neben den Materialien und den technischen Apparaturen, zu denen auch die bereits diskutierten Lager und Behälter gehören, werden weitere Einsatzfaktoren für die Produktion benötigt, z. B. menschliche Arbeitsleistung oder sonstige nichttechnische Apparaturen, weshalb im folgenden allgemein von Ressourcen gesprochen wird. Im weitesten Sinn können auch die Materialien zu den Ressourcen gezählt werden, wobei sie allerdings eine Sonderrolle einnehmen, da sie nicht nur Input, sondern auch Output der Produktionsprozesse sind.

---

[348] Bei Bedingung <2> handelt es sich um eine Beziehungspfadbedingung mit wechselseitigen Abhängigkeiten, vgl. Anhang und Loos 92, S. 81ff. Diese Abhängigkeit rührt daher, daß der Typ stationärer Behälter über zwei Beziehungspfade mit dem Typ Material verbunden ist, die semantisch die gleiche Aussage beinhalten. Dies beruht darauf, daß der Typ stationärer Behälter Spezialisierung zweier Supertypen ist. Das Problem könnte auch dadurch umgangen werden, daß beispielsweise statt der sich auf alle Behältergruppen beziehenden Behältergruppenmaterialzuordnung ein Beziehungstyp mobiler Behältergruppenmaterialzuordnung eingeführt würde.

[349] vgl. Gutenberg 83, S. 70.

4.3.1 Anlagen

Während man in der Betriebswirtschaft üblicherweise alle Arten langfristiger Investitionen zu den Anlagen zählt, sollen hier im produktionslogistischen Sinn nur die materiellen, dauerhaften und produktionsbezogenen Gebrauchsgüter als Anlagen bezeichnet werden. Diese Betriebsmittel stellen in der stückorientierten Fertigung meist Maschinen, Bearbeitungszentren oder Fertigungssysteme dar. Dagegen spricht man in der chemischen Industrie eher von Anlagen, Betriebsanlagen oder Apparaten.

Bei der Systematisierung und Strukturierung von Anlagen für die chemische Produktion können verschiedene Aspekte und Sichten unterschieden werden, z. B. bezüglich der:

* Produktionslogistik
  Wie in keiner anderen Branche sind in der Prozeßindustrie die Produktionsmöglichkeiten eines Unternehmens durch die Anlagen festgelegt. Selbst bei Betriebsmittelsubstitution kann eine Anlage meist nur durch eine andere Anlage ersetzt werden, nicht jedoch durch eine andere Art von Produktionsfaktoren. Im Gegensatz dazu können in der mechanischen Fertigung in einzelnen Prozeßschritten Maschinen gegen menschliche Arbeitsleistung ausgetauscht werden.
  Aus produktionslogistischer Sicht sind die Anlagen insbesondere bei der Planung und der Ausführung der Produktion von Bedeutung. Die Produktionsaufträge konkurrieren untereinander um die begrenzte Anzahl der Anlagen, so daß deren Nutzung geplant werden muß. Dazu muß feststellbar sein, welche Prozesse auf welchen Anlagen ablaufen können, wie das Material zwischen Anlagen transportiert wird, welche Anlagen zu welchem Zeitpunkt zur Verfügung stehen, welche Anlagen unabhängig voneinander betrieben werden können, welche weiteren Ressourcen notwendig sind, etc.

* Automatisierung
  Von der Automatisierung sind neben der Arbeitsleistung insbesondere die Produktionsanlagen betroffen. Durch die Automatisierung unterliegen Kontrolle und Steuerung der Anlagen und des Prozeßablaufs nicht mehr direkt dem Menschen, sondern erfolgen über die Automatisierungseinrichtungen, die entsprechend entworfen oder programmiert werden müssen. Damit nimmt die Automatisierung entscheidenden Einfluß auf die Strukturierung der Anlagen. Die Automatisierungstechnik der Anlage bildet die Grundlage für die produktionslogistischen Aufgaben.

* Finanzwirtschaft
  Die finanzwirtschaftlichen Aspekte, zu denen anlagenbuchhalterische und kalkulatorische Aufgaben gehören, haben weniger starken Einfluß auf die informationstechnische Strukturierung der Anlagen. Die traditionellen finanzwirtschaftlichen und logistischen Aufgaben sind zeitlich entkoppelt. So liegen z. B. Investitionsentscheidungen und Produktkalkulation vor der Produktionsdurchführung, die Nachkalkulation ist zeitlich nachgeordnet. Voneinander abhängig sind allerdings Kostenstellenaufbau und Anlagenstruktur. Auch können

kalkulatorische Daten für operative, produktionslogistische Entscheidungsprozesse genutzt werden.

- Projektierung und Instandhaltung
Bedingt durch die Größe der verfahrenstechnischen Anlagen gehen Investitionen meist mit vergleichsweise hohem Volumen und langfristigen Entscheidungen einher. Dies gilt sowohl für Neuinvestitionen als auch für Rationalisierungs- und Erweiterungsinvestitionen. Darüber hinaus sind bei solchen Investitionsentscheidungen nicht nur die Apparate in engerem Sinn (wie z. B. Kessel) betroffen, sondern auch weitere Ausrüstungsgegenstände wie Rohrleitungen, Transporteinrichtungen, Prozeßleittechnik und sogar die Gebäude. Auch werden die Anlagen nur in beschränktem Umfang als Standardanlagen bezogen, vielmehr handelt es sich in den meisten Fällen um spezielle Konfigurationen bzw. um Einzelfertigung. Deshalb wird die Anlagenbeschaffung und -errichtung auch als Projektierung bezeichnet,[350] die ein durchgängiges Projektmanagement erforderlich macht.[351] In der Projektierung wird die Struktur der Produktionsanlagen festgelegt. Die Ergebnisse des Anlagenbaus stellen somit Eingangsgrößen für die produktionslogistischen Aufgaben dar.[352] Stärkere Wechselwirkungen bestehen dagegen zwischen Produktionslogistik und Instandhaltung, da diese Aufgaben zeitlich parallel liegen. So haben Anlagenbetriebsstörungen und sonstige ungeplante Ausfälle direkte Konsequenzen auf die Produktion. Für vorbeugende Instandhaltung ist eine Koordination mit der produktionslogistischen Planung unerläßlich. Dies kann zu einer organisatorischen Integration von Instandhaltung und Produktion führen, was der Idee der prozeßorientierten Organisation entspricht.[353]

4.3.1.1 Technische Rahmenbedingungen

Auch wenn in dieser Arbeit die produktionslogistischen Aspekte im Vordergrund stehen, müssen die übrigen Sichtweisen berücksichtigt werden, da sie wesentlich den physischen Aufbau der Anlagen und somit den Rahmen der produktionslogistischen Strukturen bestimmen. Dies gilt insbesondere für Projektierung und Automatisierung. Aus diesem Grund werden im folgenden diese Aspekte diskutiert und anschließend der Zusammenhang zu den produktionslogistischen Strukturen aufgezeigt.

---

[350] Zur Projektierung von Anlagen in der chemischen Industrie unter besonderer Berücksichtigung kalkulatorischer Aspekte vgl. z. B. Kölbel/Schulze 60, Ullrich 72.

[351] Die Phasen des Anlagenbaus sind beispielsweise dargestellt in Polke 94, S. 589ff.

[352] Döhle führt dazu aus, daß die Freiheitsgrade der Produktion durch Wahl des Verfahrens und der Anlage eingeschränkt werden. Dadurch falle der optimalen Gestaltung einer Anlage eine besondere Bedeutung zu. Diese liege aber außerhalb des Produktionsbereichs, vgl. Döhle 78, S. 208; vgl. auch Fußnote 130, S. 35.

[353] Zu prozeßorientierter Organisation vgl. z. B. Scheer 95, S. 23ff. Hayn, Koolmann und Glutsch propagieren die Integration der Instandhaltung mit der Produktion in der chemischen Industrie, vgl. Hayn/Koolmann/Glutsch 96, S. 36. Dadurch soll die klassische funktionsorientierte Aufbauorganisation überwunden werden, bei der die Instandhaltung als eigenständiger Bereich angesehen wird, vgl. z. B. Sutter 76, S. 207ff.

4.3.1.1.1 Projektierungstechnische Aspekte

Im Rahmen der Projektierung wird der Aufbau der verfahrenstechnischen Anlagen bestimmt. Dabei werden nach Festlegung der Prozeßablaufart und der Erstellung von Mengen- und Energiebilanzen der konstruktive Aufbau der Anlage entworfen und u. a. in Rohrleitungs- und Instrumentenfließbildern (RI-Fließbild), Instrumentierungsplänen, Schaltplänen für EMR- (elektro-, meß- und regelungstechnische) und automatisierungstechnischen Einrichtungen dokumentiert.[354] Abbildung 46 zeigt ein vereinfachtes Fließbild einer verfahrenstechnischen Anlage nach DIN 28004 mit einem Detailausschnitt für die Temperiereinrichtung.

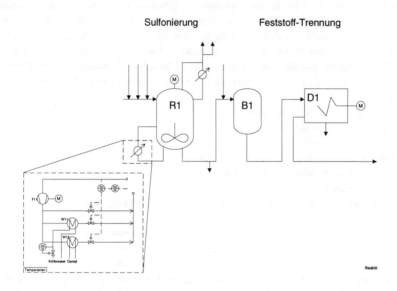

Abbildung 46: Fließbild einer Anlage

Speziell für den Austausch von Anlagendaten in der Prozeßindustrie werden zur Zeit einheitliche Datenstrukturen definiert. Sie basieren auf STEP, einem Standard zum Austausch von Produktdaten.[355] STEP wird bisher hauptsächlich im Zusammenhang mit dem Austausch von CAD-Produktdaten zwischen Montagebetrieben und Lieferanten in der stückorientierten Industrie diskutiert, um ältere Formate wie IGES (Initial Graphics Exchange Specification) oder branchenbezogene Formate wie VDA-FS (Verband deutscher Automobilindustrie Freiformflächenschnittstelle) abzulösen.[356] Darauf aufbauend soll auch für die Prozeßindustrie ein

---

[354] vgl. Scheiding 92 und Brombacher 85.

[355] STEP ist die Abkürzung für Standard for Exchange of Product Model Data. Unter diesem Namen wurde ein Standard entwickelt, der heute als Norm ISO 10303 vorliegt. Eine ausführliche Darstellung von STEP und ISO 10303 ist beispielsweise zu finden in Grabowski/Anderl/Polly 93.

[356] vgl. Scheer 95, S. 572ff.

Standard für den Austausch von Produktdaten etabliert werden. Der Begriff Produktdaten ist in diesem Zusammenhang insofern irreführend, als es sich nicht um Materialien und Produkte der Prozeßindustrie handelt, sondern um deren Anlagen und Installationen. Aus Sicht der Anlagenbauer und Zulieferer handelt es sich allerdings auch hier um Produkte. STEP soll jedoch nicht nur zur Kommunikation mit den Anlagen- und Systemlieferanten dienen, sondern auch zum Datenaustausch zwischen unterschiedlichen Inhouse-Systemen sowie zur Dokumentation und Archivierung der Informationen.

In STEP ist ein Basismodell festgelegt, das durch sogenannte Anwendungsprotokolle (Application Protocols) für die Anforderungen der einzelnen Anwendungsbereiche präzisiert werden kann. Da durch ein Übermaß an Application Protocols die Gefahr der Zersplitterung besteht, was dem Grundgedanken einer Normierung und einer offenen Schnittstelle zuwiderlaufen würde, werden die verschiedenen Application Protocols aufeinander abgestimmt. Für die Prozeßindustrie geschieht dies beispielsweise in der EPISTLE-Initiative.[357] Aus Sicht der Prozeßindustrie sind für die Anwendungsprotokolle vor allem folgende Informationen relevant:

• Ausrüstungs- und Anlagengegenstände
• physischer Aufbau der Anlagen
• Montageinformationen
• Verrohrungspläne und elektrische Verkabelung
• automatisierungstechnische Einrichtungen
• Gebäudeaufbau
• räumliche Anordnung und Konfiguration innerhalb der Betriebe, etc.

Da der Informationsaustausch mit den Lieferanten in allen Phasen der Projektierung unterstützt wird und überdies ein allgemeines Konzept für die technischen Daten der Anlagen bereitgestellt werden soll, wurde ein Life-Cycle-Modell für Anlagen entwickelt. Abbildung 47 zeigt einen entsprechenden Modellvorschlag, der die Aktivitäten des Anlagen-Engineerings während der gesamten Lebensdauer einer Anlage beschreibt.[358] Es sind zwei voneinander abhängige Aktivitätenfolgen dargestellt. Die obere Folge orientiert sich an den Prozessen, die mit der Anlage ausgeführt werden sollen, während die untere Folge sich an der Anlagenausrüstung selbst anlehnt.

Bei den Informationsmodellen sollen prinzipiell die Grundobjekte **Material, Facility** und **Operation** unterschieden werden. Dabei wird unter Material neben den zu verarbeitenden Repetierfaktoren, die als Process Material bezeichnet werden, vorwiegend das Plant Material als die physischen Gegenstände und das Konstruktionsmaterial der Anlagen verstanden. Mit Facility werden die Anlagen als Vorrichtung im Sinne ihrer Nutzungsmöglichkeit für die

---

[357] Die EPISTLE-Initiative (European Process Industries STEP Technical Liaison Executive) koordiniert verschiedene europäische, amerikanische und japanische Projekte, die sich mit dem elektronischen Austausch technischer Informationen befassen. Zu den beteiligten Projekten gehören z. B. PISTEP, ProcessBase, SPI, PlantSTEP, Caesar Offshore, ATLAS und POSC.

[358] vgl. PISTEP 94.

Produktionsprozesse bezeichnet. Dies bedeutet, daß das Plant Material eine Repräsentation der physischen Gegenstände ist, während die Facilities die Potentiale dieser Gegenstände als Produktionsfaktor beschreiben. Die Operations stellen die Produktionsprozesse dar, die physisch auf der Anlage laufen und dabei die Anlage als Vorrichtung nutzen.

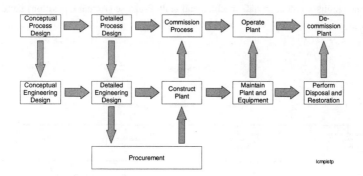

Abbildung 47: Life-Cycle-Modell für technische Anlagen[359]

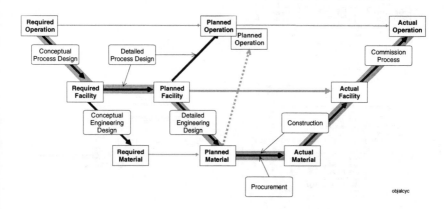

Abbildung 48: Objekte im Anlagen-Life-Cycle[360]

Die Objekte können sich, in Abhängigkeit vom Lebenszyklus der Anlage, in verschiedenen Zuständen befinden, z. B. **Required, Planned** und **Actual**. Abbildung 48 zeigt die Objekte mit ihrem Status als Vierecke. Die Pfeile repäsentieren die Aktivitätsschritte aus Abbildung 47. Dadurch werden die informatorischen Abhängigkeiten zwischen den Aktivitäten verdeut-

---

[359] nach PISTEP 94, S. 11.
[360] nach PISTEP 94, S. 18.

licht. Die Stärke der Pfeile ist ein Indikator für die zeitkritischen Eigenschaften der Abhängigkeiten. Es wird gezeigt, daß aus den Prozeßanforderungen (Required Operation) die Vorrichtungsanforderungen (Required Facility) abgeleitet werden, die dann zu geplanten Vorrichtungen (Planned Facility) und Apparaten (Planned Material) führen. Nach dem Kauf der realen Aggregate (Actual Material) können diese zu einer realen Vorrichtung (Actual Facility) zusammengefügt werden, so daß anschließend reale Prozesse (Actual Operation) laufen können.

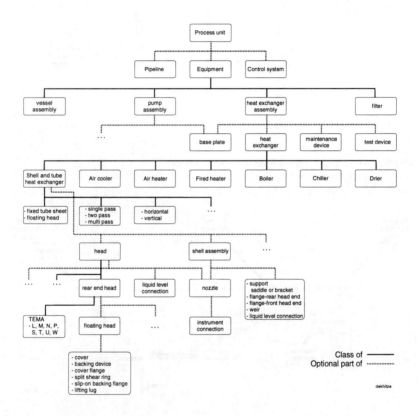

Abbildung 49: Dekomposition eines Hitzetauschers[361]

Prinzipiell kann für jede Aktivität bzw. für jeden Übergang ein Application Protocol entwickelt werden. Ziel ist es jedoch, die Anzahl der Protokolle so niedrig wie möglich zu halten und weitgehend gleiche Grundstrukturen zu gewährleisten. Deshalb basieren die Datenmodelle, die in den Anwendungsprotokollen relativ fein detailliert werden sollen, auf allgemei-

---

[361] In Anlehnung an ein Beispiel aus dem Projekt PlantSTEP.

nen Konzepten, wie z. B. auf den bereits diskutierten Grundobjekten. Darüber hinaus werden auch konkrete Beschreibungen von Objektklassifikationen festgelegt. Abbildung 49 zeigt exemplarisch die informationstechnische Dekomposition der Anlagenart Hitzetauscher, die zu dem Grundobjekt Plant Material gehört.

Innerhalb des Anlagenlebenszyklus sind die produktionslogistischen Fragestellungen vorwiegend in der Aktivität Operate Plant aus Abbildung 47 einzuordnen. Die informatorischen Abhängigkeiten aus Abbildung 48 verdeutlichen, daß im Mittelpunkt der STEP-Betrachtung die Prozesse vor der Aktivität Operate Plant liegen, die Eingangsdaten der Produktionslogistik aber durch den Anlagenbau festgelegt werden. Da für die produktionslogistischen Aufgaben die Produktionsfaktoren von Interesse sind, sind vor allem die Actual Facilities und weniger die Actual Materials relevant.

4.3.1.1.2 Automatisierungstechnische Aspekte

Neben den Austauschmöglichkeiten für Anlagendaten haben ebenso Automatisierungskonzepte Einfluß auf die Strukturierung der Anlagen. Auch in diesem Anwendungsumfeld werden Standardisierungen angestrebt, vor allem in Bezug auf die Automatisierung von Chargenprozessen mit Hilfe der Rezeptfahrweise. Hierzu hat die NAMUR mit der Empfehlung NE33 Anforderungen an die Rezeptfahrweise vorgelegt.[362] Ein ähnlicher Ansatz wird von der ISA mit dem SP88-Vorschlag zu Batch Control verfolgt, der mittlerweile als Standard vorliegt.[363] Die Ansätze sind zwar nicht identisch, folgen aber den gleichen Konzepten. Auch wurde bei der Erarbeitung von SP88 die NE33-Empfehlung berücksichtigt.

Der Grundgedanke, der der Strukturierung der Anlagen zugrunde liegt, geht von einer möglichst hierarchischen Gliederung der Anlagenbestandteile entsprechend ihrer Funktionen im Produktionsprozeß aus. Ziel ist eine einheitliche Gliederung sowohl für die Anlagen als auch für die Prozeßschritte, so daß eine möglichst einfache Zuordnung zwischen den Prozeßschritten und den benötigten Anlagen durchgeführt werden kann. Abbildung 50 zeigt die angestrebten Analogien zwischen Anlagen und Verfahren. Dabei sind bei den Anlagen die Anlagenteile sowie deren verfahrenstechnologische Fähigkeiten zu berücksichtigen.

Die Darstellung der Anlagenstrukturierung in Abbildung 51 zeigt den hierarchischen Aufbau.[364] Gegenstand der automationstechnischen Betrachtung sind die unteren Anlagenstrukturen. So wird in SP88 explizit darauf hingewiesen, daß die Strukturen **Enterprise**, **Site** und

---

[362] Die Empfehlung NE33 ist vom Arbeitskreis 2.3 der NAMUR erarbeitet worden, vgl. NAMUR 92, Bruns et al. 93 und Uhlig 87. Die NAMUR ist die Normenarbeitsgemeinschaft für Meß- und Regelungstechnik in der Chemischen Industrie, in der zahlreiche deutsche Chemieunternehmen zusammenarbeiten.

[363] ISA ist die in den USA ansässige International Society for Measurement and Control, die aus dem Instrument Society of America hervorgegangen ist. SP88 ist der Name der Arbeitsgruppe zum Thema Batch Control, so daß dieser Name in der Praxis synonym zum Standard verwendet wird. Von europäischer Seite hat das European Batch Forum (EBF) am Standard mitgearbeitet. Zum Standard Batch Control vgl. ISA 94.

[364] Zu den implizit in den Empfehlungen enthaltenen Datenstrukturen vgl. auch Loos 93a, Eibl 93, Packowski 96.

Area für die Anwendung nicht relevant sind. Dagegen werden im NE33-Vorschlag die Semantik eines **Werks** als örtliche Zusammenfassung von Anlagenkomplexen einschließlich notwendiger Infrastruktur, und die **Anlagenkomplexe** als logische Einheit, die aus mehreren gleichartigen oder zusammenwirkenden Anlagen besteht, festgelegt.

Abbildung 50: Grundüberlegung zur Anlagen- und Verfahrensstrukturierung[365]

Aus verfahrenstechnischer Sicht ist jedoch auch in NE33 die **Anlage** die größte relevante Einheit, da sie sämtliche für ein Verfahren notwendigen Einrichtungen und Bauten umfaßt. Dies bedeutet, daß ein Verfahren komplett in einer Anlage abläuft, was auch der Definition einer **Process Cell** in SP88 entspricht.

Eine **Teilanlage** ist die kleinste selbständig arbeitende Einheit. Sie kann unabhängig von anderen Teilanlagen eine einzelne Charge bearbeiten. Andererseits können die verschiedenen Komponenten einer Teilanlage nicht unabhängig voneinander verschiedene Chargen gleichzeitig bearbeiten. Für produktionslogistische Betrachtungen stellt damit diese Strukturierungsebene die kleinste zu berücksichtigende Stufe dar, da beispielsweise die untergeordneten Komponenten nicht unabhängig voneinander eingesetzt werden können, und bei Ausfall einer Komponente die gesamte Teilanlage heruntergefahren werden muß. Die Teilanlage entspricht in ihrer Definition der **Unit**.

Ein **Anlagenteil** ist ein aktives oder passives Apparateteil wie ein Kessel, ein Rohr oder ein Ventil.[366] Die Teile werden zu **Technischen Einrichtungen** gruppiert, die Funktionen wie Heizen, Kühlen oder Mischen ausführen können. In der Regel sind die Anlagenteile eindeutig einer Technischen Einrichtung zugeordnet. Sollte ein Anlagenteil mehreren Technischen Ein-

---

[365] nach Bruns et al. 93, S. 41.

[366] Die NE33-Empfehlung spricht von Anlageteil statt von Anlagenteil.

richtungen zugeordnet sein, so müssen spezielle Sperrmechanismen, als Verriegelung bezeichnet, die gleichzeitige Aktivierung über verschiedene Technische Einrichtungen verhindern.

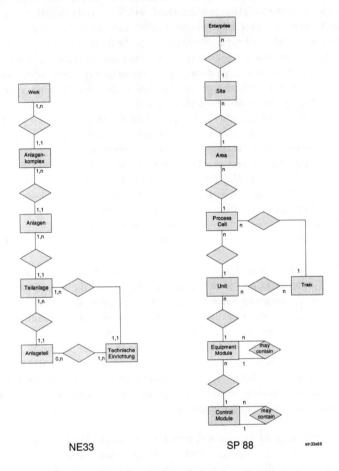

Abbildung 51: Anlagenstruktur nach NE33 und SP88

Im SP88-Standard bilden die **Equipment Modules** die Ebene der kleinsten Einheiten, die
selbständig Ablaufsteuerungsaufgaben übernehmen. Sie können eine hierarchische Struktur
aufweisen, so daß ein Equipment Module aus mehreren anderen Equipment Modules bestehen
kann. Die kleinste Einheit stellen die **Control Modules** dar. Ein typisches Control Module ist
beispielsweise ein Sensor oder ein Aktor. Es kann keine selbständige Steuerungsaufgabe
übernehmen. Auch die Control Modules können in sich hierarchisch strukturiert sein.

Darüber hinaus wird die Einheit **Train** unterschieden. Ein Train kann mehrere Units innerhalb einer Process Cell umfassen, auf denen üblicherweise eine Charge gefahren wird. Es können aber nur Units einer Process Cell zu einem Train zusammengefaßt werden. Andererseits kann eine Unit auch zu mehreren Trains gehören. Damit weicht die Train-Definition von der sonst rein hierarchischen Definition des physischen Modells in SP88 ab. Der Zweck des Strukturelements Trains ist, daß durch diese Einheit alle Units, die für die Herstellung eines bestimmten Produkts benötigt werden, zusammengefaßt werden können. Da aber bei Mehrproduktanlagen die Units nicht disjunkt in produktbezogene Teilmengen aufgeteilt werden können, ergibt sich hier eine nicht-hierarchische Struktur. Die Units innerhalb eines Trains können durchaus gleichzeitig verschiedene Produkte herstellen.

Der Vergleich zwischen NE33 und SP88 zeigt, daß die produktionslogistisch relevanten Anlageneinheiten weitgehend identisch sind. Unterschiede gibt es dagegen in den tieferen Ebenen. Mit der Differenzierung nach physischen Komponenten in Form von Teilanlagen und Anlagenteilen einerseits und dem zweckgerichteten Konstrukt Technische Einrichtung andererseits steht der NE33-Vorschlag der Konzeption der EPISTLE-Initiative etwas näher, da diese konzeptionell auch zwischen physischem Plant Material und zweckbezogener Facility unterscheidet. Mit dem Begriff Train wird durch SP88 ein Konstrukt angeboten, das aus einer eher produktionslogistischen Sicht gebildet wird, da hier die Frage nach den für die Herstellung eines Produkts notwendigen Units im Vordergrund steht.

Es fällt allerdings auf, daß in den Modellempfehlungen der Bereiche Projektierung und Automatisierung nicht direkt aufeinander verwiesen wird, obwohl die Automatisierungsfragen einen wichtigen Bestandteil im Rahmen der Anlagenprojektierung darstellen.[367] Auch werden in keinem Entwurf explizit produktionslogistische Fragen zur Anlagenstrukturierung behandelt. Die Zusammenhänge zwischen Projektierung, Automatisierung und produktionslogistischen Aspekten der Anlagen sind deshalb in Abbildung 52 verdeutlicht, wobei aus Vereinfachungsgründen bei der Automatisierungssicht nur die Empfehlungen der NE33 berücksichtigt wurden. Die Abbildung dokumentiert die Entstehung der produktionslogistischen Anlagendaten und damit auch indirekt den Entstehungsprozeß von Betriebsanlagen. Des weiteren ist der Bezug zur Anlagenbuchführung hergestellt.

Sowohl eine Teilanlage als auch ein Anlagenteil stellen Actual Plant Material dar. Eine Teilanlage ist jedoch gleichzeitig, wie eine Technische Einrichtung, ein Actual Facility. Aus logistischer Sicht soll eine Ressourceneinheit die kleinste zu betrachtende Kapazitätseinheit darstellen. Damit kann eine Teilanlage als Spezialisierung der Ressourceneinheit betrachtet werden. Einer Ressourceneinheit können verschiedene Verrichtungsarten zugeordnet werden, die die potentielle Fähigkeit der Ressourceneinheit zur Ausführung produktionslogistischer Aufgaben ausdrückt.[368] Eine produktionslogistische Verrichtungsart kann daher als die Verallgemeinerung der Technischen Einrichtung betrachtet werden, weshalb dort eine Generalisie-

---

[367] Zu Automatisierungsfragen im Rahmen der Anlagenprojektierung vgl. beispielsweise Strickling 88, Schmitt-Traub 90, Strickling/Fresewinkel 90 und Wozny/Gutermuth/Kothe 92.

[368] Die Begriffe Ressourceneinheit und Verrichtungsart sollen hier zur vorläufigen Abgrenzung gegenüber bereits eingeführten Begriffen genutzt werden.

rungsbeziehung modelliert ist. Gleichzeitig stellen die Ressourceneinheiten und die Verrichtungsart Generalisierungen der Actual Facilities dar. Die Eigenschaften der Ressourceneinheiten als Actual Plant Material sind aus produktionslogistischer Sicht nicht relevant, weshalb auch keine direkten Beziehungen aufgezeigt werden. Dagegen ist dieser Zusammenhang aus Sicht der Anlagenbuchführung relevant, da hier die physischen Gegenstände von Interesse sind. Deshalb wird das anlagenbuchhalterische Konstrukt Anlageneinheit dem Actual Plant Material zugeordnet. Ein Actual Plant Material kann nur einer Anlageneinheit zugeordnet werden, da die physischen Gegenstände aus buchhaltungstechnischen Gründen nur disjunkt gruppiert werden können. Dagegen kann eine Anlageneinheit durchaus mehrere physische Gegenstände umfassen. Ähnliche Verhältnisse bestehen zwischen den Anlageneinheiten und den Ressourceneinheiten, wobei hier jedoch davon ausgegangen werden kann, daß einer Anlageneinheit tendenziell eher eine als mehrere Ressourceneinheiten gegenüberstehen. Die Beziehungen sind auch nicht zwingend, da nicht alle Ressourceneinheiten Anlageneinheiten und nicht alle Anlageneinheiten Ressourceneinheiten darstellen müssen, was zu Kardinalitätsuntergrenzen von 0 führt.

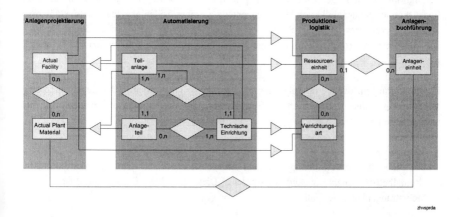

Abbildung 52: Zusammenhang verschiedener Sichten auf Produktionsanlagen

4.3.1.2 Strukturierung der Anlageneinheiten

Bei der Diskussion um die automatisierungstechnischen Einflüsse auf die Anlagenstrukturierung wurde bereits ausgeführt, daß für produktionslogistische Aufgaben normalerweise nur solche Anlagengegenstände zu betrachten sind, die selbständig als Potentialfaktor auftreten können. Selbst wenn in einzelnen Prozessen nur einzelne Komponenten solcher Anlagengegenstände genutzt werden, ist eine Detaillierung nicht notwendig, wenn die nicht-genutzten Komponenten nicht gleichzeitig andere Aufgaben verrichten können. Nach der NE33-Empfehlung sind dies die Teilanlagen, da alle Anlagenteile, die nicht unabhängig voneinander disponiert werden können, zu einer Teilanlage zusammengefaßt werden sollen.[369] Solche Anlagenkomponenten werden in der Praxis auch Apparate genannt.[370]

4.3.1.2.1 Anlagengröße und Verrohrung

Welche Größe solche Teilanlagen oder Apparate annehmen, hängt entscheidend vom Merkmal Prozeßablauf ab. Bei einem kontinuierlichen Prozeß können meist verhältnismäßig viele Anlagenteile zu einer logistischen Produktionseinheit zusammengefaßt werden. Entscheidend hierfür ist die Variabilität der Betriebsmittelkombinationen. Abbildung 53 zeigt verschiedene Möglichkeiten der physischen Verbindungen zwischen Anlageneinheiten.[371] Bei Einzelstrang- und Mehrstranganlagen ist der Materialfluß von vornherein festgelegt. Bei Multipfadanlagen kann der Materialfluß je nach Output variieren, so daß die einzelnen Anlageneinheiten jeweils eigene Teilanlagen darstellen. Bei Einzel- und Mehrstranganlagen können dagegen die Einheiten der einzelnen Stränge zu einer Teilanlage zusammengefaßt werden.

Auch das Merkmal Leistungswiederholung korreliert stark mit der Größe der logistischen Produktionseinheiten. Bei Einproduktanlagen, die man vorwiegend bei Massenproduktion findet, können tendenziell auch alle Anlagenteile zu einer Teilanlage zusammengefaßt werden, da aufgrund des fehlenden Produkt- und Prozeßwechsels eine unterschiedliche Nutzung der Anlagen nicht erfolgt. Mehrproduktanlagen müssen in der Regel differenzierter betrachtet werden.

Die Verkettungen, wie sie in Abbildung 53 dargestellt sind, werden in der Regel durch eine **Verrohrung** realisiert. Bezüglich der Eigenschaften der Verrohrung können folgende Fälle unterschieden werden:

- Starre Verbindung
  Bei einer starren Verbindung zwischen Anlagenkomponenten kann die Verrohrung im Normalbetrieb nicht verändert werden. Dies ist bei Einzelstranganlagen und Mehrstranganlagen der Fall.

- Flexible Verbindung mit stationären Vorrichtungen
  Bei der flexiblen Verbindung kann die Folge der Anlagenkomponenten geändert werden. Für die einzelnen Verbindungen sind die Verrohrungen aber fest vorgegeben, so daß es sich um ein Umschalten der Verbindung handelt.

- Flexible Verbindung mit mobilen Vorrichtungen
  Bei der flexibelsten Möglichkeit sind die Verrohrungen nicht stationär vorhanden, sondern bei Bedarf zu montieren. Dies bedeutet, daß nur fallweise die notwendigen Vorrichtungen

---

[369] vgl. Kersting 95, S. 29.

[370] vgl. Müller-Heinzerling 88, S. 293.

[371] vgl. auch ISA 94, S. 36ff., Bruns et al. 93, S. 44 und Fürer/Rauch/Sanden 96.

benötigt werden. Damit stellen diese Verbindungsrohre und sonstigen Ausrüstungsgegenstände eigenständige Produktionsressourcen dar, die gegebenenfalls zu disponieren sind.

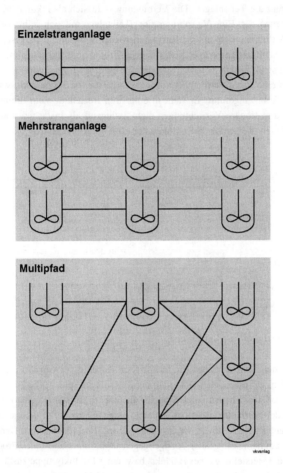

Abbildung 53: Verkettung von Anlageneinheiten

Da es sich bei Einzelstranganlagen anbietet, sämtliche verbundenen Komponenten als eine
Teilanlage zu betrachten, ist die starre Verrohrung Bestandteil dieser Teilanlage. Damit muß
diese nicht explizit berücksichtigt werden. So können die Verrohrungen als produktionslogistisch nicht relevante Anlagenteile geführt werden. Die flexiblen Verbindungen stellen dagegen einen produktionslogistisch relevanten Sachverhalt dar, da gegebenenfalls nur verrohrbare
Teilanlagen für Produktionsprozesse kombiniert werden können. Zusätzlich kann es notwendig sein, bei mobilen Vorrichtungen für die Verrohrung diese für die Disposition als Ressourcentyp zu definieren.

4.3.1.2.2 Datenstrukturen zu Anlagen

In Abbildung 54 sind die entsprechenden Datenstrukturen abgebildet. Die zu verbindenden Anlageneinheiten sind die Teilanlagen. Die Verbindung stellt sich als rekursiver, binärer Beziehungstyp Verrohrung dar. Eine Verrohrung einer Teilanlage mit sich selbst ist nicht sinnvoll, so daß über Bedingung <1> direkte Rekursionen auf Instanzebene ausgeschlossen werden. Die im Merkmal Kreislaufprozeß beschriebenen Produktionskreisläufe mit Zyklen auf Prozeßinstanzebene sind hiervon nicht betroffen, da davon ausgegangen werden kann, daß bei solchen Teilanlagen eine starre Verbindung vorliegt.[372] Für mobile Verbindungsvorrichtungen wird der Entitytyp Rohr eingeführt. Er steht in einer m:n-Beziehung zum uminterpretierten Typ Verrohrung. Da stationäre Vorrichtungen nicht zwingend als Instanzen vom Typ Rohr gepflegt werden müssen, weisen beide Kardinalitäten Untergrenzen von 0 auf.

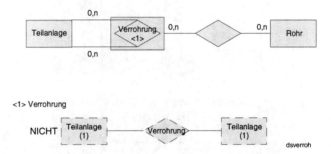

Abbildung 54: Datenstruktur zur Verrohrung

Bei der Gliederung der Anlagen haben die technischen Aspekte vorwiegend Einfluß auf die Detailgliederung, d. h. auf die Ebenen unterhalb der Teilanlagen in der NE33-Hierarchie. Für die Gliederung der oberen Ebenen spielen auch zunehmend aufbauorganisatorische Fragen eine Rolle. Der in der betrieblichen Praxis genutzte Begriff Betrieb ist weitgehend mit der Definition der Anlage in NE33 sowie der Process Cell in SP88 identisch.[373] Demnach stellt ein Betrieb die Zusammenfassung aller Anlagengegenstände innerhalb eines Produktionsgebäudes dar, der für die Herstellung eines Produkts bzw. einer Produktgruppe zuständig ist. Die hierarchisch übergeordnete Gliederung hängt stark von der Größe des Unternehmens und dessen Aufbauorganisation ab. So weisen die großen deutschen Chemiebetriebe, die sich durch massive Konzentration an den Standorten Ludwigshafen, Hoechst und Leverkusen auszeichnen, mehrere Gliederungsebenen zwischen dem Betrieb und dem Standort auf, z. B. Produktsparte, Hauptabteilung und Unterabteilung. Diese Ebenen reflektieren die Aufbauorganisation des Unternehmens und werden dementsprechend auch von verschiedenen Faktoren beeinflußt, z. B. vom Produktspektrum, von den Zielmärkten oder von konzernrechtlichen

---

[372] zum Merkmal Kreislaufprozeß, s. S. 49.
[373] Zum Begriff Betrieb vgl. auch Fußnote 110, S. 31.

Gesichtspunkten.[374] Hier ist ein fließender Übergang zwischen der Aufbauorganisation einerseits und der technisch bedingten Strukturierung der Produktionsanlagen andererseits zu erkennen. Doch können auch die großen Organisationseinheiten Gegenstand produktionslogistischer Überlegungen sein, z. B. die aggregierte Produktionskapazität einer Produktsparte.

Aufgrund der fehlenden Allgemeingültigkeit der Anlagenstrukturen über alle Ebenen hinweg soll in den folgenden Datenstrukturen nicht von einer festen Gliederung ausgegangen werden, sondern es soll die Möglichkeit geschaffen werden, **unternehmensindividuelle Gliederungen** abbilden zu können. Dazu werden allgemeine Konstrukte eingeführt, um eine weitgehend flexible Anpassung der Strukturen zu ermöglichen. Folgende Konstrukte sollen angewandt werden:

- Ressourcentypen
  Wie bereits erläutert, handelt es sich bei den Anlagen um einen speziellen Typ von Ressourcen. Deshalb wird der allgemeine Ressourcentyp eingeführt. Neben den Anlagen können damit weitere Typen von Ressourcen, z. B. die menschliche Arbeitskraft, betrachtet werden.

- Ressourcenebene
  Eine Ebene dient zur allgemeinen Hierarchisierung von Ressourcen. Beispielsweise wäre im SP88-Vorschlag Process Cell eine Ebene für den Ressourcentyp Anlage.

- Ressourcenart
  Eine Art stellt die Zusammenfassung aller gleichartigen Ressourcen dar. Bei dem Ressourcentyp Anlage wäre eine Anlagenart z. B. alle Mischeranlagen mit speziellen Eigenschaften. Die Gleichartigkeit der Ressourcen in einer Art bezieht sich auf die eher technischen Merkmale der Ressourcen. Dies bedeutet, daß die technischen Merkmale als Attribute eher der Art als der Einzelressource zugeordnet werden können.

- Ressourcengruppe
  Eine Gruppe stellt eine Zusammenfassung von ähnlichen Ressourcen dar, aus der in der Regel eine Ressource für einen Produktionsprozeß ausgewählt werden kann. Bei dem Ressourcentyp Anlage könnte eine Gruppe aus ähnlichen Teilanlagen innerhalb eines Betriebes gebildet werden. Die Gruppenbildung der Ressourcen erfolgt im Gegensatz zu der Art nach eher produktionsorganisatorischen Gesichtspunkten, z. B. ob die Ressourcen gegeneinander austauschbar sind.

- Einzelressource
  Während die übrigen Konstrukte abstrakte Ordnungsbegriffe darstellen, bezeichnen die Einzelressourcen konkrete Gegenstände, z. B. einen Mischer.

---

[374] Zur aufbauorganisatorischen Gliederung eines Chemiebetriebs nach Produktsparten vgl. beispielsweise Dormann 93.

Abbildung 55 zeigt die Datenstruktur für die Ressourcen, auf die die Konstrukte angewandt sind. Die Ressourcenebene ist genau einem Ressourcentyp zugeordnet. Über den rekursiven Beziehungstyp Ressourcenstruktur kann die allgemeine Strukturierung der Ebenen definiert werden. Das Attribut Kardinalität des Beziehungstyps Ressourcenstruktur legt die Art der möglichen Beziehungen fest. Bei Hierarchien, dem Normalfall von Organisations- und Gliederungsstrukturen, ist die Kardinalität 1:n. Die Integritätsbedingung <1.1> schließt Rekursionen in der Ressourcenstruktur aus. Bedingung <1.2> stellt sicher, daß alle Ressourcenebenen, die sich in einer Struktur befinden, vom gleichen Ressourcentyp sind. Der Beziehungstyp Ressourcenstruktur selbst hat eine 1:1-Kardinalität, da sich die Struktur auf die Typebene der Ressourcenebene bezieht.

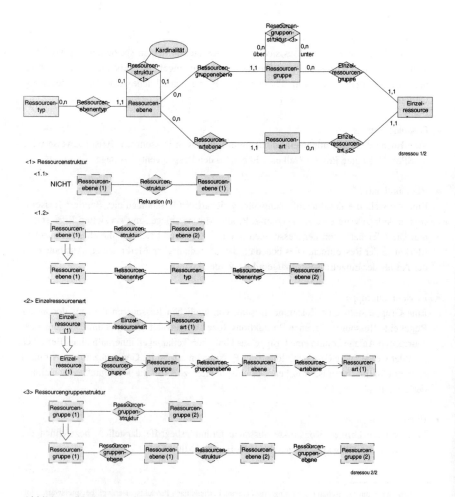

Abbildung 55: Datenstruktur zu Ressourcen

Ressourcengruppe und Ressourcenart beziehen sich eindeutig auf eine Ressourcenebene. Die Einzelressource ist sowohl eindeutig einer Gruppe als auch einer Art zugeordnet. Dabei stellt Bedingung <2> sicher, daß die Ressourcengruppe und die Ressourcenart einer Einzelressource zur gleichen Ressourcenebene gehören. Implizit gehören damit auch beide zum gleichen Ressourcentyp. Die Einzelressourcen einer Gruppe und die Einzelressourcen einer Art können nicht eindeutig in eine Beziehung gebracht werden. Die Einzelressourcen einer Art können mehreren Gruppen angehören, z. B. verschiedene einzelne Mischer der gleichen Art unterschiedlicher Gruppen in verschiedenen Betrieben. Andererseits können auch die Einzelressourcen einer Gruppe verschiedenen Arten angehören, z. B. wenn die Mischer einer Gruppe verschiedene Leistungsspektren aufweisen.

Der Beziehungstyp Ressourcengruppenstruktur legt die Strukturierung der einzelnen Ressourcen fest. Dies könnte auch mit einem rekursiven Beziehungstyp an der Einzelressource ausgedrückt werden. Aufgrund der Definition einer Gruppe ist aber davon auszugehen, daß Einzelressourcen innerhalb einer Gruppe immer in den gleichen Hierarchien eingeordnet sind, so daß die Stukturbeziehung über die Gruppe festgelegt werden kann. Dies führt zu einer Vereinfachung der Konstruktion. In der Ressourcengruppenstruktur dürfen nur solche Gruppen Beziehungen eingehen, deren zugeordnete Ebenen auch Beziehungen über den Typ Ressourcenstruktur aufweisen. Dies wird durch Integritätsbedingung <3> sichergestellt. Die Kardinalitäten des Beziehungstyps Ressourcengruppenstruktur sind jeweils (0,n). Die tatsächliche Kardinalität wird allerdings durch das Attribut Kardinalität des Beziehungstyps Ressourcenstruktur ausgedrückt.[375]

Mit der in Abbildung 55 dargestellten Struktur können unterschiedliche Ressourcenstrukturen flexibel abgebildet werden. Abbildung 56 zeigt dazu ein Beispiel auf Instanzebene in tabellarischer Form, Abbildung 57 zeigt die wichtigsten Instanzen in graphischer Form. Die hierarchische Gliederung lehnt sich dabei an die NE33-Empfehlung an, wie sie in Abbildung 51 dargestellt ist. Der Ressourcentyp weist u. a. eine Instanz Anlagen, die Ressourcenebene weist als Instanzen genau die Definitionen aus Abbildung 51 auf. Diese Instanzen sind dem Ressourcentyp Anlagen zugeordnet. Die Instanzen der Ressourcenstruktur repräsentieren die Beziehungstypen aus Abbildung 51. Als Attribut ist die Kardinalität der einzelnen Beziehungen übernommen, wobei auf die strenge Formulierung der Untergrenze 1 verzichtet wurde. Die Verbindung zwischen Anlagenteil und technischer Einrichtung ist ein Beispiel für eine nichthierarchische Gliederung.

---

[375] Es wird davon ausgegangen, daß eine Einzelressource nur einer Hierarchiestruktur angehört. Sollte die Möglichkeit alternativer Hierarchien gegeben werden, so wären die beiden rekursiven Beziehungstypen zu Dreifachbeziehungen zu erweitern, in die noch ein weiterer Hierarchietyp eingeht. Des weiteren wären die Kardinalitäten zu ergänzen, sowie zusätzliche Integritätsbedingungen einzuführen.

Entitytyp	Instanzen	Attribute
Ressourcentyp	• Anlagen • Personal	
Ressourcenebene	• Werk — Anlagen • Anlagenkomplex — Anlagen • Betrieb (=Anlage) — Anlagen • Teilanlage — Anlagen • Anlagenteil — Anlagen • Technische Einrichtung — Anlagen	
Ressourenstruktur	• Werk — Anlagenkomplex • Anlagenkomplex — Betrieb • Betrieb — Teilanlage • Teilanlage — Anlagenteil • Teilanlage — technische Einrichtung • Anlagenteil — technische Einrichtung	(0,n) : (0,1) (0,n) : (0,1) (0,n) : (0,1) (0,n) : (0,1) (0,n) : (0,1) (0,n) : (0,n)
Ressourcenart	• Form-Betriebsart — Betrieb • Spez-Betriebsart — Betrieb • Standardmischer — Teilanlage • Doppelmischer — Teilanlage	
Ressourcengruppe	• Form-Betrieb FB1 — Betrieb • Spez-Betrieb SB1 — Betrieb • Mischergruppe A — Teilanlage • Mischergruppe B — Teilanlage • Mischergruppe S — Teilanlage	
Ressourcengruppenstruktur	• Form-Betrieb B1 — Mischergruppe A • Form-Betrieb B1 — Mischergruppe B • Spez-Betrieb SB1 — Mischergruppe S	
Einzelressourcen	• Betrieb B1 — Form-Betrieb FB1 — Form-Betriebsart • Betrieb B2 — Spez-Betrieb SB1 — Spez-Betriebsart • Mischer A1 — Mischergruppe A — Standardmischer • Mischer A2 — Mischergruppe A — Standardmischer • Mischer A3 — Mischergruppe B — Doppelmischer • Mischer A4 — Mischergruppe S — Standardmischer • Mischer A5 — Mischergruppe S — Doppelmischer	

insresso

Abbildung 56: Beispiel für Ressourcenstrukturen auf Instanzebene

Wie Abbildung 57 zeigt, wird in dem Beispiel von fünf konkreten Teilanlagen in zwei konkreten Produktionsbetrieben ausgegangen. Bei den Teilanlagen handelt es sich um Mischer. Der Betrieb B1, der einen pharmazeutischen Formulierbetrieb darstellt, weist drei Mischer auf, die in zwei Gruppen Mischergruppe A und B aufgeteilt sind. Die Mischer gehören den beiden Ressourcenarten Standardmischer und Doppelmischer an. Der Spezialitätenbetrieb B2 hat eine Mischergruppe S mit zwei Teilanlagen. Die Gruppe enthält allerdings beide Arten von Mischern. Die Zuordnung der Mischer zu den Betrieben erfolgt über die Gruppenzugehörigkeit. Für die Betriebe sind auch entsprechende Arten und Gruppen angelegt, wie es für diese Konstruktion notwendig ist. Die Gruppenzugehörigkeiten der Mischer im Betrieb B1 drücken beispielsweise aus, daß sich die Mischer A1 und A2 ohne Probleme gegenseitig ersetzen können. Obwohl der Mischer A4 von der gleichen Art ist, kann er nicht ohne weiteres aufgrund seines Standortes in Betrieb B2 die Mischer A1 oder A2 ersetzen. Die Mischer A4 und A5 in Betrieb B2 können sich auch untereinander ersetzen, obwohl sie von einer anderen Bauart sind.

Auch andere Strukturierungen der Anlagen, z. B. mit den Ebenen Produktionskomplex, Hauptgruppe, Gruppe und Einheit, lassen sich in der Datenstruktur abbilden.[376]

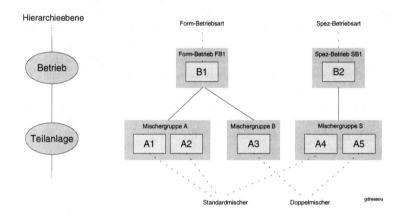

Abbildung 57: Graphische Darstellung des Beispiels für Ressourcenstrukturen

4.3.2 Sonstige Ressourcen

Neben den Anlagen sind auch die sonstigen für die Produktion notwendigen Produktionsfaktoren zu berücksichtigen. Produktionslogistisch relevant sind solche Faktoren insbesondere dann, wenn sie bei der Planung aufgrund möglicher Kapazitätsengpässe oder wenn sie als Einzelkosten bei der Kalkulation berücksichtigt werden müssen. Weitere Ressourcen sind beispielsweise Personal und nicht-stationäre Vorrichtungen wie die bereits eingeführten Behälter. Im Vergleich zur stückorientierten Fertigung spielen diese, außer dem Personal, für die Produktionsdurchführung meist eine untergeordnete Rolle.[377]

---

[376] vgl. Packowski 96, S. 163ff. Ein weiterer Vorschlag zur Strukturierung ist zu finden in Sutter 76, S. 62ff.

[377] vgl. auch Kölbel/Schulze 67, S. 73.

Für die sonstigen Ressourcen können eigene Datenstrukturen angelegt werden. Sie lassen sich aber auch in den in Abbildung 55 gezeigten Datenstrukturen abbilden, selbst wenn eine wie für die Anlagen gezeigte detaillierte Darstellung nicht erforderlich ist. Für den Typ Personal können die eingeführten Konstrukte wie folgt interpretiert werden:

- Die Art repräsentiert die Qualifikationsprofile von Mitarbeitern, z. B. Schichtführer, Anlagenführer, Einrichter, etc.
- Die Gruppe ist als ein Team von Mitarbeitern zu verstehen.
- Mit der Ressourcenebene und der Ressourcenstruktur kann die Gliederung der Mitarbeiter mit Verantwortungsbereichen und Berichtswegen bzw. Weisungswegen abgebildet werden. Falls eine Matrixorganisation dargestellt werden soll, können die Beziehungstypen Ressourcenstruktur und Ressourcengruppenstruktur mit Hilfe eines Strukturtyps zu Dreifachbeziehungstypen erweitert werden.
- Bei einer Einzelressource handelt es sich um einen konkreten Mitarbeiter in der Produktion. Es ist nicht unbedingt erforderlich, daß bei dem Ressourcentyp Personal bis auf Einzelressource detailliert wird, meist reicht eine Auflösung auf Gruppenebene. In diesem Fall ist die Anzahl der Mitarbeiter als Kapazitätsangabe im Typ Ressourcengruppe aufzunehmen.

Auch der Ressourcentyp Behälter läßt sich prinzipiell mit der Datenstruktur abbilden, wobei in Abbildung 42 nur die Konstrukte Einzelressource und Gruppe genutzt wurden. Eine Differenzierung zwischen Gruppe und Art wurde nicht vorgenommen. Unter einer Art könnten alle technisch gleichartigen Behälter zusammengefaßt werden, während eine Gruppe beispielsweise die in einem Betrieb vorzufindenden Behälter enthält. Ein Gliederung über mehrere Ebenen ist für den Ressourcentyp Behälter nicht erforderlich.

4.3.3 Ressourcenkapazität

Für die Disposition sind neben den eigentlichen Ressourcendaten auch deren potentielle Kapazitäten von Bedeutung. Die Kapazität bezieht sich dabei einerseits auf die Leistungsfähigkeit einer Ressource und andererseits auf deren zeitliche Verfügbarkeit.

4.3.3.1 Leistungsfähigkeit von Ressourcen

Die Leistungsfähigkeit kann in Abhängigkeit vom Ressourcentyp durch unterschiedliche Angaben zu spezifizieren sein. So wurden bereits für die Behälter und die Lagerplätze in Abbildung 42 Kapazitätsdaten eingeführt. Die Angaben bezogen sich auf die Größe der Behälter sowie auf die Größe der Stellfläche. Die Kapazität einer Verrohrung läßt sich durch den Durchmesser bzw. durch den Durchsatz pro Zeiteinheit ausdrücken. Beim Ressourcentyp Anlagen kann die Leistungsfähigkeit vom Merkmal Prozeßablauf abhängen. So lassen sich kontinuierlich betriebene Anlagen, wie aus Abbildung 13 ersichtlich, mit einem Rohr vergleichen, so daß hier üblicherweise Angaben zum Durchsatz pro Zeiteinheit adäquat sind. Es kann sich als problematisch erweisen, daß der Durchsatz nicht in einer allgemeinen Einheit angegeben werden kann, sondern von den Materialeigenschaften des Produkts abhängt. Sinnvoll ist eine Normierung des Durchsatzes auf eine Materialspezifikation. Gegebenenfalls sind dann

Formeln für die Berechnung zu hinterlegen.[378] Bei diskontinuierlich betriebenen Anlagen ergibt sich die Leistungsfähigkeit ähnlich wie bei den Behältern meist aus dem Volumen oder dem maximalen Fassungsgewicht.

Bei der Definition der Leistungsfähigkeit einer Ressource ist prinzipiell zu unterscheiden, ob eine Ressource nur exklusiv oder ob sie gleichzeitig in mehreren Produktionsprozessen genutzt werden kann.[379] Exklusive Nutzung ist kennzeichnend für Anlagen, da diese in der Regel nur von einer Charge gleichzeitig belegt werden können. Hier ergibt sich die Frage nach der Nutzung der Ressource zu einem Zeitpunkt als binäre Entscheidung. Dagegen kann ein Mitarbeiter gleichzeitig mehrere Chargen in unterschiedlichen Anlagen fahren, zentrale Servicefunktionen wie Dampf, Strom, Wasser können mehrere Produktionsprozesse gleichzeitig beliefern, oder Ladeeinrichtungen können mehrere Produktionsprozesse gleichzeitig bedienen.[380] In diesen Fällen kann die Nutzung der Ressource zu einem Zeitpunkt beispielsweise prozentual oder in diskreten Schritten wie Anzahl bedienter Prozesse beschrieben werden.

4.3.3.2 Zeitliche Verfügbarkeit von Ressourcen

Die zeitliche Verfügbarkeit der Ressourcen bezieht sich auf den Zeitraum, in dem die Ressource potentiell für die Produktion bereitsteht. Die zeitliche Verfügbarkeit wird von der Arbeitszeitregelung des Unternehmens und von technischen Restriktionen bezüglich des Zustands der Anlagen beeinflußt. Diese Restriktionen betreffen z. B. die Wartung und Instandhaltung der Anlagen, das Um- und Aufrüsten der Anlage, etc. Determinierbare Ereignisse wie z. B. eine Produktumstellung können detailliert in der Kapazitätsbetrachtung der Disposition berücksichtigt werden.

Bei der Abbildung der zeitlichen Verfügbarkeit muß prinzipiell zwischen zwei Formen der Zeitbetrachtung unterschieden werden. Einerseits kann die Kapazität in Periodenrastern angegeben werden, beispielsweise in Stunden pro Tag oder Stunden pro Woche.[381] Das Periodenraster stellt dabei die kleinste differenzierbare Zeiteinheit dar. Die tatsächlichen Zeitpunkte innerhalb einer Periode sind dabei nicht bekannt.

Andererseits kann die Zeit kontinuierlich betrachtet werden, so daß genaue Zeitpunkte der Verfügbarkeit bekannt sind. Die kontinuierliche Zeitbetrachtung ist aufwendiger, kann aber jederzeit in eine Rasterbetrachtung überführt werden. Für grobe Dispositionen sind Zeitrasterbetrachtungen durchaus ausreichend. Bei Detailplanungen, insbesondere wenn Auftragsreihenfolgen festgelegt werden sollen, wird allerdings eine kontinuierliche Zeitbetrachtung benötigt.

Die reguläre zeitliche Verfügbarkeit ergibt sich aus dem Schichtplan des Unternehmens. Im Schichtplan ist festgehalten, an welchen Tagen wie viele Schichten gefahren werden, wann die Schichten beginnen und wann Pausen stattfinden. Die Festlegung des Schichtplans kann

---

[378] vgl. auch Abschnitt 'Quantifizierung von Material', S. 91.

[379] vgl. Loos 95a, S. 220f.

[380] Ein Beispiel für die Ressource Personal wird gegeben in Blume/Gerbe 94.

[381] Die weiteren Ausführungen zur Arbeitszeitregelung sind angelehnt an Loos 92, S. 129ff.

über sogenannte Schichtmodelle erfolgen. Ein Schichtmodell enthält die komplette Arbeitszeitregelung für einen Zyklus, in dem ein Schichtplan wiederholt wird. Meist ist dies der Wo-
chenrhythmus, doch können auch andere Rhythmen definiert werden. Abbildung 58 zeigt die
Datenstrukturen für ein Schichtmodell. Dem Entitytyp Schichtmodell werden ein oder mehrere Zyklustage zugeordnet. Die Schichtregelung eines Modells kann sich beispielsweise wö-
chentlich, zweiwöchentlich oder zehntägig wiederholen. Für jeden Tag des Zyklus wird dem
Typ Schichtmodell eine Instanz von Zyklustag zugeordnet. Die Länge eines Schichtzyklus
ergibt sich aus der Anzahl der Beziehungen des Typs Schichtzyklustagzuordnung. Einem Zyklustag können mehrere einzelne Schichten zugeordnet werden. Wird keine Schicht zugeordnet, so handelt es sich um einen freien Tag, z. B. Samstag oder Sonntag. Der Entitytyp Schicht
besitzt die Attribute Beginn und Dauer. Beginn gibt die Uhrzeit des Schichtbeginns, Dauer die
Länge der Schicht wieder. Einer Schicht können mehrere Pausen zugeordnet werden. Der Entitytyp Pause spezifiziert über das Attribut PBeginn mit der Dimension Stunde den relativen
Beginn einer Pause nach dem Schichtbeginn sowie mit dem Attribut PDauer die Länge der
Pause. Integritätsbedingung <1.1> der Zuordnung Schichtpause stellt sicher, daß keine Pausen
nach dem Schichtende zugeordnet werden können, Bedingung <1.2> und <1.3>, daß sich die
Pausen einer Schicht nicht überlappen.[382]

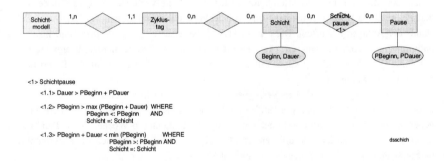

<1> Schichtpause

<1.1> Dauer > PBeginn + PDauer

<1.2> PBeginn > max (PBeginn + Dauer)   WHERE
        PBeginn <: PBeginn   AND
        Schicht =: Schicht

<1.3> PBeginn + Dauer < min (PBeginn)   WHERE
        PBeginn >: PBeginn AND
        Schicht =: Schicht   dsschich

Abbildung 58: Datenstruktur zum Schichtmodell

Der Einsatz von Schichtmodellen zur Planung der Ressourcenverfügbarkeit unterliegt einigen
Restriktionen, die bei der Anwendung zu berücksichtigen sind:

• Es besteht ein Trend zur Flexibilisierung der Arbeitszeit mit individuellen Zeitkonten für
  die Mitarbeiter. Dadurch entfallen starre Zeitmuster und es ist nicht vorhersagbar, wann ein
  Mitarbeiter tatsächlich seine Tätigkeit ausführt. Somit wird eine Planung aufgrund der un-
  sicheren Basis erschwert. Trotzdem stellt dies aber aus Sicht der Disposition eher eine Ver-

---

[382] Im Gegensatz zu Loos 92, S. 130 kann ein Zyklustag mehrere Schichten umfassen. Dies kommt der um-
       gangssprachlichen Bedeutung einer Schicht näher. Ansonsten muß beispielsweise bei einem Zweischichtbe-
       trieb eine 16-stündige Schicht definiert werden.

einfachung dar, da sich die Anwesenheitszeiten nach dem Kapazitätsbedarf richten. So führt beispielsweise ein zehnstündiger Bedarf an einem Tag nicht unbedingt zu Kapazitätsengpässen und andererseits ein sechsstündiger Bedarf nicht automatisch zu Leerkapazitäten. Mit den flexiblen Arbeitszeitmodellen geht meist auch eine Selbststeuerung der verantwortlichen Mitarbeiter einher, so daß die Notwendigkeit einer informationssystemgestützten Kapazitätsprognose abnimmt.[383] Selbstverantwortliche Gruppenarbeit, die zunächst eher in der stückorientierten Fertigung erprobt wurde, wird zunehmend auch in der chemischen Industrie angestrebt.

- Aufgrund der schlechten Unterbrechbarkeit der Produktionsprozesse in der chemischen Industrie und langen Prozeßlaufzeiten werden die Anlagen nach Möglichkeit rund um die Uhr gefahren.[384] Bei kontinuierlich betriebenen Anlagen ist dies die Regel, aber auch bei Chargenprozessen überwiegt ein 24-Stunden-Betrieb. Ein weiterer Grund liegt auch in der anlagen- und materialintensiven Produktion, so daß die direkten Arbeitskosten, die durch Schichtzulagen erhöht werden, im Vergleich zur stückorientierten Fertigung weniger bedeutsam sind. Durch einen 24-Stunden-Betrieb wird das Problem der genauen Schichtzeiten tendenziell reduziert.

Trotzdem ist es oft notwendig, für die kurzfristige Planung genaue Schichtzeiten zu kennen. Es stellt sich die Frage, wie die Schichtzeiten den Ressourcen zugewiesen werden können. In der Regel werden die Zeiten der Verfügbarkeit den Maschinen bzw. den Anlagen zugeordnet. Dies führt zu einer Modellvereinfachung, da die Anlagen permanent verfügbar sind und mit den Verfügbarkeitsangaben indirekt die Personalkapazität abgebildet wird. Ein solches Ressourcenmodell ist allerdings für Feinplanungsaufgaben zu grob. So können automatisierte Systeme auch unabhängig vom Personal in sogenannten bedienerlosen Schichten laufen. Bei der Mitarbeiterkapazität muß nach der Art der Mitarbeitertätigkeit differenziert werden. So ist es durchaus üblich, daß die Anlagenbedienung im Dreischichtbetrieb arbeitet, das Umrüsten der Anlagen aber von anderen Mitarbeitern durchgeführt wird, die im Einschichtbetrieb arbeiten.[385] Aus diesem Grund werden in Abbildung 59 die Schichtmodelle allgemein den Ressourcen zugeordnet, so daß eine konkrete Anwendung der Schichtmodelle fallweise für die entsprechenden Typen von Ressourcen erfolgen kann. Die Schichtmodellzuordnung erfolgt sowohl zu den Einzelressourcen als auch zu den Ressourcengruppen. Eine Zuordnung zur Ressourcengruppe ist notwendig, falls, wie etwa bei Personal, keine Einzelressourcen gepflegt werden. Der Beziehungstyp Grundzeit verbindet die Schichtmodelle mit den Ressourcengruppen oder den Einzelressourcen und mit dem Entitytyp Zeitpunkt über die Kanten Anfang und

---

[383] vgl. Scherer 96.

[384] vgl. Merkmal Unterbrechbarkeit, S. 60.

[385] In einem in Allweyer/Loos/Scheer 94 untersuchten Betrieb liegt diese Situation vor. Erschwerend kommt dort hinzu, daß die Einrichter, die die Umrüstung der Anlagen vornehmen, zu dem Wartungspersonal gehören und damit nicht der Verantwortung der Produktionsbetriebe unterstehen. Das hat zur Folge, daß in der Regel zwar keine zeitlichen Personalrestriktionen für den Betrieb laufender Produktionsprozesse berücksichtigt werden müssen, solche Restriktionen allerdings beim Produktionswechsel greifen. Eine Planung der Ressource Wartungspersonal ist aber für die Verantwortlichen der Produktion nicht möglich. Im Sinne der auf Seite 124 angesprochenen Integration wäre es zweckmäßig, das Wartungspersonal dem Produktionsbereich zuzuordnen.

Ende. Dadurch können den Ressourcen im Zeitablauf unterschiedliche Schichtmodelle zugeordnet werden. Ein Schichtmodell kann für beliebig viele Ressourcen zu beliebigen Zeitpunkten Gültigkeit besitzen. Ist für eine Ressource zu einem Zeitpunkt kein Schichtmodell zugeordnet, so gilt für die Ressource keine zeitliche Beschränkung. Integritätsbedingung <1> gibt die funktionalen Abhängigkeiten des Beziehungstyps wieder und stellt sicher, daß der Anfangszeitpunkt einer Zuordnung kleiner als der Endzeitpunkt ist.

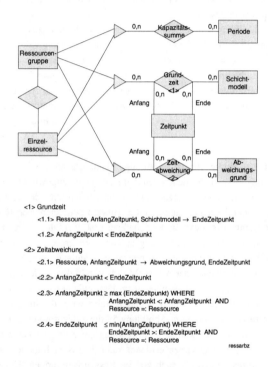

<1> Grundzeit

    <1.1> Ressource, AnfangZeitpunkt, Schichtmodell → EndeZeitpunkt

    <1.2> AnfangZeitpunkt < EndeZeitpunkt

<2> Zeitabweichung

    <2.1> Ressource, AnfangZeitpunkt → Abweichungsgrund, EndeZeitpunkt

    <2.2> AnfangZeitpunkt < EndeZeitpunkt

    <2.3> AnfangZeitpunkt ≥ max (EndeZeitpunkt) WHERE
            AnfangZeitpunkt <: AnfangZeitpunkt AND
            Ressource =: Ressource

    <2.4> EndeZeitpunkt ≤ min(AnfangZeitpunkt) WHERE
            EndeZeitpunkt >: EndeZeitpunkt AND
            Ressource =: Ressource

ressarbz

Abbildung 59: Datenstruktur zu Ressourcenarbeitszeiten

Anpassungen an kurzfristige Arbeitszeitschwankungen, z. B. für Sonderschichten oder Überstunden, könnten durch Änderungen der Schichtmodelle bzw. durch Änderungen der Zuordnung erfolgen. Es ist jedoch sinnvoll, diese kurzfristigen Schwankungen von den Grundarbeitszeiten zu trennen, da die Grundzeiten eher den Charakter von Stammdaten aufweisen. Dafür wird der Beziehungstyp Zeitabweichung eingeführt. Er stellt eine Beziehung zwischen Ressourcen, den Anfangs- und Endzeitpunkten sowie dem Entitytyp Abweichungsgrund dar. Über den Abweichungsgrund können sowohl Abweichungen mit kapazitätserhöhender Wirkung, beispielsweise Überstunden, als auch Abweichungen mit kapazitätsvermindernder Wirkung, z. B. Instandhaltung, formuliert werden. Integritätsbedingung <2.1> legt über funktionale Abhängigkeiten fest, daß einer Ressource zu einem Zeitpunkt nur eine Abweichung zugeordnet werden kann. Weiterhin wird durch <2.3> und <2.4> sichergestellt, daß sich Abweichungen einer Ressource zeitlich nicht überlappen können.

Da die Zeitabweichungen jeweils ressourcenindividuelle Regelungen enthalten, ist es zweckmäßig, allgemein gültige Regelungen für Abweichungen vom normalen Schichtplan pflegen zu können. Dies ist beispielsweise für Feiertage notwendig, die auf einen normalen Wochentag fallen. Dafür kann ein Entitytyp Feiertag eingeführt werden, der zu keinem Beziehungstyp Kanten aufweist, da die Instanzen prinzipiell für alle Ressourcen gelten sollen.[386]

Aus den drei genannten Möglichkeiten für Zeitangaben leitet sich die effektive Arbeitszeit einer Ressource wie folgt ab:
1. Die höchste Priorität besitzt die Zeitabweichung. Liegt ein gesuchter Zeitpunkt in der Dauer einer Abweichung für eine Ressource, so gilt die Aussage des Abweichungsgrundes.
2. Ist keine entsprechende Abweichung definiert, so wird aufgrund eines Entitytyps Feiertag ermittelt, ob dieser Tag als arbeitsfrei definiert ist. Der Entitytyp Feiertag enthält alle generell arbeitsfreien Tage als Instanzen und weist keine Beziehungen zu anderen Typen auf.
3. Aufgrund der Beziehung Grundzeit kann über das Schichtmodell die exakte Arbeitszeitregelung für die Ressource ermittelt werden. Eine Schicht, die über die Tagesgrenze um Mitternacht hinausläuft (z. B. von 22.00 Uhr bis 6.00 Uhr), wird üblicherweise komplett zum ersten Tag gezählt. Läuft beispielsweise eine Nachtschicht in einen Feiertag hinein, wird für die komplette Schicht Arbeitszeit zur Verfügung gestellt. Dies bedingt ein gemeinsames Überprüfen der Stufen 2 und 3.

Mit einer derart feinen Arbeitszeitregelung kann eine detaillierte Planung durchgeführt werden. Die Zuordnung zu Ressourcen wird daher im allgemeinen auf Ebene der Teilanlagen bzw. auf Ebene der Teams erfolgen. Für die Grobplanung ist es gleichzeitig sinnvoll, aggregierte Kapazitätsdaten für die höheren Ebenen zur Verfügung zu stellen, insbesondere für den Ressourcentyp Anlage, z. B. auf Ebene der Betriebe oder Produktbereiche.[387] Prinzipiell können bei einer hierarchischen Struktur die Kapazitäten der oberen Ebenen durch Addition der unteren Ebenen approximiert werden. Bei netzartigen Strukturen müssen zusätzlich die Kapazitätsdaten bei der Aggregation über eine Aufschlüsselung verteilt werden. Ein solcher Verteilungsfaktor kann beispielsweise als Attribut in die Beziehung Ressoucengruppenstruktur in Abbildung 55 aufgenommen werden.
Eine Aggregation kann bei Bedarf dynamisch erfolgen oder in die Datenstrukturen aufgenommen werden. Da sich für aggregierte Kapazitäten ein Zeitmodell mit Periodenraster besser eignet, wurden in Abbildung 59 entsprechende Strukturen beispielhaft aufgenommen. Der Entitytyp Periode enthält für jede einzelne Periode eine Instanz, z. B. für jede Kalenderwoche. Dabei ist es sinnvoll, für alle Ressourcen mit einem einheitlichen Periodenraster zu arbeiten. Der Beziehungstyp Kapazitätssumme enthält pro Ressource und Periodeneinheit die Summe des Kapazitätsangebotes, beispielsweise in Stunden. Durch die eigenen Strukturen kann auch

---

[386] Instanzen von Beziehungstypen stellen Verbindungen von einzelnen Entities dar. Verbindungen zu einzelnen Ressourcen sollen aufgrund der Allgemeingültigkeit der Feiertage nicht dargestellt werden.

[387] Zu Grobplanung mit verdichteten Daten vgl. z. B. Scheer 95, S. 507ff und Wittemann 85.

das grobe Kapazitätsangebot unabhängig von der detaillierten Arbeitszeitregelung gepflegt werden, so daß auch unabhängig von einem Verdichtungsalgorithmus gearbeitet werden kann. In diesem Fall ist aber zu bedenken, daß durch die nicht automatisch aufeinander abgestimmte Redundanz leicht Inkonsistenzen auftreten können.

Bei Maßnahmen zur Instandhaltung der Anlagen können diese in der Regel nicht weiter betrieben werden, so daß die Wartungsaktivitäten die Kapazität reduzieren. Werden reaktive Wartungsmaßnahmen aufgrund akuter Störungen durchgeführt, so sind diese als stochastische Ereignisse nur schwer zu planen. Sie können beispielsweise über Abschläge näherungsweise berücksichtigt werden. Vorbeugende Wartungsarbeiten können dagegen recht gut geplant werden. Die kapazitätsvermindernden Zeiten können recht einfach als Zeitabweichungen mit dem Abweichungsgrund Wartung in die Strukturen aus Abbildung 59 aufgenommen werden. Eine für die Disposition günstigere Abbildung kann allerdings über Wartungsaufträge erfolgen. Hierzu werden für die Wartungsmaßnahmen ebenso wie für die zu produzierenden Mengen Aufträge gebildet. Für das Modell bedeutet dies, daß die Wartungsmaßnahmen nicht das Kapazitätsangebot reduzieren, sondern den Kapazitätsbedarf erhöhen. Die Abbildung über Aufträge hat folgende Vorteile:

- Die Wartungsmaßnahmen müssen nicht wie Zeitabweichungen mit genauen Zeitangaben vorgegebenen werden, sondern können wie Produktionsaufträge mit frühestem Start- und spätestem Endtermin versehen werden. Anschließend können die Wartungsaufträge wie die Produktionsaufträge disponiert werden. So können die für die Produktion günstigen Wartungstermine leichter ermittelt und gegebenenfalls auch die Kapazitäten der für die Wartung noch benötigten sonstigen Ressourcen besser berücksichtigt werden.

- Die Wartungsaufträge können eine Beschreibung der Wartungsaufgaben enthalten. Dies gestattet eine prinzipiell gleiche Handhabung und Abwicklung wie Produktionsaufträge, was insbesondere dann positiv zu bewerten ist, wenn die Instandhaltung in die Produktion integriert ist.

5 Informationsstrukturen des Produktionssystems

Nach der Diskussion der Informationsstrukturen der Produktionsfaktoren und der Produkte stehen in diesem Kapitel die Strukturen des Produktionssystems im Mittelpunkt. Dies sind die Stammdaten der Erzeugnisstruktur und der Produktionsprozesse in Form der Rezepte.

5.1 Erzeugnisstruktur

In den Erzeugnisstrukturen ist hinterlegt, aus welchen Materialien ein Produkt hergestellt ist. Da die Erzeugnisstrukturen die Grundlage der Organisation der Produktionsabläufe darstellen, sind hierfür die verfahrenstechnischen Materialbeziehungen und nicht die chemisch-stofflichen Zusammensetzungen der Produkte relevant.[388] Damit gibt die Erzeugnisstruktur im produktionswirtschaftlichen Sinn die Beziehungen und die Verhältnisse von Produktionsinput in Form von Repetierfaktoren und Produktionsoutput in Form von Produkten wieder.

5.1.1 Klassische Stücklisten

Die Erzeugnisstrukturen können in verschiedenen Formen dargestellt werden, z. B. als

- Erzeugnisstrukturbaum,
- Gozintograph,
- Stückliste und
- Teileverwendungsnachweis.[389]

Erzeugnisstrukturbäume stellen in Form gerichteter Graphen die Zusammensetzung eines Produkts dar. Dabei repräsentieren die Knoten die Materialien und die Kanten die einzelnen Erzeugnisstrukturbeziehungen. Die Produktionskoeffizienten, die die benötigte Menge des untergeordneten Materials zur Herstellung einer Einheit des übergeordneten Materials angeben, werden üblicherweise, wie in Abbildung 60, an den Erzeugnisstrukturkanten angegeben.[390] Weiterhin kann die Vorlaufverschiebung zwischen dem Input- und dem Outputmaterial angegeben werden. Die Vorlaufverschiebung ist als die Zeitdauer definiert, die zwischen der Fertigstellung des Outputmaterials und der Bereitstellung des Inputmaterials liegen muß.[391] Sie sind in Abbildung 60 mit der Kennung VLV auch an den Kanten abgetragen.

---

[388] vgl. hierzu auch Fußnote 321, S. 103.

[389] Eine detaillierte Darstellung der Stücklistenverwaltung und deren informationstechnischen Umsetzung ist beispielsweise zu finden in Scheer 95, S. 99ff., Schönsleben 93, S. 82ff., Kurbel 95, S. 61ff. und Mertens 95, S. 135ff.; unter Berücksichtigung objektorientierter Modellierungsmethoden vgl. z. B. Heß 93, S. 111ff., Kränzle 95, S. 137ff und Bücker 96.

[390] Produktionskoeffizienten stellen somit die Maßgrößen der Verbrauchsfaktoren dar, vgl. Steffen 73, S. 35.

[391] Die Vorlaufverschiebung errechnet sich aus der Durchlaufzeit des Outputmaterials und der Vorlaufzeit des Inputmaterials. Üblicherweise werden die Werte getrennt angegeben und die Vorlaufverschiebung wird jeweils errechnet, vgl. Scheer 95, S. 139f. Dagegen wird hier aus Vereinfachungsgründen direkt die Vorlauf-

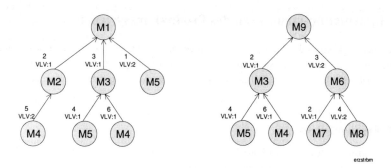

Abbildung 60: Erzeugnisstrukturbaum

Wird eine Erzeugnisstruktur so dargestellt, daß zur Vermeidung von Redundanzen jedes Material nur einmal als Knoten vorkommt, so ergibt sich ein **Gozintograph**.[392] Dadurch lassen sich mehrere Erzeugnisbäume übersichtlich in einem Gozintographen zusammenführen, wie in Abbildung 61 dargestellt. Eine Gozintographdarstellung kann auf alle Produkte erweitert werden, so daß bei starker Produktionsverflechtung gegebenenfalls alle Materialien in einem Graphen zusammengeführt sein können.

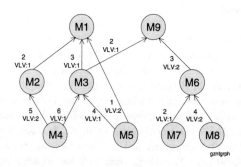

Abbildung 61: Gozintograph

Die **Stücklisten** stellen tabellarische Auflistungen der Materialkomponenten eines Produkts dar. Hierbei kann nach der Tiefe der Komponentenangaben sowie nach der Art der Men-

---

verschiebung angegeben. Zur Berechnung terminierter Bedarfe im Gozintographen vgl. auch Müller-Merbach 68.

[392] Der Terminus Gozinto geht zurück auf Vaszonyi 62, S. 385ff.

genangaben unterschieden werden. Abbildung 62 zeigt die Stücklisten zu dem Produkt M1 des Erzeugnisstrukturbaums aus Abbildung 60. Bei Baukastenstücklisten werden nur die direkt eingehenden Materialien mit Produktionskoeffizient und gegebenenfalls mit der Vorlaufverschiebung angegeben. Bei Strukturstücklisten werden zu jeder Komponente jeweils erneut die untergeordneten Komponenten einschließlich Produktionskoeffizient aufgeführt. Damit stellt die Strukturstückliste die tabellarische Form eines Erzeugnisstrukturbaums dar. Die Übersichtsstückliste führt alle unmittelbaren oder mittelbaren Komponenten nur einmal auf und kumuliert für jede Position alle unmittelbaren oder mittelbaren Produktionskoeffizienten. Vorlaufverschiebungen können hier nicht sinnvoll angegeben werden. **Teileverwendungsnachweise** sind wie die Stücklisten tabellarische Aufstellungen, allerdings mit der entgegengesetzten Blickrichtung. Hierzu wird dargestellt, in welche Produkte oder Zwischenprodukte ein Material eingeht. Wie bei der Stückliste können auch für Teileverwendungsnachweise die Sichten Baukasten, Struktur und Mengenübersicht unterschieden werden.

Da die Stückliste die in der betrieblichen Praxis am häufigsten benutzte Form der Erzeugnisstruktur ist, wird der Begriff Stückliste oder Stücklistenwesen meist ganz allgemein für den gesamten Bereich der Erzeugnisstrukturverwaltung verwendet, so z. B. auch als Oberbegriff für die Verwaltungsfunktionen in PPS-Systemen.

Baukastenstückliste M1				Strukturstückliste M1				Übersichtsstückliste M1		
Pos.	*Material*	*Menge*	*VLV*	*Pos.*	*Material*	*Menge*	*VLV*	*Pos.*	*Material*	*Menge*
1.	M2	2	1	1.	M2	2	1	1.	M2	2
2.	M3	3	1	1.1	M4	5	2	2.	M3	3
3.	M5	1	2	2.	M3	3	1	3.	M4	28
				2.1	M5	4	1	4.	M5	13
				2.2	M4	6	1			
				3.	M5	1	2			

Abbildung 62: Stücklistenarten

Die Verwaltung von Stücklisten benötigt die Materialdaten. Wie diese gehören die Stücklisten zu den Stammdaten der Produktionsplanungs- und Steuerungssysteme. Für die Abbildung von Stücklisten in Informationssystemen wird meist eins der folgenden Verfahren gewählt:[393]

• Abbildung der Gozintographkanten
  In Anlehnung an den Gozintographen werden, wie in Abbildung 63a gezeigt, die Kanten als rekursiver Beziehungstyp zu dem Entitytyp Material angelegt.[394] Dies ist informationstechnisch eine elegante Lösung, da durch die direkte Abbildung des Gozintographen ein

---

[393] Da die effiziente Verwaltung von Stücklisten mit einfacher Dateiorganisation ein nicht-triviales Problem ist, wurde frühzeitig spezielle Systeme zur Verwaltung von Stücklisten entwickelt, die sogenannten BOM (Bill of Materials)-Prozessoren. Diese können als Vorstufe kommerzieller Datenbankmanagementsysteme angesehen werden.

[394] wie z. B. bei Scheer 95, 99ff. und Kurbel 95, S. 61ff.

Graph vorliegt, der algorithmisch gut verarbeitet werden kann, z. B. für die Auflösung, zu Mengenberechnungen oder für Zyklusprüfungen.

- Abbildung über Stücklistenobjekte
  Hierzu wird ein Entitytyp Stückliste eingeführt, der über den Beziehungstyp Materialstückliste mit dem Material verbunden ist.[395] Eine Stückliste ist eindeutig einem Material zugeordnet. Die einzelnen Komponenten der Stückliste werden, wie in Abbildung 63b darstellt, durch den Beziehungstyp Stücklistenposition als Verbindung zwischen dem Typ Material und dem Typ Stückliste dargestellt. Die Kardinalitäten sind hier jeweils (0,n). Falls nur nicht-leere Stücklisten zugelassen sein sollen, ist die Kardinalität zwischen Stückliste und Stücklistenposition (1,n). Der Typ Stückliste stellt eine Baukastenstückliste dar. Eine solche Struktur ist etwas mächtiger als der rekursive Beziehungstyp. So können beispielsweise durch Änderung der Kardinalität auf (0,n) zwischen Materialstückliste und Material relativ einfach mehrere Stücklisten pro Material zugelassen werden, wohingegen die rekursive Struktur aus Abbildung 63a zu einem Dreifachbeziehungstyp mit einem neuen Entitytyp Stücklistenart erweitert werden müßte. Vorteile hat diese Struktur gegebenenfalls bei Transaktionsprozessen, da Erzeugnisstrukturen in der Regel als Baukastenstücklisten verwaltet werden und durch den Typ Stückliste die Zugriffsobjekte einer Transaktion einfacher zu identifizieren sind.

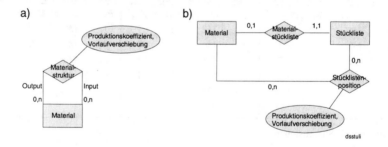

Abbildung 63: Datenstruktur für Stücklisten

Letztlich sind beide Datenstrukturen nicht grundsätzlich verschieden, da auch die zweite Form eine um den Entitytyp Stückliste „verlängerte" Rekursion darstellt.

Der **Produktionskoeffizient** wird in der Regel als Zahl ohne explizite Dimension angegeben. Zu interpretieren ist der Koeffizient als Verhältniszahl von [ME Input] / [ME Output]. Daraus folgt, daß die Materialien jeweils eine feste Standardmaßeinheit besitzen. Die Standardmaßeinheit kann pro Material durchaus unterschiedlich sein und als Attribut des Entitytyps Material gepflegt werden.[396] Abbildung 64a zeigt ein entsprechendes Beispiel. Die Produktions-

---

[395] wie z. B. bei Schönsleben 93, S. 82ff.

[396] Dies ist in der Prozeßindustrie weit verbreitet, vgl. auch Appoo 87.

koeffizienten sind als Bedarf von 1,6 l Input M2 pro kg Output M1 sowie 40 g Input M3 pro kg Output M1 zu verstehen. Allerdings kann die Standardmaßeinheit eines Materials bei dieser Art der Mengenangabe nur dann geändert werden, wenn alle mit dem Material zusammenhängenden Stücklistenkanten modifiziert werden.

Alternativ hierzu können die Koeffizienten direkt mit Dimensionsangaben versehen werden. Der Gozintograph in Abbildung 64b zeigt das modifizierte Beispiel. Man sieht, daß der Koeffizient um die Angaben [ME Input] / [ME Output] erweitert wurde. Die Angabe kann als Attribut Mengeneinheitsverhältnis den Beziehungstypen Materialstruktur bzw. Stücklistenposition in Abbildung 63 zugeordnet werden. In diesem Fall sind keine unmittelbaren Standardmaßeinheiten für das Material notwendig. Es ist jedoch erforderlich, daß die Mengeneinheiten in den Mengeneinheitsverhältnissen mit den sonstigen Mengeneinheiten des Materials, z. B. für den Materialbestand, kompatibel sind. Dies ist möglich, wenn beide der gleichen physikalischen Größe angehören, z. B. kg und t, so daß sie über SI-Formeln, wie in Abbildung 32, angepaßt werden können. Falls die Angaben nicht in der gleichen physikalischen Größe vorliegen, muß die Umrechnung über spezifische Formeln erfolgen. Um die Mengenverrechnung aber nicht zu verkomplizieren, ist es empfehlenswert, pro Material wenigstens für produktionslogistische Aufgaben standardmäßig eine physikalische Größe festzulegen und als Attribut in dem Entitytyp Material aufzunehmen.

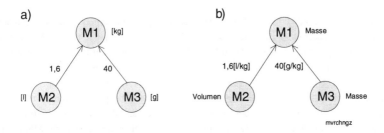

Abbildung 64: Mengenverrechnung im Gozintographen

Mit der bisher beschriebenen Art von Stücklisten können die Anforderungen der stückorientierten Fertigung abgedeckt werden. Aufgrund der besonderen typologischen Merkmalsausprägungen zeigen sich jedoch für deren Anwendung in der chemischen Industrie einige Schwachstellen. Dies betrifft insbesondere folgende speziellen Anforderungen, die im folgenden näher betrachtet werden:

- Variable Mengenverhältnisse der Inputmaterialien
- Variable Strukturverhältnisse der Inputmaterialien
- Stochastische Angaben bei den Beziehungen
- Kuppelprodukte
- Zyklische Materialbeziehungen
- Mengenverrechnungen

5.1.2 Variable Produktionskoeffizenten

Variable Mengenverhältnisse ergeben sich aus den Merkmalen Materialeinsatzelastizität und Ausbringungselastizität. Die Definition der Produktionskoeffizienten läßt üblicherweise aber nur starre Mengenverhältnisse zu.[397]

Variabilität kann im einfachsten Fall durch Erweiterung der einzelnen Koeffizientenwerte um statistische Angaben erreicht werden, z. B. über minimalen und maximalen Koeffizientenwert, den durchschnittlichen Wert oder sonstige Angaben zur Verbrauchsstatistik. Ebenso können hier **stochastische Angaben** erfolgen. Diese sind aufgrund der nicht vollständigen Beherrschbarkeit der Produktionsprozesse notwendig, so daß der tatsächliche Verbrauch der Inputmaterialien schwankt und die Produktionskoeffizienten nicht eindeutig festgelegt werden können.[398]

Solche statistischen Werte könnten ohne größeren Aufwand als weitere Attribute in die Beziehungstypen Materialstruktur bzw. Stücklistenposition aufgenommen werden. Da sich aber entsprechend der Definition der Koeffizienten die Angaben auf eine Mengeneinheit des Output beziehen und somit Auswirkungen auf die Outputmenge nicht zulässig sind, wird in der Praxis die Bandbreite der Variation nicht allzu groß sein. Ein Anwendungsbeispiel sind hoch konzentrierte Bestandteile mit relativ geringen Gewichts- oder Volumenanteilen am Endprodukt, z. B. Farbpigmente, oder sonstige Bestandteile, deren Anteil nicht direkt mit der Outputmenge korreliert.

Deshalb ist es notwendig, für die **Mengenverrechnung** die Verhältnisse der verschiedenen Inputmaterialien zueinander zu beschreiben. Solche Angaben können z. B. über Prozentangaben pro Gozintographkante, wie in Abbildung 65a dargestellt, erreicht werden. Voraussetzung hierfür ist allerdings, daß alle Inputmaterialien und das Outputmaterial einheitenkompatibel zueinander sind. Dies kann, wie bereits bei den festen Koeffizienten erläutert, über gleiche Mengeneinheiten aller Materialien der Stückliste, über gleiche physikalische Größen aller Materialien der Stückliste oder über spezielle bzw. individuelle Umrechnungsformeln gewährleistet sein. Abbildung 65b zeigt ein entsprechendes Beispiel. Das Material M4, das normalerweise in l angegeben wird, muß für die Stücklistenbetrachtung in kg umgerechnet werden. Hierzu dient die dem Material M4 zugeordnete Formel. Typisch sind relative Angaben für Mischungen unterschiedlicher Materialien, wobei das Mischungsverhältnis dann beispielsweise in Abhängigkeit von den aktuellen Rohstoffpreisen kostenoptimal erfolgen kann. Oft ist die Bandbreite der Verhältnisse durch Bestandteile der Inputmaterialien determiniert, z. B. durch Wirkstoffgehalt oder durch Verunreinigungen, deren Grenzwerte durch Gesetze

---

[397] Produktionstheoretisch betrachtet bilden konventionelle Stücklisten Leontief-Produktionsfunktionen ab, da alle Mengenverhältnisse konstant sind. Es handelt sich also um limitationale Produktionsfunktionen für den Repetierfaktor Material, vgl. auch Müller-Merbach 81, S. 44, Zäpfel 91, S. 346 und Dyckhoff 92, S. 294. Auch Kilger führt aus, daß die Gozintomethode ein Spezialfall der Leontief-Funktionen ist, vgl. Kilger 73, S. 278f. Mit diesem Modell können zwar die Anforderungen der stückorientierten Branchen meist gut abgedeckt werden, es stellt aber für die chemische Industrie eine zu starke Simplifizierung dar. So hat beispielsweise auch die Produktionsfunktion von Typ A mit der Substituierbarkeit der Faktoren in der chemischen Industrie durchaus ihre Berechtigung, s. Fußnote 129, S. 35.

[398] vgl. auch Knolmayer/Scheidegger 82, S. 197.

und Marktvorgaben bestimmt werden.[399] Abbildung 65c zeigt ein Beispiel, bei dem sich Material M1 aus den beiden Inputmaterialien M2 und M3 zusammensetzt. Aussschlaggebend für das Verhältnis ist der Anteil des Bestandteils A. Er beträgt im Material M2 70% und im Material M3 30%. Im Outputstoff M1 soll der Anteil zwischen 40% und 45% betragen. Daraus ergibt sich folgender funktionaler Zusammenhang für die Menge x der Materialien M1, M2 und M3:

$$(1) \quad x_{M2} + x_{M3} = x_{M1}$$
$$(2) \quad 0,7\, x_{M2} + 0,3\, x_{M3} \geq 0,4\, x_{M1}$$
$$(3) \quad 0,7\, x_{M2} + 0,3\, x_{M3} \leq 0,45\, x_{M1}$$

Durch Umformen erhält man die prozentualen Produktionskoeffizienten. Der Anteil von M2 muß zwischen 25% und 37,5% liegen, entsprechend liegt der Anteil von M3 zwischen 62,5% und 75%.

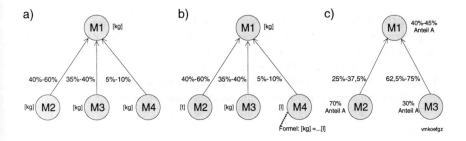

Abbildung 65: Variable Mengenkoeffizienten im Gozintographen

Als Anwendungsbeispiel prozentualer Koeffizientenangaben wurden bereits Mischungsprozesse genannt. Sie stellen die in der Regel rein physikalischen Prozeßtechnologien dar. Dabei muß unterstellt werden, daß die Mengen der Inputstoffe sich bezüglich des Outputstoffes addieren und es sich um Linearkombinationen handelt. Dies spiegelt sich beispielsweise in der linearen Gleichung (1) sowie in der impliziten Annahme wider, daß sich die Prozentangaben immer zu 100 addieren müssen. Bei chemischen Produktionsprozessen können aber aufgrund der stöchiometrischen Bedingungen Nichtlinearitäten auftreten und die Summe der volumen- oder gewichtsbezogenen Mengen der Inputmaterialien kann von der Menge des Output abweichen. Dies muß dann mit individuellen Formeln abgebildet werden.[400] Sind die Nichtlinearitäten nicht allzu groß, so ist es gegebenenfalls angemessen, in der Stückliste davon zu abstrahieren und aus Vereinfachungsgründen von Linearitäten auszugehen.[401]

---

[399] vgl. auch Müller-Merbach 81, S. 58ff.

[400] vgl. auch Hofmann 92.

[401] vgl. Sutter 76, S. 265.

5.1.3 Kuppelproduktion in Erzeugnisstrukturen

Die Kuppelproduktion zeichnet sich dadurch aus, daß in einem Produktionsprozeß mehrere Outputmaterialien anfallen.[402] Das Beispiel eines Kuppelproduktgraphen ist in Abbildung 66 dargestellt. Das Material M3 wird analytisch zerlegt und zwar in 80% Output M1 und 20% Output M2. Der Produktionskoeffizient zwischen M3 und M1 beträgt 1,25 und zwischen M3 und M2 ist er 5. Die Koeffizienten sind links der Kanten dargestellt.

Die Definition der Produktionskoeffizienten mit Mengeneinheit Input pro Mengeneinheit Output ist an der synthetischen Materialumsetzung orientiert. Die intuitive Betrachtungsweise analytischer Prozesse ist dagegen Output pro Input, so daß analytische Produktionskoeffizienten von 0,8 zwischen M3 und M1 und 0,2 zwischen M3 und M2 entstehen.[403] Allgemein ergibt sich der analytische Produktionskoeffizient APK als reziproker Wert des Produktionskoeffizienten PK, wobei sich die Dimension der Koeffizienten als Verhältnis der Mengeneinheiten ME von Input M_i und Output M_o ergeben. Es gilt:

$$(4) \qquad APK\,[ME_{Mo}\,/\,ME_{Mi}] \;=\; PK^{-1}\,[ME_{Mi}\,/\,ME_{Mo}]$$

Den analytischen Koeffizienten entsprechen auch die Prozentangaben der Aufteilung bei der oben angegebenen Beschreibung des Beispiels. Letztlich sind die Angaben aber immer überführbar, so daß eher praktische Überlegungen für die Verwendung von Produktionskoeffizienten oder von analytischen Koeffizienten im Vordergrund stehen.

Die analytischen Produktionskoeffizienten sind rechts der Kanten in Abbildung 66 dargestellt. Des weiteren sind in dem Graphen die Vorlaufverschiebungen abgetragen.

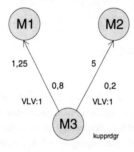

Abbildung 66: Kuppelproduktgraph

Durch die analytische Stoffumwandlung ist der Kuppelproduktgraph in Abbildung 66 kein Gozintograph im herkömmlichen Sinn, wie beispielsweise in Abbildung 61 dargestellt. Ein

---

[402] vgl. Abschnitt 'Materialumsetzung und Vergenz', S. 38ff.

[403] Zur umgedrehten Betrachtungsweise bei analytischer Stoffumsetzung vgl. auch Fußnote 169, S. 45. Zur Definition von Produktionskoeffizienten in Abhängigkeit der Stoffumsetzung vgl. auch Müller-Merbach 81, S. 64 und Kränzle 95, S. 190f.

Kuppelproduktgraph kann als Kamsautov-Graph bezeichnet werden.[404] In Abbildung 61 be-deuten die Kanten vom Inputmaterial M3 zu den Outputmaterialien M1 und M9, daß eine Einheit von M3 entweder in M1 oder in M9 eingeht. Es wird also eine alternative Verwen-dung des Materials M3 beschrieben. Bei der Darstellung der Kuppelproduktion bedeuten die beiden Kanten, daß eine Mengeneinheit von Material M3 sowohl in M1 als auch gleichzeitig in M2 eingeht. Aus Sicht einer Inputeinheit sind die Kanten bei Kuppelproduktion folglich logisch AND-verknüpft, während sie bei dem herkömmlichen Gozintographen als XOR-verknüpft zu interpretieren sind.[405] Um Kuppelproduktion in den bisher diskutierten Stückli-stenstrukturen abzubilden, müssen sie deshalb von der alternativen Materialverwendung un-terschieden werden. Hierzu besteht die Möglichkeit, die Kuppelprodukte als solche explizit darzustellen oder die Kuppelproduktion über negative Produktionskoeffizienten aufzulösen und als vermeintlich synthetische Materialumsetzung abzubilden.

5.1.3.1 Auflösen von Kuppelproduktion

Bei der Möglichkeit, die Kuppelproduktion aufzulösen, werden Kuppelprodukte wie Input-stoffe behandelt und mit einem negativen Produktionskoeffizienten versehen.[406] Abbildung 67 zeigt die Überführung des Kuppelproduktgraphen aus Abbildung 66 in einen entsprechenden Gozintographen. Dieses Vorgehen impliziert allerdings, daß unter den Kuppelprodukten ein Hauptprodukt identifiziert wird und die restlichen Kuppelprodukte als Nebenprodukte zu in-terpretieren sind, die dann negative Produktionskoeffizienten erhalten.[407] In dem Beispiel von Abbildung 67 wird Material M1 als Hauptprodukt betrachtet.

Als Input gehen 1,25 Mengeneinheiten M3 und -0,25 Mengeneinheiten M2 in eine Einheit M1 ein. Material M2 ist, erkennbar an der Richtung der Strukturkante, als Inputmaterial der Stückliste definiert. Die negativen Produktionskoeffizienten sind neu zu berechnen, da die Kanten nicht mehr zwischen dem aufzuspaltenden Stoff und den Kuppelprodukten, sondern zwischen den Nebenprodukten und dem Hauptprodukt dargestellt werden. Der negative Pro-duktionskoeffizient NPK errechnet sich aus dem Verhältnis zwischen dem Produktionskoeffi-zienten PK vom verbleibenden Input M_i zum Hauptprodukt M_h und dem ursprünglichen Pro-duktionskoeffizienten PK vom verbleibenden Input M_i zum betrachteten Nebenprodukt M_n. Es gilt:

---

[404] vgl. Dyckhoff 92, S. 219. Namensähnlichkeiten der Kamsautov-Graphen mit einem eventuell existierenden russischen Mathematiker wären rein zufällig.

[405] Küpper spricht bei Kuppelproduktion von prozeßbedingter Divergenz und bei alternativer Verwendung von programmbedingter Divergenz, vgl. Küpper 80, S. 110.

[406] Dies entspricht den negativen Elementen der Strukturmatrix der in der produktionswirtschaftlichen Literatur üblichen Darstellung, vgl. z. B. Schweitzer 79, Sp. 1502ff. und Küpper 80. Luber schlägt dies auch als einen Ansatz zur Abbildung von Kuppelprozessen in klassischen MRP II-Systemen vor, vgl. Luber 92.

[407] Die hier aufgeworfene Unterscheidung in Hauptprodukt und Nebenprodukte kann unabhängig von der öko-nomischen Rangordnung erfolgen, vgl. auch Fußnote 149, S. 41. Natürlich bietet es sich aber auch hier an, der ökonomischen Rangordnung zu folgen.

1585 Informationsstrukturen des Produktionssystems

(5) $NPK_{Mn-Mh} = -(PK_{Mi-Mh} / PK_{Mi-Mn})$

Mit dem negativen Produktionskoeffizienten ändern sich auch die Angaben für die Vorlauf-verschiebung. Diese wird hier 0, da M2 und M1 zum gleichen Zeitpunkt entstehen.

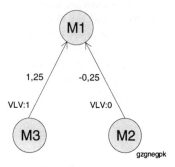

Abbildung 67: Gozintograph für Kuppelprodukte mit negativen Produktionskoeffizienten

Nach den reinen Kuppelprozessen soll auch die gemischt synthetisch-analytische Materialum-setzung betrachtet werden. Dies bedeutet, daß sowohl Elemente eines Gozintographen als auch Elemente eines Kuppelproduktgraphen auftreten. Das Beispiel aus Abbildung 66 wird dahingehend erweitert, daß zusätzlich zu dem Material M3 noch das Material M4 benötigt wird. Dies bedeutet, daß M3 und M4 zusammen eingesetzt werden und die Kuppelprodukte M1 und M2 entstehen. Für die Kuppelprodukte soll wieder das Verhältnis 80 zu 20 gelten. Als Rohstoffe sollen 60% M3 und 40% M4 eingesetzt werden.[408] Der Gozintograph in Abbildung 68a ist eine Kombination aus einem herkömmlichen Gozintographen und einem Kuppelproduktgraphen.[409] Die Produktionskoeffizienten lassen sich relativ einfach ableiten, wenn von einem fiktiven Gemisch ausgegangen wird, das aus 60 Mengeneinheiten M3 und 40 Mengeneinheiten M4 synthetisiert wird und das in 80 Mengeneinheiten M1 und 20 Mengeneinheiten M2 analytisch zerlegt wird. Die jeweiligen Produktionskoeffizienten, die ja direkte Beziehungen zwischen jeweils einem Input- und einem Outputmaterial darstellen, ergeben sich in diesem Fall aus den Verhältnissen der jeweiligen Prozentangaben, z. B. der Produktionskoeffizient der Kante M3 zu M1 als 60/80 = 0,75. Es ist zu beachten, daß bei-spielsweise bei der Berechnung der Bedarfe der Inputmaterialien nicht die Mengen der Kanten wie in einem herkömmlichen Gozintographen addiert werden. So gelangt man von 80 Men-geneinheiten M1 über den Produktionskoeffizienten 0,75 zu 60 Mengeneinheiten M3 und von

---

[408] Hier ist erneut die gegensätzliche Betrachtungsweise synthetischer und analytischer Materialumsetzung zu erkennen. In der synthetischen Sicht setzt sich das fiktive Gemisch aus Komponenten zusammen, während es in der analytischen Sicht in Produkte zerlegt wird.

[409] Der Begriff Gozintograph soll im folgenden allgemein für Produktionserzeugnisstrukturgraphen gebraucht werden und nicht nur für Gozintographen mit implizit synthetischer Materialumwandlung.

20 Mengeneinheiten M2 über den Koeffizienten 3 ebenfalls zu 60 Mengeneinheiten M3. Aufgrund der analytischen Zerlegung stellen die 60 Mengeneinheiten jeweils die identische Menge dar.

Auch bei gemischter Materialumsetzung können negative Produktionskoeffizienten angewandt werden. Abbildung 68b zeigt die entsprechende Überführung. Der negative Produktionskoeffizient kann auch hier wieder über Gleichung (5) ermittelt werden.[410]

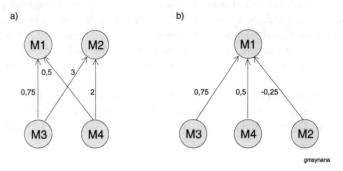

Abbildung 68: Graphen für gemischt synthetisch-analytische Produktion

Bei der Auflösung der Kuppelproduktion über negative Produktionskoeffizienten sind keine strukturellen Änderungen an den Datenstrukturen der Stücklisten notwendig. Dies liegt daran, daß eingehende Kanten eines normalen Gozintographen aus Sicht des Outputmaterials implizit als AND-verknüpft interpretiert werden. Dies ist hier der Fall, da für die Produktion einer Einheit M1 sowohl M3 als auch eine negative Menge M2, bzw. bei gemischt synthetisch-analytischer Materialumsetzung, zusätzlich M4 benötigt werden. Die Domäne des Attributs Produktionskoeffizient des Beziehungstyps Materialstruktur bzw. Stücklistenposition in Abbildung 63 ist auf negative Werte auszudehnen. Dasselbe gilt für das Attribut Vorlaufverschiebung. Zusätzlich können besondere Kennzeichen für die Nebenprodukte aufgenommen werden. Diese sind beispielsweise notwendig, um zu verhindern, daß für Nebenprodukte Primärbedarfe aufgelöst werden.

Trotz dieser recht einfachen Abbildungsmöglichkeiten ergeben sich für die Anwendung negativer Produktionskoeffizienten Einschränkungen:

• Das Verfahren gestattet nur ein Hauptprodukt der Kuppelproduktion.

---

[410] Dabei können sowohl die vom Material M3 als auch die vom Material M4 ausgehenden Koeffizienten angewandt werden. Der NPK ergibt sich somit als - 0,75/3 oder als - 0,5/2. Die Möglichkeit, verschiedene Koeffizienten in Verhältnis zu setzen, geht auf Redundanzen in den vier Produktionskoeffizienten in Abbildung 68a zurück. So kann eine beliebige Kante weggelassen werden, die durch die jeweils verbleibenden drei Kanten ableitbar ist. Beispielsweise folgt bei analytischer Materialumsetzung aus den Kanten M3 — M1 mit dem Produktionskoeffizienten 0,75, M3 — M2 mit 3 und M4 — M1 mit 0,5, daß M4 auch in M2 mit dem Koeffizienten 2 eingeht.

- Die Nebenprodukte sind nicht als Produkte ausgewiesen und können folglich auch nicht ohne weiteres mit den sonst üblichen Verfahren geplant werden.[411]

- Die Produktionskoeffizienten sind bei gemischt synthetisch-analytischer Materialumsetzung schwer interpretierbar, da diese sich auf zweiseitige, materialbezogene Input-Output-Verhältnisse beziehen und zwischen Hauptprodukt und Nebenprodukt schwer verständlich sind.

- Auch wenn prinzipiell die konventionellen Algorithmen der Stücklistenverarbeitung, z. B. die Materialbedarfsplanung, anwendbar sind, müssen diese bezüglich der Verarbeitung negativer Produktionskoeffizienten angepaßt werden. So führen beispielsweise Produktionsaufträge für das Material M1 zu negativen Bedarfen an Material M2, die wie offene Bestellungen behandelt werden können und letztlich in eine Bestandserhöhung münden.[412]

Die Einschränkungen führen dazu, daß diese Abbildungsmöglichkeit für ein Unternehmen nur dann angebracht scheint, wenn analytische Materialumwandlungsprozesse die Ausnahme darstellen, und ein Kuppelproduktionsmodell mit jeweils einem Hauptprodukt ökonomisch adäquat ist.

5.1.3.2 Explizite Modellierung der Kuppelproduktion

Für die explizite Modellierung der Kuppelproduktion müssen neue Konstrukte eingeführt werden, die die Kuppeleigenschaft der Outputkanten eines Materials widerspiegeln.

So kann man zur Abbildung der Kuppelproduktion durch Einführung eines neuen Materials eine **künstliche Stufe** in der Stücklistenstruktur bilden.[413] Dieses Material hätte die besondere Eigenschaft, daß die eingehenden Kanten von untergeordneten Materialien als synthetische Materialumwandlung und die ausgehenden Materialien als analytische Materialumwandlung zu interpretieren sind. Dadurch werden die analytischen und synthetischen Beziehungen informationstechnisch getrennt, so daß die Kanten zwischen zwei Materialstufen eindeutig einer Materialumsetzungsart zugeordnet werden können. Zur Veranschaulichung wird der Sachverhalt der Kuppelproduktion aus Abbildung 66 in Abbildung 69a, der Sachverhalt aus Abbildung 68 in Abbildung 69b dargestellt. Im ersten Beispiel muß keine zusätzliche Stufe eingeführt werden, da reine analytische Materialumwandlung vorliegt. Im zweiten Beispiel ist ein künstliches Material M5 eingefügt worden, das die Mischung aus M3 und M4 darstellt. Zusätzlich sind die die Kuppelproduktion auslösenden Materialien durch die ovale Form als

---

[411] vgl. auch Henson 90, S. 100 und Lambotte/Turek 91.

[412] Negative Produktionskoeffizienten für Kuppelprodukte haben Ähnlichkeiten mit den negativen Koeffizienten der Plus-Minus-Stücklisten für Variantenfertigung, vgl. Scheer 95, S. 115ff. Die negativen Koeffizienten für Kuppelprodukten haben aber aufgrund ihrer Semantik weitreichendere Konsequenzen auf die Anwendung. Bei Plus-Minus-Stücklisten kann nämlich davon ausgegangen werden, daß die kumulierten Bedarfe der untergeordneten Materialien immer positiv sind. Da eine semantikverlustfreie Transformation der Plus-Minus-Stückliste in eine konventionelle Stückliste jederzeit möglich ist, sind prinzipiell keine Anpassungen der Stücklistenverarbeitungsfunktionen notwendig.

[413] Dieses Vorgehen wird beispielsweise von Schönsleben vorgeschlagen, vgl. Schönsleben 93, S. 88.

Kuppelproduktionszwischenprodukt gekennzeichnet. Man könnte diese Zwischenprodukte auch als Kuppelproduktbündel bezeichnen.[414] Die semantische Erweiterung besteht also darin, daß Markierungen von Materialien eine andere Interpretation der Strukturbeziehungen dieser Materialien bewirken.[415] Im vorliegenden Fall sind die ausgehenden Kanten als AND-verknüpft zu interpretieren. In Abbildung 69 sind sowohl die Produktionskoeffizienten als auch die analytischen Koeffizienten angegeben. Auf die Datenstrukturen hat diese Darstellungsart nur geringe direkte Auswirkungen. So ist in den Entitytyp Material in Abbildung 63 lediglich ein Attribut zur Kennzeichnung aufzunehmen.

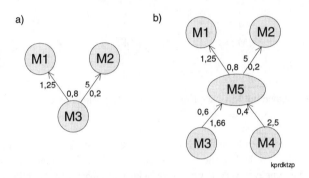

Abbildung 69: Graphen mit Kuppelproduktionszwischenprodukt

Wird ein Material oder eine Mischung in verschiedenen Kuppelproduktionen mit unterschiedlichen Outputstoffen eingesetzt, so sind jeweils eigene Kuppelproduktionszwischenprodukte anzulegen, da ansonsten sämtliche Outputmaterialien als AND-verknüpft zu betrachten wären. Der Grund hierfür liegt darin, daß mit dem künstlich eingeführten Material, das alle Inputstoffe sammelt und an alle Outputstoffe verteilt, eigentlich der Prozeß abgebildet wird. Das künstliche Material ist also nur eine Hilfskonstruktion. Dies wird im Hinblick darauf deutlich, daß für Kuppelproduktionszwischenprodukte normalerweise kein Materialstamm notwendig wäre. Oft kommen die Kuppelproduktionszwischenprodukte aufgrund des Prozeßablaufs real nicht als Stoff oder nur als Intraprozeßmaterialien vor. Es scheint deshalb sinnvoller, die Kuppelproduktionszwischenprodukte als Prozeß auszuweisen oder die logischen Verknüpfungen der Beziehungstypen Materialstruktur bzw. Stücklistenposition direkt abzubilden.

Zur Abbildung der **logischen Verknüpfungen** werden eigene Konnektoren eingeführt, die mit einem logischen Operator gekennzeichnet werden. Solche Graphen werden auch als AND/OR-Graphen bezeichnet. Im Bereich der Stücklistenverwaltung werden sie u. a. auch

---

[414] analog zum Begriff Kuppelproduktionsbündel, vgl. hierzu Riebel 55, S. 135ff.

[415] Markierungsverfahren werden beispielsweise auch für Variantenabbildung in Stücklisten genutzt, vgl. Wedekind/Müller 81.

zur Darstellung von Demontagestücklisten genutzt.[416] In Abbildung 70 sind die bereits eingeführten Beispiele mit logischen Konnektoren dargestellt.

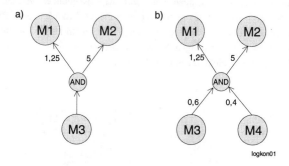

Abbildung 70: Graphen mit logischen Konnektoren für Kuppelprodukte

Die logischen Konnektoren können auch genutzt werden, um **variable Strukturverhältnisse**
der Inputmaterialien abzubilden. Hierbei wird, analog zur Differenzierung zwischen Kuppelproduktion und alternativer Materialweiterverwendung, zwischen den durch die synthetische
Materialumsetzung festgelegten Inputstoffen und den alternativen Materialien unterschieden.
Die feststehenden Materialien sind AND-verknüpft, alternative Materialien sind oder-
verknüpft. Ist die strukturelle Elastizität total, so daß nur entweder das eine oder das andere
Material eingesetzt werden kann, ist die logische Verknüpfung ein XOR. Ein OR ist dagegen
als partielle Elastizität zu verstehen. Somit ist eine OR-Verknüpfung von Inputmaterialien
semantisch äquivalent zu variablen Produktionskoeffizienten ohne Unter- und Obergrenzen
der Koeffizientenvariation. Bei der OR-Verknüpfung muß allerdings keine Einheitenkompati-
bilität der Inputmaterialien unterstellt werden, da auch unterschiedliche Einheiten interpretierbar sind. Ursache hierfür ist, daß die Angabe der einzelnen Produktionskoeffizienten von to-
taler Substitution der übrigen Inputmaterialien ausgeht und somit immer eine feste Bezugs-
menge gegeben ist. Mengenvariationen sind dann als Linearkombination ableitbar. Nichtlinea-
re Kombinationen können wiederum über spezielle oder individuelle Formeln hinterlegt werden.

Abbildung 71 zeigt ein Beispiel mit variablen Strukturverhältnissen. Das Produkt M1 wird
synthetisch aus zwei Materialien hergestellt. Dies sind Material M5 sowie Material M3 oder
M4. Der OR-Konnektor zeigt an, daß auch jede Linearkombination zwischen M3 und M4
zulässig ist. Der Produktionskoeffizient von M5 ist 0,4. Die Materialien M3 und M4 sind

---

[416] Zu Demontagestücklisten vgl. z. B. Sprengler/Rentz 94 und Feldmann et al. 95. Müller-Merbach 81 und
Kränzle 95 verwenden ähnliche Konnektorentypen in Input-Output-Graphen zur Klassifizierung von Ver-
genztypen. Auch zur Darstellungen der Kontrollflüsse in Ereignisgesteuerten Prozeßketten werden die Erweiterungen der AND/OR-Graphen genutzt, s. Anhang.

nicht einheitenkompatibel. Es werden entweder 0,8 Einheiten M3 oder 1 Einheit M4 eingesetzt. An dem Beispiel ist ersichtlich, daß zwischen einem Input- und einem Outputmaterial
mehr als ein Konnektor vorhanden sein kann. Weiterhin sind auch mehrere Produktionskoeffizienten möglich. So ist in Abbildung 71 ein Produktionskoeffizient zwischen den beiden
Konnektoren abgetragen. Prinzipiell sind alle Produktionskoeffizienten der Kanten zwischen
Input und Output zu berücksichtigen.

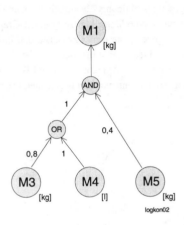

Abbildung 71: Variable Strukturverhältnisse im Graphen mit Konnektoren

Die Koeffizienten sind, wie bei der Ermittlung der Mengen in der Übersichtsstückliste, über
alle Kanten zu kumulieren. Bei dieser Berechnung werden die Konnektoren als fiktive Materialien behandelt. Nicht explizit ausgewiesene Koeffizienten werden mit dem neutralen Wert
1 angenommen. Allgemein gilt für den Produktionskoeffizienten zwischen Output M_o und
Input M_i, daß er sich als Produkt aller k „Zwischen“-Produktionskoeffizienten ZKP ergibt.
Der Index k läuft dabei über alle n(m) Kanten des zwischen Input M_i und Output M_o nur über
Konnektoren verlaufenden Wegs m der Menge $W_{m,n}$. Es gilt:

$$(6) \quad PK\,[ME_{Mi}\,/\,ME_{Mo}] \;=\; \prod_{k\,\in\,W_{m,n}} ZPK_k$$

Damit ergibt sich beispielsweise der Produktionskoeffizient zwischen M3 und M1 mit der
Mengeneinheit ME_{M3} / ME_{M1} als

$$PK\,[ME_{M3}\,/\,ME_{M1}] \;=\; 1\,[ME_{AND}\,/\,ME_{M1}] \;\cdot\; 1\,[ME_{OR}\,/\,ME_{AND}] \;\cdot\; 0,8\,[ME_{M3}\,/\,ME_{OR}]$$

Auch die Angaben zur Vorlaufverschiebung sind gegebenenfalls über alle Kanten zu kumulieren. Allerdings erfolgt die Kumulation als Addition. Entsprechend sind nichtmarkierte Kanten
mit einer Vorlaufverschiebung von 0 anzunehmen.

Informationstechnisch lassen sich die semantischen Abhängigkeiten der Input-Output-Beziehungen in **Datenstrukturen** überführen, indem entweder die in der graphischen Darstellung eingeführten Konnektoren in Datenobjekte überführt werden, oder die Abhängigkeiten zwischen den direkt die Materialien verbindenden Kanten dargestellt werden. Die Überführungsmöglichkeiten sollen an dem in Abbildung 72 gezeigten komplexen Beispiel erläutert werden. Dabei handelt es sich um eine Kuppelproduktion, bei der die Produkte M1 und M2 im Verhältnis 2:1 anfallen. Dazu werden entweder 4 Einheiten M3 und 2 Einheiten M4, oder 3 Einheiten M4 und 4 Einheiten M5 eingesetzt. Abbildung 72a enthält einen entsprechend mit logischen Konnektoren dargestellten Graphen. Abbildung 72b zeigt einen Graphen, in dem analog zu dem Graphen aus Abbildung 68a jede Kante direkt zwischen den Input- und Outputmaterialien dargestellt wird. Zusätzlich wird jede Kante markiert, um die Zugehörigkeit zu einer Strukturalternative anzuzeigen. Hier sind es die Alternativen A und B. Wegen der Markierung der Kanten wird diese Darstellungsart als kantenkodiert bezeichnet, während die erste Art als konnektorkodiert bezeichnet wird.[417]

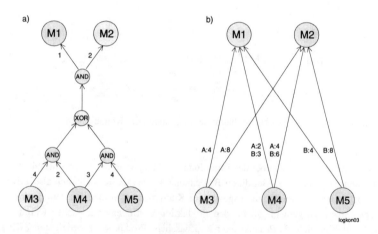

Abbildung 72: Beispiel für komplexe Produktionsbeziehung

In Abbildung 73 ist die Datenstruktur für die **konnektorkodierte Überführung** dargestellt. Wie bei den herkömmlichen Gozintographen verbindet ein rekursiver Beziehungstyp Materialstruktur zwei Knoten. Diese Knoten sind Generalisierungen des bereits bekannten Entitytyps Material und des neuen Entitytyps Konnektor, wobei die Generalisierung vollständig und disjunkt ist. Die Beziehung des Materialstrukturknotens zur individuellen Formel drückt aus, daß beispielsweise auch zur Abbildung nichtlinearer Substitution OR-verknüpfter Inputmate-

---

[417] Aufgrund der Alternativen existieren in dem konnektorkodierten Gozintographen je zwei Wege zwischen M4 und M1 sowie zwischen M4 und M2.

rialien oder für stochastische Angaben Formeln definiert werden können.[418] Individuelle Formeln können auch für die Gozintographkanten festgelegt werden, weshalb auch hierfür ein Beziehungstyp modelliert ist.

Die Kardinalitäten des Beziehungstyps Materialstruktur sind jeweils (0,n), da sowohl ein Material als auch ein Konnektor mehrere Input- und mehrere Outputbeziehungen haben können. Allerdings muß jeder Konnektor jeweils mindestens eine Input- und eine Outputbeziehung besitzen. Da dies aber nicht für die Materialien gilt, sind die Kardinalitäten mit der Untergrenze 0 anzugeben.[419] Die Untergrenze 1 für Konnektoren wird über Integritätsbedingung <1.1> sichergestellt. Sie sagt aus, daß jeder Konnektor einen Input und einen Output aufweisen muß. Bedingung <1.2> ist als Ausschluß rekursiver Beziehungen zwischen Konnektoren auf Instanzebene zu verstehen. Rekursionen sind nur dann zulässig, wenn Materialien in der Rekursionsschleife enthalten sind.

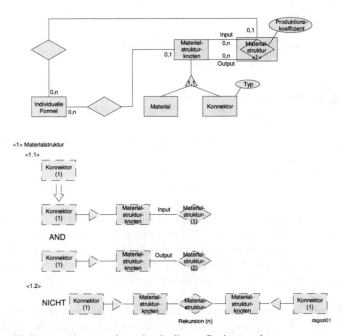

Abbildung 73: Datenstruktur zum konnektorkodierten Gozintographen

Abbildung 74 zeigt eine alternative Datenstruktur, bei der auf die Generalisierung verzichtet wurde. Statt der Anwendung der Generalisierung ist der rekursive Beziehungstyp Material-

---

[418] vgl. Corsten/May 94, S. 884.

[419] Zur Bedeutung von Kardinalitätsuntergrenzen in rekursiven Beziehungen vgl. auch Loos 92, S. 47ff.

struktur zu einem Beziehungstyp mit alternativen Entitytypen erweitert worden. Dadurch können die unterschiedlichen Kardinalitätsuntergrenzen von Material und Konnektor ohne zusätzliche Integritätsbedingungen abgebildet werden.[420] Integritätsbedingung <1> schließt rekursive Beziehungen aus, an denen nur Konnektoren beteiligt sind. Die Formeln müssen hier beiden Entitytypen und dem Beziehungstyp zugeordnet werden.

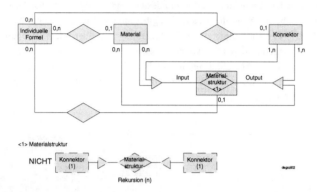

Abbildung 74: Alternative Datenstruktur zum konnektorkodierten Gozintographen

Bei der Überführung der **kantenkodierten Darstellung** werden die Kanten bezüglich ihrer Zusammengehörigkeit markiert. Unterschiedliche Markierungen verweisen auf alternative Strukturen.[421] In Abbildung 72b sind die Kanten der beiden alternativen Strukturen mit A und B gekennzeichnet. Die Überführung in Datenstrukturen ist in Abbildung 75 dargestellt.

Der Entitytyp Strukturalternative enthält pro Alternative eine Instanz. Die Input-Output-Kanten werden durch den Dreifachbeziehungstyp Materialstruktur abgebildet. Dieser verbindet ein Input- mit einem Outputmaterial und einer Alternative. Alle Materialstrukturen einer Alternative sind immer gleichzeitig notwendig, d. h. sie sind logisch AND-verknüpft. Alle Materialstrukturen verschiedener Alternativen sind logisch XOR-verknüpft.

Die Kardinalität zwischen Materialstruktur und Strukturalternative ist (1,n), da Alternativen nur im Zusammenhang mit einer konkreten Gozinto-Struktur sinnvoll sind und eine Alter-

---

[420] In Ergänzung zu den Beziehungstypen mit alternativen Entitytypen in Loos 92, S. 62ff. und 93f. sind hier die Kardinalitäten an den alternativen Kanten abgetragen.

[421] Kränzle verwendet ein analoges Verfahren zur Abbildung verschiedener Input-Output-Beziehungen, vgl. Kränzle 95, S. 202ff. Kränzle spricht im Zusammenhang mit Alternativen von unterschiedlichen Herstellungsverfahren. Trotz der kantenorientierten Umsetzung erfolgt die graphische Darstellung der Input-Out-Graphen bei Kränzle in Anlehnung an Müller-Merbach 81 allerdings konnektorkodiert. Auch Grabowski, Anderl und Polly markieren die Strukturbeziehungen alternativer Teile in Stücklisten. Zusätzlich werden Abhängigkeiten der Markierungen untereinander als Beziehungen zwischen den Strukturbeziehungen dargestellt, vgl. Grabowski/Anderl/Polly 93, S. 66ff.

native viele Input-Output-Beziehungen umfassen kann. Der Entitytyp Individuelle Formel besitzt Beziehungstypen zu dem Material und der Materialstruktur. Integritätsbedingung <1.1> des Beziehungstyps Materialstruktur gibt die Determinante des Beziehungstyps an. Es ist zu beachten, daß die Instanzen des Beziehungstyps nicht die in Abbildung 72b gezeigten Kanten, sondern die Kanten-Alternativen-Kombinationen repräsentieren. Dies bedeutet, daß beispielsweise die zwischen M4 und M1 dargestellte Kante wegen der Zugehörigkeit zu zwei Alternativen durch zwei Instanzen im Beziehungstyp Materialstruktur repräsentiert wird.[422]

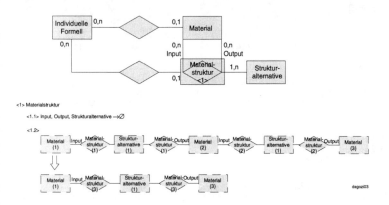

Abbildung 75: Datenstruktur zum kantenkodierten Gozintographen

Eine weitere Integritätsbedingung bezieht sich auf die unterschiedlichen Materialstrukturen, die zu einer Strukturalternative gehören können. Es wird ausgedrückt, daß eine Alternative nur eine Stücklistenstufe bzw. die Elemente der Baukastenstückliste umfassen darf. Die Integritätsbedingung besteht darin, daß innerhalb einer Strukturalternative entweder nur eine Stufe traversiert werden kann oder, falls zwei Stufen traversiert werden können, diese beiden Stufen auch direkt verbunden sind. Diese Bedingungen sollen an den Beispielen in Abbildung 76 verdeutlicht werden.

Alle Kanten im Fall a) sind in einer Strukturalternative zulässig, da alle Pfade nur die Länge einer Stufe besitzen. Fall c) ist nicht zulässig, da der Pfad M6 — M4 — M2 über zwei Stufen läuft. Fall b) ist zulässig, obwohl der Pfad M3 — M1 — M2 zweistufig ist, da auch ein direkter Weg von M3 nach M2 existiert. Dies trifft stets für einstufige Zyklen zu. Mehrstufige Zyklen wie im Fall d) gehen jedoch über die Reichweite einer Strukturalternative hinaus. So kann die Stufe M4 — M2 unabhängig von der Stufe M2 — M4 betrachtet werden. Mit der Integritätsbedingung <1.2> wird sichergestellt, daß bei einem zweistufigen Pfad zwischen

---

zwei Materialien innerhalb einer Strukturalternative auch ein einstufiger Pfad vorhanden sein muß. Damit sind beispielsweise die Fälle c) und d) ausgeschlossen.

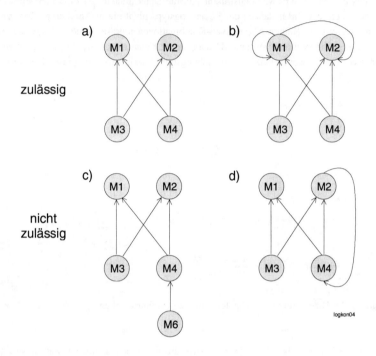

Abbildung 76: Beispiel für Materialstrukturen einer Strukturalternative

5.1.4 Zyklen in Erzeugnisstrukturen

Zyklische Materialbeziehungen lassen sich prinzipiell mit den bisher vorgestellten Strukturen abbilden. Zyklen in Graphen, die Rekursionen auf Instanzebene darstellen, müssen normalerweise mit zusätzlichem Aufwand ausgeschlossen werden. Da dieser Aufwand in Form von Integritätsbedingungen in keiner Datenstruktur zu Stücklisten vorgenommen wurde, können Zyklen über beliebig viele Stufen unmittelbar ausgedrückt werden. Auch einstufige Zyklen können abgebildet werden, wobei allerdings meist nur die einstufigen Zyklen auf Typebene, nicht jedoch auf Prozeßinstanzebene, relevant sind.[423]

Auch wenn Zyklen aus Sicht der Datenstrukturen ohne zusätzliche Anforderungen abbildbar sind, ist ihre Verarbeitung nicht ohne Schwierigkeiten möglich. Die in der Praxis angewand-

---

[423] vgl. hierzu Abschnitt 'Kreislaufprozeß', insbesondere S. 52.

ten Verfahren, z. B. die Bedarfsauflösung mittels Brutto-Netto-Rechnung, traversieren die Gozintographen entsprechend dem Rang der Knoten. Der Rang wird meist als Dispositionsstufe bezeichnet. Solche Verfahren sind bei zyklischen Graphen wegen des fehlenden Endkriteriums nicht ohne weiteres möglich. Lineare Gleichungssysteme zur Lösung der Aufgabe erweisen sich oft nur bei geringen Datenmengen als praktikabel, z. B. bei Betrieben, die in Massenproduktion Grundstoffchemikalien herstellen.[424] Bei großen Unternehmen mit einem gemischten Produktionsprogramm, insbesondere wenn auch Fein- und Spezialchemikalien hergestellt werden, bietet es sich an, **Zyklen aufzulösen** und mit den bei großen Datenmengen bewährten Methoden zu behandeln. Ein Verfahren zum Aufbrechen von Zyklen soll am Beispiel des Gozintographen in Abbildung 77 erfolgen.[425] Abbildung 77a zeigt einen Gozintographen mit einem zyklischen, konnektorkodierten Graphen. Aus den Materialien M5 und M6 wird synthetisch das Zwischenprodukt M4 hergestellt. Dieses wird entweder zu M1 weiterverarbeitet oder analytisch in die Produkte M2 und M3 zerlegt. Das Produkt M3 wird seinerseits in einer zyklischen Verwendung als Rohstoff für das Material M6 benötigt.

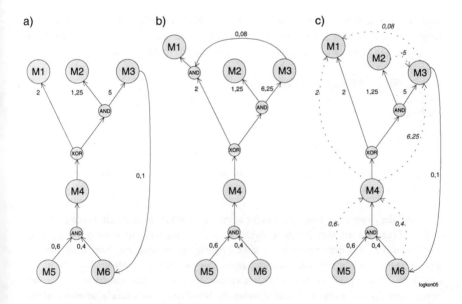

Abbildung 77: Zyklischer Gozintograph mit Zyklusauflösung

---

[424]   vgl. hierzu beispielsweise Koenig 68. Ähnliche Probleme stellen sich bei der Betrachtung von Stoffströmen im Rahmen von Ökobilanzen, vgl. hierzu Schmidt 95.

[425]   Das Verfahren ist beschrieben in Müller-Merbach 66 und beispielsweise bei Fellmann 73, S. 67f angewandt.

Für das Aufbrechen des Zyklus wird zwischen dem Bruttobedarf als der benötigten Menge an M3 und dem Nettobedarf als der resultierenden Menge an M3 nach Abzug des Bedarfs für M6 unterschieden. Somit ergeben sich pro Mengeneinheit Nettoausbeute von M3 folgende Bedarfe, wobei x die Menge darstellt, die pro Mengeneinheit Nettoausbeute von M3 zyklisch an M6 zurückfließt:

Nettobedarf an M3:	1 ME
Bruttobedarf an M3:	(1+x) ME
Bedarf an M4:	5 (1+x) ME
Bedarf an M6:	5 * 0,4 (1+x) = 2 (1+x) ME
Bedarf an M3 aus Zyklus:	0,1 * 2 (1+x) = 0,2 (1+x) ME

Da der Bedarf an M3 aus dem Zyklus gleich x ist, gilt:

$$x = 0,2 \ (1+x) \quad \Rightarrow \quad x = 0,25$$

Dies bedeutet, daß für jede Mengeneinheit Nettoausbeute zusätzlich noch 0,25 Mengeneinheiten für die Bruttomenge benötigt werden. Bei Eliminierung des Zyklus muß also der Koeffizient der zum Material M3 laufenden Kante entsprechend erhöht werden. Aufgrund von:

$$(7) \qquad PK_{zyklusfrei} = PK_{zyklus} * (1+x)$$

ergibt sich:

$$PK_{zyklusfrei} = 5 * (1 + 0,25) = 6,25$$

Der neue Produktionskoeffizient der Kante zu M3 im zyklusfreien Gozintographen in Abbildung 77b beträgt folglich 6,25.[426]

Nachdem die Bruttomenge des den Zyklus auslösenden Materials ermittelt worden ist, stellt sich die Frage, ob der aufgebrochene Zyklus auch Auswirkungen auf sonstige Produktionskoeffizienten im Gozintographen hat. Für Materialien, die bezogen auf ihren Rang vor dem Zyklus liegen, ergeben sich keine Auswirkungen. Das gleiche gilt für Materialien, die im Zyklus liegen. Anders sieht es für die Materialien aus, die aus Inputmaterialien hergestellt werden, die im Zyklus liegen. Im Gozintographen in Abbildung 77a ist dies beispielsweise M1. Aufgrund des Zyklus geht M3 über M6 und M4 indirekt in M1 ein. Durch die Elimination des Zyklus ist dieser Materialzusammenhang unterbrochen worden, der deshalb zusätzlich berücksichtigt werden muß. Allgemein bedeutet dies, daß Ausgänge aus dem Zyklus, die nicht

---

[426] Das Verfahren führt nur zu sinnvollen Lösungen, wenn der Gesamtproduktionskoeffizient aller Kanten des Zyklus kleiner als 1 ist. Der Gesamtproduktionskoeffizient kann in Anlehnung an Gleichung (6) ermittelt werden, wobei der Weg $W_{m,n}$ hier allerdings auch über Materialien läuft. Praktisch stellt dies allerdings keine Einschränkung dar, da ein Gesamtproduktionskoeffizient größer 1 bedeuten würde, daß zur Herstellung einer Mengeneinheit des zyklusauslösenden Materials mehr als eine Mengeneinheit Input des gleichen Materials benötigt würde. Folglich wäre somit ein Vernichtungsprozeß und kein Produktionsprozeß beschrieben.

zu dem zyklusauslösenden Material führen, besonders berücksichtigt werden müssen. Dies kann durch eine neue Kante zwischen dem zyklusauslösenden Material, hier M3, und dem ersten außerhalb des Zyklus liegenden Material, hier M1, erfolgen.

Der zusätzliche Bedarf an M3 für die Herstellung einer Mengeneinheit M1 errechnet sich in Anlehnung an Gleichung (6) wie folgt:[427]

Bedarf an M4:	2 ME
Bedarf an M6:	2 * 0,4 = 0,8 ME
Bedarf an M3 aus Zyklus:	0,1 * 0,8 = 0,08 ME

Daraus ergibt sich, daß eine neue Kante zwischen M3 und M1 mit dem Produktionskoeffizienten 0,08 in den zyklusbereinigten Gozintographen in Abbildung 77b aufzunehmen ist.

Auch M2 liegt außerhalb des Zyklus. Hier muß jedoch kein zusätzlicher Bedarf an M3 berücksichtigt werden, da M2 und M3 Kuppelprodukte sind. Der zusätzliche Bedarf ist bereits bei M3 berücksichtigt worden. Dies läßt sich daran veranschaulichen, daß

• der Bedarf an M3 für M6 bezüglich der Kuppelproduktion komplett dem Produktionskoeffizienten zwischen M4 und M3 zugeschlagen wurde bzw.

• das Material M2 durch die Kopplung an M3 im Gegensatz zu M1 keinen alternativen Ausgang aus dem Zyklus darstellt.

In dem zyklusbereinigten Graphen ergeben sich für die analytische Materialumsetzung somit Produktionskoeffizienten von 1,25 für M4–M2 und 6,25 für M4–M3. Die analytischen Produktionskoeffizienten sind 0,8 und 0,16. Im Gegensatz zum ursprünglichen Graphen in Abbildung 77a, bei dem bei der Zerlegung von einem Verhältnis von 4:1 ausgegangen wurde, ergibt sich hier ein Verhältnis von 5:1. Trotz der unterschiedlichen Verhältnisse wird der gleiche Sachverhalt dargestellt, da sich das Verhältnis im ersten Fall auf die Bruttomengen von M2 zu M3, beim aufgelösten Zyklus auf die Nettomengen von M2 zu M3 bezieht und, im Gegensatz zu M3, bei M2 Brutto- und Nettomenge gleich sind.

Durch das Aufbrechen der Zyklen können die Mengenbedarfe über die angepaßten Produktionskoeffizienten mit herkömmlichen Verfahren ermittelt werden. Trotzdem stellt die Eliminierung der Zyklen nur ein Näherungsverfahren dar, da bei der Kumulation der Bruttobedarfe aus den Nettobedarfen und den durch den Zyklus ausgelösten Bedarfen die Zeitachse unberücksichtigt bleibt. Es werden nämlich, je nach Vorlaufverschiebung der Gozintographkanten, Bedarfe eines Materials aus unterschiedlichen Perioden addiert. Die Problematik dieses Vorgehens steigt mit zunehmender Größe der Vorlaufverschiebung und mit zunehmender Granularität der Planungsperioden.[428] Dies kann beispielsweise dadurch verdeutlicht werden, daß eine Materialberechnung bei aufgelöstem Zyklus auch ohne Ausgangsmaterial M3 zu einem

---

[427] Auch hier schließt der Weg $W_{m,n}$ sowohl Materialien als auch Konnektoren ein.

[428] Im Bereich des Recyclings wird deshalb auch eine zeitversetzte Planung gefordert, so daß der recyclingfähige Output mittels Einlagerung erst in späteren Perioden als Input zu Verfügung steht, vgl. Corsten/Reiss 91, S. 625.

Produktionsauftrag für M6 gelangen würde, obwohl in der Realität hierzu das Vorhandensein von M3 notwendig wäre, um M6 gegebenenfalls selbst herstellen zu können. Ebenso würden Katalysatoren, bei denen bei kompletter Wiedergewinnung die Einsatzmenge gleich der Outputmenge ist, durch das Saldieren aus der Stückliste verschwinden.

Deshalb stellt der um den Zyklus bereinigte Gozintograph nur ein Hilfsmittel für grobe Materialbedarfsrechnungen dar. Die kleinste zeitliche Granularität einer Berechnung mit korrekten Ergebnissen wird u. a. durch die Vorlaufverschiebung innerhalb des Zyklus bestimmt. Die Datenstrukturen sollten daher bei Anwendung des Bereinigungsverfahrens ermöglichen, neben dem bereinigten auch den tatsächlichen Gozintographen zu pflegen. Hierzu sind die Kanten entsprechend ihrer Zugehörigkeit zu markieren. Man könnte dafür die gleichen Konstrukte wie bei der kantenkodierten Darstellung wählen und mit einem Typ analog zu der Strukturalternative arbeiten. Da aber nur zwei Alternativen abzubilden sind, nämlich der zyklische Graph und der bereinigte Graph, bietet sich eine Abbildung in der konnektorkodierten Datenstruktur an. Hierzu sind die Attribute, die für die Berechnung der Mengen benötigt werden, zweimal zu pflegen, z. B. Produktionskoeffizient und Vorlaufverschiebung jeweils mit Zyklus und ohne Zyklus. Die entsprechenden Attribute sind in den Beziehungstyp Materialstruktur in Abbildung 73 einzufügen. Bei der Instanzierung der Strukturen mit Anwendungsdaten können durch die Abbildung zyklusbereinigter Gozintographen

- Attributausprägungen von zyklusgültigen Koeffizienten in zyklusbereinigte Koeffizienten übernommen werden, z. B. die ausgehende Kante von M6,
- Attribute bestehender Instanzen neu gepflegt werden, z. B. der zyklusbereinigte Koeffizient in der Kante zu M3,
- neue Kanten eingefügt werden, z. B. ausgehende Kante aus M3, und
- neue Konnektoren notwendig werden, z. B. der AND-Konnektor vor M1.

Abbildung 77c zeigt das Beispiel mit einem zyklischen und einem bereinigten Gozintographen. Der zyklische Graph, dessen Kanten mit durchgezogenen Linien dargestellt sind, ist identisch mit dem Graphen aus Abbildung 77a. Der gestrichelte Graph ist entsprechend dem vorgestellten Verfahren zyklusbereinigt. Gleichzeitig ist mit Hilfe eines negativen Produktionskoeffizienten die Kuppelproduktion aufgelöst. Es handelt sich also um einen **zyklusbereinigten und kuppelproduktionsbereinigten Graphen**.

Bei der Berechnung des negativen Produktionskoeffizienten mit Gleichung (5) ist zu beachten, daß der bereits zyklusbereinigte Produktionskoeffizient der Kante zum Hauptprodukt M3 angewandt wird. Somit gilt:

$$NPK_{M2-M3} = -(PK_{M4-M3} / PK_{M4-M2}) = -(6,25/1,25) = -5$$

Bei der Darstellung des bereinigten Graphen wurde auch auf die Konnektoren verzichtet, da nach der Auflösung die Kantensemantik der Semantik der gewöhnlichen Gozintographen entspricht, d. h. ausgehende Kanten sind XOR, eingehende Kanten AND-verknüpft. Da die Eindeutigkeit bei dem bereinigten Gozintographen gewährleistet ist, müssen die Konnektoren nicht explizit dargestellt werden. Allerdings müssen in diesem Fall alle Kanten neu angelegt werden. Falls in einem Graphen auch variable Inputmaterialien vorkommen, können diese in der konnektorkodierten Form explizit formuliert werden, während in der bereinigten Form nur die standardmäßig genutzten Inputmaterialien abgebildet werden.

Der Vorteil der Abbildung beider Graphen liegt darin, daß der bereinigte Graph unter Vernachlässigung der Vorlaufverschiebung und der Inputalternativenwahl durch konventionelle Verfahren der Stücklistenauflösung, z. B. zur bereits erwähnten Brutto-Netto-Rechnung, bearbeitet werden kann. Trotzdem ist durch den nicht-bereinigten, konnektorkodierten Graphen die volle Semantik abgebildet.[429]

5.2 Produktionsprozesse

Während bei den Erzeugnisstrukturen der materialbezogene Input und Output der Herstellung beschrieben wurde, sollen bei den Produktionsprozessen auch die durchzuführenden Prozeßschritte sowie ihre logischen Abhängigkeiten untereinander betrachtet werden.

In der stückorientierten Industrie werden die Herstellungsschritte in Arbeitsplänen beschrieben, die in der Regel als sequentielle Folgen einzelner Arbeitsgänge, auch Arbeitsfolgen genannt, abgebildet werden.[430] Die Arbeitspläne dienen beispielsweise

* als Beschreibung der durchzuführenden Tätigkeiten für die Mitarbeiter in der Produktion
* für die Erstellung von Fertigungsauftragspapieren
* zur Terminierung
* zur Kalkulation der Fertigungskosten
* zur Lohnermittlung bei leistungsabhängiger Entlohnung.

In den Anwendungssystemen der stückorientierten Industrie hat sich mit dem Konstrukt der Stückliste als Beschreibung der Erzeugnisstruktur und dem Arbeitsplan als Beschreibung der Arbeitsschritte eine Zweiteilung bei der Abbildung der Produktionsprozesse durchgesetzt, die von einem einfachen Produktionsmodell ausgeht. Dabei wird von einer Trennung zwischen Materialwirtschaft einerseits und Zeitwirtschaft andererseits ausgegangen. Die Materialwirtschaft arbeitet vornehmlich mit dem Materialstamm und den Stücklisten. Für temporale Betrachtungen im Rahmen der Materialbedarfsauflösung werden stark vereinfachte Zeitwerte für die Produktionsprozesse in Form von Durchlaufzeit und Vorlaufzeit genutzt.[431] In der sich anschließenden Zeitwirtschaft werden dann im Rahmen der Terminierung die einzelnen Produktionsschritte detaillierter betrachtet. Das Vorgehen bei der operativen Disposition der Produktionslogistik findet seine Entsprechung in den Leistungsgestaltungsprozessen. Auch dort werden in der Konstruktion zuerst die Produkte entworfen, geometrisch beschrieben und die Produktbestandteile festgelegt. Hierzu werden CAD-Systeme eingesetzt. Anschließend wer-

---

[429] Auch einstufige Zyklen auf Instanzebene können bei Anwendung dieses Verfahrens explizit dargestellt werden, ohne produktionslogistische Betrachtungen zu verkomplizieren. Allerdings ist es nicht unbedingt notwendig, daß einstufige Zyklen explizit dargestellt werden, da für die Auflösung nicht die Einschränkung bezüglich der Vorlaufverschiebung gilt. Auch bei der Betrachtung von Mengen- und Energiebilanzen chemischer Anlagen werden einstufige Zyklen meist aufgelöst, vgl. Schulze/Hassan 81, S. 294f.

[430] vgl. hierzu beispielsweise Scheer 95, S. 207ff., Loos 92, S. 134ff., Schönsleben 93, S. 89ff. oder Kurbel 95, S. 95ff.

[431] vgl. hierzu auch Fußnote 391, S. 149.

den durch die Arbeitsvorbereitung im Rahmen der Arbeitsplanerstellung die für die Herstellung notwendigen Produktionsschritte definiert, wozu CAP-Systeme bzw. NC-Programmiersysteme genutzt werden. Trotz dieser Trennung muß festgehalten werden, daß Stücklisten und Arbeitspläne gemeinsam die Produktionsprozesse beschreiben. Produktionswirtschaftlich betrachtet handelt es sich bei den beiden Konstrukten um Teilsichten auf die betrieblichen Produktionsfunktionen.[432] Die Stücklisten beschreiben den Einsatz der Repetierfaktoren, die Arbeitspläne den Einsatz der Potentialfaktoren.

Eine derart strenge Aufteilung ist aber in der Prozeßindustrie nicht üblich, da eine Beschreibung der Prozeßschritte ohne genauen Bezug zu den verarbeiteten Materialien wenig sinnvoll ist. So hängen beispielsweise bei der Entwicklung der chemischen Verfahren die Prozeßschritte unmittelbar mit der Wahl der Inputmaterialien zusammen.[433] Durch die starke wechselseitige Abhängigkeit zwischen Input- und Outputmaterial einerseits und Verfahrensbeschreibung andererseits umfaßt die verfahrenstechnische Beschreibung der Produktionsprozesse beide Sichten.

5.2.1 Der Begriff des Rezepts

Die gängigsten Begriffe für die Produktionsprozeßbeschreibung in der chemischen Industrie sind die Termini Rezept oder Rezeptur. Daneben sind vor allem bei kontinuierlich betriebenen Anlagen auch Begriffe wie Herstellvorschrift, Herstellanweisung, Verfahrensvorschrift und Verfahrensbeschreibung in Gebrauch.[434] Andere Branchen der Prozeßindustrie haben aus historischen Gründen für die gleichen Beschreibungen ihre eigenen Bezeichnungen, z. B. Chargierpläne und Bemöllerungspläne in der metallurgischen Produktion.

Die Herkunft des Begriffs Rezept vom lateinischen 'recipe' für 'nimm' deutet auf den Zusammenhang zwischen Einsatzstoffen und Verfahren hin, da ein Rezept zur Herstellung eines Stoffes (Outputmaterial) die Zutaten (Inputmaterialien) sowie die Verarbeitungsvorschriften (Prozeßschritte) enthält.[435] Ein industrielles Rezept besteht dementsprechend aus verschiedenen Bestandteilen, nämlich aus

- der Einsatzstoffliste mit allen notwendigen Inputmaterialien,
- der Verfahrensbeschreibung für den Normalbetrieb sowie Anweisungen für Ausnahmebedingungen,
- der Beschreibung der notwendigen Produktionsanlagen,
- der Beschreibung sonstiger notwendiger Ressourcen,
- der Beschreibung der erzeugten Produkte, d. h. bei analytischer Materialumsetzung sowohl der erwünschten Outputmaterialien als auch sonstiger Nebenprodukte und

---

[432] vgl. auch Zäpfel 91.

[433] vgl. auch Merkmal Betriebsmittel- und Prozeßsubstitution, S. 35 und Merkmal Technologie, S. 36.

[434] vgl. Brombacher 85, S. 14f.

[435] vgl. Kölbel/Schulze 67, S. 74ff. und Preßmar 96.

- den Hinweisen bezüglich der Gefährlichkeit der Input- und Outputmaterialien sowie der Prozeßschritte.

Mit diesen Informationen gehören Rezepturen zu den wichtigsten Grunddaten in der chemischen Industrie.[436]

5.2.1.1 Rezeptentwicklung

Die Entwicklung der Verfahrensbeschreibungen in der chemischen Industrie verläuft aufgrund der unterschiedlichen Materialeigenschaften anders als die Entwicklung stückorientierter, geometrisch definierter Produkte.[437] Aufgrund des heterogenen Produktspektrums kann jedoch selbst bei einer groben Betrachtung nicht von einheitlichen Rezeptentwicklungsprozessen gesprochen werden. Die Art der Entwicklungsprozesse hängt entscheidend davon ab, ob die Produktionsprozesse auf Mehrzweckanlagen oder auf speziell errichteten Anlagen durchgeführt werden, was wiederum eng mit dem Merkmal Prozeßablauf zusammenhängt. Bei Produktion auf spezialisierten Einproduktanlagen hängt die Verfahrensentwicklung direkt mit der Anlagenprojektierung zusammen, bei der entweder neue Anlagen aufgebaut oder bestehende Anlagen produktionsprozeßspezifisch umgebaut werden. Entsprechend ist diese Art von Verfahrensentwicklung vor allem in der Grundstoff- und Industriechemikalienproduktion anzutreffen. Bei der Fein- und Spezialchemikalienproduktion dominiert dagegen bei Produktionsprozessen der diskontinuierliche Prozeßablauf, der auf Mehrproduktanlagen gefahren wird. Deshalb sind hier auch Verfahrensbeschreibungen unabhängig von konkreten Anlagen wichtig. Einen Sonderfall chargenweiser Produktion stellt, aufgrund der behördlichen Zulassungsvoraussetzungen, die Entwicklung von Herstellungsvorschriften für pharmazeutische Produkte dar.

Abbildung 78 zeigt einen Überblick über die Rezeptentstehung bei den drei genannten Bereichen. Abbildung 78a illustriert die Rezepturentwicklung von **Fein- und Spezialchemikalien**, Abbildung 78b von **Grundstoff- und Industriechemikalien**. Mit der Produktsynthetisierung in den Forschungslabors sind prinzipiell das Herstellungsverfahren und die einzusetzenden Stoffe bekannt. In der anschließenden Phase des Technikums muß das Verfahren an industrielle Maßstäbe angepaßt werden. Man spricht vom Scale Up, das idealerweise auf Versuchsanlagen durchgeführt wird.[438] In dieser Phase muß die Entscheidung über die Prozeßablaufart in der Produktion fallen. Weiterhin sind die Einsatzmaterialien in Quantität und Qualität zu bestimmen. Gegebenenfalls kann es notwendig sein, abweichend vom Verfahren im Forschungslabor andere Prozeßschritte und andere Einsatzstoffe einzusetzen. Bei diskontinuierlichem Prozeßablauf liegt der Schwerpunkt auf der Entwicklung des Rezepts, in dem diese Parameter definiert sind. Bei kontinuierlichem Prozeßablauf mit speziellen Anlagen stellt die Verfahrensentwicklung nur einen Teilschritt in der Anlagenprojektierung dar. Da ein Produktwechsel und damit ein Wechsel der Rezeptur hier nicht zum täglichen Betrieb zählt, wird oft auch nicht explizit von Rezept gesprochen, sondern allgemein von der Verfahrensbe-

---

[436] vgl. Suletzki 93, S. 37 und Loos 93b.

[437] vgl. auch Emerson 83, S. 210ff.

[438] vgl. Uhlig/Bruns 95, S. 61f.

schreibung für die Anlage. Nach dem Bau werden Kontianlagen in der Versuchsphase optimiert. Dies betrifft die Anlage, die Prozeßschritte sowie den Materialeinsatz. Bei diskontinuierlicher Produktion auf Mehrzweckanlagen betrifft die Optimierung nach der Durchführung
von Versuchschargen vor allem das Rezept, also den Materialeinsatz und die Verfahrensschritte, weniger jedoch die Anlagen. Beide Prozeßablaufarten unterliegen auch nach der
Freigabe der Produktion weiteren Optimierungsschritten.

Für Herstellungsprozesse der **pharmazeutischen Produktion** sind zwar wie für sonstige
Chargenprozesse Rezepturen zu entwickeln, die Vorgehensweise ist allerdings entscheidend
durch die gesetzlich vorgeschriebene Registrierung der Arzneimittel sowie durch die Validierung der Anlagen geprägt. Der Prozeß ist in Abbildung 78c dargestellt.[439] Nach der Synthese
neuer, aktiver Wirkstoffe in den Forschungslabors schließt sich ein bis zu zehn Jahre dauern-
der Entwicklungsprozeß an, in dem die Wirksamkeit und die Sicherheit des Wirkstoffes belegt werden muß. Die Entwicklungsphase wird zeitlich in eine präklinische und eine klinische
Phase und inhaltlich in Toxikologie, Pharmakologie, Analytik, Galenik und Verfahrensentwicklung unterteilt. Die Analytik dient zur genauen Bestimmung des Wirkstoffes und zur
Untersuchung, in welcher Reinheit und Form der Wirkstoff hergestellt werden kann. In der
Galenik wird die Darreichungsform des Wirkstoffes als Arzneimittel festgelegt. Nach der er-
folgreichen Durchführung aller Tests in der Entwicklung kann das Arzneimittel registriert
werden.

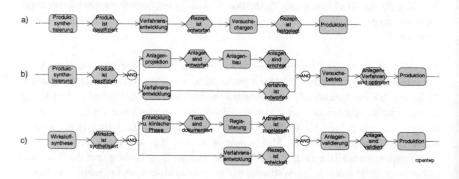

Abbildung 78: Rezeptentwicklungsprozesse

Die Verfahrensentwicklung der Produktionsprozesse ist innerhalb der Entwicklungsphase
zeitlich relativ spät angesiedelt. Die Dokumentation der Produktionsverfahren ist zwar nicht
für die Registrierung des Arzneimittels notwendig, allerdings für die Validierung des Produktionsprozesses. Die Validierung wird seit Beginn der 80er Jahre von der amerikanischen

---

[439] Zur Entwicklung pharmazeutischer Produkte vgl. auch Wolf/Unkelbach 86, S. 37ff., Baß 94, Schwarzer 94,
       176ff. und Hübel 96, S. 29ff.

FDA-Behörde und zunehmend auch von europäischen Behörden gefordert.[440] Mit der Validierung soll sichergestellt werden, daß der Output der Produktionsprozesse jederzeit mit den Produktspezifikationen der Arzneimittel übereinstimmt, z. B. bezüglich Reinheit und Wirkstoffkonzentration. Die Validierung kann also als eine besondere, hoheitlich geforderte Form von Qualitätssicherungsmaßnahmen bei pharmazeutischen Produkten betrachtet werden. Der Validierung unterliegen alle Objekte, die Einfluß auf die Qualität des Produkts haben. Dazu gehören u. a. die verwendeten Rohstoffe, die eingesetzten Anlagen und sonstigen Ressourcen, die Herstellungsschritte sowie die für die Automatisierung eingesetzten DV-Systeme. Ferner sind kritische Prozeßparameter sowie Kenngrößen und Analysewerte der Versuchschargen zu dokumentieren.

Damit unterliegen die Rezeptdaten pharmazeutischer Produkte der Validierung. Dies betrifft zum einen Rezepte für neue Produkte im Rahmen der prospektiven Validierung. Aber auch Änderungen bestehender Rezepturen, z. B. Einsatz anderer Rohstoffe, anderer Anlagen oder anderer Verfahrensschritte, müssen im Rahmen einer Revalidierung erneut geprüft werden, selbst wenn das Endprodukt nicht geändert wird.

5.2.1.2 Automatisierungstechnische Aspekte

Wie bereits im Abschnitt 'Anlagen' ausgeführt, liegen seitens der NAMUR und SP88 Vorschläge für die Strukturierung von Anlagen und Verfahrensbeschreibungen für die automatisierte Fahrweise von Chargenprozessen vor.[441] Nach den Vorschlägen werden einerseits Rezeptgenerationen zur Abbildung der Rezepturentwicklung und andererseits verschiedene Elemente zu Detaillierung der Prozeßbeschreibung unterschieden.

Abbildung 79 zeigt die **Rezeptgenerationen** entsprechend den beiden Empfehlungen.[442] NE33 sieht die Generationen Urrezept, Grundrezept und Steuerrezept vor. SP88 unterscheidet mit dem General Recipe, dem Site Recipe, dem Master Recipe und dem Control Recipe vier Generationen.

Das Urrezept stellt eine allgemeine Beschreibung des Herstellungsverfahrens sowie der benötigten Materialien zur Herstellung eines Produkts dar. Es enthält noch keine Festlegungen bezüglich der einzusetzenden Anlagen und der Chargengrößen. Da das Urrezept vornehmlich das chemische Know-how enthält, ist es sogar in Bezug auf die Art des Prozeßablaufs neutral. Damit bildet das Urrezept das Ergebnis der Forschungslabors als Produktspezifikation. Entsprechend kann es als Output der Funktionen Produktsynthese bzw. Wirkstoffsynthese der Prozesse in Abbildung 78 betrachtet werden. Es dient als Vorlage für die Definition von Grundrezepten. Ähnlich ist das General Recipe von SP88 zu verstehen. Das Site Recipe stellt ein bezüglich eines Werkes konkretisiertes General Recipe dar. Eine Konkretisierung kann

---

[440] vgl. beispielsweise Berry/Nash 93, Chris/Unkelbach/Wolf 93, Hübel 96, S. 59ff. sowie Fußnote 232, S. 60 in dieser Arbeit.

[441] s. S. 129 und die dort angegebene Literatur, des weiteren Remme/Allweyer/Scheer 94.

[442] vgl. Loos 93a.

beispielsweise erfolgen bezüglich der Sprache des Rezepts oder der Identifikation des Input-
und Outputmaterials.

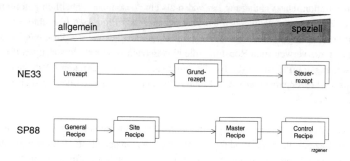

Abbildung 79: Rezeptgenerationen nach NE33 und SP88

Das Grundrezept stellt die verfahrenstechnische Umsetzung der durch das Urrezept vorgegebenen chemischen Verfahren dar. Dafür muß das Rezept bezüglich des Prozeßablaufs, der
Produktionsgröße, der verwendeten Typen von Anlagen und des Automatisierungsgrades präzisiert werden. Die durch stöchiometrische Gleichungen ermittelten Mengenverhältnisse des
Urrezepts sind unter verfahrenstechnischen Gesichtspunkten, die sich u. a. an den Chargengrößen orientieren, anzupassen. Gegebenenfalls sind Verfahrensschritte und Inputmaterialien
zu ändern. Die Grundrezepte beinhalten neben dem bereits im Urrezept enthaltenen chemischen Know-how insbesondere das verfahrenstechnische und das automatisierungstechnische
Know-how. Aus einem Urrezept können mehrere verschiedene Grundrezepte erzeugt werden,
beispielsweise für unterschiedlich große Produktionsvolumina oder für unterschiedliche Prozeßablaufarten.

Ein Hauptziel der Strukturierung nach der NE33-Empfehlung ist die Möglichkeit, anlagen-
neutrale Grundrezepte erstellen zu können. Anlagenneutral bedeutet in diesem Zusammen-
hang, daß die einzelnen Verfahrensschritte, insbesondere die automatisierungstechnischen
Informationen, nicht für eine konkrete Anlage entworfen werden. So werden in einem
Grundrezept keine konkreten Apparaturen wie beispielsweise Ventile angesprochen. Vielmehr
wird unter Einbeziehung der Anlagenstrukturkomponente Technische Einrichtung das
Grundrezept neutral formuliert, so daß das Grundrezept prinzipiell portabel ist und auf allen
Anlagen, die die notwendigen Technologien bereitstellen, gefahren werden kann.[443] Das
Grundrezept stellt den Output der Funktionen Verfahrensentwicklung bzw. der Rezeptopti-
mierungfunktionen der Prozesse in Abbildung 78 dar.

Der Informationsgehalt des Master Recipe entspricht weitgehend dem des Grundrezepts, allerdings wird die Neutralität gegenüber konkreten Anlagen nicht explizit hervorgehoben.

---

[443] vgl. z. B. Astor/Lehmann/Schäfer 89 und Dokter 91.

Das Steuerrezept dient schließlich als Vorgabe für die Produktion, d. h. es ist das Rezept, nach dem sich die Produktionsdurchführung richtet. Für jede konkret zu produzierende Charge wird aus einem Grundrezept ein Steuerrezept generiert und mit den auftragsspezifischen Informationen angereichert, z. B. mit Produktionsterminen, Produktionsmengen, einzusetzenden Materialchargen, Chargennummern der hergestellten Produktcharge sowie allen tatsächlich realisierten Werten bezüglich Quantität, Qualität und Prozeßverlauf. Damit stellen die Steuerrezepte Bewegungsdaten dar, während die Urrezepte und die Grundrezepte Stammdaten sind. Mit dem Steuerrezept werden konkrete Anlagen angesprochen. Dies bedeutet, daß die neutralen Angaben der Grundrezepte im Steuerrezept in anlagenspezifische Angaben zu übersetzen sind. Die Aufgaben des Control Recipe von SP88 entsprechen weitgehend denen des Steuerrezepts.

Nach den Vorschlägen bestehen die Rezepte aus verschiedenen Bestandteilen. NE33 und SP88 sehen jeweils Einsatzstofflisten, Spezifikationen zu den benötigten Anlagen und Verfahrensvorschriften vor. Aufgrund des automatisierungstechnischen Fokus der Empfehlungen liegt das Hauptgewicht der Ausführungen auf der Verfahrensbeschreibung für Grund- und Steuerrezepte bzw. Master und Control Recipe. Hierfür werden von beiden Vorschlägen mehrstufige Prozeßdetaillierungen empfohlen, die in Abbildung 80 dargestellt sind.

Ein **Urrezept** ist in verschiedene Teilurrezepte unterteilt. Ein Teilurrezept stellt einen selbständig durchzuführenden, in sich abgeschlossenen Verfahrensabschnitt dar. Die Abgeschlossenheit ergibt sich daraus, daß ein Teilrezept definierte Input- und Outputmaterialien aufweist. Um eine große Flexibilität zu erreichen, sollten die Teilrezepte, was den Umfang anbelangt, möglichst klein definiert werden. Ein Teilurrezept setzt sich aus einer oder mehreren chemisch-technischen Grundoperationen zusammen, die einzelne Vorgänge darstellen, z. B. Destillieren, Hydrieren, Sulfonieren, etc.

Eine **Grundrezept** ist ähnlich aufgebaut. Allerdings stehen hier verfahrenstechnische Fragen im Vordergrund. Deshalb kann ein Teilurrezept auch in mehrere Teilgrundrezepte überführt werden. Die Verfahrensschritte eines Teilgrundrezepts beziehen sich auf eine Teilanlage. Deshalb sind Teilgrundrezepte so zu definieren, daß alle Schritte komplett in einer Teilanlage bearbeitet werden können. Andererseits bedeutet dies auch, daß die Teilanlagen mindestens so groß zu definieren sind, daß sie alle Apparaturen umfassen, um einen Verfahrensabschnitt komplett bearbeiten zu können.[444]

Auf Ebene der Grundoperationen wird bei der Generation der Grundrezepte von leittechnischen Grundoperationen gesprochen. Hier ist aufgrund der verfahrenstechnischen Sicht des Grundrezepts eine direkte Zuordnung zu den chemisch-technischen Grundoperationen des Urrezepts schwierig. Vielmehr wird in der Regel eine chemisch-technische Grundoperation durch mehrere leittechnische Grundoperationen abzubilden sein. Es wird davon ausgegangen, daß die leittechnischen Grundoperationen rezeptunabhängig gepflegt werden und als Module

---

[444] s. auch S. 130.

in Form von Bibliotheken zur Definition von Grundrezepten zur Verfügung stehen. Deshalb kann eine leittechnische Grundoperation in unterschiedlichen Grundrezepten genutzt werden. Allerdings muß bei der Anwendung einer Grundoperation die Zuordnung zu einem Teilgrundrezept eindeutig sein. Typische Grundoperationen sind Beladen, Dosieren, Reaktion, etc. Eine Grundoperation wird durch eine oder mehrere Grundfunktionen realisiert. Eine Grundfunktion ist die kleinste durchzuführende Aktion, z. B. Ventil öffnen, Rührer einschalten, etc., und bezieht sich auf eine Technische Einrichtung einer Anlage. Die Technischen Einrichtungen sind nicht nur mittels Hardware, sondern auch softwaretechnisch durch spezifische Steuerungsprogramme realisiert. Eine Grundfunktion kann als eine Anweisung zur Aktivierung einer Technischen Einrichtung verstanden werden. Entsprechend enthält die Technische Funktion Parameter, z. B. Drehzahl für die Technische Einrichtung Rührwerk, die in der Grundfunktion zu spezifizieren sind.

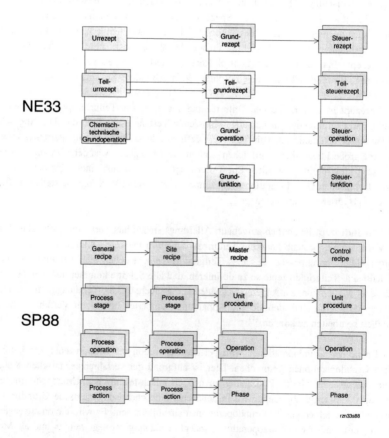

Abbildung 80: Verfahrensstrukturen der Rezepte nach NE33 und SP88

Die Konzeption anlagenneutraler Operationen, die in verschiedenen Rezepten genutzt werden können, und die eine Portabilität zwischen verschiedenen konkreten Anlagen gestattet, wird als Grundoperationenkonzept bezeichnet.[445]

Das **Steuerrezept** hat den gleichen Aufbau wie das Grundrezept. Es stellt eine chargenbezogene Instantiierung der Grundrezepts dar, so daß es u. a. mit Produktionsmenge, Termin und Materialeinsatzchargen versehen werden muß. Des weiteren sind die konkreten Anlagen, auf denen das Steuerrezept gefahren werden soll, zuzuordnen.

Die Ablaufbeschreibung der einzelnen Vorgangsschritte innerhalb eines Rezepts kann mit Hilfe von Funktionsplänen in Anlehnung an DIN 40719 dargestellt werden. Abbildung 81 zeigt einen vereinfachten Funktionsplan mit Ablaufbeschreibungen für die drei Ebenen eines Rezepts.

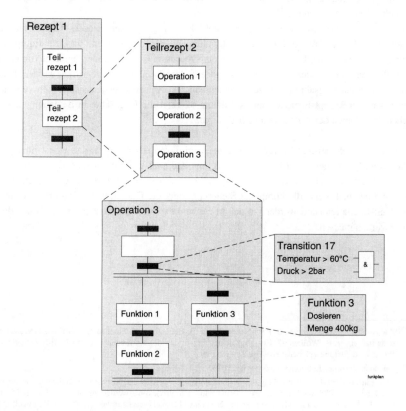

Abbildung 81: Funktionsplan eines Rezepts

---

[445] vgl. Uhlig/Bruns 95, S. 57.

Die Vorgangselemente, die als Rechtecke dargestellt sind, sind in der logischen Ablauffolge miteinander verbunden. Transitionen, als schwarze, waagerechte Striche dargestellt, können als Übergangsbedingung zwischengeschaltet sein. Die Transition 17 schaltet, wenn die Temperatur 60 °C erreicht hat, und der Druck mindestens 4 bar beträgt. Die waagerechten Doppellinien geben logische Verzweigungen und Zusammenführungen an. Das bedeutet, daß die zeitliche Abfolge zwischen Funktion 1 und 2 einerseits und Funktion 3 andererseits nur durch die Transitionen abgebildet werden. Bisweilen werden zur Darstellung auch Petri-Netze verwendet, die als Grundlage für Rezeptsimulationen dienen können.[446]

Die Verfahrensbeschreibung der Rezepte in SP88 ist wie in NE33 mehrstufig. Dabei weisen General Recipe und Site Recipe einerseits und Master Recipe und Control Recipe andererseits jeweils die gleiche Struktur auf. Der Übergang von der chemischen zur verfahrens- und automatisierungstechnischen Betrachtung liegt hier zwischen dem Site Recipe und dem Master Recipe. Im Gegensatz zu NE33 stellt das Master Recipe aber bereits eine engere Kopplung zu den physischen Anlagen her.[447]

Des weiteren wird davon ausgegangen, daß die Anlagenebenen Process Cell, Unit und Equipment Module direkt Steuerungsaktivitäten übernehmen können, was als Equipment Control bezeichnet wird. Damit ergibt sich ein Procedural Control Model, bei dem von unterschiedlichen Ebenen der Rezeptprozeduren auf das Equipment zugegriffen werden kann. Durch die Steuerungsaktivitäten der unterschiedlichen Anlagenebenen ergeben sich verschiedene Anlagen-Rezept-Beziehungen. Abbildung 82 zeigt die vorgesehenen Beziehungen zwischen den Ebenen der Anlagen und der Rezepte.

Analog zur Teilrezept-Teilanlagenzuordnung wird davon ausgegangen, daß eine Unit Procedure komplett in einer Unit bearbeitet wird, und daß eine Unit zu einem Zeitpunkt nur eine Charge bearbeiten kann. Zusätzlich gibt es noch die dargestellten Zuordnungsmöglichkeiten. So kann beispielsweise die komplette Steuerungslogik der Operation als Equipment Control auf Unit-Ebene realisiert werden, so daß in einem entsprechenden Rezept keine Phasen definiert werden müssen.[448]

---

[446] Zur Abbildung von Rezepten in Petri-Netzen vgl. z. B. Helms/Hanisch/Stephan 89 und Hanisch 92; zur Simulation vgl. z. B. Wöllhaf 95. Zur allgemeinen Bewertung der Anwendbarkeit von Petri-Netzen für die Prozeßmodellierung vgl. beispielsweise Zelewski 96.

[447] vgl. auch Verwater-Lutszo/Rademacher 93, S. 137.

[448] Zum Einsatz der NE33-Empfehlung vgl. Astor/Lehmann/Schäfer 89 und Kersting 95. Beispiele für die Anwendung des SP88-Standards in der pharmazeutischen Produktion werden gegeben in Rayner 95 und Cole 95. Kritische Auseinandersetzungen mit NE33 sind beispielsweise zu finden in Dokter 91, Engell et al. 95 und Wöllhaf 95, S. 142ff.
Es sei darauf hingewiesen, daß die Phase als Operationsabschnitt in SP88 nicht zu verwechseln ist mit den physikalischen Phasen der Stofform, also mit den Phasen gasförmig, flüssig und fest, vgl. hierzu z. B. Blaß 89, S. 367ff.

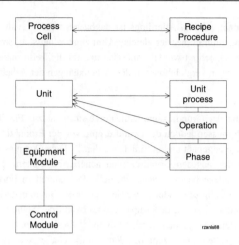

Abbildung 82: Verhältnis von Rezept- und Anlagenebenen in SP88

5.2.2 Strukturierung der Rezeptkomponenten

Die bisherigen Vorschläge zur Rezeptstrukturierung gehen ausführlich auf die Verfahrensbeschreibung ein. Andere produktionslogistisch relevante Aspekte werden nur ansatzweise berücksichtigt. Diese ergeben sich aus der Verwendung der Rezepte als Vorlage für die Produktionsaufträge. Insbesondere der Bezug zu den Produktionsfaktoren Material und Anlagen ist für die Aufgaben der Disposition genauer zu betrachten. Deshalb sollen im folgenden, aufbauend auf den Empfehlungen, die produktionslogistischen Anforderungen an Rezeptstrukturen diskutiert werden.

5.2.2.1 Ressourcenbezug der Verfahrensschritte

Aus automatisierungstechnischer Sicht wird eine mehrstufige Detaillierung der Prozesse beschrieben. Ein Teilrezept bzw. eine Unit Procedure ist logisch einer Teilanlage bzw. einer Unit zugeordnet, d. h. zur Bearbeitung wird eine Instanz dieser Anlagenebene benötigt, nicht jedoch mehrere Instanzen. Nach der Definition dieser Anlageeinheiten können diese selbständig, d. h. unabhängig von anderen Teilanlagen bzw. Units, gefahren werden. Anlageeinheiten der nächst untergeordneten Ebene, also Anlagenteile und Equipment Modules, können dagegen nicht unabhängig von anderen Einheiten der gleichen Gruppe gefahren werden. Daraus folgt, daß die Einheiten dieser Anlagenebene bei der produktionslogistischen Disposition der Anlagen nicht selbständig geplant werden können. Deshalb sind auch aus Sicht der Anlagenbelegung immer die kompletten Prozeßschritte für die Anlagenebene Teilanlagen bzw. Units relevant. Da Operationen eines Rezepts immer eindeutig einem Teilrezept bzw. einer Unit Procedure zugeordnet sind, müssen für diese keine expliziten Teilanlagen- bzw. Unit-Zuordnungen betrachtet werden. Zwar sieht SP88 auch vor, daß Operations und Phases einzelnen Units zugeordnet werden. Allerdings ist davon auszugehen, daß alle Operations und Phases einer Unit Operation immer der gleichen Unit zugeordnet sind, so daß dieser Sachverhalt nicht explizit berücksichtigt werden muß. Damit sind die Teilrezepte für kapazitätswirtschaftliche Fragestellungen vergleichbar mit den Arbeitsgängen der Arbeitspläne der stückorientierten Fertigung.

Die Anlagenneutralität der Grundrezepte stellt ein Instrument zur Flexibilisierung der Produktion dar. Dadurch müssen jedoch die Grundrezepte vor der Produktionsdurchführung erst an die konkrete Anlage angepaßt und optimiert werden.[449] Dabei kann es durchaus notwendig sein, die Inhalte bei den aus den Grundrezepten generierten Steuerrezepten zu ändern. So können an einer Teilanlage beispielsweise spezielle Prozeduren in Form von Teilrezepten oder Operationen notwendig sein, oder es werden spezielle Einsatzmaterialien als Hilfsstoffe gebraucht.[450] Es ist nicht sinnvoll, den Anpassungsaufwand der Steuerrezeptgenerierung bei jeder zu produzierenden Charge neu durchzuführen.[451] Deshalb sollte entweder das an die konkrete Anlage angepaßte Grundrezept, das dem um die chargenspezifischen Informationen bereinigten Steuerrezept entspricht, gespeichert werden, oder es sollte die Möglichkeit bestehen, ein Steuerrezept für einen neu zu produzierenden Produktionsauftrag aus dem Steuerrezept des letzten Produktionsauftrags für das gleiche Produkt zu generieren. Die erste Möglichkeit entspricht dem Master Recipe, das als ein anlagenspezifisches Grundrezept oder ein chargenneutrales Steuerrezept betrachtet werden kann. Dies bedeutet, daß man sowohl eine Generation Grundrezept als auch eine Master Recipe-ähnliche Generation anwenden würde. Die zweite Möglichkeit erfordert zwar keinen eigenen Rezepttyp, bringt aber Probleme bei der Rezepturpflege. Optimierungen oder sonstige Änderungen von Rezepten sind nämlich am Grundrezept, nicht jedoch an einem abgeschlossenen Steuerrezept durchzuführen. Durch das Kopieren von Steuerrezepten entsteht somit die Gefahr inkonsistenter Daten. Insbesondere die Möglichkeit, daß in einem Steuerrezept andere Inputmaterialien und bei analytischer Materialumsetzung gegebenenfalls auch andere Outputmaterialien anfallen, ist ein produktionslogistisch relevanter Sachverhalt und sollte unmittelbar aus den Rezepturstammdaten ersichtlich sein. Darum ist auch aus produktionslogistischer Sicht die erste Alternative vorzuziehen, so daß ein anlagenspezifisches Stammrezept gepflegt werden sollte. Trotzdem hat die Konzeption des anlagenneutralen Grundrezepts ihre Berechtigung zur Erreichung flexibler Rezepte. Deshalb wird hier vorgeschlagen, sowohl das Grundrezept als auch ein anlagenspezifisches Stammrezept zu pflegen. Das Stammrezept muß dabei soweit spezifiziert sein, daß daraus automatisch, ohne zusätzliches verfahrens- und automatisierungstechnisches Know-how, ein Produktionsauftrag generiert werden kann.[452] Dies wird sichergestellt, wenn die Zuordnung der Teilstammrezepte zu den Anlagen mit Hilfe des Konstrukts Ressourcengruppe aus Abbildung 57 erfolgt. Neben dem Teilstammrezept kann auch der Typ Stammrezept einer Ressource zugeordnet werden. Für Stammrezepte sollte diese Zuordnung auf Anlagenebene erfolgen.

---

[449] vgl. Vaessen 91, S. 43f.

[450] vgl. Brombacher 85, S. 35.

[451] vgl. auch Engell et al. 95.

[452] vgl. auch Müller-Heinzerling et al. 94, S. 94, S. 48. Dort wird dieser Rezepttyp als Produktionsrezept bezeichnet.

Weitere planerisch zu berücksichtigende Ressourcen sind neben den Anlagen insbesondere das Personal. Während bei den Anlagen der Ressourcenbezug bereits auf Teilrezeptebene hinreichend war, trifft dies allerdings nicht für die anderen Ressourcentypen zu. Gerade bei Personal ist auch die Ebene der Operationen zu berücksichtigen. So ist es üblich, daß der Personalbedarf während der Produktion nicht konstant ist. Zum einen wird zu bestimmten Operationen kein Personal benötigt, z. B. bei langlaufenden Reaktionen, zum anderen werden auch unterschiedliche Qualifikationen für die einzelnen Operationen benötigt, z. B. für das Beladen oder für das Einrichten der Anlagen. Daraus folgt, daß es für sonstige Ressourcen prinzipiell auch möglich sein muß, Zuordnungen auf Operationsebene vornehmen zu können, wobei auch hier das Konstrukt der Ressourcenarten zu berücksichtigen ist. Eine Zuordnungsmöglichkeit von Ressourcen zu der detaillierten Ebene der Funktionen bzw. Phases ist aus produktionslogistischer Sicht allerdings nicht notwendig.

5.2.2.2 Materialbezug der Verfahrensschritte

Wie bereits ausgeführt, ist auch der Materialbezug in das Rezept aufzunehmen. Dabei reicht es nicht aus, für ein Rezept das Produkt sowie die Einsatzmaterialien global anzugeben. Vielmehr sind auch hier die Beziehungen zu den detaillierteren Verfahrensschritten notwendig. So ist ein Teilrezept als Verfahrensschritt definiert, in dem ein Material in ein anderes, definiertes Material transformiert wird. Deshalb muß es prinzipiell möglich sein, Input- und Outputmaterialien auf Ebene der Teilrezepte anzugeben. Allerdings kann bei bestimmten Prozessen auch eine genauere Angabe notwendig sein. So ist es durchaus üblich, daß bei Mischprozessen nicht alle Materialien zu Beginn der Teilrezeptur zugegeben werden müssen. Das gleiche gilt für Hilfsstoffe, die gegebenenfalls erst relativ spät dem Prozeß zuzufügen sind. Ebenso fallen bei analytischer Materialumsetzung nicht alle Outputmaterialien am Ende eines Teilrezepts an. Diese Faktoren machen auch eine Zuordnungsmöglichkeit von Input und Output zu Operationen notwendig.

Neben den Input- und Outputmaterialien des Rezepts sind davon auch die Intraprozeßmaterialien betroffen. Intraprozeßmaterialien sind als Output und Input zweier aufeinanderfolgender Teilrezepte oder Operationen zu verstehen. Falls die Intraprozeßmaterialien nicht als Stammmaterial existieren, sind gegebenenfalls direkte Bezüge zu den Stoffdaten herzustellen.[453] Dies ist auch notwendig, um aus den Rezeptdaten Betriebsanweisungen nach der Gefahrstoffverordnung zur Information der Mitarbeiter erzeugen zu können.

Abbildung 83 zeigt zusammenfassend die produktionslogistisch notwendigen Beziehungen zwischen Material und Produktionsressourcen einerseits und den einzelnen Prozeßschritten andererseits als Datenmodell.

Die Urrezepte und deren Prozeßbestandteile weisen Beziehungen zu den Stoffdaten auf. Auf jeder Prozeßebene können die Input- und die Outputstoffe angegeben werden. Da bei den Urrezepten die chemischen Aspekte im Vordergrund stehen, wurden keine direkten Beziehungen zu den Materialien aufgebaut. Der Schritt von den chemischen Stoffen zu den

---

[453] Zu Intraprozeßmaterialien und deren Beziehungen zu Stoffdaten s. auch S. 42 und 103.

logistischen Materialien vollzieht sich erst mit den Grundrezepten. Aufgrund der Intraprozeßmaterialien muß aber auch für Grundrezepte ein Bezug zu den Stoffdaten möglich sein.

Des weiteren kann es aus gefahrstoffrechtlichen Gründen notwendig sein, Stoffe als Output angeben zu können, ohne daß sie im produktionslogistischen Sinn Intraprozeßmaterialien oder Endprodukte sind, z. B. wenn die Stoffe an die Luft abgegeben werden. Daraus folgt, daß Inputstoffe in jedem Fall Intraprozeßmaterialien sind und dementsprechend auch innerhalb des gleichen Rezepts als Outputstoff erzeugt werden müssen. Outputstoffe können aber echte Abprodukte darstellen, die nicht wieder im gleichen Rezept als Input und Intraprozeßmaterial auftreten. Dies ist in den Bedingungen <1> und <2> für die Stoffe und Materialien der Teilgrundrezepte formuliert.

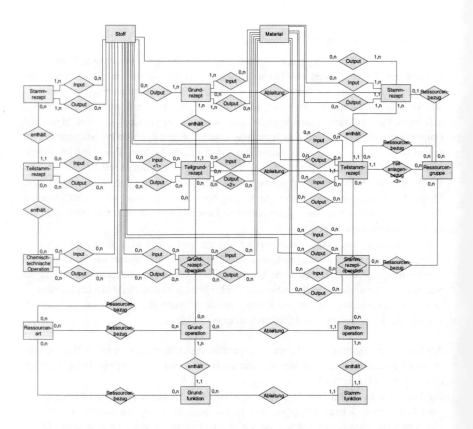

Abbildung 83-1: Datenstruktur zum Material- und Ressourcenbezug der Prozeßschritte

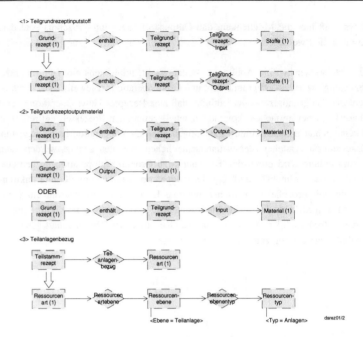

Abbildung 83-2: Datenstruktur zum Material- und Ressourcenbezug der Prozeßschritte

Stoffinput betrifft immer Intraprozeßmaterialien, sonst müßten für die Stoffe Materialstämme definiert sein. Bedingung <1> gibt an, daß ein Stoffinput eines Teilgrundrezepts auch immer Outputstoff eines anderen Teilgrundrezepts des gleichen Grundrezepts sein muß. Da sich der Input und der Output auch auf das gleiche Teilgrundrezept beziehen können, sind ebenfalls Zyklen der Stoffe möglich. Für Outputmaterialien von Teilrezepten wird in Bedingung <2> gefordert, daß das Material entweder analog als Intraprozeßmaterial auch Input eines anderen Teilgrundrezepts des Grundrezepts darstellt, oder daß es als echtes Outputmaterial auch auf Rezeptebene definiert ist. Diese Art der Modellierung impliziert, daß alle Input- und Outputmaterialien auch auf Grundrezeptebene dargestellt werden. Die Integritätsbedingungen sind analog auch auf die anderen Rezepturen und für die anderen Ebenen zu übertragen.

Alternativ zu der Darstellung aus Abbildung 83 können die Intraprozeßmaterialien auch, wie in Abbildung 84, explizit als Entitytyp modelliert werden. Der Typ Intraprozeßmaterial geht genau eine Beziehung zu einem Material oder einem Stoff ein. Andererseits besitzt ein Intraprozeßmaterial genau eine Inputbeziehung und eine Outputbeziehung zu einem Teilgrundrezept. Integritätsbedingung <1> der Abbildung 84 stellt sicher, daß sich die Input- und die Outputbeziehung auf Teilgrundrezepte eines Grundrezepts beziehen.
Die zweite Alternative hat den Vorteil, daß die Menge des Intraprozeßmaterials als Attribut zum Typ Intraprozeßmaterial modelliert werden kann, während sie in der ersten Alternative als Attribute zu den jeweiligen Input- bzw. Outputbeziehungstypen modelliert werden muß.

Allerdings muß hier die Möglichkeit, daß Outputstoffe kein Intraprozeßmaterial darstellen, explizit modelliert werden.

Grundrezepte weisen, wie in Abbildung 83 dargestellt, mindestens ein Teilgrundrezept auf. Die Beziehung zwischen Teilgrundrezept und Grundoperation ist jeweils (0,n). Dadurch wird aus Sicht des Teilgrundrezepts verdeutlicht, daß eine Rezeptur keine Operationen aufweisen muß. Dies kann bei einfachen, komplett manuell gefahrenen Prozessen auftreten, da diese häufig keine genauen Beschreibungen benötigen. Eine Grundoperation ist als rezeptunabhängiger Baustein zu verstehen, der in unterschiedlichen Rezepten genutzt werden kann. Eine solche Anwendung wird durch den Beziehungstyp Grundrezeptoperation ausgedrückt. Entsprechend ist die Kardinalität (0,n). Eine Grundoperation kann mehrere Grundfunktionen umfassen. Alle drei Prozeßebenen können optional Beziehungen zu Ressourcenart eingehen. Damit wird ausgedrückt, daß auf Grundrezeptebene noch keine genaue Zuordnung zu den Ressourcen erforderlich ist. Auch wird hier das Konstrukt der Ressourcenart genutzt, um anlagenunabhängige Grundrezepte darstellen zu können.

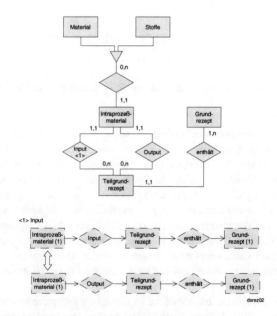

Abbildung 84: Alternative Datenstruktur zu Intraprozeßmaterialien

Mit den Stammrezepten werden die anlagenspezifischen Rezepturen dargestellt. Sie haben strukturell den gleichen Aufbau wie die Grundrezepte. Dies betrifft auch die Beziehung zu den Stoffen und den Materialien. Aufgrund des konkreten Anlagenbezugs unterscheiden sie sich allerdings bei der Zuordnung zu den Ressourcen. Zum einen erfolgen die Beziehungen zu den Ressourcengruppen, da die Gruppen, im Gegensatz zur Ressourcenart, nicht nur unter technologischen, sondern auch unter produktionslogistischen Gesichtspunkten substituierbare Mengen gleicher Ressourcen darstellen. Des weiteren wird die für ein Teilrezept geforderte Zuordnung zu genau einer Teilanlage durch den Beziehungstyp Teilanlagenbezug explizit formuliert. Integritätsbedingung <3> stellt sicher, daß die Ressourcengruppe, der ein Teilstammrezept über den Beziehungstyp Teilanlagenbezug zugeordnet ist, bezüglich der Ressourcenebene die Ausprägung Teilanlage und bezüglich des Ressourcentyps die Ausprägung Anlagen aufweist.

5.2.2.3 Prozeßablauf der Verfahrensschritte

Während bisher die einzelnen Komponenten eines Rezepts sowie die Beziehungen zwischen den Komponenten diskutiert wurden, sollen im folgenden die logischen Abhängigkeiten zwischen den Verfahrensschritten zur Beschreibung des Prozeßablaufs betrachtet werden. Dabei ist auch die große Streuung der typologischen Merkmalsausprägungen zu berücksichtigen, insbesondere hinsichtlich

- der Materialeinsatz- und Ausbringungselastizität,
- der Betriebsmittelsubstitution,
- der Variabilität der Ablauffolge,
- der Prozeßunterbrechbarkeit und
- der Wiederholbarkeit.

Der Prozeßablauf wird vor allem durch den Materialfluß während der Produktionsprozesse bestimmt. Der Ablauf der Verfahrensschritte kann somit als Folge von Materialtransformationsfunktionen betrachtet werden. Darüber hinaus existieren auch logische Abhängigkeiten zwischen den Prozeßschritten, die nicht direkt aus der Materialtransformation abgeleitet werden können, z. B. minimale oder maximale Zeitabstände zwischen den Prozeßschritten.

5.2.2.3.1 Materialflußbezogener Prozeßablauf

Der materialflußbezogene Prozeßablauf ergibt sich aus den Input- und Outputmaterialien der einzelnen Prozeßschritte. Beispielsweise wird Material M1 durch Prozeßschritt P1 zu M2 verarbeitet, M2 wird durch Schritt P3 zu M3 verarbeitet. Aus dieser Materialtransformation kann die Prozeßfolge P1—P2 abgeleitet werden. Da der Materialinput und -output für die Ebene der Teilrezepte üblicherweise angegeben wird, kann der logische Ablauf der Teilrezepte innerhalb einer Rezeptur direkt über diese Darstellungsart ermittelt werden.

Da die Input- und Outputmaterialien auch als Zustand des Produktionsprozesses aufgefaßt werden können, ist diese Darstellungsart ähnlich den zustandsorientierten Arbeitsplänen für die stückorientierte Produktion, die auf Vorgangskantennetzen basieren.[454] Auch bei Prozessen ohne direkten Materialtransformationsbezug ist diese Darstellungsart der Prozeßablaufbe-

---

[454] vgl. Döttling 86, S. 41 und Loos 92, S. 141.

schreibung üblich. So erfolgt bei den Ereignisgesteuerten Prozeßketten zur Darstellung von Geschäftsprozessen oder bei den Petri-Netzen die Verknüpfung der einzelnen Aktivitäten über Ereignisse bzw. Transitionen, die jeweils als zweite Knotenklasse des Netzes den Input und Output der Aktivitäten darstellen.

Abbildung 85 zeigt das Beispiel eines materialbestimmten Prozeßablaufs. Die Materialien M1 und M2 werden im Teilrezept TR1 zu M3 und M4 verarbeitet. Aus M3 wird anschließend in TR2 Material M5, aus M4 wird in TR3 M6 hergestellt. Im letzten Teilrezept TR4 werden M5 und M6 zu M7 verarbeitet. An dem Beispiel wird die Mächtigkeit der Darstellungsart deutlich. Da implizit der Materialinput und -output als AND-verknüpft interpretiert werden, können sowohl analytische Umwandlungsprozesse wie in TR1, als auch synthetische Umwandlungsprozesse wie in TR1 und TR3 dargestellt werden. Des weiteren können durch deren Kombinationen auch parallele Bearbeitungsschritte abgebildet werden, wie TR2 und TR3.

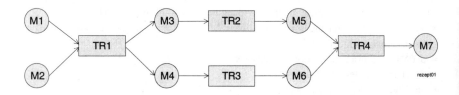

Abbildung 85: Beispiel für materialflußbezogenen Prozeßablauf

Um Materialeinsatz- und Ausbringungselastizität darstellen zu können, kann die bei der Erzeugnisstruktur bereits eingeführte Konnektorkodierung genutzt werden.[455] Bei der Anwendung der Knotenkodierung ergibt sich aber bei komplexen Produktionsprozessen das Problem der Zuordnung der Prozeßschritte. Am Beispiel eines Prozeßschritts P1, der entweder die Inputmaterialien M1 und M2 in die Outputmaterialien M4 und M5 oder die Inputmaterialien M2 und M3 in die Outputmaterialien M5 und M6 transformiert, soll dies verdeutlicht werden. Abbildung 86a zeigt die Anwendung der Konnektorkodierung. Da jeweils zwischen einem AND-Konnektor der Inputverknüpfung und einem AND-Konnektor der Outputverknüpfung eigenständige Kanten verlaufen, kann der Prozeßschritt P1 nicht eindeutig einer Kante zugeordnet werden. Die innerhalb des Prozeßschritts P1 durch gestrichelte Linien angedeutete Vereinigung der beiden Kanten über zwei OR-Konnektoren ist nicht anwendbar. Mit ihr würde ein Semantikverlust einhergehen, da nicht mehr eindeutig die Abhängigkeiten zwischen den Input- und Outputmaterialien dargestellt sind. Mit der Kantenvereinigung wäre beispielsweise auch eine nicht gewollte Verarbeitungsmöglichkeit von M1 und M2 zu M5 und M6 abgebildet.

Da die Abhängigkeiten zwischen den Inputkombinationen und den Outputkombinationen des Materials zur gleichzeitigen Darstellung aller Materialumsetzungsarten und von Materialeinsatz- und Ausbringungselastizität notwendig sind, werden diese über **Input-Output-**

---

[455] s. S. 164.

Kombinationen abgebildet.[456] Eine Input-Output-Kombination faßt alle Inputmaterialien und alle Outputmaterialien einer Alternative zusammen. Abbildung 86b zeigt die Anwendung, wobei bei dem vorliegenden Beispiel zwei Input-Output-Kombinationen notwendig sind. Den beiden Kombinationen IOK1 und IOK2 ist der Prozeß P1 zugeordnet. Alle Kanten einer Input-Output-Kombination sind implizit als AND-verknüpft zu verstehen, die Zuordnung zu den Prozeßschritten sind als OR-verknüpft zu interpretieren. Damit bildet diese Darstellungsart einen Mittelweg zwischen der Knoten- und der Kantenkodierung. Im Gegensatz zur Kantenkodierung sind aber die Attribute der Kanten, wie z. B. Produktionskoeffizienten, unmittelbar verständlich. Neben der Materialeinsatz- und Ausbringungselastizität kann durch Zuordnung mehrerer Teilrezepte zu einer Input-Output-Kombination auch potentielle Prozeßsubstitution dargestellt werden.

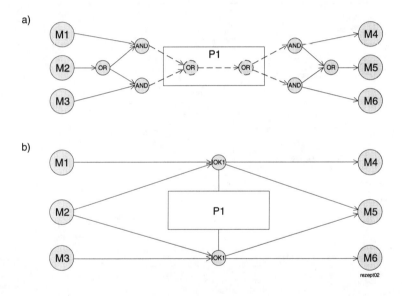

Abbildung 86: Materialflußbezogener Prozeßablauf mit Input-Output-Kombinationen

5.2.2.3.2 Zeitbezogene und ereignisbezogene Abhängigkeiten

Neben den direkt durch den Materialfluß begründeten Beziehungen sind weitere logische Abhängigkeiten zu berücksichtigen. Diese sind insbesondere verfahrensbedingte zeitliche Restriktionen sowie automatisierungsbedingte Abhängigkeiten zwischen den Prozeßschritten.

---

[456] Zu Input-Output-Kombinationen von Rezepturen vgl. Loos 93b. Duncan führt für die Darstellung von Stücklisten mit Kuppelprodukten sogenannte Task Items ein, die in ihrer Semantik den Input-Out-Kombinationen entsprechen, vgl. Duncan 83.

Beispiele zeitlicher Restriktionen sind minimale Wartezeiten zwischen zwei Prozeßschritten oder maximale Verweildauern aller Prozeßschritte innerhalb einer Teilanlage. Zeitliche Restriktionen können sich aus der begrenzten Haltbarkeit der Intraprozeßmaterialien ergeben. Des weiteren fällt hierunter die zeitliche Synchronisation von Prozeßschritten, wie sie für das Entladen einer Teilanlage mit gleichzeitigem Beladen der Folgeanlage üblich ist. Solche Abhängigkeiten sind typisch für die Ebene der Operationen. In Abbildung 87 sind beispielhaft zwei Teilrezepte mit sechs bzw. vier Operationen dargestellt.

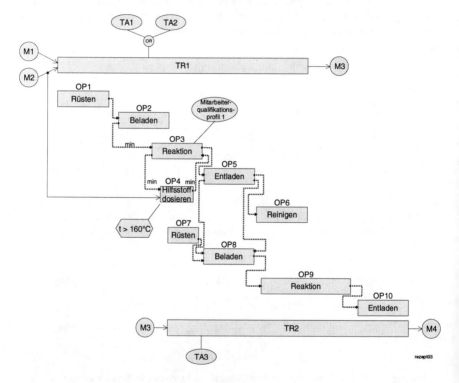

Abbildung 87: Rezeptdarstellung mit zeit- und ereignisbezogenen Abhängigkeiten

Die Beziehung zwischen den Teilrezepten TR1 und TR2 können materialflußbezogen über die Input- und Outputstoffe ermittelt werden. Teilrezept TR1 besitzt zwei Inputmaterialien M1 und M2 und ein Outputmaterial M3. Teilrezept TR2 wandelt M3 in M4 um. Die Operationen des Teilrezepts TR1 werden nicht alle sequentiell bearbeitet, sondern es treten einerseits Überlappungen und andererseits Parallelbearbeitung auf. Diese Abhängigkeiten können mit den in der Netzplantechnik angewandten **Anordnungsbeziehungen** abgebildet werden. Die Anordnungsbeziehungen werden nach den Typen Ende-Start, Start-Start, Ende-Ende sowie Start-Ende unterschieden und können sowohl minimale als auch maximale Zeitrestriktionen enthalten. Die Beziehung zwischen der Rüstoperation OP1 und der Beladeoperation OP2 ist eine Ende-Start-Beziehung, die keine zeitliche Restriktion aufweist. Die Beziehung zwischen der Beladeoperation OP2 und der Reaktionsoperation OP3 ist eine Start-Start-Beziehung mit minimaler Zeitrestriktion. Die exakte zeitliche Synchronisation zwischen der Entladeoperation OP5 von TR1 und der Beladeoperation OP8 von TR2 kann über eine Start-Start und eine Ende-Ende-Beziehung mit minimalen und maximalen Zeitdauern von 0 dargestellt werden. Dadurch wird auch ausgedrückt, daß der Prozeß nicht zwischen der Operation OP5 und OP8 unterbrochen werden kann. Die Dosieroperation OP4 für den Hilfsstoff ist parallel zu der Reaktionsoperation OP3 durchzuführen. Dazu sind eine Start-Start-Beziehung und eine Ende-Ende-Beziehung mit jeweils einer Mindestdauer angegeben. Das Beispiel verdeutlicht an den Operationen OP5 und OP8, daß prinzipiell auch zeitliche Restriktionen zwischen Operationen unterschiedlicher Teilrezepte möglich sind. Es ist zu beachten, daß die Abhängigkeiten der Anordnungsbeziehungen zwischen Operationen unterschiedlicher Teilrezepte nur gültig sind, wenn auch beide Teilrezepte angewandt werden und beispielsweise keine Prozeßsubstitution greift.

Neben den zeitlichen Abhängigkeiten können auch für Operationen Materialinput und -output dargestellt werden. So ist für die Dosieroperation OP4 angegeben, daß sich das Dosieren auf das Inputmaterial M2 bezieht. Allgemein bedeutet dies, daß sich Materialien auf die Ebenen Rezept, Teilrezept und Operation beziehen können. Dies ist bereits in Abbildung 83 gezeigt. Allerdings sind Materialbeziehungen auf Ebene der Operationen nicht zwingend. Vielmehr ist ohne Zuordnung auf Operationsebene davon auszugehen, daß Inputmaterialien zum Start des Teilrezepts benötigt werden und Outputmaterialien zum Ende des Teilrezepts anfallen.

Wie bei dem materialflußbezogenen Prozeßablauf wird auch bei den zeitlichen Restriktionen mit Hilfe der Anordnungsbeziehungen davon ausgegangen, daß die Abhängigkeiten zwischen den Prozeßschritten jeweils vom Start- bzw. Endzeitpunkt der einzelnen Schritte aus definiert werden. Es ist aber durchaus möglich, daß die Koordination von Prozeßschritten nicht unmittelbar von dem Start oder dem Ende eines anderen Prozeßschritts abhängt, sondern von sonstigen Zuständen, etwa dem Erreichen einer bestimmten Temperatur. Müller-Heinzerling et al. haben am Beispiel eines Vinylacetat-Polymerisationsprozesses gezeigt, daß solche Zustände als Ereignisse im Prozeß die Koordination der einzelnen Verfahrensschritte wesentlich vereinfachen bzw. bei komplexen Prozessen sogar notwendig sind.[457] Verdeutlicht wird dies anhand des komplexen Mischvorgangs innerhalb des Vinylacetat-Polymerisationsprozesses. Die Dosierschritte der einzelnen Inputmaterialien können nicht exakt durch relative Zeitangaben definiert werden, wie etwa 10 Minuten nach Reaktionsbeginn, sondern hängen allein von bestimmten Reaktionszuständen ab, z. B. Temperatur > 160 °C. Durch die nicht immer gleichmäßigen Prozeßverläufe können die Zustände bei verschiedenen Produktionsaufträgen zu unterschiedlichen Zeitpunkten erreicht werden. Da die Zustände für den Start der Dosieroperationen unterschiedlich definiert sein können, kann sich sogar die Reihenfolge der einzelnen Dosieroperationen von Produktionsauftrag zu Produktionsauftrag ändern, so daß einmal zuerst der Stoff A, in einer anderen Situation zuerst der Stoff B zugegeben werden muß. Ohne die

---

[457] vgl. Müller-Heinzerling et al. 92.

Definition von **Prozeßereignissen** müßten zur Koordination die einzelnen Operationen in extrem kleine Schritte zerlegt werden, was für praktische Anwendungen wenig sinnvoll ist.

Obwohl solche Prozeßereignisse vorwiegend für verfahrens- und automatisierungstechnische Fragen relevant sind und vor allem auf Operations- und Funktionsebene anzutreffen sind, können sie auch produktionslogistische Fragen berühren. So hängt das oben aufgeführte Beispiel der Dosierung unmittelbar mit der Frage nach der Materialbereitstellung zusammen. Überdies können durch die Prozeßereignisse weitere, nicht unmittelbar mit dem prozeßinternen Ablauf zusammenhängende Zustände abgebildet werden, die auch bei der Steuerung der Produktion berücksichtigt werden müssen. Mögliche Anwendungen solcher Zustände oder Ereignisse mit produktionslogistischen Auswirkungen können beispielsweise sein:

• Die gleichzeitige Produktion bestimmter unterschiedlicher Material- oder Stoffarten in einem Produktionsbetrieb schließt sich aus.

• Aufgrund der Empfindlichkeit der Produktionsprozesse kann die Produktion nur bei bestimmten Wetterbedingungen durchgeführt werden.

• Aufgrund der Konzentration der umweltbelastenden Abprodukte des Produktionsprozesses darf die Produktion nicht bei Niedrigwasser oder Ebbe durchgeführt werden.

Dementsprechend sollen bei der Modellierung von Rezeptstrukturen neben den Anordnungsbeziehungen auch die Prozeßereignisse als zusätzliche potentielle Startbedingungen aufgenommen werden. Dabei wird das Konstrukt Prozeßereignisse aber allgemein betrachtet, so daß nicht nur Startereignisse, sondern auch Endereignisse definiert werden können. Damit können die Prozeßereignisse auch zur Abbildung der Transitionen von Funktionsplänen, wie in Abbildung 81 dargestellt, genutzt werden. Allerdings wird keine automatische Folge von Prozeßschritt und Ereignis gefordert, sondern die Prozeßereignisse können optional angegeben werden.[458]

In Abbildung 87 ist ein Prozeßereignis zur Steuerung der Dosieroperation OP4 für Hilfsstoffe dargestellt. Das Prozeßereignis ist als Temperatur der Reaktionsoperation OP3 definiert. Damit könnte gegebenenfalls auf die beiden Anordnungsbeziehungen zwischen OP3 und OP4 verzichtet werden. Sollen die Rezepturen in Form von Funktionsplänen dargestellt werden, so sind die Transitionen aus Abbildung 81 als Prozeßereignisse zu interpretieren, wobei lediglich die graphische Darstellung von Abbildung 87 abweicht.

Weiterhin sind in Abbildung 87 die für die Durchführung der Produktion notwendigen Ressourcen mit ovalen Symbolen dargestellt. Da auch Betriebsmittelsubstitution darstellbar sein sollen, werden die bereits eingefügten OR-Konnektoren angewandt. So sind dem Teilrezept TR1 die beiden Teilanlagen TA1 und TA2 zugeordnet, die alternativ eingesetzt werden können. Auch andere Ressourcentypen können den Prozeßschritten zugeordnet sein. So ist der Operation OP3 Mitarbeiterkapazität in Form eines notwendigen Qualitätsprofils zugewiesen.

---

[458] vgl. auch Loos/Scheer 94, S. 433.

Variable Ablauffolgen können auf der Ebene der Operationen mit Hilfe der Prozeßereignisse dargestellt werden. Auch auf Ebene der Teilrezepte sind variable Folgen mit der materialfluß-bezogenen Ablaufdarstellung prinzipiell möglich. Abbildung 88 verdeutlicht dies an einem Beispiel.

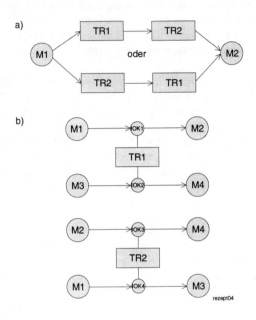

Abbildung 88: Variable Ablauffolge auf Teilrezeptebene

Das Material M1 wird durch die Teilrezepte TR1 und TR2 zum Material M4 verarbeitet. Dabei soll sowohl die Ablauffolge TR1—TR2 als auch die Folge TR2—TR1 zulässig sein. Über die Definition der beiden Zwischenprodukte M2 und M3 kann die Variabilität abgebildet werden. So bezieht sich das Teilrezept TR1 entweder auf die Input-Output-Kombination IOK1 oder auf IOK2 und das Teilrezept TR2 entweder auf IOK3 oder auf IOK4. Somit ergibt sich beispielsweise die Ablauffolge TR1—TR2 durch Traversierung von IOK1 und IOK3, wobei der Output von IOK1 identisch ist mit dem Input von IOK3.

Auch wenn diese Darstellungsart variabler Ablauffolgen umständlich erscheint, kann sie für die Anwendung in Rezepturen als ausreichend angesehen werden. Einerseits kommen variable Ablauffolgen in chemischen Prozessen weniger häufig vor. Andererseits sind neben den variablen Ablauffolgen in den Strukturen auch gleichzeitig andere Anforderungen wie Material- und Prozeßsubstitution sowie parallele Prozeßschritte abgebildet.[459]

---

[459] So können beispielsweise variable Ablauffolgen elegant mit einem eigenen Konnektortyp dargestellt werden (vgl. Zörntlein 88, S. 129ff.), gleichzeitig wird damit aber die Abbildungsmöglichkeit paralleler Prozeß-schritte eingeschränkt, vgl. Loos 92, S. 143.

5.2.2.3.3 Bedingte Verfahrensschritte

Mit Hilfe der Input-Output-Kombinationen und der Prozeßereignisse lassen sich auch Prozeß-schritte in den Verfahrensablauf integrieren, die nur unter bestimmten Bedingungen ausge-führt werden. Dies ist insbesondere bei nur bedingt wiederholbaren Prozessen aufgrund schwankender Outputqualitäten notwendig, um die Homogenisierung des Output in die Ver-fahrensbeschreibung aufnehmen zu können. Hierzu können Prozeßschritte für die Nacharbeit oder für das Verschneiden heterogener Qualitäten aufgenommen werden, die bei den konkre-ten Produktionsprozessen bedarfsweise ausgeführt werden.

In Abbildung 89 ist die Anwendung der Konstrukte exemplarisch darstellt. Abbildung 89a zeigt die Anwendung der Input-Output-Kombination auf Teilrezeptebene. Zur Herstellung des Produkts M4 wird das Material M1 eingesetzt und in einem Rezept mit zwei Teilrezepten bearbeitet. Output des ersten Teilrezepts TR1 ist normalerweise M2, das in TR2 zu M4 wei-terverarbeitet wird. Aufgrund hier nicht näher beschriebener Einflüsse kann als Output des Teilrezepts TR1 auch M3 resultieren. In diesem Fall wird das Teilrezept TR1b eingeschoben, welches das Material M3 in M2 transformiert. Zur Abbildung der unterschiedlichen Output-materialien sind dem Teilrezept TR1 zwei verschiedene Input-Output-Kombinationen IOK1 und IOK2 zugeordnet. Über die Traversierung des in einem konkreten Produktionsprozeß anfallenden Output kann somit ermittelt werden, ob nach TR1 direkt TR2 ausgeführt werden kann oder ob TR1b zwischengeschaltet werden muß.

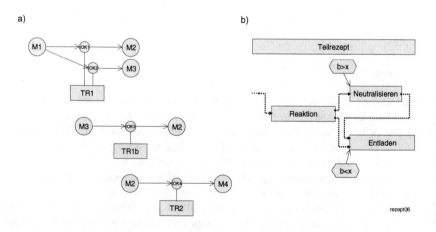

Abbildung 89: Nachbearbeitungsschritte auf Teilrezept- und Operationsebene

Eine Nachbearbeitung auf Operationsebene ist in Abbildung 89b dargestellt. Hierzu wird das Konstrukt der Prozeßereignisse angewandt. Die Operation Neutralisieren ist nur dann nach der Operation Reaktion auszuführen, wenn die Bedingung (b > x) erfüllt ist. Ansonsten kann di-rekt mit der Entladeoperation fortgefahren werden. Dementsprechend sind einerseits die Operationsfolge Reaktion und Entladen und andererseits die Folge Reaktion, Neutralisieren und Entladen über Anordnungsbeziehungen verbunden. Den Operationen Neutralisieren und Entladen ist darüber hinaus jeweils ein Prozeßereignis als Startbedingung zugeordnet. Mit dieser Bedingung kann in einem konkreten Prozeß die Folgeoperation zur Operation Reaktion ermittelt werden.

5.2.2.4 Datenstrukturen zu Stammrezepten

In Abbildung 90 sind die Datenstrukturen für die Stammrezepte zusammengestellt. Die Prozeßschritte und ihre Hierarchie sind aus dem Datenmodell aus Abbildung 83 übernommen. Typische, für produktionslogistische Aufgaben wichtige Attribute der Prozeßschritte sind die Zeitangaben zu den Durchführungs- bzw. Bearbeitungsdauern. Sie können prinzipiell auf jeder Ebene angegeben werden. Allerdings ist dabei auf Konsistenz der Angaben zu achten. So ergibt sich die Bearbeitungszeit für ein Teilstammrezept aus den einzelnen Stammrezeptoperationen und der Berücksichtigung der zeitbezogenen Abhängigkeiten. Für die genaue Ermittlung ist ein Scheduling-Algorithmus erforderlich.

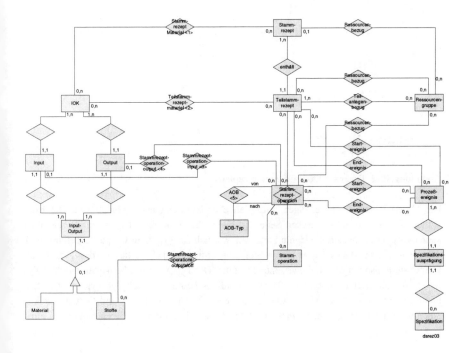

Abbildung 90-1: Datenstruktur zu Stammrezepten

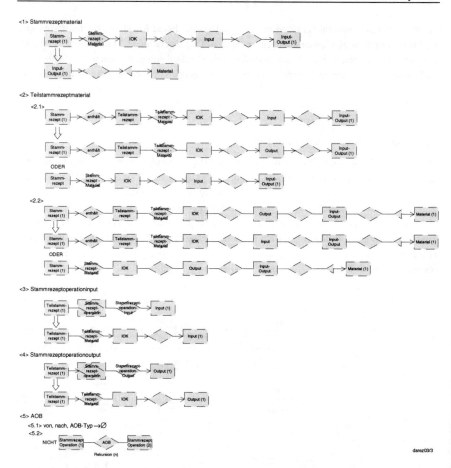

Abbildung 90-2: Datenstruktur zu Stammrezepten

Die Materialzuordnungen erfolgen prinzipiell über Input-Output-Kombinationen. Die Konstrukte hierzu sind auf der linken Seite abgebildet. Ein Prozeßinput oder ein Prozeßoutput kann entweder ein Material oder ein Stoff sein, weshalb ein Typ Input-Output eingeführt wird, der genau einem Material oder einem Stoff zugeordnet wird. Eine Instanz des Typs Input-Output stellt also ein Material oder einen Stoff dar. Der Typ weist Ähnlichkeiten mit dem Typ Intraprozeßmaterial in Abbildung 84 auf, allerdings beschränkt sich der Typ Input-Output nicht auf Intraprozeßmaterialien, sondern bezieht sich auf alle Input- und Outputprodukte. Auch wird davon ausgegangen, daß ein Material oder ein Stoff nur eine Beziehung zu einer

Input-Output-Instanz eingeht.[460] Der Input-Output wird über die Entitytypen Input und Output dem Typ Input-Output-Kombination zugeordnet. Input und Output werden als Entitytypen und nicht als Beziehungstypen modelliert, damit ein Material bzw. ein Stoff mehrmals in einer Input-Output-Kombination gelistet werden kann. Die Kardinalitäten zwischen den Typen weisen jeweils Untergrenzen von 1 auf, da alle Entitytypen nur im Zusammenhang mit einer konkreten Input-Output-Kombination sinnvoll sind. Mögliche Mehrfachzuordnungen zu einer Input-Output-Kombination und zu einem Input-Output sind logisch AND-verknüpft.

Die Input-Output-Kombinationen werden den Stammrezepten sowie den Teilstammrezepten zugeordnet. Mehrfachzuordnungen sind hierbei als OR-verknüpft zu verstehen, d. h. sie stellen aus Sicht der Input-Output-Kombinationen Prozeßalternativen und aus Sicht der Prozeßschritte Elastizität bezüglich Materialeinsatz und Ausbringung dar. Die Stammrezeptoperationen gehen direkte Beziehungen zu den Typen Input und Output ein, da auf dieser Ebene keine Kombinationen mehr dargestellt werden, und die Zuordnung von Materialien und Stoffen nicht zwingend ist. Über vier Integritätsbedingungen wird die Konsistenz der Materialbeziehungen der Prozeßebenen sichergestellt. Bedingung <1> gibt an, daß ein Input zu einem Stammrezept immer Material sein muß. Für Output wird dies nicht gefordert, da auch Stoffe als Stammrezeptoutput auftreten können. Bedingung <2> bezieht sich auf die Teilstammrezepte. In <2.1> wird ausgedrückt, daß ein Input immer auch Output eines anderen Teilstammrezepts des gleichen Stammrezepts ist, oder daß der Input eines Teilstammrezepts auch Input des Stammrezepts ist. Bedingung <2.2> bezieht sich analog auf Output, wobei aufgrund der besonderen Möglichkeiten von Outputstoffen die Bedingung auf Outputmaterialien beschränkt ist. In Bedingung <3> wird ausgedrückt, daß ein Input einer Stammrezeptoperation auch Input der Input-Output-Kombination des zugehörigen Teilstammrezepts ist. Bedingung <4> ist analog für Output. Outputstoffe einer Stammrezeptoperation, die keine Intraprozeßmaterialien sind, müssen durch den Beziehungstyp Stammrezeptoperationsoutputstoff explizit formuliert werden, da sie in keiner Input-Output-Kombination vorkommen müssen. Damit wird auch deutlich, daß solche Outputstoffe nur auf der untersten Prozeßebene modelliert und nicht wie logistische Materialien auf allen Ebenen konsistent gepflegt werden müssen.

Die zeitbezogenen Abhängigkeiten werden im Beziehungstyp Anordnungsbeziehung dargestellt. Die Dreifachbeziehung weist neben den beiden Kanten zu den Stammrezeptoperationen eine Kante zu dem Entitytyp AOB-Typ auf, der für jeden Anordnungstyp eine Instanz enthält, z. B. Ende-Start-Typ. Die Determinanten des Beziehungstyps sind in Bedingung <5.1> dargestellt. Bedingung <5.2> schließt Rekursionen aus. Typische Attribute des Beziehungstyps sind minimale und maximale Zeitabstände zwischen den Stammrezeptoperationen.

Die ereignisbezogenen Abhängigkeiten werden mit Hilfe des Entitytyps Prozeßereignis modelliert. Ein Prozeßereignis kann verschiedenen Teilstammrezepten oder Stammrezeptoperationen als Start- oder Endereignis zugeordnet werden. Die Prozeßereignisse werden mit Hilfe

---

[460] Der alternative Beziehungstyp hat diesbezüglich Ähnlichkeiten mit einer Generalisierung. Eine Generalisierung ist hier allerdings nicht anwendbar, da nicht alle Materialien und nicht alle Stoffe auch Input oder Output eines Prozesses sein müssen.

von Spezifikationen, wie sie bereits in Abbildung 31 und Abbildung 38 eingeführt wurden, näher beschrieben. Da für die Anwendung der Prozeßereignisse keine strengen Restriktionen gefordert werden, müssen keine expliziten Integritätsbedingungen formuliert werden.

Für den Bezug zu den Ressourcen gilt Abbildung 83. Lediglich die Kardinalität zwischen dem Teilstammrezept und dem Beziehungstyp Teilanlagenbezug wird auf (1,n) geändert. Mehrfachzuordnungen geben die Möglichkeit der Betriebsmittelsubstitution wieder. Die Integritätsbedingung <3> aus Abbildung 83 gilt analog.

5.2.3 Rezepte für Produktgruppen und Produktwechsel

Aufgrund der möglichen Vielfalt unterschiedlicher chemischer Stoffe wurde in Abschnitt 'Material' vorgeschlagen, Materialien in Materialgruppen und Einzelmaterialien zu differenzieren. Ein typisches Beispiel für eine Materialgruppe ist ein Lack, der in unterschiedlichen Farbtönen produziert wird. Der Lack in einem bestimmten Farbton stellt dann ein Einzelmaterial dar. In Bezug auf die Rezepturen stellt sich die Frage, wie Materialgruppen als Input und Output angewandt werden können. So ist es beispielsweise nicht sinnvoll, für jeden Farbton des Lackes ein eigenes Stammrezept anzulegen, wenn davon ausgegangen werden kann, daß sich die Herstellungsprozesse nur durch die Zugabe jeweils eines anderen Pigments unterscheiden. Aus diesem Grund sollte es möglich sein, daß die in einer Input-Output-Kombination referenzierten Materialien sowohl ein Einzelmaterial als auch eine Materialgruppe sein können. Durch die Konstruktion der **Materialgruppen** und Spezifikationen in Abbildung 31 sowie der Stammrezepte in Abbildung 90 ist dies prinzipiell möglich. Dies gilt auch für die Erzeugnisstrukturen, wie sie in Abbildung 73 bis Abbildung 75 modelliert sind. Im Beispiel der Rezeptur bzw. der Erzeugnisstruktur für den Lack bedeutet dies, daß für die Pigmente als Input und für den Lack als Output jeweils eine Materialgruppe angegeben wird. Alle übrigen Inputstoffe wie Trägersubstanz und Lösungsmittel sowie sonstige Outputstoffe können als Einzelmaterial definiert werden. Der Materialgruppe des Pigments können alle Farbtöne als Einzelmaterialien zugeordnet werden. Damit ergibt sich nur eine Input-Output-Kombination bzw. nur ein Gozintograph. Der konkrete Farbton eines Lackes ergibt sich damit erst nach Wahl eines Einzelmaterials aus der Materialgruppe des Pigments.

Über Materialgruppe können auch **Analogierezepte** abgebildet werden. Für ein neues Produkt innerhalb einer Materialgruppe ist es nicht unbedingt erforderlich, ein eigenes Ur- und Grundrezept zu erstellen. Vielmehr kann das Stammrezept der Materialgruppe als Vorlage dienen, so daß daraus mit geringem Aufwand ein Analogierezept für das neue Produkt generiert werden kann.

Neben den Produktgruppen sind auch die für **Produktwechsel** notwendigen Operationen bei der Beschreibung der Produktionsprozesse relevant. In Abbildung 87 wurden entsprechende Operationen wie Rüsten und Reinigen angegeben. Solche Operationen stellen zwar keine Materialtransformationsprozesse dar, gehören aber dennoch zu den Produktionsprozessen, da sie unmittelbar mit Materialtransformation zusammenhängen und kapazitative Auswirkungen auf die Anlagen und die sonstigen Ressourcen besitzen. Damit gehören die vor- und nachbereitenden Tätigkeiten prinzipiell zu den rezeptspezifischen Informationen. Teilweise werden solche Tätigkeiten auch als Reinigungsrezepturen bezeichnet.

Allerdings kann eine genaue Beschreibung der Tätigkeiten nicht ohne die genaue Folge der Produkte angegeben werden, da die durchzuführenden Tätigkeiten abhängig sind von Produktwechseln. So ist der Reinigungsaufwand nach einem Wechsel von einem hellen Farbton eines Lackes zu einem dunklen Farbton in der Regel geringer als bei einem umgekehrten Wechsel. Deshalb kann die Information nicht direkt einem Stammrezept zugeordnet werden, sondern ist unter Bezug auf das Vorgängerprodukt und das Nachfolgerprodukt zu modellieren.[461] In Abbildung 91 sind die entsprechenden Datenstrukturen dargestellt.

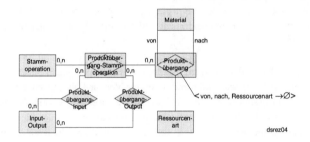

Abbildung 91: Datenstruktur zu Produktwechsel

Ein Produktübergang kann als anlagenspezifische Übergangsmatrix verstanden werden, bei der pro Anlage eine zweidimensionale Matrix über die Produkte aufgespannt wird. Im Datenmodell ist die Matrix deshalb als Dreifachbeziehungstyp dargestellt. Die Kanten von und nach führen zu den Materialien, wobei durchaus auch Materialgruppen zulässig sind, um die Anzahl der Übergangselemente nach Möglichkeit gering zu halten.[462] Des weiteren sind die jeweils betroffenen Anlagen an dem Beziehungstyp beteiligt. Hierzu wird das allgemeine Konstrukt Ressourcenart angewandt. Dadurch ist es möglich, bei Bedarf auch für andere Ressourcentypen Übergangstätigkeiten zu definieren. Es wird nicht die Ressourcengruppe beteiligt, da aufgrund technologischer Gleichheit die Übergangstätigkeiten für alle Gruppen einer Art unabhängig von ihrer konkreten hierarchischen Strukturierung gleich sind. Den Produktübergängen werden Stammoperationen zugeordnet. Da die Stammoperationen stammrezeptunabhängig sind, können somit die vor- und nachbereitenden Tätigkeiten rezeptneutral formuliert werden. Häufig sind für Reinigungsoperationen spezielle Reinigungsmittel notwendig, die nach der Reinigung als Abfall anfallen, weshalb der Beziehungstyp Produktübergang-Stammoperation sowohl Input- als auch Output-Beziehungen zu dem Typ Input-Output

[461] Zur generellen Problembeschreibung vgl. beispielsweise Smith-Daniels/Ritzman 88, Musier/Evens 89 und Jordan 95, S. 10ff.

[462] Dies gilt analog zu den Lagerklassen für die Lagerung von gefährlichen Materialien in Abbildung 42, S. 116. Gegebenenfalls ist es sinnvoll, für die Produktübergänge neben den Materialgruppen aus Abbildung 31, S. 90, eigene Materialgruppen zu definieren.

eingehen kann. Diese Beziehungen sind allerdings nur nötig, wenn die Reinigungsmittel tatsächlich von dem Produktwechsel abhängen und nicht bereits durch das erste Produkt festgelegt sind. In diesem Fall kann das Reinigungsmittel direkt im Stammrezept angegeben werden.

Neben den Stammoperationen, mit denen die Übergangsprozesse definiert werden, können im Beziehungstyp Produktübergang selbst verschiedene Informationen hinterlegt sein. Dadurch muß nicht für jeden Produktübergang auch eine Beziehung zu einer Stammoperation angelegt werden. Beispielsweise kann bei gleichen oder ähnlichen Produkten eine maximale Stillstandszeit für eine Reinigung der Anlage als Dauer hinterlegt werden. Die Stillstandszeit gibt an, nach welcher Zeitspanne eine Reinigung durchzuführen ist, damit die Produktreste in der Anlage nicht eintrocknen. Ein weiteres Beispiel ist das Verbot oder ein zeitlicher Mindestabstand für eine unmittelbar hintereinander stattfindende Produktion zweier unterschiedlicher Produkte.

Bei der Anwendung der produktübergangsbezogenen Stammoperationen bietet es sich an, aus einem Stammrezept auf eine Standardoperation für die Vor- und Nachbereitung zu referenzieren. Diese Standardoperation kann dann bei Einsatz des Rezepts, sobald das nachfolgende respektive das vorherige Produkt bekannt ist, entsprechend der Produktübergangsmatrix gegen die spezielle Stammoperation ausgetauscht werden. Durch dieses Vorgehen kann eine Standardzeit für die Vor- und Nachbereitungstätigkeiten abgebildet werden. Für das Beispiel aus Abbildung 87 bedeutet dies, daß im Stammrezept die Operation OP6 nur als Platzhalter mit Standardwerten definiert ist. Sobald bekannt ist, welches Folgeprodukt auf der Anlage TA1 bzw. TA2 gefahren wird, ist der Inhalt von OP6 gegen den Inhalt der Stammoperation auszutauschen, auf die aus der Produktübergangsmatrix referenziert wird.

Bei der Definition der Übergangsmatrix anhand des Produktwechsels wird vorausgesetzt, daß die vor- und nachbereitenden Tätigkeiten von der Produktart abhängen. Dies impliziert, daß trotz unterschiedlicher Materialumsetzungsarten und potentieller Faktorsubstitution eine Verdichtung der Tätigkeiten auf jeweils ein Produkt vorgenommen werden kann. So empfiehlt es sich beispielsweise, bei analytischer Materialumsetzung von einem zu definierenden Hauptprodukt auszugehen.
Es kann jedoch notwendig sein, ein anderes Kriterium für die Übergangsdefinition heranzuziehen. Hat bei struktureller Einsatzelastizität die Substitution eines Inputmaterials Einfluß auf die Übergangsbedingungen, so kann es sinnvoller sein, die Übergangsmatrix über Input-Output-Kombinationen zu definieren. Gegebenenfalls kann der Übergang auch gleichzeitig noch von dem Verfahren abhängen. In diesen Fällen ist der Beziehungstyp Produktübergang nicht über dem Entitytyp Material, sondern beispielsweise über dem Entitytyp Input-Output-Kombination bzw. über dem Beziehungstyp Teilstammrezeptmaterial zu bilden.

5.2.4 Verhältnis zwischen Erzeugnisstruktur und Rezept

Da Rezepte neben den Prozeßschritten und Prozeßabläufen auch die Input- und Outputmaterialien enthalten, ergeben sich informationelle Überschneidungen zu den Erzeugnisstrukturen. Die redundante Pflege beider Informationen ist aus Gründen der Konsistenz nicht sinnvoll. Deshalb sollen das Verhältnis zwischen den Datenstrukturen der Rezepte und der Erzeugnisstrukturen erläutert und Abbildungsverhältnisse zwischen den Strukturen aufgezeigt werden.[463]

Prinzipiell können die Erzeugnisstrukturen als die Zusammenfassung der Input-Output-Kombinationen der Rezepte angesehen werden. In Abhängigkeit von den hier diskutierten alternativen Datenstrukturen folgt daraus:

*   Für die Erzeugnisstrukturen sind nur die Input-Output-Kombinationen der Stammrezepte relevant. Die Ebene der Teilstammrezepte enthält zusätzlich noch Intraprozeßmaterialien, die für die Erzeugnisstrukturen nicht relevant sind.

*   Eventuell vorhandene Input-Output-Kombinationen von Grundrezepten oder Urrezepten sind ebenfalls nicht für die Erzeugnisstrukturen relevant.

*   Die Input-Output-Kombinationen der Stammrezepte enthalten gegebenenfalls als Output auch Stoffe, die für die produktionslogistischen Anwendungen der Erzeugnisstrukturen, z. B. die Bedarfsauflösung mittels Brutto-Netto-Rechnung, nicht von Bedeutung sind.

*   Die Input-Output-Kombinationen ähneln in der Darstellung den Beziehungen der Gozintographen mit Strukturalternativen, wie sie in Abbildung 72b gezeigt sind.[464] Eine Strukturalternative entspricht dabei einer Input-Output-Kombination ohne Stoffe. Allerdings stellt der Entitytyp Input-Output-Kombination einen Sammler aller beteiligten Inputkanten und einen Verteiler aller beteiligten Outputkanten dar. Dadurch beziehen sich die Mengenangaben in den Input-Output-Kombinationen nicht wie bei den Strukturalternativen auf direkte Input-Output-Verhältnisse, sondern entsprechen den Mengenangaben der kantenkodierten Gozintographen, wie in Abbildung 72a gezeigt. Diese Mengenangaben sind, wie bereits ausgeführt, leichter nachzuvollziehen.

*   In Gegensatz zu den Gozintographen der Erzeugnisstrukturen kann in einer Input-Output-Kombination ein Material mehrmals gelistet werden.

Um die Konsistenz zwischen Instanzen der Struktur sicherstellen zu können, sollten bei einer Umsetzung die Materialbeziehungen der Rezepte und der Erzeugnisstrukturen voneinander abgeleitet werden.[465] Da die Input-Output-Kombinationen die mächtigeren Strukturen darstellen, bietet es sich an, die Gozintographen als View auf die Input-Output-Kombinationen zu realisieren. Bei konnektorkodierter Darstellung der Gozintographen sind hierzu die Konnektoren entsprechend der verschiedenen Input-Output-Kombinationen einzufügen, bei kan-

---

[463] Zum praktischen Einsatz von stücklistenbasierten Systemen zur Abbildung von Rezepturen vgl. auch Heck/Whitney 91 und Luber 92.

[464] s. S. 164.

[465] So werden auch bei Systemen für die stückorientierte Produktion die Materialinformationen des Arbeitsplans aus der Stückliste abgeleitet, vgl. z. B. Scheer 95, S. 215.

tenkodierter Darstellung sind die Mengenangaben für die Produktionskoeffizienten mittels Gleichung (6) umzurechnen.[466]

5.2.5 Rezeptanwendung bei unterschiedlichen Produktionstypen

Die Konzeption der Prozeßstrukturierung innerhalb der Rezepte basiert auf den Vorschlägen von SP88 und NE33, die vor allem in Hinblick auf die Automatisierung von Chargenbetrieben entwickelt wurden. Da hierbei eine bestimmte Prozeßablaufart zugrunde liegt, ist zu überprüfen, inwieweit die Rezepte auf verschiedene Produktionstypen anwendbar sind.[467]

Da die **Fein- und Spezialchemikalienproduktion** vorwiegend mit diskontinuierlichen Prozessen arbeitet, sind die Rezeptstrukturen direkt anwendbar. Auch die Anforderungen der sonstigen Merkmalausprägungen der Fein- und Spezialchemikalienproduktion sind ausreichend berücksichtigt.

Die **pharmazeutische Produktion** kann als eine spezielle Fein- und Spezialchemikalienproduktion betrachtet werden. Entsprechend ist die Streuung der Merkmalsausprägungen in gewisser Weise eingeschränkt. Der Großteil der Besonderheiten läßt sich auf die Validierungsanforderungen der Produktionsprozesse zurückführen. Durch die Validierung der Herstellungsverfahren ist die Variabilität der Produktion eingeschränkt, wodurch die Abbildungsmächtigkeit der hier entwickelten Rezeptstrukturen nicht voll benötigt wird. So wird die Verfahrens- und Betriebsmittelsubstitution innerhalb der Stammrezepte kaum zum Tragen kommen, da mit der Validierung der Produktionsprozeß festgelegt ist und in der Praxis kaum mehrere Alternativen gleichzeitig validiert werden. Aus hygienischen Gründen wird überdies gefordert, daß in einem Folgeprodukt keine Spuren des Vorgängerprodukts auf der Anlage nachweisbar sind. Die aufwendigen Reinigungsvorgänge der Anlagen werden zunehmend direkt vor Ort durchgeführt, durch das sogenannte Clean in Place.[468] Konsequenz der strengen Vorschriften ist, daß die Anlagen bei jedem Produktwechsel vollständig gereinigt werden müssen. Da auch versucht wird, die Reinigungsmittel zu standardisieren, kann darauf verzichtet werden, Produktübergänge mit individuellen Operationen zu definieren. Vielmehr kann unabhängig von der Produktreihenfolge von annähernd konstanten Zeiten ausgegangen werden, die dann direkt im Stammrezept gepflegt werden können.[469]

Des weiteren sind bei den Rezepturen die Anforderungen der Good Manufacturing Practice (GMP) zu berücksichtigen. Informationstechnisch gehören hierzu insbesondere geeignete Sicherungsmechanismen für die Pflege der Daten, z. B. doppelte Signaturen, Freigabeprozeduren und Archivierungsmechanismen für die Dokumentation der Historie.[470]

---

[466] s. S. 163.

[467] vgl. Abschnitt 'Ausgewählte Produktionstypen', S. 76.

[468] vgl. Baumann 93. Clean in Place wird teilweise mit CIP abgekürzt, was zu Verwechslungen mit der Abkürzung für Computer Integrated Processing führen kann.

[469] Aufgrund der aufwendigen Reinigungsvorgänge bleibt aber sehr wohl das Problem der Losgrößenermittlung bestehen.

[470] vgl. Errico 89 sowie Abschnitt 'Dokumentation der Produktion', S. 224.

In der Produktion von **Grundstoff- und Industriechemikalien** wird eine möglichst weitgehende Kontinuisierung und Automatisierung der Produktionsprozesse angestrebt. Dadurch können die Anlagen und Prozesse zwar besser optimiert werden, dies aber auf Kosten der Flexibilität. Die Prozesse laufen oft auf spezialisierten Einzelstranganlagen ab. Dadurch ergibt sich nicht die Notwendigkeit, die Produktionsprozesse unabhängig von Anlagen in Rezepturen zu dokumentieren. Aufgrund der geringen Produktanzahl pro Anlage und des festgelegten Materialflusses besteht auch kaum die Notwendigkeit, für die operative Ausführung aufwendige Dispositionen der Anlagen und sonstiger Ressourcen durchzuführen.

Prinzipiell können auch kontinuierliche Prozesse mit den Rezeptstrukturen abgebildet werden, doch müssen die Rezepte, zumindest aus produktionslogistischer Sicht, nicht wie bei Chargenbetrieb in kleine Prozeßschritte zerlegt werden.[471] Vielmehr wird der Prozeß in Phasen unterschieden, die mit der Betriebsart der Anlage zusammenhängen, z. B. Anfahren, Produktion und Abfahren. Während der Anfahrphase muß der Prozeß stabilisiert werden, um einen möglichst homogenen Produktoutput bei hoher Ausbeute zu erhalten. Die Produktionsphase kann dann, nur durch Instandsetzungsmaßnahmen unterbrochen, beliebig lang sein. Die Produktionsphase kann meist intensitätsmäßig angepaßt werden, was zu einer Laständerung führt, die auch als Teillastbetrieb bezeichnet wird.[472] Abbildung 92 zeigt die unterschiedlichen Betriebsarten einer kontinuierlich betriebenen Anlage und deren Übergänge.

Während der Produktion ist der gleichmäßige Materialeinsatz wichtig, der beispielsweise in Menge pro Zeiteinheit gemessen wird. Während bei diskontinuierlichen Prozessen die Einsatzmaterialien oft komplett zu Beginn der Produktionsprozesse benötigt werden, ist bei kontinuierlichen Prozessen von einem stetigen Verbrauch auszugehen, der von der Intensität des Betriebszustandes abhängt. Insbesondere bei lang gefahrenen Produktionsprozessen würde eine Disposition des Materials zu Prozeßbeginn unnötige Kapitalbindungskosten verursachen, eventuell wären auch nicht genug Lagerkapazitäten vorhanden. Dies ist bei der Materialdisposition zu berücksichtigen. Ebenso fallen die Endprodukte in einem gleichmäßigen Fluß an.

Wie die Produktion von Grundstoff- und Industriechemikalien weist auch die Produktion **konsumnaher Massengüter** in weiten Teilen kontinuierliche Prozeßabläufe auf, so daß die betreffenden Ausführungen analog gelten. Zusätzlich ergeben sich jedoch weitere Anforderungen. So führen kurzlebige Produktzyklen dazu, daß die Produktionsprozesse und zum Teil die Anlagen häufig an die Produktvariationen angepaßt werden müssen. Daraus entsteht die Notwendigkeit, die Prozeßabläufe sowie die Anforderungen an die Produktionsanlagenkonfiguration in Rezepturen zu dokumentieren. Die divergierende Materialvergenz, die auf eine konsumentengerechte Verpackung zurückzuführen ist, erfordert die explizite Berücksichtigung des Materialbezugs. Mit dem Konzept der Produktgruppen können die Verpackungsvarianten abgebildet werden.

---

[471] Aus automatisierungstechnischer Sicht sind allerdings zur Steuerung von Konti-Anlagen genaue Beschreibungen nötig. Hierzu können beispielsweise Petri-Netze genutzt werden, vgl. Lunze/Nixdorf/Richter 96.

[472] vgl. Oven 88.

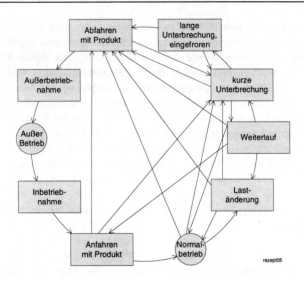

Abbildung 92: Betriebsartenübergänge einer kontinuierlich betriebenen Anlage[473]

Zusammenfassend kann festgestellt werden, daß Rezepturen bei allen Produktionstypen eingesetzt werden können.

---

[473]   nach Brombacher 85, S. 63.

6 Informationsstrukturen der Produktionsauftragsabwicklung

Während bisher durchweg Informationsstrukturen diskutiert wurden, die sich auf Stammdaten beziehen, sollen im folgenden Informationsstrukturen ausgewählter Bewegungsdaten betrachtet werden. Entsprechend der Vorgehensweise, Besonderheiten der Informationssysteme in der chemischen Industrie hervorzuheben, wird kein Überblick über alle produktionslogistisch relevanten Bewegungsdaten gegeben, sondern es wird auf spezifische Aspekte fokussiert. Diese sind im Rahmen der Produktionsauftragsabwicklung die Materialchargen, die Bestandsdaten, die Planungsobjekte der Materialbedarfsplanung und Produktionssteuerung sowie die Daten zur Herstell- und Chargendokumentation.

6.1 Materialbestandsführung

In dem bereits behandelten Materialstamm werden die einzelnen Materialien als Arten beschrieben. Die Bestandsführung ist für die Verwaltung im Unternehmen konkret existenter Mengen von Materialien zuständig. Bei den Beständen handelt es sich um Bewegungsdaten, da sie einem permanenten Wandel unterliegen.

6.1.1 Materialchargen

Aufgrund der Qualitätsschwankungen und der gesetzlichen Auflagen müssen die konkret vorhandenen Materialmengen nach Chargen differenziert werden können. Aus Sicht der Lagerung bedeutet dies eine nach Chargen differenzierte Lagerbestandsführung. Nachdem bereits im Zusammenhang mit den produktionslogistischen Merkmalen unterschiedliche Aspekte des Begriffs Charge diskutiert wurden,[474] soll zusammenfassend die folgende Definition des Begriffs **Charge** den weiteren Ausführungen zugrunde liegen:
1. Eine Charge ist eine abgegrenzte Menge eines Materials.
2. Die Qualität einer Charge ist homogen.
3. Trotz eventuell gleicher Qualität unterschiedlicher Chargen sind die jeweiligen Mengen als eigenständige Chargen zu identifizieren.
4. Für die Abgrenzung der Chargenmenge ist nicht der Ursprung der Menge ausschlaggebend.

Aus dieser Definition ergeben sich verschiedene Implikationen. Eine Charge bezieht sich immer auf eine Materialart. Eine eventuell vorhandene Menge eines Stoffes, der nicht im Materialstamm definiert ist, ist also aus produktionslogistischer Sicht keine Charge. Damit kann eine Charge als ein Exemplar eines Materials betrachtet werden, während der Materialstamm eine Gattung darstellt.[475] Ein Exemplar ist hierbei nicht als Stück zu verstehen, vielmehr kann auch eine sonstige Mengenangabe die Quantität der Charge abgrenzen. Die Menge einer

---

[474]　insbesondere bei den Merkmalen Haltbarkeit, S. 23, Qualitätsstandardisierung, S. 25 und Wiederholbarkeit, S. 56.

[475]　vgl. Loos 92, S. 145ff.

Charge ist zwar prinzipiell begrenzt, nicht aber zu jeder Zeit bekannt. So kann eine Charge als Ergebnis eines geplanten Produktionsprozesses durchaus bereits vor dem Produktionsstart ohne Mengenangabe definiert werden. Ab einem bestimmten Zeitpunkt ist die Menge einer Charge jedoch festgelegt.

Die Qualitätshomogenität einer Charge ist ein entscheidendes Kriterium. Zwar könnte der Einwand erfolgen, daß durch moderne Verfahrenstechnik, durch Prozeßlenkung und durch die Sicherstellung von Qualitätsstandards in der Rohstoffversorgung durch engere Kunden-Lieferanten-Beziehungen die Qualitätsschwankungen von Produkten tendenziell sinken und somit die Bedeutung der Chargen als Qualitätsbegriff abnimmt.[476] Andererseits nehmen jedoch gleichzeitig die Anforderungen an die Qualität der Produkte zu. Aus betriebswirtschaftlicher Sicht ist deshalb entscheidend, daß für eine Charge definierte Produkteigenschaften zugesagt und Nachweise über die Herkunft der Rohstoffe sowie über die Bedingungen der Herstellungsprozesse geführt werden müssen. Dies gilt sowohl für die verfahrenstechnische Chargenfertigung als auch für kontinuierliche und stückorientierte Herstellungsprozesse. Daraus folgt, daß die gesamte Chargenmenge die gleichen Spezifikationsausprägungen aufweist.[477] Dies gilt auch für den Fall, daß das Material der Charge eine Bandbreite von Ausprägungen für die Spezifikationen zuläßt. Ebenso wie die Menge kann aber auch die Qualität der Charge zeitweise unbestimmt sein, z. B. zwischen Produktionsende und der Durchführung der Qualitätsanalyse. Überdies kann sich die Qualität einer Charge verändern, vor allem wenn das Material eine beschränkte Haltbarkeit aufweist. Die Herkunft einer Charge spielt dagegen keine Rolle. So kann eine Charge beispielsweise entstehen durch

• Kauf und Wareneingang von Rohstoffen,
• Produktion eines Materials oder
• Mischen und Verschneiden unterschiedlicher Qualitäten.

Bezüglich der Produktion wird nicht unterschieden, ob die Menge Output eines kontinuierlichen oder eines diskontinuierlichen Prozesses ist.[478]

In Abbildung 93 sind die Datenstrukturen für Chargendaten wiedergegeben. Die Charge ist als eigener Entitytyp Charge eingeführt. Zur Differenzierung der einzelnen Chargen sind diese eindeutig zu identifizieren. Bei der Vergabe von Chargennummern kann beispielsweise die

---

[476] So führen Kölbel und Schulze aus, daß schwankende Rohstoffqualitäten durch „langfristig gesicherten Bezug von Rohstoffen einheitlicher Provenienz, ... durch Verschneiden verschiedener Rohstoffpartien oder durch ausgleichende reaktions- und verfahrenstechnische Maßnahmen beseitigt werden" könnten. Auch steige durch die Verwissenschaftlichung der Produktionstechnik die Beherrschbarkeit der Produktionsprozesse, vgl. Kölbel/Schulze 65a, S. 153.

[477] vgl. Abschnitt 'Materialqualitäten', S. 87.

[478] Hier weicht die Definition von der vorherrschenden Meinung in der betriebswirtschaftlichen Literatur ab, bei der die Chargenmenge meist im Zusammenhang mit der Chargenfertigung betrachtet wird, vgl. z. B. Riebel 63, S. 96 und Schäfer 69, S. 271. Dagegen definieren Cox et al. ein Batch als Menge unabhängig vom Prozeß, vgl. Cox/Blackstone/Spencer 95, S. 7. Die Trennung des Terminus Charge von der Chargenproduktion kommt auch dem in der Praxis üblichen Sprachgebrauch entgegen, vgl. Loos 95a, S. 216. Aus der hier verwendeten Definition kann abgeleitet werden, daß intermittierende Chargenproduktion zu leicht definierenden Chargen führt, von einer Charge aber nicht auf den Prozeßablauf des Herstellungsprozesses geschlossen werden kann. Ein kontinuierlicher Prozeß bringt in diesem Sinn auch Chargen hervor, allerdings ist die Abgrenzung der Chargenmenge in Gegensatz zur diskontinuierlichen Produktion nicht unmittelbar durch den Prozeß vorgegeben.

Identifikation aus der Materialnummer mit angehängtem Zählersuffix oder Produktionsdatum gebildet werden. Zwar haben solche sprechenden Schlüssel den Vorteil der leichten Verständlichkeit, aufgrund der allgemeinen Problematik zusammengesetzter und klassifizierender Schlüssel sollte jedoch einer nicht-sprechenden Numerierung der Vorzug gegeben werden.[479] Wichtige Attribute sind die Chargenmenge, sowohl die Gesamtmenge als auch die Restmenge bei Verbrauch der Charge, der Entstehungszeitpunkt, die Haltbarkeitsdauer bzw. das Verfallsdatum, das Kennzeichen über den Freigabezustand der Charge, z. B. Freigegeben zur Verwendung, in Qualitätsprüfung, etc., Chargenherkunft, z. B. Wareneingang, Produktion, Mischung, usw.[480]

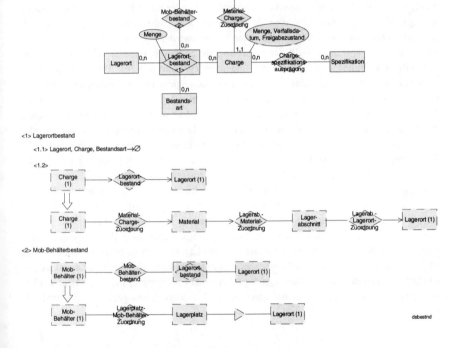

Abbildung 93: Datenstruktur zur Bestandsführung

Die Qualitätsdaten der Charge werden, analog zu den Materialien, über Spezifikationen abgedeckt. Hierzu dient der Beziehungstyp Chargenspezifikationsausprägung. Normalerweise sind nur solche Spezifikationsausprägungen sinnvoll, deren Spezifikation auch dem Material zuge-

---

[479] vgl. Kurbel 95, S. 113ff. und Lehner 96.
[480] Damit soll nicht die Chargenverfolgung abgedeckt werden, siehe hierzu S. 224.

ordnet ist. Auf eine Integritätsbedingung wird hier allerdings verzichtet, da die Möglichkeit gegeben werden soll, auch abweichende Spezifikationen für einzelne Materialien zuzulassen.

6.1.2 Bestandsdaten

Für die Lagerung sind die Chargen den Lagerorten und den Behältern zuzuordnen.[481] Es bietet sich an, zunächst die Chargen mit den einzelnen Behältern, in denen sie gelagert sind, zu verbinden. Ein solcher Bestand kann dann mit dem Lagerplatz verbunden werden. Andererseits kann ein Bestand als eine Menge eines Materials an einem Lagerort betrachtet werden. Zusätzlich können Beziehungen zu Behältern aufgebaut werden. Die zweite Möglichkeit wird bevorzugt, da nicht in jedem Fall ein Behälter involviert sein muß, z. B. wenn ein solcher nicht benötigt wird, wie bei verpackten Endprodukten, oder wenn Behälter nicht explizit im Informationssystem verwaltet werden, da es sich um Standardbehälter handelt, die in ausreichender Anzahl vorhanden sind, und auf eine Verfolgung der aktuellen Behältereinsätze verzichtet wird. Entsprechend stellt der Beziehungstyp Lagerortbestand in Abbildung 93 eine Verbindung zwischen dem Typ Charge und dem Typ Lagerort her. Die jeweilige (0,n)-Kardinalität drückt aus, daß eine Charge an mehreren Lagerorten, und, analog zur Definition eines Lagerortes, auch mehrere Chargen an einem Ort gelagert werden können. Einem Lagerortbestand können nun die mobilen Behälter zugeordnet werden. Die Integritätsbedingung <1.2> stellt sicher, daß nur mit solchen Chargen an Lagerorten Bestände aufgebaut werden können, deren Material für die Lagerung an den betroffenen Lagerabschnitten geeignet ist.[482] Bedingung <2> betrifft die Behälterzuordnung. Auch hier wird die Eignung der Behälter für das Material der Chargen und für den Lagerplatz des Lagerortes sichergestellt.[483]

Der Lagerortbestand gibt den Anteil der Charge wieder, der an diesem Lagerort aufbewahrt wird. Deshalb muß der Lagerort eine Mengenbestandsangabe als Attribut führen. Des weiteren können die Mengenangaben der Lagerbestände nach unterschiedlichen Bestandsarten differenziert werden, z. B. freier Bestand, gesperrter Bestand, reservierter Bestand, etc. Deshalb wird der Typ Bestandsart mit in den Beziehungstyp Lagerbestand aufgenommen. Bedingung <1.1> gibt die Determinante des Dreifachbeziehungstyps wieder. Falls nicht nur die aktuellen, sondern für besondere Bestandsarten auch geplante und reservierte Bestände gepflegt werden, sind zusätzlich Zeitangaben mit aufzunehmen, z. B. bezüglich des geplanten Zu- und Abgangs.

6.1.3 Lagerkapazität

Da das begrenzte Fassungsvermögen der Lager eine Restriktion darstellen kann, muß es möglich sein, über die Lagerkapazität die Auslastung des Lagers festzustellen. Damit kann bei

---

[481]   vgl. Abschnitt 'Lagerhaltung', S. 113.

[482]   Die Bedingungen der Abbildung 93 laufen auch über Beziehungspfade der Abbildung 42.

[483]   Über Bedingung <2> der Abbildung 42 wird gleichzeitig sichergestellt, daß der Behälter für das Material der Charge geeignet ist. Des weiteren ist sichergestellt, daß nur mobile Behälter den Lagerorten zugeordnet werden, da die Bedingung über den Typ Lagerplatz verläuft.

einer Planung ermittelt werden, ob für geplante Produktionen oder sonstige Lagerzugänge genügend Lagerraum vorhanden ist. Für diese Aufgaben sind keine weiteren Strukturen zu definieren, die benötigte Information ist in den bereits eingeführten Strukturen enthalten:

- Das **Lagerangebot** ergibt sich aus den Kapazitätsangaben in den Typen Lagerplatz und stationärer Behälter, das Angebot für ein Material aus den Lagerorten, die über die Lagerabschnittmaterialzuordnung als für das Material geeignet definiert sind.[484] Es bietet sich an, für eine einfachere Ermittlung das Kapazitätsangebot auf Lagerabschnitt zu verdichten. Dies ist prinzipiell möglich, da per definitionem alle Lagerorte eines Lagerabschnitts für die gleichen Materialien geeignet sind. Eine Verdichtung auf Materialebene ist nicht sinnvoll, da unterschiedliche Materialien um den gleichen Lagerplatz konkurrieren. Aber auch die Verdichtung auf Lagerabschnittsebene kann durch die Getrenntlagerungsvorschriften problematisch werden, da diese die Stellfreiheit innerhalb eines Lagerabschnitts einschränken. Überdies können unterschiedliche Einheiten der Kapazitätsangaben eine Verdichtung erschweren. Zwar können auch hierfür die eingeführten Umrechnungsformeln genutzt werden, doch kann bei unterschiedlichen Kapazitäten der mobilen Behälter die Lagerkapazität erst zusammen mit den Behältern ermittelt werden, so daß diese gegebenenfalls in die Überlegungen mit einbezogen werden müssen.

- Die **tatsächliche Belegung** der Lagerkapazitäten ergibt sich aus den Lagerortbeständen. Gegebenenfalls müssen Kapazitätseinheiten normiert werden. Darüber hinaus sind Bestandsarten sowie Zeitangaben für geplante Zu- und Abgänge zu berücksichtigen. Auch hier ist eine Verdichtung prinzipiell möglich, etwa auf Ebene des Lagerorts. Da es sich jedoch, im Gegensatz zum Lagerangebot, um Bewegungsdaten handelt, ergibt sich ein erhöhter Aufwand für die Konsistenzsicherung der Daten. Wird bis auf Lagerabschnitt verdichtet, greift ebenfalls die Problematik der Getrenntlagerung. Eine Verdichtung der Bestandsdaten bezüglich Materialien ist sicherlich ebenfalls sinnvoll, allerdings eher für Zwecke der Materialplanung als für die Lagerbelegungsplanung.

Die Ermittlung der freien Lagerkapazität ergibt sich als Differenz des Lagerangebots und der tatsächlichen bzw. geplanten Belegung. Alternativ dazu könnte die freie Lagerkapazität permanent gepflegt werden. Dies stellt jedoch eine redundante Information dar, da die Lagerstammdaten einerseits und Bestände andererseits in jedem Fall zu pflegen sind. Gegebenenfalls müßten dann die entsprechenden Strukturen für die freien Kapazitäten zusätzlich eingeführt werden.

6.2 Materialplanung und Produktionsanforderungen

Die in der Produktionsplanung und -steuerung vorherrschende MRP II-Philosophie geht von einem Sukzessivplanungskonzept aus, das u. a. aus einer materialwirtschaftlichen Planung, auch als Materialbedarfsplanung oder Brutto-Netto-Rechnung bezeichnet, und einer zeitwirt-

---

[484] vgl. Abbildung 42, S. 116.

schaftlichen Planung besteht.[485] Ziel der Planung ist die Ermittlung der Produktionsanforderungen, d. h. welche Produkte zu welchem Zeitpunkt in welcher Menge herzustellen sind.

6.2.1 Planauftragsgenerierung

Abbildung 94a zeigt den typischen Ablauf einer Brutto-Netto-Rechnung in vereinfachter Form.

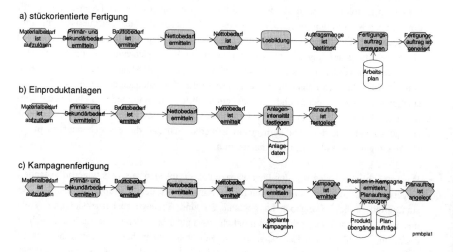

Abbildung 94: Prozesse der Materialbedarfsplanung

Im ersten Schritt ist der Bruttobedarf eines Materials, der sich aus Primärbedarfen und Sekundärbedarfen zusammensetzt, zu ermitteln. Primärbedarfe fallen bei Verkaufsprodukten aufgrund vorliegender Kundenaufträge sowie aus Verkaufsprognosen an. Sekundärbedarfe ergeben sich bei Zwischenprodukten. Sie werden mittels Stücklistenauflösung aus den Aufträgen der übergeordneten Materialien ermittelt. In der Nettobedarfsermittlung wird aus dem Bruttobedarf, dem Lagerbestand, dem Sicherheitsbestand, den erwarteten Lagerzugängen und den erwarteten Lagerabgängen der Nettobedarf eines Materials berechnet. Die Nettobedarfe sind Grundlage für die Bildung der Fertigungsaufträge. Hierzu werden die Nettobedarfe unterschiedlicher Perioden unter Losgrößengesichtspunkten aggregiert oder aufgebrochen. Die Überlegungen zur Losgrößenbestimmung erfolgen hierbei ohne Berücksichtigung der Produktionskapazität sowie der Aufträge für andere Materialien. Ergebnis der Losbildung sind die zu produzierenden Mengen eines Materials. Für diese werden mittels der Produktionsprozeßbeschreibungen aus den Arbeitsplänen die Fertigungsaufträge generiert. Die Fertigungsaufträge bilden die Grundlage für die Sekundärbedarfe der in der Stückliste untergeordneten

---

[485]   vgl. beispielsweise Wight 83, Glaser 86 und Scheer 95, S. 125ff.

Materialien. Somit ergibt sich eine Schleife, bei der die Materialbedarfe entsprechend der Dispositionsstufen der Materialien aufgelöst werden.[486] Anschließend werden die Fertigungsaufträge in der Zeitwirtschaft unter Berücksichtigung der einzelnen Arbeitsschritte terminiert. Ohne auf die Unzulänglichkeiten der Sukzessivplanung einzugehen,[487] soll anhand von drei Aspekten aufgezeigt werden, welche Auswirkungen die verfahrenstechnische Produktion auf den Ablauf dieses Konzepts hat.

• Planung zyklischer und gemischt synthetisch-analytischer Gozintographen
  Zyklische Erzeugnisstrukturen und Kuppelproduktion können, wie bereits in den Abschnitten 'Auflösen von Kuppelproduktion' und 'Zyklen in Erzeugnisstrukturen' ausgeführt, nicht direkt mit der konventionellen Brutto-Netto-Rechnung bearbeitet werden.[488] Erst durch die gezeigte Auflösung von Zyklen und Kuppelproduktion kann das Verfahren angewandt werden. Als Einschränkung ergeben sich die Beschränkung auf ein Hauptprodukt, die besondere Berücksichtigung der Bruttobedarfe der Nebenprodukte, die Verarbeitung negativer Bedarfsmengen und die Vernachlässigung der Vorlaufverschiebung.

• Planung von Produkten auf Einproduktanlagen
  Bei Einproduktanlagen ist eine Auftragsermittlung nach dem oben beschriebenen Ablauf nicht notwendig. Für die Produktion ist nicht die Frage relevant, welches Produkt in welcher Menge zu welchem Zeitpunkt hergestellt werden soll, sondern mit welcher Intensität die Einproduktanlage gefahren werden soll. Entsprechend ergibt sich in Abbildung 94b anstelle der Funktion Losbildung die Festlegung der Anlagenintensität.

• Planung von Produktkampagnen
  Bei der Kampagnenplanung wird aus Gründen der Rüstkostenminimierung der Produktfolge bei der Produktion eine hohe Bedeutung beigemessen. Der Begriff der Kampagne wird sowohl in der Literatur als auch in der Praxis allerdings nicht einheitlich verwendet. Teilweise wird eine Kampagne als eine Produktionsserie zur Herstellung eines Produkts angesehen. Entscheidendes Merkmal ist hierbei, daß sich die Serie auf die Herstellung eines Produkts bezieht und nicht durch die Produktion anderer Produkte unterbrochen werden kann.[489] In manchen Anwendungen des Begriffs wird nicht gefordert, daß es sich um das gleiche Produkt handelt, sondern um eine Produktfamilie oder um Produkte, für die die Anlage in der gleichen Art gerüstet werden muß. Innerhalb einer Kampagne können somit verschiedene Produkte produziert werden, es ist allerdings kein bzw. nur ein geringfügiger Umrüstaufwand erforderlich.[490] Im weitesten Sinn wird unter einer Kampagne eine Folge

---

[486] zu Dispositionsstufe s. auch S. 168.

[487] vgl. hierzu beispielsweise Scheer 86, Zäpfel 94, Glaser 94 und Drexl/Haase/Kimms 95.

[488] s. S. 162.

[489] vgl. Lutz 69, S. 19. Dort wird eine Kampagne als eine „ununterbrochene Folge von Operationen des gleichen Produkts auf einer Apparatur" definiert. Vgl. auch Martin 89.

[490] z. B. in Taylor/Bolander 94, S. 161. Dort wird eine Campaign definiert als „a production run of family of products that share the major setup." Zu beachten ist, daß die Zusammenfassung mehrere Aufträge, die die gleiche Maschineneinstellung benötigen und deshalb ohne Rüstunterbrechung unmittelbar hintereinander

unterschiedlicher Produkte verstanden, wobei auch hier die Abfolge der einzelnen Produkte innerhalb der Kampagne unter dem Gesichtspunkt der Rüstoptimierung gebildet wird.[491] Diese weite Begriffsdefinition wird im folgenden zugrunde gelegt.

Entscheidend für die Betrachtung der Kampagnenplanung im Zusammenhang mit der Material- und Zeitwirtschaft ist, daß die Produktreihenfolge a priori unabhängig von den konkreten Bedarfen festgelegt wird. Daraus ergibt sich, daß die Anwendung der Kampagnenplanung bei einem bezüglich einer Produktionsanlage quantitativ abgegrenzten Produktspektrum mit hohem Rüstaufwand sinnvoll ist. Diese Situation ist typisch für die Herstellung wechselnder Sorten mit gemischter Produktionsablauforganisation. Somit kann die Kampagnenplanung sowohl in der Grundstoff- und Industriechemikalienproduktion als auch in der Fein- und Spezialchemikalienproduktion auftreten.

Für den Ablauf der Materialbedarfsplanung und der Auftragsbildung ergibt sich die Konsequenz, daß die Auftragsmengen nicht aufgrund einer isolierten Losbildung ermittelt werden, und die Reihenfolge der Aufträge erst bei der Feinplanung im Rahmen der Produktionssteuerung optimiert wird. Vielmehr muß für die Auftragsgenerierung nach der Nettobedarfsermittlung bereits die Kampagnenfolge berücksichtigt werden. Dies wird im Ablauf in Abbildung 94c dargestellt.

Die Datenstrukturen zur Materialbedarfsplanung, die die aufgezeigten Besonderheiten berücksichtigen, sind in Abbildung 95 dargestellt.[492] Der Bedarf stellt einen Beziehungstyp zwischen dem Entitytyp Material und dem Entitytyp Zeit dar. Die Zeit ist hier als die Periode zu verstehen, für die der Bedarf anfällt.[493] Dem Beziehungstyp können Attribute für Primär-, Sekundär- und Nettobedarfsmengen zugeordnet werden. Dabei ist zu beachten, daß Sekundärbedarfe im Fall aufgelöster Kuppelproduktion auch negative Werte annehmen können. Für die Aufträge zu einem Material wird der Beziehungstyp Planauftrag eingeführt, der wie der Typ Bedarf als Beziehung zwischen Material und Zeit gebildet wird. Ein Planauftrag stellt damit eine Produktionsanforderung für ein Material zu einem Zeitpunkt dar.[494]

---

produziert werden, teilweise auch als Batch bezeichnet werden, vgl. z. B. Jordan 95, S. 3. Dies kollidiert mit der in der chemischen Industrie üblichen Bedeutung von Batch als Charge, s. auch S. 46.

[491] z. B. in Overfeld 90, S. 3. Dort wird unter einer Kampagne „eine Menge von Produktarten verstanden, die in einer bestimmten Reihenfolge bearbeitet werden." Vgl. auch Loos 93d, S. 127f und Krauth 96.
Gemeinsam ist allen Definitionen, daß Kampagnen unter dem Gesichtspunkt der Rüstoptimierung gebildet werden. Die Unterschiede liegen in der Reichweite der Kampagnendefinition. Während einerseits nur die Produktion mit gleichem bzw. ähnlichem Rüstzustand als Kampagne bezeichnet wird, umfaßt andererseits eine Kampagne komplett die rüstoptimierte Abfolge aller Rüstzustände.

[492] In Scheer 95, S. 125 werden die Strukturen der Brutto-Netto-Rechnung ausführlich dargestellt.

[493] Zur Darstellung temporaler Aspekte in Datenstrukturen vgl. Loos 92, S. 199ff und Knolmayer/Myrach 96.

[494] Wegen der begrifflichen Nähe von Fertigungsauftrag und Fertigungstechnik werden hier die Termini Planauftrag und Produktionsauftrag vorgezogen, eine genaue Abgrenzung erfolgt in Abschnitt 'Produktionsaufträge', S. 218.

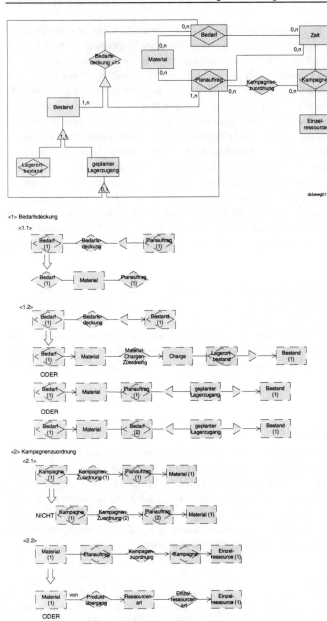

Abbildung 95: Datenstrukturen zur Materialbedarfsplanung

Die Bedarfe eines Materials werden teilweise durch Lagerbestände, teilweise durch Planaufträge gedeckt. Hierzu wird der Beziehungstyp Bedarfsdeckung eingeführt, der Beziehungen vom Typ Bedarf alternativ zum Typ Bestand oder zum Typ Planauftrag ermöglicht. Der Entitytyp Bestand stellt eine Generalisierung des in Abbildung 93 eingeführten Typs Lagerortbestand und des Typs geplanter Lagerzugang dar.[495] Der Typ geplanter Lagerzugang ist ebenfalls als Generalisierung abgebildet. Einerseits können Planaufträge als geplante Lagerzugänge aufgefaßt werden.[496] Andererseits können auch Bedarfe aufgrund negativer Produktionskoeffizienten bei kuppelproduktionsbereinigten Gozintographen geplante Lagerzugänge darstellen. Damit wird ausgedrückt, daß negative Nettobedarfe als Lagerzugänge zu verrechnen sind. Mit Bedingung <1> wird die Integrität der Materialbezüge der Beziehungen sichergestellt. Bedingung <1.1> besagt, daß sich bei einer Bedarfsdeckung der Planauftrag auf das gleiche Material bezieht wie der Bedarf. Bedingung <1.2> stellt den korrekten Materialbezug zwischen Bedarf und Bestand sicher, wobei der Bestand selbst von einem Lagerortbestand, einem Planauftrag oder einem negativen Nettobedarf verursacht werden kann.[497] Für die zeitlichen Bezüge brauchen aufgrund periodenübergreifender Losbildung derartige Bedingungen nicht erhoben zu werden.

Bei Einproduktanlagen ist es prinzipiell nicht erforderlich, einen Auftrag zu generieren. Dennoch können die aufgezeigten Datenstrukturen genutzt werden. Auch hier dient der Planauftrag zur Festlegung der Produktionsmenge innerhalb einer Periode. Im Gegensatz zum sonstigen Verfahren der Brutto-Netto-Rechnung ist der Planauftrag als Beziehung von Material und Zeit bereits vor der Berechnung als Objekt bekannt. Lediglich die Menge wird durch die Berechnung ermittelt. Gegebenenfalls kann ein Attribut Anlagenintensität zum Typ Planauftrag eingeführt werden.

6.2.2 Kampagnenplanung

Bei der Planung von Kampagnen ist die Reihenfolge der zu produzierenden Produkte bereits festgelegt. Im Rahmen der Auftragsgenerierung kann folglich ein Planauftrag nicht zu einem beliebigen Zeitpunkt bzw. zu einer beliebigen Periode angelegt werden. Vielmehr ist der Planauftrag einer Kampagne zuzuordnen. Die Wahlfreiheit der Auftragsgenerierung besteht also darin, eine Kampagne aus dem sich wiederholenden Kampagnenablauf auszuwählen. Da somit die Produktionsmenge bzw. -dauer eines Produkts innerhalb der Kampagnen variiert, bestimmt die Planauftragsgenerierung die Dauer einer Kampagne.

---

[495] Durch die Beteiligung des Entitytyps Bestandsart am Beziehungstyp Lagerortbestand kann ein geplanter Lagerzugang als spezielle Bestandsart auch im Typ Lagerortbestand abgebildet werden, allerdings wären dann für geplante Lagerzugänge auch Angaben zum Lagerort und zur Charge notwendig.

[496] Üblicherweise werden Auftragsoutputmengen auf den Bestand gebucht. Alternativ können Auftragsoutputmengen ohne Bestandsbuchung direkt der Weiterverarbeitung zugeführt werden. Dies ist allerdings nur bei Just-in-Time-Produktion oder Kundeneinzelfertigung üblich, wenn die komplette Stücklistenauflösung individuell für jeden Primärbedarf durchgeführt wird.

[497] vgl. auch Abbildung 93, S. 209.

Zur Bestimmung der Reihenfolge kann auf die in Abschnitt 'Rezepte für Produktgruppen und Produktwechsel' definierte Produktübergangsmatrix zurückgegriffen werden.[498] Abbildung 96 zeigt das Beispiel einer Produktübergangsmatrix für eine konkrete Anlage, für die die Datenstrukturen in Abbildung 91 entwickelt wurden. Die optimale Reihenfolge ist durch Pfeile markiert, im Beispiel ist es die Folge M1—M2—M4—M3. Die Ermittlung ist ein Traveling-Salesman-Problem. Da sich die Übergangszeiten in der Matrix nicht dynamisch verändern, bietet es sich an, die Reihenfolge nach einmaliger Ermittlung festzuhalten. Dafür wird der Beziehungstyp Produktübergang aus Abbildung 91 um ein Attribut Pfadnummer erweitert. Alle Materialkombinationen auf dem Pfad erhalten hierin ihre Folgenummer, z. B. der Materialübergang M1—M2 die Nummer 1.

nach \ von	M1	M2	M3	M4	...
M1	7	6	5	7	
M2	2	8	9	8	
M3	4	6	7	3	
M4	8	3	8	8	
...					

Abbildung 96: Beispiel für optimale Produktreihenfolge auf einer Anlage

Aufwendungen für Produktübergänge werden normalerweise auf Teilanlagenebene verursacht, so daß auch die Produktübergangsmatrizen teilanlagenspezifisch verwaltet werden können. Da allerdings hier der Rüstaufwand für die Herstellung eines Materials betrachtet wird, stellt sich die Frage nach einer Übergangsmatrix für das komplette Rezept. Deshalb ist es sinnvoll, die Produktübergangsmatrizen auf Anlagenebene zu aggregieren und für diese Ebene die optimale Reihenfolge zu bestimmen. Durch die Beteiligung des Entitytyps Ressourcenart an dem Beziehungstyp Produktübergang ist diese Abbildung prinzipiell gewährleistet. Die Aggregationsrichtung der Matrizen ergibt sich aus den Ordnungsbeziehungen des Beziehungstyps Ressourcengruppenstruktur aus Abbildung 55. Obwohl die Struktur über Ressourcengruppen genutzt wird und die Übergänge für Ressourcenarten definiert sind, sind die Zuordnungen eindeutig ableitbar. Dies ist anhand des Beispiels aus Abbildung 56 und Abbildung 57 ersichtlich.[499] Problematischer für die Aggregation ist die Tatsache der Anlagensubstitution. Nur wenn ein Pfad ohne Anlagen- und Prozeßalternativen für die Herstellung eines Produkts in der Anlage definiert ist, können die teilanlagenspezifischen Matrizen durch einfaches Addieren aggregiert werden. Ansonsten kann über Interpretation der Stammrezepte für die Pro-

---

[498] s. S. 200.
[499] s. S. 138.

dukte der Standardpfad ermittelt werden, um bei alternativen Pfaden nicht durch Addition der Übergangswerte alternativer Prozeßschritte zu überhöhten Werten zu gelangen.

Für die Kampagnenplanung ist in den Datenstrukturen der Abbildung 95 der Beziehungstyp Kampagne zwischen dem Entitytyp Zeit und dem Entitytyp Einzelressource eingeführt worden. Die Zeit gibt den grob geplanten Zeitraum der Kampagnendurchführung an, der für eine konkrete Einzelressource vorgesehen ist. Die Planaufträge können nun einer konkreten Kampagne zugeordnet werden. Dabei ist wie folgt vorzugehen:

- Über den Ressourcenbezug des Stammrezepts des herzustellenden Materials kann die relevante Einzelressource ermittelt werden. Voraussetzung hierfür ist allerdings, daß der Ressourcenbezug im Stammrezept gepflegt wird.

- Falls mehrere Einzelressourcen in der entsprechenden Ressourcenart oder mehrere Stammrezepte für das herzustellende Material in den Input-Output-Kombinationen vorhanden sind, ist eine Wahl zu treffen. [500]

- Über die Ressourcenart der Einzelressource der ausgewählten Kampagne kann mit Hilfe des Beziehungstyps Produktübergang die Position des Auftrags innerhalb der Kampagne ermittelt werden. Die Kampagnenzuordnung stellt somit die Verbindung von dem Typ Planauftrag zum Typ Kampagne dar.

- Ein Planauftrag kann mehreren Kampagnen zugeordnet werden. Entsprechend der Semantik der Kampagnen ist dies aber nur dann sinnvoll, wenn die Kampagnen zur gleichen Zeit auf unterschiedlichen Anlagen laufen. Dies entspricht einer Auftragsplittung. Eine Zuordnung zu mehreren Kampagnen der gleichen Anlage zu unterschiedlichen Zeiten ist dagegen nicht sinnvoll. Dies wird durch Integritätsbedingung <2.1> sichergestellt.

Wird einer Kampagne kein Planauftrag eines Materials zugeordnet, das entsprechend Abbildung 96 in der optimalen Reihenfolge liegt, so wird dieses Produkt während der Kampagne nicht auf der Einzelressource hergestellt. Bedingung <2.2> stellt sicher, daß ein Planauftrag nur dann einer Kampagne zugeordnet werden kann, wenn das herzustellende Material auch eine Beziehung Produktübergang in der Übergangsmatrix der Ressourcenart eingeht. Falls keine Kampagnenplanung angewandt werden soll, werden die Strukturen der Kampagnen nicht genutzt und es finden keine Zuordnungen zwischen Planauftrag und Kampagnen statt.

6.3 Produktionsaufträge

Mit der Generierung der Planaufträge ist festgelegt, welche Produkte in welcher Menge zu welchem Termin zu produzieren sind. Als Produktionsanforderungen bilden die Planaufträge

---

[500]   vgl. Abbildung 55, S. 138 und Abbildung 90, S. 197.

die Vorgaben für die Produktion. Diese Produktionsanforderungen können die Schnittstelle zwischen der Produktionsleitebene und der Betriebsleitebene darstellen.[501] In diesem Fall sind die zeitwirtschaftlichen Funktionen komplett der Betriebsleitebene zuzuordnen. Die Planaufträge sind mit den in den Stammrezepten hinterlegten Produktionsprozeßbeschreibungen zu kombinieren. Somit entstehen konkrete Produktionsaufträge. Diese sind im Rahmen der zeitwirtschaftlichen Funktionen und der Produktionssteuerung zu terminieren, ihnen sind Ressourcen zuzuordnen, und es muß die konkrete Bearbeitungsreihenfolge unter Berücksichtigung der Kampagnen festgelegt werden. Nachdem somit der Produktionsablauf unter logistischen Gesichtspunkten festgelegt ist, kann die Durchführung im Rahmen der Prozeßsteuerung veranlaßt werden. Dies stellt die Schnittstelle zwischen der Betriebsleitebene und der Prozeßleitebene dar. Im Fall von Einproduktanlagen sind Produktionsaufträge mit expliziten Produktionsprozeßbeschreibungen nicht notwendig.

Bei der Betrachtung der Informationsstrukturen der Produktionsaufträge sind sowohl automatisierungstechnische als auch qualitätssichernde Gesichtspunkte zu berücksichtigen.

6.3.1 Produktionsauftrag und Steuerrezept

Automatisierungstechnische Aspekte wurden bereits bei der Diskussion der Produktionsprozesse behandelt.[502] Im Vordergrund standen dabei das Grundrezept und die Prozeßdetaillierung sowie das aus produktionslogistischen Gründen eingeführte Stammrezept. Nach den NE33- und SP88-Empfehlungen wird als konkret auszuführende Handlungsanweisung das Steuerrezept aus den Stammdaten und den Produktionsanforderungen generiert. Damit kann das Steuerrezept prinzipiell als Produktionsauftrag dienen. Es empfiehlt sich jedoch, Produktionsauftrag und Steuerrezept aufgrund der unterschiedlichen Schwerpunkte zu trennen:[503]

• Der Produktionsauftrag beschreibt die Herstellung eines Materials bzw. eines Kuppelproduktbündels. Dabei stehen vor allem produktionslogistische Aufgaben im Vordergrund. So sollte ein Produktionsauftrag u. a. alle Verfahrensschritte umfassen, um aus den Inputmaterialien den Output zu erzeugen. Bezüglich der Prozeßbeschreibung ist eine Detaillierung auf Operationsebene ausreichend.

• Das Steuerrezept dient vorwiegend als Grundlage automatisierungstechnischer Aufgaben. Ein Steuerrezept sollte die Prozeßschritte beinhalten, die unter verfahrenstechnischen Gesichtspunkten zusammenzufassen sind. Dies sind beispielsweise die Verfahrensschritte, die zusammenhängend von einem Prozeßleitsystem gesteuert werden oder die bei manueller Fahrweise von einem Operator durchgeführt werden. So kann ein Teilstammrezept für eine Teilanlage als eigenständiges Steuerrezept gefahren werden. Eine solche Einteilung ist möglich, da auf Teilstammrezeptebene der materialbezogene Input und Output eindeutig definiert sind. Des weiteren sind die Steuerrezepte bis auf Funktionsebene zu detaillieren.

---

[501] s. S. 8.

[502] s. S. 177.

[503] vgl. Jänicke/Thämelt 94, S. 44 und Loos 95a, S. 288f.

Deshalb werden im folgenden die beiden Objekttypen getrennt. Dabei können für die Bearbeitung eines Produktionsauftrags mehrere Steuerrezepte notwendig sein, ein Steuerrezept ist jedoch immer eindeutig einem Produktionsauftrag zugeordnet.

Der Prozeß der Produktionsauftragsbearbeitung ist in Abbildung 97 dargestellt. Mit Hilfe der Stammrezepte werden aus den Planaufträgen Produktionsaufträge generiert. Dabei muß zwischen kontinuierlich und chargenweise betriebenen Anlagen unterschieden werden. Bei kontinuierlichem Prozeßablauf kann für die gesamte Menge des Planauftrags ein Produktionsauftrag generiert werden. Eventuell ist jedoch eine Aufteilung des Planauftrags auf mehrere Kampagnen zu berücksichtigen.

Bei chargenweiser Produktion ist für jede Charge ein eigener Produktionsauftrag anzulegen. In diesem Fall ist der Produktionsauftrag mit einem Chargenauftrag identisch. Die Produktionsaufträge sind die Bearbeitungsobjekte der Produktionssteuerung. Nach der Allokation aller notwendigen Inputmaterialien und Ressourcen sowie der zeitlichen Fixierung können die Produktionsaufträge freigegeben werden. Mit der Freigabe werden die Steuerrezepte generiert. Die Steuerung und Kontrolle der Prozeßdurchführung unterliegen der Prozeßleitebene.

Abbildung 97: Prozeß der Produktionsauftragsbearbeitung

6.3.2 Qualitätsprüfung von Produktionsaufträgen

Aus Gründen der Qualitätssicherung muß die Möglichkeit gegeben werden, qualitätsrelevante Informationen abzubilden. Dies betrifft sowohl die produktionslogistisch relevanten Qualitätsdaten, als auch die Informationen zur Durchführung und Steuerung qualitätssichernder Maßnahmen. Für die Durchführung und Steuerung der qualitätssichernden Maßnahmen sind Betriebslabors zuständig. In den Betriebslabors werden zur Unterstützung der Informationsverarbeitung Laborinformations- und -managementsysteme (LIMS) eingesetzt. Zu den wichtigsten Funktionen eines LIM-Systems gehören Prüfplanverwaltung, Probeverwaltung, Analyseplanung und -durchführung, automatische und manuelle Erfassung der Prüfergebnisse, sowie Ergebnisvalidierung und -auswertung.[504] Die Schnittstelle zur Produktion stellen einerseits die Probeentnahme und andererseits die Ergebnisauswertung der Analysewerte dar. Abbildung 98 zeigt anhand des Qualitätsprüfungsprozesses den Zusammenhang zwischen Produktion und Labor. Ausgelöst wird eine Probeentnahme u. a. durch die Beendigung des

---

[504] vgl. auch Neitzel 92, S. 48 und 137ff. sowie Mertens 95, S. 44f.

Produktionsprozesses bei nachträglicher Prüfung und durch Erreichen eines definierten Prozeßzustandes bei Inprozeßkontrolle. Dies führt zu Probeentnahmen, für die die Produktions- oder die Laborabteilung zuständig sind. Bei der nachträglichen Prüfung wird anhand der Analyseergebnisse die Qualitätsspezifikation der Materialcharge festgelegt. Bei Inprozeßkontrolle haben die Ergebnisse direkten Einfluß auf den folgenden Produktionsprozeßablauf.[505] Als Konsequenz sind beispielsweise Prozeßparameter anzupassen, Bearbeitungsschritte zu wiederholen, die Folgebearbeitungen zu ändern, oder die Produktion ist abzubrechen. Sind Streuungen in den Analysewerten nicht ungewöhnlich oder die Ergebnisse mit einer bestimmten Wahrscheinlichkeit vorhersehbar, so können bereits in den Rezepten Nachbearbeitungsoperationen oder alternative Folgeprozesse berücksichtigt werden. Über die Prozeßereignisse kann die Abhängigkeit der Prozeßwahl von den Analysewerten definiert werden.

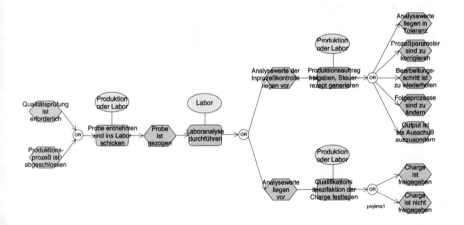

Abbildung 98: Prozesse zur Qualitätsprüfung

Die daraus resultierenden Datenstrukturen der Produktionsaufträge sind in Abbildung 99 dargestellt. Ein Produktionsauftrag wird als Beziehung zwischen einem Planauftrag und einem Stammrezept modelliert. Der (max)-Wert der Kardinalität von n zwischen Planauftrag und Produktionsauftrag spiegelt die Möglichkeit mehrerer Chargen pro Planauftrag wider. Die Produktionsaufträge weisen die gleiche Struktur auf wie die Stammrezepte, wobei jeweils ein Verweis auf das Ursprungselement des Stammrezepts vorhanden ist. Somit kann einerseits der Produktionsauftrag als Kopie des Stammrezepts mit sämtlichen Daten angelegt werden, andererseits kann der Produktionsauftrag auch nur die auftragsspezifischen Informationen enthalten. Hierzu gehören u. a. die für die Auftragsplanung notwendigen Beziehungen zu den Ressourcen und zu den Materialchargen.

---

[505] vgl. Peters 85, S. 213f.

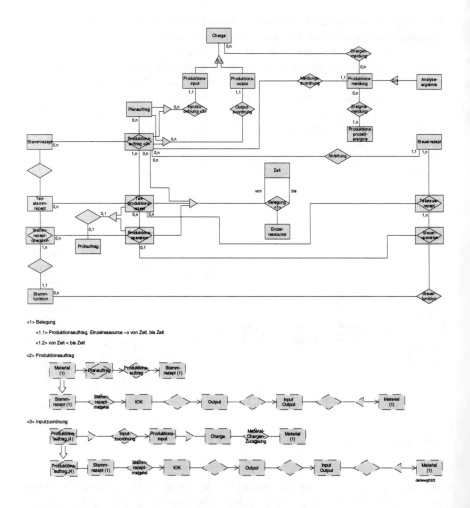

Abbildung 99: Datenstruktur zu Produktionsaufträgen

Der Beziehungstyp Belegung enthält die Planungs- und Terminierungsergebnisse in Form von Ressourcenallokationen. Bedingung <1> legt die Determinante fest und stellt sicher, daß sich Belegungen immer auf positive Zeitdauern beziehen. Die Ressourcenbelegungen können für einen kompletten Produktionsauftrag, für Teilproduktionsrezepte oder für einzelne Produktionsoperationen entsprechend den Vorgaben aus dem Stammrezept vorgenommen werden. Bei der Abbildung der Komponenten der Produktionsaufträge ist sicherzustellen, daß nur solche Komponenten der Stammrezepte referenziert werden, die auch zu dem Stammrezept des Produktionsauftrags gehören. Bedingung <2> stellt dies exemplarisch für den Typ Produktionsauftrag dar.[506]

Den Produktionsaufträgen oder den Planaufträgen sind Materialchargen als Produktionsinput und Produktionsoutput zuzuordnen. Der Produktionsinput und der Produktionsoutput stellen somit die konkreten Materialmengen des als Materialart beschriebenen Input und Output der Stammrezepte dar.[507] Integritätsbedingung <3> stellt sicher, daß die Materialien der Produktionsinputchargen für Produktionsaufträge auch als Materialinput zum zugehörigen Stammrezept definiert sind. Für den Output wird die Forderung nicht erhoben, da durchaus Output bei einer Produktion anfallen kann, der nicht in den Stammdaten definiert ist.

Aus dem Produktionsauftrag wird nach der Freigabe ein Steuerrezept generiert. Die Kardinalitäten des Beziehungstyps Ableitung zwischen den Typen Produktionsauftrag und Steuerrezept legen fest, daß ein Steuerrezept immer eindeutig einem Produktionsauftrag zugeordnet ist, aus einem Produktionsauftrag aber mehrere Steuerrezepte generiert werden können. Der strukturelle Aufbau des Steuerrezepts stimmt mit dem Stammrezept und dem Produktionsauftrag überein.

Der Entitytyp Produktionsmeldung dient zur Aufnahme sämtlicher Istdaten, die während der Produktion zu einem Produktionsauftrag anfallen. Eine Produktionsmeldung ist eindeutig einem Produktionsrezept zugeordnet. Produktionsmeldungen können sich beispielsweise auf Auftragszustände, auf Prozeßereignisse, auf Produktqualitäten und -quantitäten oder auf Auftragszeiten beziehen. Die Verarbeitung einer Produktionsmeldung kann dementsprechend zu Datenänderungen in den Strukturen des Produktionsauftrags führen. In Abbildung 99 sind beispielhaft die Beziehungen zu Chargen und Produktionsprozeßereignissen dargestellt. Produktionsmeldungen für Chargen sind Qualitäts- oder Quantitätsangaben. Produktionsprozeßereignisse sind konkret zu einem Produktionsauftrag aufgetretene Prozeßereignisse.

Qualitätsbezogene Daten sind implizit in den Datenstrukturen abgebildet. So können Teilrezepte und Operationen dazu verwendet werden, Prüfanforderungen zu formulieren. Dies wird dadurch verdeutlicht, daß ein Teilproduktionsrezept oder eine Produktionsoperation einem Prüfauftrag zugeordnet werden können. Ein Prüfauftrag kann einem Teilproduktionsrezept oder einer Produktionsoperation entsprechen. Die Analyseergebnisse können als Produktionsmeldung betrachtet werden, so daß davon beispielsweise qualitätsrelevante Chargenspezifikationsausprägungen abgeleitet werden können.

---

[506] Solche Bedingungen können auch für Teilproduktionsrezepte und Produktionsoperationen sowie für die Komponenten der Steuerrezepte formuliert werden, worauf hier verzichtet wird. Ebenso werden in Abbildung 99 nicht alle Komponenten des Stammrezepts, die in den Produktionsauftrag und in das Steuerrezept übernommen werden, explizit dargestellt, so z. B. die Beziehungen zum Material und die Prozeßereignisse.

[507] vgl. Abbildung 90, S. 197.

6.4 Dokumentation der Produktion

Bereits bei der Diskussion der Rezepturen wurde die Notwendigkeit beschrieben, Herstellungsprozesse und Anlagen zu validieren und zu dokumentieren. Dies gilt besonders für die Herstellung pharmazeutischer Produkte.[508] Die Dokumentationspflicht erstreckt sich dabei nicht nur auf die durch die Stammdaten repräsentierten Objekte, sondern auch auf jeden konkreten Produktionsprozeß und jede Materialcharge.[509] Diese Nachweispflicht kann informationstechnisch erfüllt werden, falls die beteiligten Systeme validiert sind und die Authentizität der Informationen, beispielsweise über elektronische Signaturen, sichergestellt ist.[510] Die Dokumentation betrifft die Produktionsprozesse, die zur Erstellung eines Produkts durchgeführt wurden. Darüber sind die Rohstoffe zu dokumentieren, die für die Produktion eingesetzt wurden.

6.4.1 Herstelldokumentation

Die Herstelldokumentation umfaßt die Verfahrensbeschreibung, die geplante Produktionsdurchführung, die eingesetzten Inputmaterialien, Qualitätsdaten des Produkts und die tatsächlich während der Produktion aufgetretenen Zustände. Diese Informationen liegen in den bisherigen Datenstrukturen bereits vor. Die Verfahrensbeschreibung kann dem Stammrezept, die geplante Produktionsdurchführung dem Produktionsauftrag entnommen werden. Die Einsatzmaterialien und die Produkte sind in den Input- und Outputchargen dokumentiert. Die Zustände des Produktionsprozesses sind in den Produktionsmeldungen festgehalten. Die Herstelldokumentation kann somit als eine zusammenfassende Auswertung dieser Informationen erzeugt werden. Voraussetzung hierfür ist jedoch, daß die Informationen gegen unberechtigte Zugriffe geschützt werden. Zudem muß sichergestellt werden, daß einmal erstellte elektronische Herstelldokumentationen, auch Electronic Batch Recording (EBR) genannt, nicht mehr verändert werden dürfen. Dies bedeutet beispielsweise, daß bei Stammdatenänderungen die ursprünglichen Daten für die bereits bestehenden Herstelldokumentationen erhalten bleiben.

6.4.2 Chargenverfolgung

Neben der Dokumentation der Herstellung sind auch Verwendungsnachweise für die Materialien von den Rohstoffchargen bis zu den Produkten zu pflegen. Diese Chargenverfolgung beinhaltet die Möglichkeit des Chargenverwendungsnachweises und der Chargenrückverfolgung. Sie ist auch für nicht-pharmazeutische Produkte relevant, um beispielsweise bei Produkthaftungsansprüchen eines Kunden eine eventuell ursächliche Rohstoffcharge und deren Lieferanten ermitteln zu können. Deshalb ist es notwendig, nicht nur die Bestandsführung chargenbezogen vorzunehmen, sondern auch die Verwendung der Chargen explizit zu dokumentieren. Teilweise ist die Chargenverwendung bereits implizit in den Strukturen des Input

---

[508]   vgl. Abschnitt 'Rezeptentwicklung', 175.

[509]   vgl. Jänicke/Schulze 93.

[510]   vgl. Brombacher 93 und Errico 89.

und Output der Produktionsaufträge enthalten. Dies betrifft allerdings nur die produktionsbezogene Chargenverwendung, nicht jedoch andere Möglichkeiten der Chargenverwendung. In Abbildung 100 sind einige Beispiele für Chargenentstehung und -verwendung mit Material- und Chargenidentifikationen aufgeführt.[511]

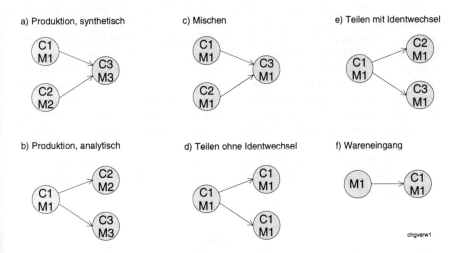

Abbildung 100: Beispiel zu Chargenverwendung und -identifizierung

Fall a) und b) stellen produktionsbezogene Chargenverwendungen dar. Die Materialchargen des Input und des Output beziehen sich auf unterschiedliche Materialarten und haben unterschiedliche Chargenidentifikationen. In den Fällen c) bis e) ändert sich dagegen nicht die Materialart, da es sich nicht um produktionsbezogene Chargenverwendungen handelt. Im Fall c) werden zwei unterschiedliche Chargen einer Materialart zu einer neuen Charge gemischt. Falls eine derartige Mischung zulässig ist, muß in jedem Fall eine neue Chargenidentifikation erzeugt werden. Chargenmischungen werden beispielsweise beim sogenannten Verschneiden oder Blending durchgeführt, um Qualitätsschwankungen der einzelnen Chargen zu homogenisieren. Da in diesem Fall die resultierende Charge andere Qualitätsmerkmale besitzt, wird die Notwendigkeit einer neuen Chargenidentifikation offensichtlich. Bei d) und e) handelt es sich um das Aufteilen einer Materialcharge. Dabei kann eine neue Chargenidentifikation vergeben werden, es kann aber auch die ursprüngliche Identifikation beibehalten werden. Der Fall d) tritt beispielsweise auf, wenn eine Charge über mehrere Lagerorte verteilt aufbewahrt wird, wie dies nach der Datenstruktur in Abbildung 93 zulässig ist. Im Fall f) wird die Chargenentstehung im Wareneingang beschrieben. Hier muß einer Materialmenge erstmalig eine Char-

---

[511] s. S. 208.

genidentifikation zugewiesen werden. Gegebenenfalls ist die Menge durch eine Chargen-
nummer des Lieferanten gekennzeichnet, die als Information zur Charge C1 aufzunehmen ist.

Die Datenstruktur zum Chargenverwendungsnachweis ist in Abbildung 101 dargestellt. Sie
basiert auf der Chargendarstellung aus Abbildung 93. Zusätzlich werden Chargen über zwei
Generalisierungen nach ihrer Herkunft und Verwendung differenziert. Chargen können durch
Rohstoffeinkauf, als Produktionsoutput oder durch Mischen und Teilen entstehen. Sie können
als Produktionsinput, als Verkaufscharge oder zum Mischen und Teilen verwendet werden.
Im Beziehungstyp Chargennachweis werden die Herkunft und Verwendung dokumentiert. Er
repräsentiert die Kanten aus Abbildung 100. Im Gegensatz zu den Gozintographkanten sind
hier keine Konnektoren notwendig, da die Semantik mehrerer eingehender und mehrerer aus-
gehender Kanten eindeutig ist. Die Kanten sind immer AND-verknüpft, d. h. bei eingehenden
Kanten besteht die Charge aus allen Ursprungschargen, bei ausgehenden Kanten ist die Charge anteilsmäßig in jeder Zielcharge enthalten. Im Attribut Menge des Beziehungstyps Chargennachweis kann die Menge der Chargenverwendung angegeben werden. Dies ist beispielsweise für Mischungen von Interesse, um die Anteile der Ursprungschargen ermitteln zu können. Über Bedingung <1> werden Rekursionen ausgeschlossen, die bei Chargen in keinem
Fall möglich sind.[512]

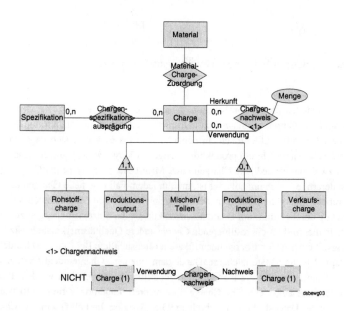

Abbildung 101: Datenstruktur zu Chargendokumentation

---

[512] vgl. Loos 92, S. 145ff.

7 Zusammenfassung

In den drei vorangegangenen Kapiteln wurden die Informationsstrukturen der Produktionslogistik in der chemischen Industrie diskutiert. Die Besonderheiten wurden anhand typologischer Merkmale aufgezeigt. Der Bezug zwischen den Merkmalen und den Informationsstrukturen ist noch einmal zusammenfassend in Anlehnung an Abbildung 20 in Abbildung 102 dargestellt. Bei den Auswirkungen sind jeweils Referenzen auf die einzelnen Abschnitte oder Textstellen angegeben, in denen diese diskutiert werden.

Durch Kombination der Tabelle aus Abbildung 102 mit den Tabellen aus Abbildung 27 bis Abbildung 30 kann abgeleitet werden, welche Informationsstrukturen für welchen der exemplarisch gebildeten **Produktionstypen**, der Herstellung von Grundstoff- und Industriechemikalien, von konsumnahen Massengütern, von Fein- und Spezialchemikalien und von Pharmazeutika, besonders relevant sind.

Es ergibt sich, daß folgende **Strukturen** aufgrund der Merkmalsausprägungen für alle vier Typen wichtig sind und als **allgemein typisch für die chemische Industrie** angesehen werden können:

- Differenzierung von Qualitätsniveaus (S. 87),
- Materialspezifikationen (S. 89),
- Mengenverrechnung und Formeln (S. 91),
- Beziehung zu Stoffdaten (S. 102),
- Aufbewahrungsbehälter und Lagerbedingungen (S. 114),
- Lagerklassen (S. 117),
- Lagerkapazität (S. 210),
- Ermittlung produktionslogistischer Grunddaten (S. 132 und 175),
- Integration von Stücklisten und Arbeitsplänen zu Rezepten (S. 173 und 203),
- Rezepturen für kontinuierlichen sowie diskontinuierlichen Prozeßablauf (S. 204),
- Planung von Kampagnen (S. 213 und 216) und
- Art der Qualitätsprüfung (S. 220).

Die folgenden Strukturen können auch als typisch für die chemische Industrie angesehen werden, d. h. die Strukturen sind sowohl für Betriebe der **Grundstoff- und Industriechemikalien** sowie der **Fein- und Spezialchemikalien** relevant. Aufgrund der gesetzlichen Rahmenbedingung spielen sie allerdings bei der pharmazeutischen Industrie eine untergeordnete Rolle:
- Variable Koeffizienten (S. 154),
- Variable Strukturverhältnisse (S. 162),
- Semantische Abhängigkeiten der Input-Output-Beziehungen (S. 164),
- Stochastische Angaben (S. 154 und 165),
- Zyklische Erzeugnisstrukturen (S. 168) und
- Input-Output-Kombinationen in Rezepten (S. 189) und auf Teilrezeptebene (S. 195).

Alle Produktionsbetriebe, die nicht nur auf spezialisierten Einproduktanlagen arbeiten, also Betriebe für konsumnahe Massengüter, für Fein- und Spezialchemikalien und für Pharmazeutika sowie teilweise auch Betriebe für Grundstoff- und Industriechemikalien benötigen für die Verfahrensbeschreibungen Strukturen für:

- Stammrezepte (S. 197) und
- Analogierezepte (S. 200).

Bei der Produktion **konsumnaher Massengüter** und pharmazeutischer Produkte sind zusätzlich noch Strukturen für divergierende Materialströme der Produktverpackungen zu berücksichtigen. Die Anforderungen hieraus sind analog zu den Anforderungen an die Herstellung nicht-chemischer Massen- oder Serienartikel für den Konsum, auf die im Rahmen dieser Arbeit nicht explizit eingegangen wird.

Bei der Produktion von **Fein- und Spezialchemikalien** und von **Pharmazeutika** sind, insbesondere aufgrund des vorwiegend diskontinuierlichen Prozeßablaufs auf Mehrproduktanlagen, folgende Informationsstrukturen von produktionslogistischer Relevanz:

- Chargenbezogene Bestandsführung (S. 207),
- Verrohrung (S. 134),
- Ressourcenarten und -gruppen (S. 137),
- Detaillierung der Prozeßschritte in den Rezepten (S. 177),
- Begrenzte Übergangszeiten in Prozessen (S. 191),
- Mehrfachzuordnung von Ressourcen (S. 183 und 189),
- Anordnungsbeziehungen und Prozeßereignisse (S. 191),
- Bedingte Verfahrensschritte (S. 196),
- Ressourcenzuordnung zu den Rezepten (S. 183),
- Produktübergangsmatrizen (S. 200),
- Planaufträge und Produktionsaufträge (S. 218) und
- Chargenverfolgung (S. 224).

Insbesondere für die Produktion **pharmazeutischer Produkte** sind die Strukturen der Herstelldokumentationen (S. 224) notwendig.

Darüber hinaus sind aufgrund der Möglichkeit kundenspezifischer Einmalherstellung sowie der Variabilität der Ablauffolgen in der Produktion von **Fein- und Spezialchemikalien** folgende Strukturen von besonderem Interesse:

- Materialgruppen (S. 87),
- Mehrfachzuordnung von Input-Output-Kombinationen (S. 195) und
- Materialgruppenreferenz in Input-Output-Kombinationen (S. 200).

Merkmal	Auswirkung auf Informationsstrukturen
Materialform	Aufbewahrungsbehälter und Lagerbedingungen (S. 114), Lagerkapazität (S. 210)
Materialteilbarkeit	Mengenverrechnung und Formeln (S. 91)
Materialhaltbarkeit	Chargenbezogene Bestandsführung (S. 207), begrenzte Übergangszeiten in Prozessen (S. 191)
Materialgefährlichkeit	Beziehung zu Stoffdaten (S. 102), Lagerklassen (S. 117)
Materialqualitäts-standardisierung	Differenzierung von Qualitätsniveaus (S. 87), Chargenbezogene Bestandsführung (S. 207)
Technische Materialbeschreibung	Spezifikationen (S. 89), Beziehungen zu Stoffdaten (S. 102)
Leistungswiederholung	Stammrezepte (S. 197), Analogierezepte (S. 200), Produktionsanforderungen (S. 211), Produktionsaufträge (S. 218), Produktwechsel (S. 200)
Ausbringungselastizität	Variable Koeffizienten (S. 154), variable Strukturverhältnisse (S. 162), semantische Abhängigkeiten der Input-Output-Beziehung (S. 164), stochastische Angaben (S. 154 und 165), Input-Output-Kombinationen in Rezepten (S. 189)
Produkttypisierung	Materialgruppen (S. 87), Materialgruppenreferenz in Input-Output-Kombinationen (S. 200), Materialplanung und Produktionsanforderungen (S. 211)
Materialeinsatz-elastizität	Variable Koeffizienten (S. 154), variable Strukturverhältnisse (S. 162), stochastische Angaben (S. 154 und 165), Input-Output-Kombinationen in Rezepten (S. 189)
Betriebsmittel- und Prozeßsubstitution	Ressourcenarten und -gruppen (S. 137), Mehrfachzuordnung von Ressourcen (S. 183 und 189)
Technologie	Ermittlung produktionslogistischer Grunddaten (S. 132 und 175), Integration von Stücklisten und Arbeitsplänen zu Rezepten (S. 173 und 203), Art der Qualitätsprüfung (S. 220)
Materialumsetzung	variable Strukturverhältnisse (S. 162), semantische Abhängigkeiten der Input-Output-Beziehungen (S. 164), Input-Output-Kombinationen (S. 189)
Materialvergenz	variable Strukturverhältnisse (S. 162), Input-Output-Kombinationen (S. 189)
Prozeßablauf	Rezepturen für kontinuierlichen und diskontinuierlichen Prozeßablauf (S. 204), Verhältnis Planauftrag zu Produktionsauftrag (S. 218), Steuerrezept (S. 219)
Kreislaufprozeß	Zyklische Erzeugnisstrukturen (S. 168), Input-Output-Kombinationen auf Teilrezept-ebene (S. 195)
Produktions-verflechtung	variable Strukturverhältnisse (S. 162), Input-Output-Kombinationen (S. 189)
Variabilität der Ablauffolge	Mehrfachzuordnung von Input-Output-Kombinationen (195)
Wiederholbarkeit	Differenzierung von Qualitätsniveaus (S. 87), chargenbezogene Bestandsführung (S. 207), bedingte Verfahrensschritte (S. 196)
Automatisierungsgrad	Detaillierung der Prozeßschritte in den Rezepten (S. 177), Produktionsaufträge und Steuerrezepte (S. 218)
Unterbrechbarkeit	Anordnungsbeziehungen und Prozeßereignisse (S. 191)
Produktionsablauf-organisation	Verrohrung (S. 134), Ressourcenzuordnung zu den Rezepten (S. 183), Produktübergangsmatrizen (S. 200)

Abbildung 102: Merkmalsbezogene Auswirkungen auf Informationsstrukturen

Anhang

A Datenmodellierungsmethode PERM

Als Beschreibungssprache für die Darstellung der Datenmodelle wird das Expanded Entity-Relationship-Modell (PERM) verwendet.[513] PERM stellt eine Erweiterung des weit verbreiteten Entity-Relationship-Modells dar, das zur Erhöhung der semantischen Aussagekraft um verschiedene Konstrukte ergänzt wird.

Grundkonzept

Das Grundkonzept und die allgemein gebräuchlichen Konstrukte des ERM sind in Abbildung 103 dargestellt.

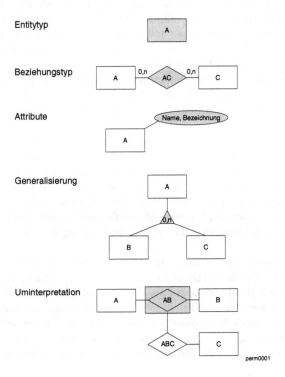

Abbildung 103: Grundkonstrukte des ERM

---

[513] Die Methode wurde entwickelt und beschrieben in Loos 92.

Es handelt sich um folgende Konstrukte:[514]

- Entities sind konkrete oder abstrakte Objekte der realen Welt, wie beispielsweise eine Maschine, ein Lagerplatz oder ein Qualitätsmerkmal, die sich durch bestimmte Eigenschaften beschreiben lassen. Sind mehrere Entities durch die gleiche Art (nicht Ausprägung) von Eigenschaften beschreibbar, so werden diese zu einem **Entitytyp** zusammengefaßt, z. B. alle Maschinen zu dem Entitytyp Maschine. Ein Entity ist eine Instanz eines Entitytyps. Entitytypen werden als Rechtecke dargestellt.

- Beziehungen sind Verknüpfungen zwischen zwei oder mehreren Entities. Dabei müssen die verknüpften Entities nicht notwendigerweise zu unterschiedlichen Entitytypen gehören. Beziehungen lassen sich analog zu den Entities zu **Beziehungstypen** zusammenfassen. Zwischen den gleichen Entitytypen können verschiedene Beziehungstypen existieren, z. B. zwischen den Entitytypen Mitarbeiter und Abteilung die Beziehungstypen 'arbeitet in' und 'leitet'. Beziehungstypen werden in Form von Rauten dargestellt. Sie sind über mindestens zwei Kanten mit Entitytypen verbunden. Die **Kardinalität** einer Kante gibt an, wieviel einzelne Beziehungen mit dem betrachteten Beziehungstyp eine Instanz des Entitytyps eingehen kann. Die mögliche Anzahl wird durch eine Untergrenze bzw. einen Mindestwert und eine Obergrenze bzw. einen Maximalwert spezifiziert. Als Untergrenzen werden die Werte 0 oder 1, als Obergrenzen 1 oder n für unbestimmt angegeben. Damit ergeben sich folgende sinnvolle Kardinalitäten: (0,1), (1,1), (0,n) und (1,n). Die Kardinalitätsangabe wird als (min,max)-Notation bezeichnet. Die Angaben werden in den Modellen an die Kanten angefügt.[515]

- Eigenschaften, die Entities oder Beziehungen beschreiben, werden **Attribute** genannt. Ein Attribut des Entitytyps Maschine ist beispielsweise der Maschinenstundensatz. Dem Attribut ist ein bestimmter Wertebereich (Domäne) zugeordnet, z. B. ein DM-Betrag zwischen 10 und 1000. Für ein Entity Maschine A567 des Entitytyps Maschine ist der Wert des Attributs Maschinenstundensatz beispielsweise DM 240. Die Attribute eines Entitytyps oder Beziehungstyps werden als Ovale an die Entitytypen oder Beziehungstypen angefügt.

- Bei der **Generalisierung** werden Mengen unterschiedlicher Entitytypen, die sich teilweise durch gleiche Attribute beschreiben lassen, zu einer Obermenge zusammengefaßt. Da die Untertypen auch alle Eigenschaften des Obertyps besitzen, wird die Beziehung auch als IS A-Beziehung oder Spezialisierung bezeichnet. Die Generalisierung wird graphisch als Dreieck dargestellt, wobei die Kante vom Obertyp an die Spitze des Dreiecks geführt werden. Die Generalisierung kann nach dem Verhältnis der Instanzen von Obertyp und Untertypen spezifiziert werden. Bei einer vollständigen Generalisierung ist jede Instanz des

---

[514] vgl. auch Scheer 95, S. 31ff.

[515] Teilweise werden auch graphische Symbole an den Kanten zur Darstellung der Kardinalität verwendet. Überdies ist die Seite des Beziehungstyps, an der die Kardinalität angezeigt wird, nicht bei allen Darstellungsarten identisch, vgl. Loos 93c, S. 5ff.

Obertyps auch in mindestens einem Untertyp existent. Bei disjunkten Generalisierungen kann jede Instanz des Obertyps nur in maximal einem Untertyp existieren. Diese Merkmale werden, analog zur Kardinalität, zur Kennzeichnung in das Dreieckssymbol eingefügt. Es gilt:

(1)	nicht-vollständig, disjunkt	$\Rightarrow$	(0,1)
(2)	nicht-vollständig, nicht-disjunkt	$\Rightarrow$	(0,n)
(3)	vollständig, disjunkt	$\Rightarrow$	(1,1)
(4)	vollständig, nicht-disjunkt	$\Rightarrow$	(1,n)

• Bei der **Uminterpretation** wird ein Beziehungstyp in einen Entitytyp umgewandelt, damit der Beziehungstyp selbst Beziehungen eingehen kann. Durch die Uminterpretation bleibt ersichtlich, wie das Objekt im Modellierungsprozeß entstanden ist. Entsprechend wird die Uminterpretation als Rechteck um eine Raute dargestellt. Kanten, bei denen das Objekt in der Eigenschaft als Beziehungstyp beteiligt ist, werden bis zur Raute geführt. Kanten, bei denen das Objekt in der Eigenschaft als Entitytyp beteiligt ist, werden bis zum Rechteck geführt.

Kardinalitäten und Determinanten

Beziehungen können auch zwischen mehr als zwei Entities existieren. Sie werden zu Mehrfachbeziehungstypen zusammengefaßt. Anhand eines Beispiels wird gezeigt, daß die übliche (min,max)-Notation zur eindeutigen Spezifizierung von Mehrfachbeziehungstypen nicht hinreichend ist.

Der Beziehungstyp 'arbeitet' verbindet die Entitytypen Mitarbeiter, Abteilung und Projekt. Ein Mitarbeiter kann in mehreren Abteilungen an unterschiedlichen Projekten arbeiten. Andererseits kann ein Mitarbeiter an einem Projekt in unterschiedlichen Abteilungen arbeiten. In einer Abteilung arbeiten mehrere Mitarbeiter an unterschiedlichen Projekten. Ein Projekt kann in mehreren Abteilungen von verschiedenen Mitarbeitern bearbeitet werden. Entities der Typen Mitarbeiter, Abteilung und Projekt müssen nicht zwingend eine Beziehung eingehen, weshalb die Kardinalitäten aller Kanten einen (min)-Wert von 0 besitzen. Andererseits kann jedes einzelne Entity aller drei Typen mehr als eine Beziehung eingehen, so daß jeweils ein n als (max)-Wert anzugeben ist.

Das Beispiel wird nun dahingehend geändert, daß ein Mitarbeiter zwar in mehreren Abteilungen, aber pro Abteilung nur in genau einem Projekt arbeiten kann. Die übrigen Aussagen bleiben bestehen. Für die Bestimmung der Kardinalitäten gilt, daß ein Mitarbeiter in unterschiedlichen Kombinationen von Abteilungen und Projekten arbeiten kann. Die Aussage trifft analog auch für die beiden anderen Entitytypen zu. Es zeigt sich, daß unterschiedliche Ausgangssituationen von Dreifachbeziehungen zu gleichen Kardinalitätsangaben führen, d. h. die Kardinalitätsangaben sind nicht eindeutig.

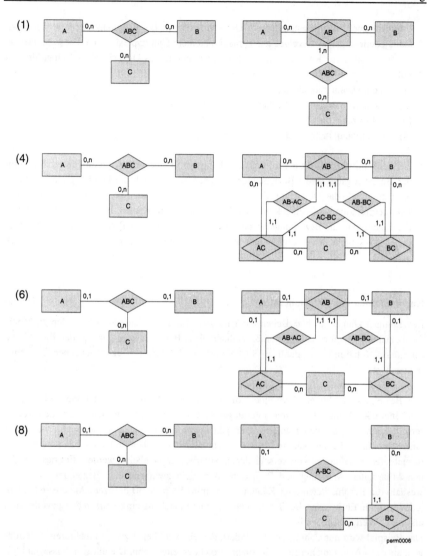

Abbildung 104: Arten von Dreifachbeziehungstypen (Typ 1, 4, 6, 8)

Mit Hilfe der funktionalen Abhängigkeiten kann gezeigt werden, welche Entities aus den verbundenen Entitytypen notwendig sind für die Eindeutigkeit einer Beziehung.[516] Sie sind damit

---

[516] vgl. Date 81.

Indikatoren für die (max)-Werte der Kardinalitätsangaben. Ausgehend von den Entitytypen A,
B und C können acht unterschiedliche Typen differenziert werden:[517]

(1)   a,b,c → ∅
(2)   a,b → c
(3)   a,b → c ∧ a,c → b
(4)   a,b → c ∧ a,c → b ∧ b,c → a
(5)   a → b,c
(6)   a → b,c ∧ b → a,c
(7)   a → b,c ∧ b → a,c ∧ c → a,b
(8)   a → b,c ∧ b,c → a

Der Beziehungstyp 'arbeitet' des Beispiels entspricht in der Ausgangssituation dem Typ (1),
nach der Modifikation dem Typ (2). Abbildung 104 zeigt vier der acht möglichen Dreifachbeziehungstypen und jeweils eine Auflösung in binäre Beziehungstypen, die bezüglich der Be-
ziehungsmöglichkeiten der drei Entitytypen den analogen Sachverhalt darstellen.

Die Auflösung demonstriert deutlich die Notwendigkeit, im Rahmen der Modellierung Mehrfachbeziehungstypen eindeutig zu kennzeichnen. Diese Kennzeichnungen werden als **Determinanten** bezeichnet. Sie werden bei Mehrfachbeziehungstypen mit einem offenen Hexagon
an den Beziehungstyp angefügt, wie in Abbildung 105 dargestellt. Kardinalitäten werden nur
dann explizit angegeben, wenn die Untergrenze ungleich 0 und die Obergrenze ungleich 1
oder n ist. Bei binären Beziehungstypen sind die (max)-Werte der Kardinalitäten und die Determinanten bijektiv.

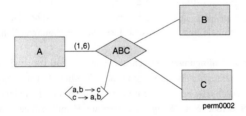

Abbildung 105: Dreifachbeziehung mit Determinanten

---

[517] Im Gegensatz dazu gibt es vier Möglichkeiten bei konventioneller Kardinalitätsangabe (Kombination mit
       Wiederholung ohne Anordnung von 2 Elementen der Ordnung 3, $Cw_2^{(3)} = 4$).
       a → b bedeutet, daß b von a funktional abhängig ist.

Beziehungstypen mit alternativen Entitytypen

Wenn ein Entitytyp A mit verschiedenen anderen Entitytypen Beziehungen eingeht, so sind in der Regel mehrere Beziehungstypen zu modellieren. Tritt allerdings der Fall ein, daß eine konkrete Instanz a1 des Typs A nur Beziehungen eines einzigen Beziehungstyps eingehen kann, so sind die Beziehungstypen aus Sicht der Instanz exklusive Alternativen. Beispielsweise soll ein Mitarbeiter entweder nur einem Produktionsbereich oder nur einem Kundenprojekt zugeordnet werden. Mittels Beziehungstypen mit alternativen Entitytypen kann diese Semantik ohne umständliche Generalisierungskonstrukte modelliert werden.

Abbildung 106 zeigt die graphische Notation. Das Modell besagt, daß eine Beziehung des Typs B ('arbeitet in' im Anwendungsbeispiel) einer Instanz des Typs A (Mitarbeiter) entweder zum Typ C (Produktionsbereich) oder zum Typ D (Kundenprojekt) verläuft.

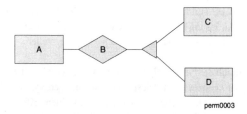

perm0003

Abbildung 106: Beziehungstyp mit alternativen Entitytypen

Objekttypinterne Integritätsbedingung

Semantik, die durch die bisherigen Konstrukte nicht abgedeckt wird, muß durch explizite Integritätsbedingungen formuliert werden. Die Integritätsbedingungen beschränken sich auf statische Bedingungen, da transitionale und dynamische Integritätsbedingungen[518] nicht dem Datenmodell zuzuordnen sind.

Die **objekttypinternen** Integritätsbedingungen können auf einzelne Entities sowie auf Teilmengen eines Entitytyps wirken. Integritätsbedingungen eines einzelnen Entities sind Domänen, abgeleitete Attribute (das Alter läßt sich aus dem Geburtsdatum und dem aktuellen Datum ableiten), bedingte Attribute (der Wert 'ledig' des Attributs Familienstand schließt die Werte '3', '4' und '5' des Attributs Steuerklasse aus) oder wechselseitig abhängige Attribute (das Attribut Starttermin soll immer einen kleineren Wert aufweisen als das Attribut Endtermin). Integritätsbedingungen auf Mengen von Entities können sich auf eine maximale oder minimale Anzahl von Entities[519] und auf Summen- oder Durchschnittswerte beziehen.

---

[518] vgl. beispielsweise Lipeck 89.

[519] Dies wird auch als absolute cardinality constraint bezeichnet, vgl. Lenzerini/Santucci 83.

Beziehungstypabhängige Integritätsbedingungen beschreiben Bedingungen zwischen Entities unterschiedlicher Typen. Diese Bedingungen können **einzelne Beziehungen** oder mehrere Beziehungen betreffen. Bedingungen, die sich auf einen Beziehungstyp beziehen, sind neben der Typspezifikation mit Hilfe von Kardinalitäten und Determinanten die beziehungsabgeleiteten Attribute (das Attribut Mitarbeiteranzahl im Entitytyp Abteilung läßt sich aus der Anzahl der Beziehungen zum Typ Mitarbeiter ableiten), die objektausprägungsabhängigen Beziehungen (die Möglichkeit einer Beziehung eines Entities hängt von der Ausprägung bestimmter Attribute ab, z. B. darf ein Entity Teil nur Stücklistenbeziehungen eingehen, wenn es die Ausprägung 'Baugruppe' oder 'Endprodukt' hat, eine Teileverwendungsbeziehung ist nur bei der Ausprägung 'Rohteil' oder 'Baugruppe' sinnvoll)[520] sowie die objektkombinationsabhängigen Beziehungen (die Möglichkeit einer Beziehung zweier oder mehrerer Entities hängt von der Kombination ihrer Ausprägungen ab, z. B. soll in einer Mitarbeiterhierarchie sichergestellt werden, daß der Vorgesetzte stets ein höheres Dienstalter aufweist als der Weisungsempfänger).[521]

Bedingungen, die **mehrere Beziehungen** eines Entitytyps betreffen, können danach unterschieden werden, ob direkte Beziehungen (einfache Tiefe) oder indirekte Beziehungen betroffen sind. Bei Bedingungen einfacher Tiefe können sich Beziehungen gegenseitig ausschließen (z. B. kann ein Mitarbeiter entweder Projekten oder Fertigungsbereichen zugeordnet werden)[522] oder Beziehungen können voneinander abhängig sein (z. B. wenn einem Auftrag ein Werkzeug zugeordnet ist, muß dem Auftrag auch eine Maschine zugeordnet sein).[523]

Beziehungstypabhängige Bedingungen, die auf mehrere Beziehungstypen eines Pfads wirken, sind die Beziehungspfadkardinalität, Beziehungspfadbedingung und die Rekursionsbedingung. Bei den Beziehungspfadbedingungen werden Abhängigkeiten oder Exklusivitäten bezüglich der Verbindung zweier Entitytypen über zwei Beziehungspfade definiert.

Abbildung 107 zeigt einen Überblick über die Klassifikation semantischer Integritätsbedingungen. Objekttypinterne Integritätsbedingungen lassen sich durch eine in einer Backus-Naur-Form spezifizierten Notation darstellen.[524] Die Notation wird, wie die Determinanten, mit einem offenen Hexagon bzw. mit spitzen Klammern an dem Objekttyp dargestellt. Wird die Darstellung zu komplex, so kann über einen Verweis in spitzen Klammern auf eine separate Abbildung verwiesen werden.

Bei beziehungstypabhängigen Integritätsbedingungen wird die Darstellung in einer Backus-Naur-Syntax leicht unverständlich. Deshalb erfolgt die Beschreibung in graphischer Form. Diese Darstellungsart ist analog zu der ERM-Notation, allerdings werden die Integritätsbedingungen auf Entityebene bzw. Instanzenebene formuliert. Die Objekte werden mit gestrichelten

---

[520] Eine Darstellung des Sachverhalts durch Generalisierung bietet keine befriedigende Lösung, da diese zu mehreren Beziehungstypen mit gleicher Bedeutung führt.

[521] Hier ist eine Generalisierung nicht möglich, da für ein Entity Mitarbeiter keine generelle Eigenschaft Vorgesetzter oder Weisungsempfänger definierbar ist.

[522] Der Wirkungsbereich der Exklusivität kann weiter unterteilt werden. Bestimmte Arten der Exklusivität können auch durch Generalisierung modelliert werden.

[523] Je nach Art der Abhängigkeiten kann der Sachverhalt teilweise in Mehrfachbeziehungen abgebildet werden.

[524] vgl. Hopcroft/Ullman 69.

Rändern dargestellt. Die Diagramme lehnen sich an das Occurrence Structure Concept[525] an und werden als Relationship-Constraint-Diagramme oder **RC-Diagramme** bezeichnet. Dabei werden die Integritätsbedingungen an einzelnen Objektinstanzen, d. h. an Entities und deren Beziehungen, verdeutlicht.

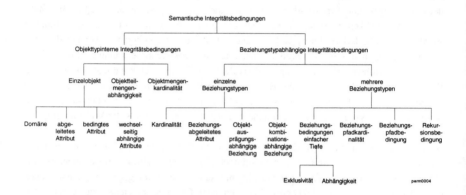

Abbildung 107: Klassifikation semantischer Integritätsbedingungen

Abbildung 108 zeigt ein Beispiel mit RC-Diagramm, bei dem eine Dreifachbeziehung über Determinanten spezifiziert ist. Bedingung <1.1> besagt, daß ein Mitarbeiter in einem bestimmten Projekt nur von einem Vorgesetzten Weisungen erhalten kann. Der Dreifachbeziehungstyp Weisung ist damit als Typ 2 klassifiziert.[526]

Eine Beziehungspfadbedingung stellt sicher, daß zwei Mitarbeiter in einer Weisungshierarchie eines Projektes auch jeweils in dem Projekt arbeiten. Dies wird in Bedingung <1.2> beschrieben. Die in runden Klammern angegebenen Nummern dienen zur Unterscheidung unterschiedlicher Instanzen eines Entitytyps. Die Bedingung <1.2> ist wie folgt zu interpretieren: Wenn ein Mitarbeiter 1 eine Weisung 1 in einem Projekt 1 an einen Mitarbeiter 2 gibt, dann muß daraus folgen, daß beide Mitarbeiter über den Beziehungstyp Arbeit dem Projekt 1 zugeordnet sind. Die Kanten werden als gerichtete Graphen dargestellt, wenn die Integritätsbedingungen nur in einer Richtung zu interpretieren sind.

Eine objektkombinationsabhängige Bedingung ist in <1.3> dargestellt. Sie besagt, daß ein Mitarbeiter 1, der einem Mitarbeiter 2 eine Weisung erteilt, mindestens gleichaltrig ist.

Die Rekursionsbedingung in <1.4> schließt aus, daß ein Mitarbeiter 1 sich selbst eine Weisung erteilen kann, weder direkt noch indirekt über beliebig viele Mitarbeiter.

---

[525] vgl. Tabourier/Nanci 83.
[526] s. S. 235.

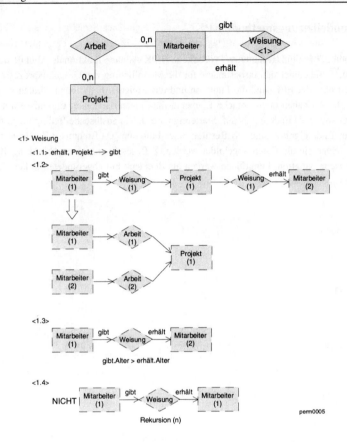

Abbildung 108: Integritätsbedingungen im RC-Diagramm

B Prozeßmodellierungsmethode EPK

Mit der Methode der Ereignisgesteuerten Prozeßkette (EPK) können funktionale Abläufe dargestellt werden.[527] Sie eignet sich insbesondere für die Modellierung von Geschäftsprozessen. Die Grundkonstrukte der EPK sind die Funktion und das Ereignis. Funktionen können komplexe betriebliche Aufgaben oder einfache Elementarfunktionen darstellen. Ereignisse treten als Startereignis sowie als Endereignis auf. Startereignisse stellen auslösende Bedingungen für Funktionen dar. Endereignisse sind das Resultat einer Funktion. Da Ereignisse Zustände repräsentieren, können sie als Daten abgebildet werden, z. B. als Statusdaten. Abbildung 109 zeigt die graphische Notation. Funktionen werden als Rechteck mit abgerundeten Ecken, Ereignisse als Hexagone dargestellt.

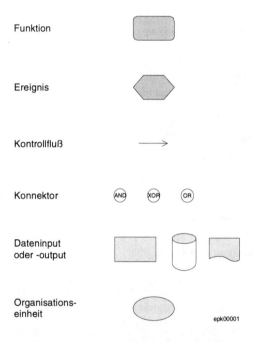

Abbildung 109: Konstrukte der Ereignisgesteuerten Prozeßkette

Der Kontrollfluß eines Prozesses wird durch gerichtete Kanten abgebildet. Dabei wird durch das Endereignis einer Funktion eine weitere Funktion angestoßen, wodurch ein Ablauf entsteht. Im Ablauf wechseln sich Funktionen und Ereignisse ab, so daß Funktionen bzw. Ereignisse nicht unmittelbar aufeinanderfolgen. Prozeßketten sollen immer mit einem Ereignis beginnen und enden.

---

[527] vgl. Scheer 95, S. 49ff. und Keller/Nüttgens/Scheer 92.

Der Kontrollfluß eines Prozesses kann über logische Konnektoren gesteuert werden. Mit ihnen kann festgelegt werden, wie sich der Kontrollfluß teilt oder vereinigt. Als Kontrollfluß-
verknüpfung sind AND-, OR und XOR-Konnektoren vorgesehen.

Da Funktionen einer Prozeßkette komplexe Aufgaben darstellen können, kann eine Funktion
über eine hierarchische Dekomposition in eine detaillierte Prozeßkette zerlegt werden. Daraus
folgt, daß eine Funktion eine Elementarfunktion oder einen aggregierten Prozeß repräsentiert.

Des weiteren können den Funktionen Daten als Input und Output sowie die für die Durchführung zuständigen Organisationseinheiten zugeordnet werden. Daten werden als Rechteck entsprechend der Repräsentation der Entitytypen im ERM dargestellt. Für Daten in nicht-
strukturierter Form wird darüber hinaus das Symbol der Datentonne und für Output auf Papier
das Listensymbol verwendet. Organisationseinheiten werden durch ein Oval repräsentiert.
Somit können mit einer Prozeßkette verschiedene Teilsichten wie Datensicht, Funktionssicht
und Organisationssicht zusammengeführt werden.[528]

Abbildung 110 zeigt ein Beispiel einer einfachen Prozeßkette. Startereignis ist ein eingetrof-
fener Auftrag. Es löst die Funktion Auftrag erfassen aus, die vom Vertrieb ausgeführt wird
und als Output Auftragsdaten erzeugt. Die Funktion weist zwei mögliche Endereignisse auf.
Bei einer konkreten Prozeßinstanz, also einer Durchführung des Prozesses, wird der Ablauf in
Abhängigkeit des konkret vorliegenden Auftragswerts mit einem der beiden Pfade fortgesetzt.

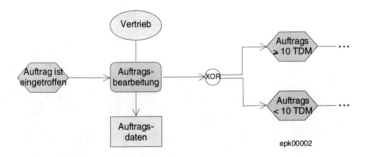

Abbildung 110: Beispiel einer Ereignisgesteuerten Prozeßkette

---

[528] vgl. Scheer 92.

Literaturverzeichnis

Allweyer/Loos/Scheer 94
Allweyer, Th.; Loos, P.; Scheer, A.-W.: An Empirical Study on Scheduling in the Process Industries, in: Veröffentlichungen des Instituts für Wirtschaftsinformatik, Heft 109, Saarbrücken, Juli 1994, auch unter http://www.iwi.uni-sb.de/public/iwi-hefte/heft_109.html (1.9.96).

Amecke 87
Amecke, H.-B.: Chemiewirtschaft im Überblick: Produkte, Märkte, Strukturen, Weinheim 1987.

Appolt 93
Appolt, H.: Anforderungen an die Validierung eines computerunterstützten Verfahrens, in: Pharma Technologie Journal, 14(1993)3, S. 64-69.

Appoo 87
Appoo, P. M.: A Practical Method of Implementing the Batch BOM in the Process Industries, in: Production and Inventory Management, 28(1987)2, S. 79-84.

Astor/Lehmann/Schäfer 89
Astor, B.; Lehmann, St.; Schäfer, U.: Automatisierung einer diskontinuierlichen Mehrproduktanlage: Erfahrungen mit dem Grundoperationenkonzept, in: atp - Automatisierungstechnische Praxis, 31(1989)5, Nachdruck in *NAMUR 90*, S. 127-132.

Baerns/Hofmann/Renken 92
Baerns, M.; Hofmann, H.; Renken, A.: Chemische Reaktionstechnik, 2. Aufl., Stuttgart-New York 1992.

Baß 94
Baß, R.: Der Arzneimittelzulassungsprozeß in der Pharmazeutischen Industrie, in: Proceedings SNI-Branchenseminar Prozeßindustrie, Freising 13.-14. Dezember 1994.

Baumann 93
Baumann, C.: Charakteristika der Produktionsprozesse in der Pharmazie und Biotechnologie und spezielle Anforderungen an die Automatisierung, in: Pharma Technologie Journal, 14(1993)3, S. 4-7.

Becker 91
Becker, J.: CIM-Integrationsmodell - Die EDV-gestützte Verbindung betrieblicher Bereiche, Berlin et al. 1991.

Becker/Rosemann 93
Becker, J.; Rosemann, M.: Logistik und CIM, Berlin et al. 1993.

Bender 95
Bender, H. F.: Sicherheit im Umgang mit Gefahrenstoffen: Sachkunde für Naturwissenschaftler, Weinheim 1995.

Berry/Nash 93
Berry, I. R.; Nash, R. A.: Pharmaceutical Process Validation, 2nd ed., New York 1993.

Bertsch/Geibig/Weber 89
Bertsch, L.; Geibig, K.-F.; Weber, J.: Betriebswirtschaftlicher Nutzen moderner Prozeßleittechnik in der Chemischen Industrie, in: atp - Automatisierungstechnische Praxis, 31(1989)1, S. 5-11.

Biethahn 74
Biethahn, J.: Die Bestimmung des optimalen und praktikablen Einkaufs- und Produktionsprogrammes bei variabler Kuppelproduktion und vorgegebenem Absatzprogramm, in: ZOR, 18(1974), S. B167-B183.

Bilitewski/Härdtle/Marek 94
Bilitewski, B.; Härdtle, G.; Marek, K.: Abfallwirtschaft: eine Einführung, Berlin et al. 1994.

Binneweis 57
Binneweis, J.: Betriebswirtschaftliche Besonderheiten bei der Chargenfertigung unter besonderer Berücksichtigung der Kostenabhängigkeit, Dissertation Universität Freiburg/Schweiz 1957.

Blaß 89
Blaß, E.: Entwicklung verfahrenstechnischer Prozesse, Frankfurt/M. 1989.

Blazewicz et al. 94
Blazewicz, J.; Ecker, K. H.; Schmidt, G.; Weglarz, J.: Scheduling in Computer and Manufacturing Systems, 2nd ed., Berlin et al. 1994.

Blume/Gerbe 94
Blume, Ch.; Gerbe, M.: Deutliche Senkung der Produktionskosten durch Optimierung des Resourceneinsatzes, in: atp - Automatisierungstechnische Praxis, 36(1994)5, S. 25-29.

Böggemann 91
Böggemann, D.: Zur Definition der Ungüter, in: Fuchs, H. G.; Klose, A.; Kramer, R. (Hrsg.), Güter und Ungüter, Berlin 1991, S. 1-10.

Bomba/Paufler/Wotte 89
Bomba, G.; Paufler, S.; Wotte, J.: Die Nutzung von Abprodukten und das Problem der Abproduktbewertung für ökonomisch begründete Entscheidung, in: Wissenschaftliche Zeitung der TU Dresden, 38(1989)5/6, S. 35-40.

Born 85
Born, G.: Arbeitsplatzrechner als Hilfsmittel in der Produktionsleitebene, in: atp - Automatisierungstechnische Praxis, 27(1985)12, S. 585-592.

Bretag et al. 94
Bretag, H. U.; Hesselmann, F.; Jeske, U.; Lessle, E.; Linß, E.; Mehret, K.; Möller, R.; Pfeiffer, D.; Slavik, H.; Windbühl, E.; Winkelmann, W.: KfKChem - Ein integrierter Baustein beim konventionellen arbeits- und umweltbezogenen Gefahrenstoffmanagement der KfK GmbH, in: Hilty, L. M. et al. (Hrsg.), Informatik für den Umweltschutz, Band II, Marburg 1994, S. 207-214.

Brink 69
Brink, H.-J.: Zur Planung des optimalen Fertigungsprogramms: dargestellt am Beispiel der Kalkindustrie, Köln-Berlin-Bonn-München 1969.

Brombacher 85
Brombacher, M.: Das Lastenheft als Grundlage der Automatisierung chemischer Verfahren und seine Darstellung als Expertensystem, Dissertation TU München 1985.

Brombacher 93
Brombacher, M.: Ein Konzept zur Validierung von Prozeßleitsystemen in Anlagen der pharmazeutischen Industrie, in: atp - Automatisierungstechnische Praxis, 35(1993)12, S. 656-665.

Bruns et al. 93
Bruns, M.; Eibl, M.; Kersting, F.-J.; Uhlig, R. J.: Anforderungen an Systeme zur Rezeptfahrweise, in: atp - Automatisierungstechnische Praxis, 35(1993)1+2, S. 40-44 + 104-108.

Bücker 96
Bücker, M.: Objektorientierte Produktionsplanung, in: Objektspektrum, o. J.(1996)3, S. 38-42.

Bührens 79
Bührens, J.: Programmplanung bei Kuppelproduktion: Anpassungsmaßnahmen zur Harmonisierung von Produktions- und Nachfrageverhältnissen bei Kuppelproduktion unter besonderer Berücksichtigung der Absatzpolitik, Wiesbaden 1979.

Chris/Unkelbach/Wolf 93
Chris, G. A.; Unkelbach, H. D.; Wolf, H.: Computer-Validierung, Stand der Umsetzung der Validierungsanforderungen in der Industriepraxis und Aufbau einer Validierungsorganisation, in: Pharmazeutische Industrie, 55(1993)7, S. 640-644.

Christ 92
Christ, C.: Produktintegrierter Umweltschutz in der chemischen Industrie - Chancen und Grenzen, in: Chem.-Ing.-Tech., 64(1992)10, S. 889-898.

Christ 93
Christ, C: Umweltschutzmanagement in der Chemischen Industrie am Beispiel der Hoechst AG, in: Adam, D. (Hrsg.), Umweltmanagement in der Produktion, SzU, Band 48, Wiesbaden 1993.

Cirsovius/Keil/Walter 82
Cirsovius, B.; Keil, J.; Walter, H.-E.: Stufenkalkulation in der chemischen Industrie mit Standard-Software, in: Stahlknecht, P. (Hrsg.), EDV-Systeme im Finanz- und Rechnungswesen, Berlin et al. 1982, S. 142-155.

Clevermann 91
Clevermann, K.: Produktionsleitsysteme als CIM-Baustein für die Verfahrensindustrie, in: Sonderteil in Hanser-Fachzeitschriften, März 1991, S. CA45-CA50.

Cole 95
Cole, N.: SP88 Batch Control Models and Terminology: An Example Application Based on a General Purpose Solid Dosage Manufacturing Centre, in: Application Examples of SP88 Batch Automation in the Process Industries, Vol. 1, publication of World Batch Forum and European Batch Forum, Phoenix 1995.

Corsten/May 94
Corsten, H.; May, C.: Besonderheiten der Produktion in der Verfahrensindustrie und ihre Auswirkungen auf PPS-Systeme, in: Corsten, H. (Hrsg.), Handbuch Produktionsmanagement, Wiesbaden 1994, S. 871-889.

Corsten/Reiss 91
Corsten, H.; Reiss, M.: Recycling in PPS-Systemen, in: DBW, 15(1991), S. 615-627.

Cox/Blackstone/Spencer 95
Cox, J. F.; Blackstone, J. H. Jr.; Spencer, M. S. (Hrsg.): APICS Dictionary, 8th ed., Falls Church 1995.

Date 81
Date, C. J.: An Introduction to Database Systems Reading, Vol. I, Massachusetts 1981.

Dean/Biddle 92
Dean, D.; Biddle, J.: The Do's and Don'ts of CIM for the '90s, in: APICS Process Industries Symposium Proceedings, Chicago 1992, S. 104-106.

Dhole et al. 96
Dhole, V. R.; Tainsh, R. A.; Ramchandani, N. L.; Wasilewski, M.: Freshwater and Wastewater Minimisation: From Concepts to Results, in: Fransoo, J. C.; Rutten, W. G. M. M. (Hrsg.), Proceedings of the Second International Conference on Computer Integrated Manufacturing in the Process Industries (Eindhoven, June 3-4, 1996), S. 173-183.

Dinkelbach 83
Dinkelbach, W.: Anmerkungen zum Produktionsfaktor Energie in der Betriebswirtschaftslehre, Diskussionsbeitrag Fachbereich Wirtschaftswissenschaften, Universität des Saarlandes, A8301a, Oktober 1983.

Dinkelbach/Rosenberg 94
Dinkelbach, W.; Rosenberg, O.: Erfolgs- und umweltorientierte Produktionstheorie, Berlin et al. 1994.

Döhle 78
Döhle, J.: Verfahren und Prozeß im Aussagensystem der betriebswirtschaftlichen Produktionstheorie, Dissertation Universität Göttingen 1978.

Dokter 91
Dokter, F.: Steuerung von Chargenprozessen mit wechselnden Rezepturen, in: atp - Automatisierungstechnische Praxis, 33(1991)1+2, S. 26-30 + 77-81.

Dormann 93
Dormann, J.: Geschäftssegmentierung bei Hoechst, in: zfbf, 45(1993)12, S. 1068-1077.

Döttling 81
Döttling, W.: Flexible Fertigungssysteme: Steuerung und Überwachung des Fertigungsablaufs, Berlin et al. 1981.

Drenkard 89
Drenkard, F. J.: Planung in der chemischen Industrie, in: Szyperski, N.; Winand, U. (Hrsg.), Handwörterbuch der Planung, Stuttgart 1989, Sp. 191-199.

Drexl/Haase/Kimms 95
Drexl, A.; Haase, K.; Kimms, A.: Losgrößen- und Ablaufplanung in PPS-Systemen auf der Basis randomisierter Opportunitätskosten, in: ZfB, 65(1995),3, S. 267-285.

Drumm 79
Drumm, H. J.: Mechanisierung und Automatisierung, in: Kern, W. (Hrsg.), Handwörterbuch der Produktionswirtschaft, Stuttgart 1979, Sp. 286-292.

Duncan 83
Duncan, R. M.: The By-Product Bill of Material, in: APICS Conference Proceedings 1983, S. 288-292.

Dyckhoff 92
Dyckhoff, H.: Betriebliche Produktion: theoretische Grundlagen einer umweltorientierten Produktionswirtschaft, Berlin et al. 1992.

Eckelmann/Geibig 89
Eckelmann, W.; Geibig, K.-F.: Produktionsnahe Informationsverarbeitung: Basis für CIP, in: CIM Management, 5(1989)5, S. 4-9.

Eglau 96
Eglau, H. O.: Neue Formel für den Erfolg, in: Die Zeit, 51(1996)12, S. 17-18.

Egli 80
Egli, U. M.: Optimale kurzfristige Produktionsplanung für absatzweise arbeitende Mehrprodukt- und Mehrzweckanlagen, Dissertation ETH Zürich 1980.

Eibl 93
Eibl, M.: Relationenmodell der Rezeptfahrweise, Arbeitspapier des NAMUR AK 2.3.2, Leverkusen 1993.

Eisfeld 51
Eisfeld, C.: Zur Lehre von der Gestaltung der Unternehmung, ZfhF N. F., 3(1951), S. 289-320 + 337-353.

Ellinger 59
Ellinger, Th.: Ablaufplanung: Grundfragen der Planung des zeitlichen Ablaufs der Fertigung im Rahmen der industriellen Produktionsplanung, Stuttgart 1959.

Emerson 83
Emerson, W. S.: Guide to chemical Industry, New York 1983.

Engell et al. 95
Engell, S.; Fritz, M.; Schulz, Ch.; Wöllhaf, K.: Unterstützung der Planung und des Betriebs von Mehrproduktanlagen durch Rechnersimulation, in: Prozeß- und Betriebsführung mit Verfahrenstechnischen und automatisierungstechnischen Methoden, VDI-Fachtagung, Merseburg 1995.

Erdmann/Schnieder/Schielke 94
Erdmann, L.; Schnieder, E.; Schielke, A. G.: Referenzmodell zur Strukturierung von Leitsystemen, in: at - Automatisierungstechnik, 42(1994)5, S. 187-197.

Errico 89
Errico, J. J.: Electronic Batch Recording, in: Pharmaceutical Technology International, 14(1989)5, S. 36-45.

Eversheim 96
Eversheim, W.: Produktionstechnik und -verfahren: in: Kern, W.; Schröder, H.-H.; Weber, J. (Hrsg.), Handwörterbuch der Produktionswirtschaft, 2. Aufl., Stuttgart 1996, Sp. 1534-1544.

Fandel 81
Fandel, G.: Zur Berücksichtigung von Überschuß- bzw. Vernichtungsmengen in der optimalen Programmplanung bei Kuppelproduktion, in: Brockhoff, K.; Krelle, W. (Hrsg.), Unternehmensplanung - Referate eines Kolloquiums an der Fernuniversität Hagen, Berlin et al. 1981, S. 193-212.

Fandel 91
Fandel, G.: Produktion I: Produktions- und Kostentheorie, 3. Aufl., Berlin et al. 1991.

Fandel/François/Gubitz 94
Fandel, G.; François, P.; Gubitz, K.-M.: PPS-Systeme: Grundlagen, Methoden, Software, Marktanalyse, Berlin et al. 1994.

Faubel/Jung 83
Faubel, J.; Jung, J.: Der Einfluß von Rohstoff- und Energiekosten auf die Produktionskosten ausgewählter Chemieprodukte, in: Chem. Ind., 35(1983), S. 315-318.

FDA 94
FDA, Food and Drug Administration, Department of Health and Human Services, Code of Federal Regulations 21, Part 200 to 299, Washington 1994.

Feldmann et al. 95
Feldmann, K.; Meedt, O.; Meerkamm, H.; Weber, J.: Entwicklung einer Design-Disassembly Verfahrenskette auf Basis einer recyclingrelevanten Produktkennzeichnung, in: Haasis, H.-D. et al. (Hrsg.), Umweltinformationssysteme in der Produktion, Berlin 1995, S. 123-136.

Fellmann 73
Fellmann, M.: Produktionsplanung in der chemischen Industrie: Übersicht über verwendete Methoden, Dissertation Universität Basel 1973.

Finch/Cox 87
Finch, B. J.; Cox, J. F.: Planning and Control System Design: Principles and Cases for Process Industries, APICS (Hrsg.), Falls Church 1987.

Fischer/Möcklinghoff 94
Fischer, J.; Möcklinghoff, M.: Computerunterstützung kooperativen Arbeitens im Forschungs- und Entwicklungsbereich, in: IM Information Management, 9(1994)1, S. 46-52.

Foulds 89
Foulds, L. R.: The Application of the Theory of Directed Graphs in the Social Sciences, in: Jackson, M. C.; Keys, P.; Cropper, S. A. (Hrsg.), Operational Research and the Social Sciences (Proceedings of the IFORS Specialized Conference), New York 1989, S. 183-188.

Fransoo/Rutten 93
Fransoo, J. C.; Rutten, W. G. M. M.: A Typology of Production Control Situations in Process Industries, working paper Department of Operations planning and Control, No 9302, TU Eindhoven, 1993, auch unter http://www.tm.tue.nl/tm/vakgr/lbs/papers/lbs9302/lbs9302.htm (7.5.96).

Frisca/Baer 94
Frisca, A.; Baer, A.: MES: Manufacturing's Missing Link Is a Tool for Change, in: World Batch Forum 1994 (Proceedings, Phoenix, 7.-9. März 1994).

Fürer/Rauch/Sanden 96
Fürer, S.; Rauch, J.; Sanden, F. J.: Konzepte und Technologien für Mehrproduktanlagen, in: Chem.-Ing.-Tech., 68(1996)4, S. 375-381.

Gälweiler 60
Gälweiler, A.: Produktionskosten und Produktionsgeschwindigkeit, Wiesbaden 1960.

Geibig 92
Geibig, K.-F.: Funktionen der Betriebsleitebene, in: atp - Automatisierungstechnische Praxis, 34(1992)2, S. 68-72.

Geitner 91
Geitner, U. W. (Hrsg.): CIM-Handbuch, 2. Aufl., Braunschweig 1991.

Gilles/Friedrich 91
Gilles, E.-D.; Friedrich, M.: Prozeßführung zur Sicherung reproduzierbarer Qualität in der verfahrenstechnischen Produktion, in: Chem.-Ing.-Tech., 63(1991)9, S. 910-918.

Glaser 86
Glaser, H.: Material- und Produktionswirtschaft, Düsseldorf 1986.

Glaser 94
Glaser, H.: Steuerungskonzepte von PPS-Systemen, in: Corsten, H. (Hrsg.), Handbuch Produktionsmanagement, Wiesbaden 1994. S. 747-761.

Glaser/Geiger/Rohde 92
Glaser, H.; Geiger, W.; Rohde V.: PPS Produktionsplanung und -steuerung, Grundlagen - Konzepte - Anwendungen, 2. Aufl., Wiesbaden 1992.

Göbel 88
Göbel, W.: Gefahrstoff-ABC, Landsberg/Lech 1988.

Göbel 92
Göbel, W.: Betriebliche Gefahrstoffinformation, Landsberg/Lech 1992.

Gordon/Pisciotta 93
Gordon, B. T.; Pisciotta, V. C.: Beyond Compliance: Integrating Health, Safety, and Environmental Information with Production and Inventory Management, in: APICS Process Industries Symposium Proceedings, Cincinnati 1993, S. 47-51.

Grabowski/Anderl/Polly 93
Grabowski, H., Anderl, R.; Polly, A.: Integriertes Produktmodell, Berlin 1993.

Grimm/Hanger 91
Grimm, D.; Hanger, J. C.: Product Definition for the Process Industry, in: APICS Process Industries Symposium Proceedings, Philadelphia 1991, S. 121-122.

Grochla 78
Grochla, E.: Grundlagen der Materialwirtschaft, 3. Aufl., Wiesbaden 1978.

Große-Oetringhaus 72
Große-Oetringhaus, W.: Typologie der Fertigung unter dem Gesichtspunkt der Fertigungsablaufplanung, Dissertation Justus Liebig-Universität Gießen 1972.

Gutenberg 83
Gutenberg, E.: Grundlagen der Betriebswirtschaftslehre, 1. Band, Die Produktion, 24. Aufl., Berlin et al. 1983.

Hage-Hülsmann 94
Hage-Hülsmann, G.: Entwicklung und Wartung multinational einsetzbarer Software am Beispiel von SAP R/2 und R/3, in: Internationale Perspektiven der Wirtschaftsinformatik (Proceedings zur Sitzung der Wissenschaftlichen Kommission Wirtschaftsinformatik), Bern 1994.

Hanisch 92
Hanisch, H.-M.: Petri-Netze in der Verfahrenstechnik: Modellierung und Steuerung verfahrenstechnischer Systeme, München-Wien 1992.

Hassan 78
Hassan, A.: Die Methodik der Material- und Energiebilanzierung bei der Projektierung von Chemieanlagen, Dissertation Technische Universität Berlin 1978.

Hayn/Koolmann/Glutsch 96
Hayn, W.; Koolmann, M.; Glutsch, B.: Neue Instandhaltungskonzepte - Instandhaltung als externe technische Dienstleistung, in: atp - Automatisierungstechnische Praxis, 38(1996)2, S. 33-38.

Heber/Nowak 33
Heber, A.; Nowak, P.: Betriebstyp und Abrechnungstechnik in der Industrie, in: Festschrift für Eugen Schmalenbach, Leipzig 1933, S. 141-172.

Heck/Whitney 91
Heck, R.; Whitney, R.: Turning Bills into Formulas, in: APICS Process Industries Symposium Proceedings, Baltimore 1990, S. 66-67.

Heinen 83
Heinen, E.: Betriebswirtschaftliche Kostenlehre, 6. Aufl., Wiesbaden 1983.

Heinen 91
Heinen, E.: Industriebetriebslehre: Entscheidungen im Industriebetrieb, 9. Aufl., Wiesbaden 1991.

Helms/Hanisch/Stephan 89
Helms, A.; Hanisch, H.-M.; Stephan, K.: Steuerung von Chargenprozessen, Berlin 1989.

Henson 90
Henson, H. E.: The Bill of Materials in Process Industries: Problems, Fixes, and Alternatives, in: APICS Process Industries Symposium Proceedings, Baltimore 1990, S. 99-103.

Heß 93
Heß, H.: Wiederverwendung von Software - Framework für betriebliche Informationssysteme, Wiesbaden 1993.

Hoffmann 95
Hoffmann, J.: Bestimmung des Einsparungspotentials in der Logistik eines Farbstoffbetriebs, Dissertation Universität Basel 1995.

Hofmann 85
Hofmann, W.: Aufgaben der Produktionsleitebene in der chemischen Industrie, in: Chem.-Ing.-Tech., 57(1985)2, S. 107-113.

Hofmann 92
Hofmann, M.: PPS - nichts für die chemische Industrie?, in: io Management, 61(1992)1, S. 30-33.

Hoitsch 93
Hoitsch, H.-J.: Produktionswirtschaft: Grundlagen einer industriellen Betriebswirtschaft, 2. Aufl., München 1993.

Hopcroft/Ullman 69
Hopcroft, J. E.; Ullman, J. D.: Formal Languages and their Relation to Automata, Readings-Menlo Park-London-Don Mills 1969.

Hoppmann 34
Hoppmann, H.: Die rationelle Gestaltung der chemisch-technischen Produktion, Berlin 1934.

Hörner/Klur/Kuhle 94
Hörner, E.; Klur, H.-P.; Kuhle, J.: Trends in der LIMS-Entwicklung, in: GIT Fachz. Lab., 38(1994)6, S. 695-696.

Hübel 96
Hübel, S.: Konzepte für die Unterstützung zeitkritischer Dokumentationsprozesse in der pharmazeutischen Industrie - Ein Leitfaden zur Gestaltung einer informatikgestützten Lösung, Dissertation ETH Zürich 1996.

Hummel 75
Hummel, S.: Verbundene Produktion, in: Grochla, E.; Wittmann, W. (Hrsg.), Handwörterbuch der Betriebswirtschaft, Stuttgart 1975, Sp. 3081-3089.

ISA 94
International Society for Measurement and Control (Hrsg.): ISA-dS88.01, Batch Control Part 1: Models and Terminology, Draft 12, Research Triangle Park 1994.

Isermann 94
Isermann, H. (Hrsg.): Logistik: Beschaffung, Produktion, Distribution, Landsberg/Lech 1994

Jablonski 91
Jablonski, S.: Konzepte der verteilten Datenverwaltung, in: HMD - Theorie und Praxis der Wirtschaftsinformatik, 28(1991)157, S. 3-21.

Jakubith 91
Jakubith, M.: Chemische Verfahrenstechnik: Einführung in Reaktionstechnik und Grundoperationen, Weinheim 1991.

Jänicke 94
Jänicke, W.: Planung der Kuppelproduktion in Systemen von chemischen Mehrzweckanlagen, in: Chem.-Ing.-Tech., 66(1994)6, S. 819-824.

Jänicke/Schulze 93
Jänicke, W.; Schulze, J.: Chargenplanung, Chargenverfolgung, und Chargenprotokollierung bei der GMP- und GLP-gerechten Produktion in Mehrzweckanlagen, in: Chem.-Ing.-Tech., 65(1993), S. 193-195.

Jänicke/Thämelt 94
Jänicke, W.; Thämelt, W.: Rechnergestützte Systeme zur Rezeptfahrweise, in: atp - Automatisierungstechnische Praxis, 36(1994)10, S. 38-47.

Jordan 95
Jordan, C.: Batching and Scheduling: Models and Methods for Several Problem Classes, Dissertation Universität Kiel 1995.

Jost 93
Jost, W.: EDV-gestützte CIM-Rahmenplanung, Wiesbaden 1993.

Kaiser/Schwab 95
Kaiser, K.; Schwab, J.: EGIS, A Contribution Towards Standardization in the Area of Environmental Software and Databases for the Chemical Industry, in: Chemputer Europe II (Proceedings, 10.-12. Oktober 1995, Session 10), Noordwijk, Amsterdam 1995.

Kautz 96
Kautz, W.-E.: Produktionsplanungs- und -steuerungssysteme: Konzepte zur technisch-ökonomisch begründeten Auswahl, Wiesbaden 1996.

Kearney 93
A. T. Kearney Inc. (Hrsg.): Logistics Excellence in Europe, Study Report, o. O. 1993.

Keller/Nüttgens/Scheer 92
Keller, G.; Nüttgens, M.; Scheer, A.-W.: Semantische Modellierung auf Grundlage „Ereignisgesteuerter Prozeßketten (EPK)", in: Veröffentlichungen des Instituts für Wirtschaftsinformatik, Heft 89, Saarbrücken, Januar 1992.

Kempert/Katzmeier/Tünschel 89
Kempert, W.; Katzmeier, W.; Tünschel, L.: Einführung eines Produktionssteuerungssystems in einem Unternehmen der verfahrenstechnischen Industrie, in: ZwF, 84(1989)3, S. 121-124.

Kernler 94
Kernler, H.: PPS der 3. Generation, Heidelberg 1994.

Kersting 91
Kersting, F.-J.: Betriebsleitsysteme zur Rezepturverwaltung und Produktionsdatenverarbeitung, in: Chem.-Ing.-Tech., 63(1991)7, S. 675- 681.

Kersting 95
Kersting, F.-J.: Rezeptfahrweise chemischer Chargenprozesse: Anwendung der NAMUR-Empfehlung NE33, in: atp - Automatisierungstechnische Praxis, 37(1995)2, S. 28-38.

Kersting/Pfeffer 92
Kersting, F.-J.; Pfeffer, W.: Computerintegrierte Produktion bei chemischen Chargenprozessen, in: atp - Automatisierungstechnische Praxis, 34(1992)3, S. 111-115.

Kilger 73
Kilger, W.: Optimale Produktions- und Absatzplanung, Wiesbaden 1973.

Kline 76
Kline, C. H.: Maximising profits in chemicals, in: Chemtech, 6(1976), S. 110-117.

Kloock 69
Kloock, J.: Betriebliche Input-Output-Modelle, Wiesbaden 1969.

Knoblich 72
Knoblich, H.: Die typologische Methode in der Betriebswirtschaftslehre, in: WiSt Wirtschaftswissenschaftliches Studium, 1(1972)4, S. 141-147.

Knolmayer/Myrach 96
Knolmayer, G.; Myrach, Th.: Zur Abbildung zeitbezogener Daten in betrieblichen Informationssystemen, Wirtschaftsinformatik, 38(1996)1, S. 63-74.

Knolmayer/Scheidegger 82
Knolmayer, G.; Scheidegger, T. P.: Ein Online-Abrechnungs- und Planungssystem in einem Unternehmen der chemischen Industrie, in: Stahlknecht, P. (Hrsg.), EDV-Systeme im Finanz- und Rechnungswesen, Berlin et al. 1982, S. 195-197.

Koenig 68
Koenig, J. W. J.: Dynamische Optimierungsmodelle der chemischen Industrie, Dissertation Universität Hamburg 1968.

Köhl 91
Köhl, M.: Pharmakonzern bringt PPS auf Integrationskurs, in: AV, 28(1991)2, S. 47-49.

Kohn/Waldschmidt 93
Kohn, D.; Waldschmidt, U.: Automatisierungssysteme, in: Pharma Technologie Journal, 14(1993)3, S. 18-23.

Kölbel/Schulze 60
Kölbel, H.; Schulze, J.: Projektierung und Vorkalkulation in der chemischen Industrie, Berlin-Göttingen-Heidelberg 1960.

Kölbel/Schulze 65a
Kölbel, H.; Schulze, J.: Die Abgrenzung chemischer Produktionstypen nach Leistungsprogramm, Fertigungsorganisation und Prozeßführung, in: Industrielle Organisation, 34(1965)4, S. 149-162.

Kölbel/Schulze 65b
Kölbel, H.; Schulze, J.: Zur Entwicklung der Betriebswirtschaftslehre der chemischen Industrie, Betriebswirtschaftliche Forschung und Praxis, 17(1965), S. 13-30 + 85-96.

Kölbel/Schulze 67
Kölbel, H.; Schulze, J.: Fertigungsvorbereitung in der Chemischen Industrie, Wiesbaden 1967.

Kölbel/Schulze 70
Kölbel, H.; Schulze, J.: Der Absatz in der Chemischen Industrie, Berlin et al. Springer 1970.

König et al. 84
König, W.; Krinke, K.; Kron, H.; Maier, K.-H.; Moritz, A.: Energiekosten bei energieintensiven Chemieprodukten, in: Chem. Ind., 36(1984), S. 69-73.

Krallmann 90
Krallmann, H. (Hrsg.): CIM: Expertenwissen für die Praxis, München-Wien 1990.

Kränzle 95
Kränzle, B. S.: Informationssysteme der Produktion: Ein objektorientierter Ansatz, Braunschweig-Wiesbaden 1995.

Krauth 96
Krauth, W.: Aspekte des Produktcontrollings in der chemischen Industrie, in: Scheer, A.-W. (Hrsg.), Rechnungswesen und EDV: Kundenorientierung in Industrie, Dienstleistung und Verwaltung, Heidelberg 1996, S. 245-274.

Kreikebaum 79
Kreikebaum, H.: Organisationstypen der Produktion, in: Kern, W. (Hrsg.), Handwörterbuch der Produktionswirtschaft, Stuttgart 1979, Sp. 1391-1402.

Krikke/Harten/Schuur 96
Krikke, H. R.; Harten, A. van; Schuur, P. C.: The Role of a Product Recovery and Disposal Strategy in Integrated Chain Management and Reverse Logistics, in: Fransoo, J. C.; Rutten, W. G. M. M. (Hrsg.), Proceedings of the Second International Conference on Computer Integrated Manufacturing in the Process Industries (Eindhoven, June 3-4, 1996), S. 313-327.

Kruschwitz 74
Kruschwitz, L.: Zur Programmplanung bei Kuppelproduktion, in: zfbf, 26(1974), S. 96-109.

Krycha 96
Krycha, K.-T.: Produktionstypologien, in: Kern, W.; Schröder, H.-H.; Weber, J. (Hrsg.), Handwörterbuch der Produktionswirtschaft, 2. Aufl., Stuttgart 1996, Sp. 1618-1629.

Kullbach 80
Kullbach, W.: Mengenberechnungen in der Chemie: Grundlagen und Praxis, Weinheim-Deerfield Beach-Basel 1980.

Küpper 79
Küpper, H. U.: Produktionstypen, in: Kern, W. (Hrsg.), Handwörterbuch der Produktionswirtschaft, Stuttgart 1979, Sp. 1636-1647.

Küpper 80
Küpper, H.-U.: Interdependenzen zwischen Produktionstheorie und der Organisation des Produktionsprozesses, Berlin 1980.

Kurbel 95
Kurbel, K.: Produktionsplanung und -steuerung - Methodische Grundlagen von PPS-Systemen und Erweiterungen, 2. Aufl., München-Wien 1995.

Lambotte/Turek 91
Lambotte, R.; Turek, B.: Integrating By-/Co-Product Scheduling with Your MRP II System, in: APICS Process Industries Symposium Proceedings, Philadelphia 1991, S. 1-3.

Lehner 96
Lehner, F.: Nummerungssysteme, in: Kern, W.; Schröder, H.-H.; Weber, J. (Hrsg.), Handwörterbuch der Produktionswirtschaft, 2. Aufl., Stuttgart 1996, Sp. 1290-1302.

Lenz/Molzahn/Schmitt 89
Lenz, H.; Molzahn, M.; Schmitt, D. W.: Produktionsintegrierter Umweltschutz - Verwertung von Rohstoffen, in: Chem.-Ing.-Tech., 61(1989)11, S. 860-866.

Lenzerini/Santucci 83
Lenzerini, M.; Santucci, G.: Cardinality Constraints in the Entity-Relationship Model, in: Davis C. G. et al. (Hrsg.), Entity-Relationship Approach to Software Engineering, Amsterdam-New York-Oxford 1983, S. 529-549.

Lipeck 89
Lipeck, U. W.: Dynamische Integrität von Datenbanken - Grundlagen der Spezifikation und Überwachung, Berlin et al. 1989.

Loos 92
Loos, P.: Datenstrukturierung in der Fertigung, München-Wien 1992.

Loos 93a
Loos, P.: Planungshierarchien für die dezentrale Auftragsabwicklung in der Prozeßindustrie, Interner Forschungsbericht, Saarbrücken, April 1993.

Loos 93b

Loos, P.: Konzeption einer graphischen Rezeptverwaltung und deren Integration in eine CIP-Umgebung - Teil 1, in: Veröffentlichungen des Instituts für Wirtschaftsinformatik, Heft 102, Saarbrücken, Juni 1993, auch unter http://www.iwi.uni-sb.de/loos/heft_102.html (1.9.96).

Loos 93c

Loos, P.: Representation of Data Structures Using the Entity Relationship Model and the Transformation in Relational Databases, Veröffentlichungen des Instituts für Wirtschaftsinformatik, Heft 100, Saarbrücken, January 1993, auch unter http://www.iwi.uni-sb.de/loos/heft_100.html (1.9.96).

Loos 93d

Loos, P.: Produktionsplanung und -steuerung in der chemischen Industrie, in: Scheer, A.-W. (Hrsg.), Beiträge zur Tagung der Wissenschaftlichen Kommission Produktionswirtschaft, Saarbrücken 1993, S. 121-135.

Loos 95a

Loos, P.: Konzeption und Umsetzung einer Systemarchitektur für die Produktionssteuerung in der Prozeßindustrie, in: Wenzel, P. (Hrsg.), Geschäftsprozeßoptimierung mit SAP-R/3, Braunschweig-Wiesbaden 1995, S. 214-236.

Loos 95b

Loos, P.: Information Management for Integrated Systems in Process Industries, in: Brandt, D.; Martin, T. (Hrsg.), Automated Systems Based on Human Skill, IFAC Symposium, Berlin 1995, S. 79-84.

Loos 96

Loos, P.: Geschäftsprozeßadäquate Informationssystemadaption durch generische Strukturen, in: Vossen, G.; Becker, J. (Hrsg.), Geschäftsprozeßmodellierung und Workflow-Management, Bonn-Albany 1996, S. 163-175.

Loos/Scheer 94

Loos, P.; Scheer, A.-W.: Graphical Recipe Management and Scheduling for Process Industries, in: Boucher, T. O.; Jafari, M. A.; Elsayed, E. A. (Hrsg.), Rutgers' Conference on Computer Integrated Manufacturing in the Process Industries (Proceedings), Piscataway 1994, S. 426-440.

Luber 92

Luber, A.: How to Identify a True Process Industry Solution, in: Production and Inventory Management, 12(1992)2, S. 16-17.

Lunze/Nixdorf/Richter 96

Lunze, J.; Nixdorf, B.; Richter, H.: Eine Methode zur Prozeßführung kontinuierlicher Systeme auf der Basis eines qualitativen Prozeßmodells, in: atp - Automatisierungstechnische Praxis, 38(1996)7, S. 46-54.

Lutz 69

Lutz, O.: Probleme der Produktionsplanung bei der industriellen Herstellung pharmazeutischer Darreichungsformen, Dissertation ETH Zürich 1969.

Männel 79

Männel, W.: Verbundwirtschaft, in: Kern, W. (Hrsg.), Handwörterbuch der Produktionswirtschaft, Stuttgart 1979, Sp. 2077-2093.

Martin 89

Martin, F. C.: Planning Production Campaigns, in: Production and Inventory Management Journal, 30(1989)2, S. 1-5.

Mellerowicz 63

Mellerowicz, K.: Kosten und Kostenrechnung, Band 1, Berlin 1963.

Mertens 95

Mertens, P.: Integrierte Informationsverarbeitung - Administrations- und Dispositionssysteme in der Industrie, 10. Aufl., Wiesbaden 1995.

Mertens/Holzer 92
Mertens, P.; Holzer, J.: Eine Gegenüberstellung von Integrationsansätzen der Wirtschaftsinformatik, in: Wirtschaftsinformatik, 34(1992)1, S. 5

Möckel/Scheiding 93
Möckel, B.; Scheiding, W.: Der Ingenieurarbeitsplatz, integraler Bestandteil des EMR-Betreuungskonzepts der Zukunft, in: atp - Automatisierungstechnische Praxis, 35(1992)1+2, S. 52-57 + 109-111.

Müller-Fürstenberger 95
Müller-Fürstenberger, G.: Kuppelproduktion: Eine theoretische und empirische Analyse am Beispiel der chemischen Industrie, Berlin et al. 1995

Müller-Heinzerling 88
Müller-Heinzerling, Th.: Flexible Standardsoftware zur Automatisierung von Chargenprozessen mit dem Prozeßleitsystem Teleperm M, in: atp - Automatisierungstechnische Praxis, 30(1988)6, S. 292-299.

Müller-Heinzerling et al. 92
Müller-Heinzerling, Th.; Pottler, B.; Schroer, L.; Hichert, B.; Selig, M.; Krummen, H.; Schmitz, A.: Ereignisgesteuerte Automatisierung von Chargenprozessen, in: atp - Automatisierungstechnische Praxis, 34(1992)12, S. 676-680.

Müller-Heinzerling et al. 94
Müller-Heinzerling, Th.; Neu, U.; Nürnberg, H. G.; May, W.: Rezeptgesteuerte Fahrweise von Chargenprozessen mit BATCH X, in: atp - Automatisierungstechnische Praxis, 36(1994)3, S. 43-51.

Müller-Merbach 66
Müller-Merbach, H.: Die Anwendung des Gozinto-Graphen zur Berechnung des Roh- und Zwischenproduktbedarfs in chemischen Betrieben, in: APF - Ablauf- und Planungsforschung, 7(1966)4, S. 187-198.

Müller-Merbach 68
Müller-Merbach, H.: Die Berechnung des unterminierten und terminierten Teilebedarfs mit dem Gozinto-Graphen, in: Bussmann, K. F.; Mertens, P. (Hsrg.), Operations Research und Datenverarbeitung bei der Produktionsplanung Stuttgart 1968, S. 109-120.

Müller-Merbach 81
Müller-Merbach, H.: Die Konstruktion von Input-Output-Modellen, in: Bergner, H. (Hrsg.): Planung und Rechnungswesen in der Betriebswirtschaft, Berlin 1981, S. 19-113.

Musier/Evens 89
Musier, R. F. H.; Evens, L. B.: An Approximate Method for the Production Scheduling of Industrial Batch Processes with Parallel Units, in: Computers in Chemical Engineering, 13(1989)1/2, S. 229-238.

NAMUR 87
NAMUR Statusbericht '87, Prozeßleittechnik für die chemische Industrie, atp - Automatisierungstechnische Praxis, Sonderheft 1987.

NAMUR 90
NAMUR Statusbericht '90, Prozeßleittechnik für die chemische Industrie, atp - Automatisierungstechnische Praxis, Sonderheft 1990.

NAMUR 92
NAMUR (Hrsg.): Empfehlung NE33, Anforderungen an Systeme zur Rezeptfahrweise, Leverkusen, Mai 1992.

NAMUR 93
NAMUR Statusbericht '93, Prozeßleittechnik für die chemische Industrie, atp - Automatisierungstechnische Praxis, Sonderheft 1993.

Neitzel 92
Neitzel, V.: Labordatenverarbeitung mit Labor-Informations- und Management-Systemen, Weinheim 1992.

Neuefeind 69
Neuefeind, B.: Betriebswirtschaftliche Produktions- und Kostenmodelle für die chemische Industrie, Dissertation Universität Köln 1969.

Nöcker-Wenzel/Verheyen 95
Nöcker-Wenzel, K.; Verheyen, P.: Verbesserung der Prozeßketten am Beispiel eines neuen pharmazeutischen Feststoffbetriebs, in: Chem.-Ing.-Tech., 67(1995)9, S. 1106-1107.

Nomina 94
Nomina Information Services (Hrsg.): ISIS Software Report, Kommerzielle Programme, 25(1994)1 und Branchen-Programme, 25(1994)2.

Oetinger 96
Oetinger, R.: Gefahrenstoffmanagement und Sondermüll in der betrieblichen Logistik, in: Vossen, G.; Becker, J. (Hrsg.), Geschäftsprozeßmodellierung und Workflow-Management, Bonn-Albany 1996, S. 243-256.

Oven 88
Oven, J. van: Anpassungen verfahrenstechnischer Anlagen an Teillastbetrieb mit technischen Produktionsmodellen, Dissertation Universität Dortmund 1988.

Overfeld 90
Overfeld, J.: Produktionsplanung bei mehrstufiger Kampagnenfertigung: Untersuchung zur Losgrößen- und Ablaufplanung bei divergierenden Fertigungsprozessen, Frankfurt/M.-Bern-New York-Paris 1990.

Packowski 93
Packowski, J.: Ein Leitstand für die Betriebsleitebene der chemischen und pharmazeutischen Industrie, in: Pharma-Technologie Journal, 14(1993)3, S. 57-62.

Packowski 96
Packowski, J.: Betriebsführungssysteme in der Chemischen Industrie: Informationsmodellierung und Fachkonzeption einer dezentralen Produktionsplanung und -steuerung, Wiesbaden 1996.

Pfohl 96
Pfohl, H.-C.: Logistiksysteme: betriebliche Grundlagen, 5. Aufl., Berlin et al. 1996.

Pichler 54
Pichler, O.: Probleme der Planrechnung in der chemischen Industrie, in: Chemische Technik, 6(1954)5+7, S. 293-300 + 316 + 392-405.

PISTEP 94
Process Industries STEP Consortium (Hrsg.): The Life of a Pump, Issue 1, September 1994.

Pohle 91
Pohle, H.: Chemische Industrie: Umweltschutz, Arbeitsschutz, Anlagensicherheit, Weinheim 1991.

Polke 89a
Polke, M.: CIP in der Verfahrensindustrie, in: CIM Management, 5(1989)5, S. 34-35.

Polke 89b
Polke, M.: Produktionsplanung in der chemischen Industrie unter besonderer Berücksichtigung der dispositiven Planung, in: Hahn, D.; Laßmann, G. (Hrsg.): Produktionswirtschaft, Band 2: Produktionsprozesse, Heidelberg 1989, S. 369-413.

Polke 94
Polke, M. (Hsrg.): Prozeßleittechnik, 2. Aufl., München-Wien 1994.

Preßmar 96
Preßmar, D. B.: Stücklisten und Rezepturen, in: Kern, W.; Schröder, H.-H.; Weber, J. (Hrsg.), Handwörterbuch der Produktionswirtschaft, 2. Aufl., Stuttgart 1996, Sp. 1932-1930.

PRIMA 95
PRIMA-News, Informationsblatt des PRIMA-Projekts, Nr. 1, August 1995

Rao et al. 94
Rao, M.; Wang, Q.; Yuan, L.; Zuo, M.: CIPS Architecture and Implementation, in: Boucher, T. O.; Jafari, M. A.; Elsayed, E. A. (Hrsg.), Rutgers' Conference on Computer Integrated Manufacturing in the Process Industries (Proceedings), Piscataway 1994, S. 248-267.

Rautenstrauch 93
Rautenstrauch, C.: Betriebliches Recycling, in: ZfB, Ergänzungsheft 2/93, S. 87-104.

Rayner 95
Rayner, A.: An Example Implementation of the ISA SP88 Standard in a Multipurpose Multiproduct BPC Facility, in: Application Examples of SP88 Batch Automation in the Process Industries, Vol. 1, publication of World Batch Forum and European Batch Forum, Phoenix 1995.

Remme/Allweyer/Scheer 94
Remme, M.; Allweyer, Th.; Scheer, A.-W.: Implementing Organizational Structures in Process Industry Supported by Tool-Based Reference Models, in: Boucher, T. O.; Jafari, M. A.; Elsayed, E. A. (Hrsg.), Rutgers' Conference on Computer Integrated Manufacturing in the Process Industries (Proceedings), Piscataway 1994, S. 233-247.

Riebel 54
Riebel, P.: Mechanisch-technologische und chemisch-technologische Industrien in ihren betriebswirtschaftlichen Eigenarten, in: ZfhF N. F., 6(1954), S. 413-435.

Riebel 55
Riebel, P.: Die Kuppelproduktion: Betriebs- und Marktprobleme, Köln-Opladen 1955.

Riebel 56
Riebel, P.: Kostengestaltung bei chargenweiser Produktion, in: Schulz, C. E. (Hrsg.), Der Industriebetrieb und sein Rechnungswesen, Wiesbaden 1956, S. 136-155.

Riebel 63
Riebel, P.: Industrielle Erzeugungsverfahren in betriebswirtschaftlicher Sicht, Wiesbaden 1963.

Riebel 79
Riebel, P.: Kuppelproduktion, in: Kern, W. (Hrsg.), Handwörterbuch der Produktionswirtschaft, Stuttgart 1979, Sp. 1009-1022.

Riebel/Paudtke/Zscherlich 73
Riebel, P.; Paudtke, H.; Zscherlich, W.: Verrechnungspreise für Zwischenprodukte: Ihre Brauchbarkeit für Programmanalyse, Programmwahl und Gewinnung unter besonderer Berücksichtigung der Kuppelproduktion, Köln-Opladen 1973.

Riedelbauch 56
Riedelbauch, H.: Die fertigungswirtschaftliche Problematik der Partie- und Chargenfertigung, Dissertation Universität Frankfurt/M. 1956.

Riedelbauch 57
Riedelbauch, H.: Partie- und Chargenfertigung in betriebswirtschaftlicher Sicht, ZfhF N. F., 9(1957), S. 532-553.

Riemer 90
Riemer, J. S.: Funktionen der Produktionslogistik in der Verfahrenstechnik, in: Chem.-Ing.-Tech., 62(1990)2, S. 81-85.

Rosenof/Ghosh 87
Rosenof, H. P.; Ghosh, A.: Batch Process Automation: Theory and Practice, New York 1987.

Roth 88
Roth, L.: Gefahrstoffe in Handel und Gewerbe, Landsberg/Lech 1988.

Rücker 85
Rücker, D.: Wofür braucht ein Chemieunternehmen ein integriertes PPS-System?, in: CIM Management, 1(1985)4, S. 29-31.

SAP 96
SAP (Hrsg.): EH&S Stoffdatendank, System R/3, Release 3.0, Funktionen im Detail, Vorabversion, März 1996.

Schäfer 69
Schäfer, E.: Der Industriebetrieb: Betriebswirtschaftslehre der Industrie auf typologischer Grundlage, Band 1, Köln-Opladen 1969 (S. 1-204) und Band 2, Opladen 1971 (S. 205-378).

Scheer 86
Scheer, A.-W.: Neue Architekturen für EDV-Systeme in der Produktionsplanung und -steuerung, in: Veröffentlichungen des Instituts für Wirtschaftsinformatik, Heft 53, Saarbrücken, Juli 1986.

Scheer 90
Scheer, A.-W.: CIM: Der computergesteuerte Industriebetrieb, 4. Aufl., Berlin et al. 1990.

Scheer 92
Scheer, A.-W.: Architektur integrierter Informationssysteme - Grundlagen der Unternehmensmodellierung, 2. Aufl., Berlin et al. 1992.

Scheer 95
Scheer, A.-W.: Wirtschaftsinformatik: Referenzmodelle für industrielle Geschäftsprozesse, 6. Aufl., Berlin et al. 1995.

Scheidegger 84
Scheidegger, T. P.: Die Gestaltung von Mengenabrechnungssystemen in Unternehmen der chemischen Industrie, Frankfurt/M.-Bern-New York-Nancy 1984.

Scheiding 92
Scheiding, W.: Durchgängig Softwareplanung für Automatisierungssysteme, in: atp - Automatisierungstechnische Praxis, 34(1992)4, S. 189-197.

Scherer 96
Scherer, E.: Koordinierte Autonomie in verteilten, heterogenen Produktionssystemen - Ein Beitrag zur Flexibilisierung der Werkstattsteuerung, Zürich 1996.

Schmidt 84
Schmidt, K.-H.: Katalysatoren, immer unentbehrlicher für die chemische Industrie, in: Chem. Ind., 107(1984)7, S. 380-388.

Schmidt 91
Schmidt, R.: Umweltgerechte Innovationen in der chemischen Industrie: Die Entwicklung von Verfahren und Produkten als Ziel des Innovationsmanagement, Ludwigsburg-Berlin 1991.

Schmidt 95
Schmidt, M.: Die Modellierung von Stoffrekursionen in Ökobilanzen, in: Schmidt, M., Schorb, A. (Hrsg.), Stoffstromanalysen in Ökobilanzen und Öko-Audits, Berlin et al. 1995, S. 97-117.

Schmidt 96
Schmidt, G.: Informationsmanagement: Modelle, Methoden, Techniken, Berlin et al. 1996.

Schmitt-Traub 90
Schmitt-Traub, H.: Integrierte Informationsverarbeitung im Anlagenbau, in: Chem.-Ing.-Tech., 62(1990)5, S. 373-380.

Scholz-Reiter 90
Scholz-Reiter, B.: CIM - Informations- und Kommunikationssysteme, München-Wien 1990.

Schomburg 80
Schomburg, E.: Entwicklung eines betriebstypologischen Instrumentariums zur systematischen Ermittlung der Anforderungen an EDV-gestützte Produktionsplanungs- und -steuerungssysteme im Maschinenbau, Dissertation RWTH Aachen 1980.

Schönsleben 93
Schönsleben, P.: Praktische Betriebsinformatik - Konzepte logistischer Abläufe, Berlin et al. 1993.

Schulze 87
Schulze, J.: Entwicklungstendenzen in der rückstandsfreien oder rückstandsarmen Chemieproduktion, in: Müll und Abfall, 19(1987)1, S. 14-25.

Schulze/Hassan 81
Schulze, J.: Hassan, A.: Methoden der Material- und Energiebilanzierung bei der Projektierung von Chemieanlagen, Weinheim-Deerfield Beach-Basel 1981.

Schumann et al. 94
Schumann, M.; Baethge-Kinsky, V.; Kuhlmann, M.; Kurz, C.; Neumann, U.: Trendreport Rationalisierung: Automobilindustrie, Werkzeugmaschinenbau, chemische Industrie, Berlin 1994.

Schürbüscher/Metzner/Lempp 92
Schürbüscher, D.; Metzner, W.; Lempp, P.: Besondere Anforderungen an die Produktionsplanung und -steuerung in der chemischen und pharmazeutischen Industrie, in: Chem.-Ing.-Tech., 64(1992)4, S. 333-341.

Schwarze 96
Schwarze, S.: Configuration of Multiple-Variant Products: Application orientation and Vagueness in Customer Requirements, Dissertation ETH Zürich 1996.

Schwarzer 94
Schwarzer, B.: Prozeßorientiertes Informationsmanagement in multinationalen Unternehmen: Eine empirische Untersuchung in der Pharmaindustrie, Wiesbaden 1994.

Schweitzer 79
Schweitzer, M.: Produktionsfunktionen, in: Kern, W. (Hrsg.), Handwörterbuch der Produktionswirtschaft, Stuttgart 1979, Sp. 286-292.

Semel/Steiner 83
Semel, J.; Steiner, R.: Nachwachsende Rohstoffe in der chemischen Industrie, in: Nachr. Chem. Tech. Lab., 31(1983)8, S. 632-635.

Shaw 95
Shaw, P.: Plant Operation Framework, in: World Batch Forum 1995 (Proceedings, Newtown Square, PA, May 22-24, 1995).

Smith-Daniels/Ritzman 88
Smith-Daniels, V. L.; Ritzman, L. P.: A Model for Lot Sizing and Sequencing in Process Industries, in: Int. J. Prod. Res., 26(1988)4, S. 647-674.

Spangler 93
Spangler, N.: Laborinformations- und Managementsysteme - Konzeption und Umsetzung einer Unternehmensstrategie, atp - Automatisierungstechnische Praxis, 35(1995)11, S. 619-623.

Spengler/Rentz 94
Spengler, Th.; Rentz, O.: EDV-gestützte Demontage- und Recyclingplanung - dargestellt am Beispiel der Elektronikschrott-Recyclings, in: Hilty, L. M. et al. (Hrsg.), Informatik für den Umweltschutz, Band II, Marburg 1994, S. 190-198.

Stat.-Landesamt 95
Statistisches Landesamt Saarland (Hrsg.): Klassifikation der Wirtschaftszweige, Ausgabe 1993 (WZ 93), Saarbrücken 1995.

Stat.-Bundesamt 90
Statistisches Bundesamt (Hrsg.): Kommentar zur Gütergruppe 40 = Chemische Erzeugnisse des Güterverzeichnisses für Produktionsstatistik, Ausgabe 1989, Wiesbaden 1990.

Steffen 73
Steffen, R.: Analyse industrieller Elementarfaktoren in produktionstheoretischer Sicht, Berlin 1973.

Steffens 85
Steffens, F.: Isotone Input-Output-Systeme mit Kuppelproduktion, in: Stöppler, S. (Hrsg.), Information und Produktion, Stuttgart 1985, S. 293-315.

Storr/Uhl/Wehlan 96
Storr, A.; Uhl, J.; Wehlan, H.: Unterscheidungsmerkmale von Leitsystemen in der verfahrens-und in der fertigungstechnischen Produktion, in: atp - Automatisierungstechnische Praxis, 38(1996)8, S. 10-18.

Strickling 88
Strickling, A.: CAE in der Prozeßleittechnik, in: atp - Automatisierungstechnische Praxis, 30(1988)2, S. 61-67.

Strickling/Fresewinkel 90
Strickling, A.; Fresewinkel, Th.: Ein einheitliches Datenmodell für die Planung und Instandhaltung von Anlagen der Prozeßleittechnik, in: atp - Automatisierungstechnische Praxis, 32(1990)9, S. 439-446.

Strohrmann 83
Strohrmann, G.: Einführung in die Meßtechnik im Chemiebetrieb, 2. Aufl., München-Wien 1983.

Suletzki 93
Suletzki, R.: An entity-relationship approach for the manufacturing data in a large company of the process industry, in: IFAC workshop on Production Control in Process Industry PCPI'93, Düsseldorf 1993, S. 35-42.

Sutter 76
Sutter, H.: Computergestützte Produktionsplanung in der chemischen Industrie, Berlin-Bielefeld-München 1976.

Sutter 87
Sutter, H.: Konzepte eines integrierten Umweltschutzes, in: Chemische Industrie, 110(1987)3, S. 66-70.

Tabourier/Nanci 83
Tabourier, Y.; Nanci, D.: The Occurrence Structure Concept: An Approach to Structural Integrity Constraints in the Entity-Relationship Model, in: Chen, P. P. (Hrsg.), Entity-Relationship Approach to Information Modeling and Analysis, Amsterdam-New York-Oxford 1983, S. 73-108.

Taylor/Bolander 94
Taylor, S. G.; Bolander, S.: Process Flow Scheduling, A Scheduling Systems Framework for Flow Manufacturing, APICS (Hrsg.), Falls Church 1994.

Taylor/Sewart/Bolander 81
Taylor, S. G.; Sewart, S. M.; Bolander, S.: Why the Process Industries are Different, in: Production and Inventory Management, 22(1981)4, S. 9-24.

Thiemann 92
Thiemann, K.: Möglichkeiten der Produktionsplanung bei der Verarbeitung landwirtschaftlicher Produkte, in: Hansmann, K.-W.; Scheer, A.-W. (Hrsg.), Praxis und Theorie der Unternehmen: Produktion - Information - Planung, Wiesbaden 1992, S. 321-332.

Tietz 60
Tietz, B.: Bildung und Verwendung von Typen in der Betriebswirtschaftslehre, dargelegt am Beispiel der Typologie der Messen und Ausstellungen. Köln-Opladen 1960.

Tillmann 54
Tillmann, K.-H.: Die Bewertung von marktpreislosen Kuppelprodukten in der Kostenrechnung der chemischen Industrie, in: ZfhF N. F., 6(1954), S. 156-172.

Trienekens/Trienekens 93
Trienekens, J. H.; Trienekens, J. J. M.: Information Systems for Production Management in the Food Industry, in: Pappas, I. A.; Tatsiopoulos, I. P. (Hrsg.), Advances in Production Management Systems, IFIP Transaction B-13, North-Holland et al. 1993, S. 449-456.

9783409123235.3

Turanchik 95
Turanchik, G.: A Corporate Initiative with a Supplier's Collaboration: Turning Talk into Reality, in: Chemputer Europe II (Proceedings, 10.-12. Oktober 1995, Session 9), Noordwijk, Amsterdam 1995.

Uhlig 87
Uhlig, R. J.: Erstellen von Ablaufsteuerungen für Chargenprozesse mit wechselnden Rezepturen, in: atp - Automatisierungstechnische Praxis, 29(1987)1, S. 17-23.

Uhlig/Bruns 95
Uhlig, R. J.; Bruns, M.: Automatisierung von Chargenprozessen, München-Wien 1995.

Ullrich 72
Ullrich, H.: Wirtschaftliche Planung und Abwicklung verfahrenstechnischer Anlagen, Essen 1972.

Unger 81
Unger, L.: Vom Massenerzeugnis zur Spezialität, in: Chem. Ind., 33(1981), S. 465-467.

Vaessen 92
Vaessen, W.: The Economics of Speed: Assessing the Financial Impact of the Just-in-Time Concept in the Chemical-Pharmaceutical Industry, Dissertation Universität Basel 1992.

Vazsonyi 62
Vazsonyi, A.: Die Planungsrechnung in Wirtschaft und Industrie, Wien-München 1962.

VCI 86
VCI (Hrsg.): Materialwirtschaft als betriebliche Aufgabe in der Chemischen Industrie, Teil 2: Materialwirtschaft als betriebswirtschaftliche Planungs- und Steuerungsaufgabe, Schriftreihe des Betriebswirtschaftlichen Ausschusses und des Finanzausschusses Heft 14, Frankfurt/M. 1986.

VCI 89
VCI (Hrsg.): Anwendungssoftware in der Materialwirtschaft, Frankfurt/M. 1989.

VCI 93
VCI (Hrsg.): Konzept zur Zusammenlagerung von Chemikalien, Frankfurt/M. 1993.

VCI 95
VCI (Hrsg.): Chemiewirtschaft in Zahlen, Ausgabe 1995, Frankfurt/M. 1995.

Verwater-Lukszo/Rademaker 93
Verwater-Lukszo, Z.; Rademaker, O.: Improving Batch Production with Flexible Recipes, in: IFAC workshop on Production Control in Process Industry PCPI'93, Düsseldorf 1993, S. 135-142.

Weber 92
Weber, J.: Logistik als Koordinationsfunktion, in: ZfB, 62(1992)8, S. 877-895.

Weber 96
Weber, H. K.: Verbundwirtschaft, in: Kern, W.; Schröder, H.-H.; Weber, J. (Hrsg.), Handwörterbuch der Produktionswirtschaft, 2. Aufl., Stuttgart 1996, Sp. 2142-2150.

Weblus 58
Weblus, B.: Produktionseigenarten der chemischen Industrie, ihr Einfluß auf Kalkulation und Programmgestaltung, Berlin 1958.

Wedekind/Müller 81
Wedekind, H.; Müller, T.: Stücklistenorganisation bei großer Variantenzahl, in: Angewandte Informatik, 23(1981)9, S. 377-383.

Wight 83
Wight, O.: The Executive's Guide to Successful MRP II, Englewood Cliffs, NJ 1983

Williams 89
Williams, T. J. (Hsrg.): A Reference Model For Computer Integrated Manufacturing (CIM) - A Description of the Viewpoint of Industrial Automation, Instrument Society of America, Research Triangle Park 1989.

Wittemann 85
Wittemann, N.: Produktionsplanung mit verdichteten Daten, Berlin et al. 1985.

Wolf/Unkelbach 86
Wolf, Th.; Unkelbach, H. D.: Informationsmanagement in Chemie und Pharma, Stuttgart 1986.

Wöllhaf 95
Wöllhaf, K.: Objektorientierte Modellierung und Simulation verfahrenstechnischer Mehrproduktanlagen, Aachen 1995

Wozny/Gutermuth/Kothe 92
Wozny, G.; Gutermuth, W.; Kothe, W.: CAPE in der Verfahrenstechnik aus industrieller Sicht - Status, Bedarf, Prognose oder Vision?, in: Chem.-Ing.-Tech., 64(1992)8, S. 693-699.

Wurm/Albert 91
Wurm, B.; Albert, W.: Prozeßleittechnik in Labor- und Technikumsanlagen, in: Chem.-Ing.-Tech., 63(1991)9, S. 940-942.

Zäpfel 91
Zäpfel, G.: Stücklisten, Verwendungsnachweise, Arbeitspläne und Produktionsfunktionen, in: WiSt Wirtschaftswissenschaftliches Studium, 20(1991)7, S. 340-346.

Zäpfel 94
Zäpfel, G.: Entwicklungsstand und -tendenzen von PPS-Systemen, in: Corsten, H. (Hrsg.), Handbuch Produktionsmanagement, Wiesbaden 1994. S. 719-745.

Zelewski 96
Zelewski, S.: Eignung von Petrinetzen für die Modellierung komplexer Realsysteme - Beurteilungskriterien, in: Wirtschaftsinformatik, 38(1996)4, S. 369-381.

Zörntlein 88
Zörntlein, G.: Flexible Fertigungssysteme: Belegung, Steuerung und Datenorganisation, München-Wien 1988.

Schriften zur
EDV-orientierten Betriebswirtschaft

Carsten Berkau
**Vernetztes Prozeßkosten-
management**
1995, XXI, 322 Seiten
gebunden DM 168,–
ISBN 3-409-12154-4

Alexander Hars
Referenzdatenmodelle
1994, XX, 257 Seiten
gebunden DM 168,–
ISBN 3-409-12138-2

Martina Bock
**Expertensystem-Shell zur
Unterstützung der Simultanen
Produktentwicklung**
1995, XVI, 278 Seiten
gebunden DM 148,–
ISBN 3-409-12168-4

Rudolf P. Herterich
**Objektorientierte
Leitstandsmodellierung**
1993, XVI, 272 Seiten
gebunden DM 148,–
ISBN 3-409-13165-5

Jürgen Galler
**Vom Geschäftsprozeßmodell
zum Workflow-Modell**
1997, XXVI, 294 Seiten
gebunden DM 178,–
ISBN 3-409-12322-9

Helge Heß
**Wiederverwendung von
Software**
1993, XIV, 273 Seiten
gebunden DM 148,–
ISBN 3-409-13879-X

Thomas Geib
**Geschäftsprozeßorientiertes
Werkzeugmanagement**
1997, XXII, 342 Seiten
gebunden DM 178,–
ISBN 3-409-12321-0

Wolfram Jost
**EDV-gestützte
CIM-Rahmenplanung**
1993, XII, 278 Seiten
gebunden DM 148,–
ISBN 3-409-12132-3

Schriften zur EDV-orientierten Betriebswirtschaft

Gerhard Keller
Informationsmanagement in objektorientierten Organisationsstrukturen
1993, XVIII, 326 Seiten
gebunden DM 178,–
ISBN 3-409-13225-2

Peter Loos
Produktionslogistik in der chemischen Industrie
1997, XIX, 261 Seiten
Broschur DM 118,–
ISBN 3-409-12323-7

Mathias Kirchmer
Geschäftsprozeßorientierte Einführung von Standardsoftware
1996, XVIII, 235 Seiten
gebunden DM 148,–
ISBN 3-409-12170-6

Peter Mattheis
Prozeßorientierte Informations- und Organisationsstrategie
1993, XIV, 244 Seiten
gebunden DM 178,–
ISBN 3-409-13226-0

Wolfgang Kraemer
Effizientes Kostenmanagement
1993, XVI, 311 Seiten
gebunden DM 148,–
ISBN 3-409-13436-0

Markus Nüttgens
Koordiniert-dezentrales Informationsmanagement
1995, XVIII, 325 Seiten
gebunden DM 168,–
ISBN 3-409-12150-1

Christian Kruse
Referenzmodellgestütztes Geschäftsprozeßmanagement
1996, XVI, 247 Seiten
gebunden DM 148,–
ISBN 3-409-12169-2

Schriften zur EDV-orientierten Betriebswirtschaft

Josef Packowski
Betriebsführungssysteme in der Chemischen Industrie
1996, XVIII, 246 Seiten
gebunden DM 148,–
ISBN 3-409-12171-4

Markus Remme
Konstruktion von Geschäftsprozessen
1997, XX, 244 Seiten
gebunden DM 158,–
ISBN 3-409-12175-7

Bettina Reuter
Vernetzte administrative Inseln
1995, XVII, 246 Seiten
gebunden DM 148,–
ISBN 3-409-12149-8

Michael Rosemann
Komplexitätsmanagement in Prozeßmodellen
1996, XXII, 297 Seiten
gebunden DM 168,–
ISBN 3-409-12172-2

Bettina Schwarzer
Prozeßorientiertes Informationsmanagement in multinationalen Unternehmen
1994, XXVI, 424 Seiten
gebunden DM 198,–
ISBN 3-409-17922-4

Carsten Simon
Qualitätsgerechte Simultane Produktentwicklung
1995, XVII, 269 Seiten
gebunden DM 148,–
ISBN 3-409-12155-2

Stefan Spang
Informationsmodellierung im Investitionsgütermarketing
1993, XIV, 254 Seiten
gebunden DM 148,–
ISBN 3-409-12134-X